TUJIE QICHE
JIBEN XINGNENG

JIANCE
ZHENDUAN
FENXI
PINGJIA

# 汽车基本性能

## 检测·诊断·分析·评价

周斌兴　主编

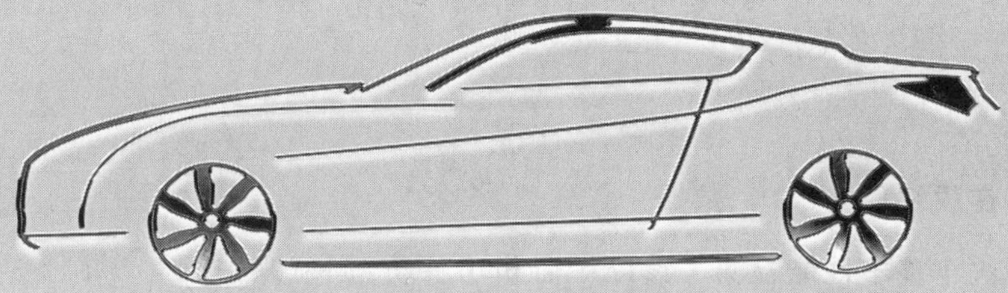

·北 京·

本书系统、全面地介绍了汽车性能检测与诊断的基本原理、标准、规范等内容。全书共分五章，涵盖了汽车的制动性、动力性、燃料经济性、噪声性、密封性、润滑性、行驶性、转向性、传动性等基本性能，并结合具体案例，给出分析与评价的方法及设备。

本书结合作者多年的企业实践和教学经验编写，以解决实际问题为目的，注重实用性、逻辑性、新颖性，全书基本概念清楚，原理叙述简明扼要、通俗易懂、深入浅出。

本书可供汽车维修、汽车检测及相关技术人员使用，也可作为培训用书，以及工科院校汽车专业的教学参考书。

**图书在版编目（CIP）数据**

图解汽车基本性能检测·诊断·分析·评价/周斌兴主编．—北京：化学工业出版社，2017.5

ISBN 978-7-122-29267-4

Ⅰ.①图…　Ⅱ.①周…　Ⅲ.①汽车-性能-图解　Ⅳ.①U461-64

中国版本图书馆 CIP 数据核字（2017）第 048161 号

责任编辑：黄　滢　　　　文字编辑：张燕文
责任校对：边　涛　　　　装帧设计：王晓宇

出版发行：化学工业出版社（北京市东城区青年湖南街 13 号　邮政编码 100011）
印　　刷：北京永鑫印刷有限责任公司
装　　订：三河市宇新装订厂
787mm×1092mm　1/16　印张 14　字数 370 千字　2017 年 6 月北京第 1 版第 1 次印刷

购书咨询：010-64518888（传真：010-64519686）　售后服务：010-64518899
网　　址：http：//www.cip.com.cn
凡购买本书，如有缺损质量问题，本社销售中心负责调换。

定　　价：68.00 元

# 前言

FOREWORD

随着我国汽车工业和交通运输业的迅速发展，汽车在我国国民经济各个领域和人民生活中发挥着越来越重要的作用。随着我国汽车保有量的不断增加，汽车维修业日益繁荣壮大。汽车基本性能的正确检测、故障的准确诊断，是排除汽车故障的关键环节，也是提高汽车维修效益的有效手段。

本书包括汽车基本性能检测与诊断基础、汽车安全环保性能检测、汽车发动机性能检测、汽车底盘性能检测、汽车常见故障诊断与案例分析五章内容，力求通过必要的图片及简练的文字叙述，使读者获得汽车基本性能检测、故障诊断及分析评价过程的知识，举一反三，启发思维。

本书体现出的主要特点是，既有较强的系统性，又注重实用性、逻辑性、新颖性。全书结合笔者多年的企业实践和教学经验，基本概念清楚，原理的阐述简明扼要、通俗易懂、深入浅出，以解决实际问题为目的，重在培养汽车维修人员的职业岗位素质和专业基本技能。本书可作为汽车运用与维修专业的培训教材，也可供汽车维修从业人员、汽车驾驶人员阅读参考。

本书由周斌兴主编，参加编写的人员还有张能武、陶荣伟、钱瑜、刘文军、许君辉、邵健萍、蒋超、王首中、张云龙、冯立正、龚庆华、王华、祝海钦、刘振阳、莫益栋、陈思宇、林诚也、杨杰、黄波、陈超。编写过程中得到了江南大学机械工程学院领导和相关老师的大力支持和帮助，在此表示感谢。

由于笔者水平所限，书中不妥之处在所难免，敬请广大读者批评指正。

编　者

# 目 录

CONTENTS

1 第一章 PAGE

汽车基本性能检测与诊断基础 1

第一节 汽车性能检测与诊断主要内容 1

一、汽车性能检测的目的 1

二、汽车性能检测的种类 2

三、汽车检测与诊断的方法及运用 5

四、汽车检测的技术状况参数 7

五、汽车故障的成因及变化规律 11

六、汽车故障的分类、现象及常用检测诊断参数与设备 12

七、汽车检测的规范化和标准化 14

第二节 汽车检测线及其设备配置 16

一、汽车安全环保性能检测线 16

二、汽车综合性能检测线 20

三、汽车维修企业检测设备的配备 23

2 第二章 PAGE

汽车安全环保性能检测 25

第一节 汽车侧滑检测 25

一、前束与外倾的关系及侧滑量检测原理 25

二、侧滑试验台的结构及工作原理 26

三、前轮侧滑检测的原理及检测标准 27

四、侧滑试验台的操作与使用 28

第二节 汽车制动性能检测 29

一、制动性能下降的分析及对制动过程的基本要求 29

二、汽车制动检测设备 31

三、制动性能的检测方法、评价指标及其相关规定 35

第三节 汽车动力性能检测 40

一、汽车最高车速、加速性能及爬坡能力 40

二、汽车最高车速的测量 40

三、汽车加速性能的检测 41

四、汽车最大爬坡度的测试 41
第四节 汽车车速表误差校验 41
一、车速表误差的形成与测量原理 42
二、车速表的检测标准 42
三、车速表试验台的结构及工作原理 43
四、车速表的检测方法 44
第五节 汽车前照灯检测 45
一、前照灯的检测指标及配光特性 45
二、前照灯的检测方法及原理 46
三、几种前照灯检验仪的结构及工作原理 47
四、前照灯检验仪的使用与维护 50
第六节 汽车燃料经济性检测 51
一、汽车燃料消耗量试验方法 51
二、车用油耗计结构及使用方法 52
第七节 汽车排气污染物检测 55
一、汽油车排气污染物检测的意义 55
二、汽车排放污染物检测的仪器及工作原理 56
三、汽车排放污染物检测的评价指标 58
第八节 汽车噪声性能检测 60
一、汽车噪声与噪声的评价指标 60
二、汽车噪声测量系统的原理 62
三、汽车噪声检测仪器及使用 62
四、汽车噪声的检测方法 64

3 第三章 PAGE
汽车发动机性能检测 67

第一节 发动机功率检测 67
一、发动机功率评价指标 67
二、发动机功率检测原理 68
三、发动机功率检测仪器 70
四、无负荷测功仪的一般使用方法 71
五、发动机综合性能检测仪及其使用 72
第二节 气缸密封性检测 74
一、气缸压缩压力检测 74
二、气缸盖和气缸体检测 76
三、曲轴箱窜气量检测 77
四、进气管真空度检测 79
五、气缸漏气量检测 79
六、发动机真空波形检测 79
第三节 发动机异响和振动检测 81
一、发动机异响检测 81
二、发动机振动检测 83
第四节 发动机点火系统检测 85

一、点火系统性能评价指标 85
二、点火系统主要部件检测 86
三、点火电压波形检测与分析 87
四、磁感应式电子点火系统检测 92
五、点火正时检测 93
第五节 汽油机燃料供给系统检测 95
一、燃油压力检测 95
二、燃油泵供电电压检测 97
三、燃油泵熔丝检测 98
四、油泵继电器检测 99
五、电动燃油泵检测 101
六、喷油器检测 105
第六节 柴油机燃料供给系统检测 108
一、供油正时检测与调整 108
二、喷油器检测与调整 109
三、喷油泵检测与调整 109
四、喷油压力检测 111
第七节 发动机润滑系统检测 115
一、发动机润滑系统评价指标 115
二、润滑系统压力检测 116
三、机油消耗量检测 117
四、机油品质检测 117

4 第四章 汽车底盘性能检测 PAGE 120

第一节 底盘输出功率检测 120
一、汽车底盘测功试验台的结构与工作原理 120
二、底盘测功试验台的测功方法 123
三、影响底盘测功机测试精度的因素 124
第二节 传动系统检测 125
一、传动系统检测评价指标 125
二、汽车传动系统功率损失和传动效率检测 125
三、离合器打滑检测 126
四、传动系统游隙检测 127
第三节 行驶系统检测 128
一、车轮平衡检测 128
二、四轮定位检测 130
三、转向轮定位参数检测 134
第四节 转向系统检测 136
一、转向盘自由转动量检测 136
二、转向盘转向力检测 136
三、转向轮转向角检测 137
四、悬架和转向系统间隙检测 138

5 第五章 汽车常见故障诊断与案例分析 PAGE 139

第一节 汽车发动机常见故障诊断与案例分析 139
一、发动机无法启动故障诊断 139
二、发动机怠速控制系统常见故障诊断与案例分析 149
三、发动机加速不良故障诊断与案例分析 160
四、发动机燃油消耗过高故障诊断与案例分析 167
五、发动机尾气超标排放故障诊断与案例分析 170
第二节 汽车底盘常见故障诊断与案例分析 177
一、离合器故障诊断与案例分析 177
二、自动变速器故障诊断与案例分析 185
三、手动变速器故障诊断与案例分析 197
四、汽车制动系统故障诊断与案例分析 202
五、汽车转向系统故障诊断与案例分析 207

参考文献 PAGE 215

Chapter 1

# 第一章 汽车基本性能检测与诊断基础

## 第一节 汽车性能检测与诊断主要内容

汽车性能检测与故障诊断，是通过对汽车性能进行检查、测试、分析，从而对其技术状况做出评价或判断的一项技术。

汽车性能检测与故障诊断，涉及力学、声学、热学、电学、光学、化学等学科领域以及机械、电子、计算机、自动控制等多项技术。从实用角度而非学科角度出发，应该说，性能检测与故障诊断之间既有联系，又有区别。性能检测与故障诊断是一个问题的两个方面。它们的共同之处是，都要对汽车进行检查以了解汽车的技术状况。但是两者检查的出发点不同。

性能检测，是指在汽车使用过程中，对汽车的动力性、经济性、安全性和环保性能等方面进行检查测试，以便对相关的性能做出评价，对发现的问题做出及时调整，保证汽车保持良好的技术状况。

故障诊断，是指在汽车出了故障之后，通过检查测试，判断出现故障的原因和故障点，并指出排除故障的方法。所以诊断的目的是为了排除故障。

性能检测是一种主动检查行为，如同健康的人去医院进行体检，以便了解身体健康状况，也可以及时发现疾病隐患。故障诊断则是一种被动检查行为，就好像人生了病，需要到医院看病一样。

### 一、汽车性能检测的目的

汽车的大量使用，在提高运输效率，促进经济发展，改善人们生活的同时，也产生了交通事故、大气污染、噪声污染以及能源紧张等引起全球关注的问题。汽车性能检测的目的见表 1-1。

**表 1-1 汽车性能检测的目的**

| 目的 | 说 明 |
| --- | --- |
| 保证交通安全 | 随着交通运输的发展，交通事故也在日益增加。造成交通事故的原因，大致可归纳为驾驶员、行人、车辆、道路环境和气候五个方面。其中，由于汽车制动、转向、照明等技术原因造成的事故，约占事故总量的 1/4。所以，对汽车性能进行定期检查和调整，使其处于良好的技术状况，对保证交通安全是非常必要的 |

续表

| 目的 | 说 明 |
| --- | --- |
| 减少环境污染 | 汽车排放的尾气中含有上百种化合物，其中对人和生物直接有害的物质主要是CO、HC（碳氢化合物的总称）、$NO_x$（氮氧化合物的总称）、铅化合物以及炭烟颗粒等。这些有害气体污染了大气，破坏了人类的生存环境。特别在大城市中交通拥塞、人口密集的地区，汽车排气污染更加严重。另外应该指出，汽车尾气中还含有$CO_2$，$CO_2$是一种主要的温室气体，向大气排放过多的$CO_2$，有使地球表面温度升高的作用，所以$CO_2$也是一种重要的、对大气起污染作用的有害气体<br>汽车的噪声是另一种环境污染。在交通繁忙的十字路口，车辆噪声可达70dB以上。国家通过对汽车进行定期检测的方法，严格限制汽车产生的废气和噪声污染，污染超标的车辆不允许上路，必须及时修理 |
| 改善汽车性能 | 使用一段时间后，汽车性能或技术状况会逐渐变差。不仅动力性和经济性会降低，油耗会增加，尾气排放情况会变坏，有时（如制动性能变差时）还会引发交通事故。所以，通过定期的检查测试，既可以保持汽车经常处于良好的技术状况，改善汽车性能，还可以延长使用寿命 |

汽车性能检测是指对汽车的动力性、经济性、安全性和环保性能等方面进行检查测试，检测内容涵盖安全环保和综合性能检测中的所有内容。主要包括发动机动力性和经济性检测、整车动力性和经济性检测、制动性能检测、转向轮侧滑检测、车速表校核、前照灯检测、汽车尾气排放和噪声检测等。

## 二、汽车性能检测的种类

汽车性能检测大都通过机动车检测站进行。机动车检测站是受国家有关主管部门（公安或交通运输管理部门）的委托，按国家有关法律、法规和标准规定，对机动车性能进行不解体检测的场所。

机动车检测站视其功能和规模大小，一般包括一条或几条由各种检测仪器和设备组成的检测线。根据检测对象的不同，检测线可以分为汽车检测线和摩托车检测线。其中汽车检测线按汽车吨位大小又可分为大车线、小车线等。

目前，汽车性能检测根据检测目的的不同可分为安全环保检测、综合性能检测、故障诊断检测三种。

### （一）安全环保检测

安全环保检测是在机动车不解体的情况下，对机动车进行的有关安全性能及涉及环境保护方面的项目进行的检查和测量。安全环保检测依据GB 7285—2004《机动车运行安全技术条件》，针对所有上路行驶的机动车定期实施强制检测。

1. 安全环保检测站的几种检验功能

安全环保检测站的几种检验功能见表1-2。

**表1-2 安全环保检测站的几种检验功能**

| 类别 | 说 明 |
| --- | --- |
| 初次检验 | 《中华人民共和国道路交通安全法》第八条规定：国家对机动车实行登记制度。机动车经公安机关交通管理部门登记后，方可上道路行驶。尚未登记的机动车，需要临时上道路行驶的，应当取得临时通行牌证。所以车主在使用汽车之前，必须首先到车辆管理部门指定的检测站对汽车进行初次检验，合格之后方可办理登记申请、领取号牌和行驶证等手续<br>初次检验的目的，一是保证汽车来源的合法性，二是保证汽车在技术性能方面必须符合国家有关规定的要求。目前技术上检验的依据，主要就是《机动车运行安全技术条件》（GB7258—2004）等标准 |

续表

| 类别 | 说　明 |
| --- | --- |
| 定期检验 | 定期检验就是在用汽车必须按照公安部门的要求，定期到指定的检测站进行安全技术方面的检验。许多国家都有对在用车辆进行定期检验的要求。通过定期检测，可及时发现技术上的问题。凡检查不合格的，不允许上路。必须进行调整或修理<br>目前，根据《中华人民共和国道路交通安全法实施条例》第十六条规定：机动车应当从注册登记之日起，按照下列期限进行安全技术检验<br>①营运载客汽车 5 年以内每年检验 1 次；超过 5 年的，每 6 个月检验 1 次<br>②载货汽车和大、中型非营运载客汽车 10 年以内每年检验 1 次；超过 10 年的，每 6 个月检验 1 次<br>③小型、微型非营运载客汽车 6 年以内每 2 年检验 1 次；超过 6 年的，每年检验 1 次；超过 15 年的，每 6 个月检验 1 次<br>④摩托车 4 年以内每 2 年检验 1 次；超过 4 年的，每年检验 1 次<br>⑤拖拉机和其他机动车每年检验 1 次<br>营运机动车在规定检验期限内经安全技术检验合格的，不再重复进行安全技术检验 |
| 临时检验 | 除定期检验之外，在某些情况下，汽车要进行临时检查。例如<br>①新车或改装车领取临时号牌时<br>②机动车久置不用后，重新使用时<br>③机动车受到严重损坏，在修复之后、上路之前<br>④国外、境外汽车经批准在我国境内短期行驶时<br>⑤车管部门规定的其他情况（如春运期间的营运车）等 |
| 特殊检验 | 是指在特殊情况下为特殊目的而进行的检验。例如对改装车辆、事故车辆、首长用车或外事用车等进行的检验。这类检验的内容和要求往往与一般检验有所不同。例如，对改装车辆，除按规定进行必要的检验外，还必须检查其特殊性能（如密封性、绝热性等）；对首长用车和外事用车还要重点检查外观、舒适性、平顺性、操纵稳定性以及安全性能等 |

2. 安全环保检测站的检测项目

按照国家标准《机动车运行安全技术条件》（GB 7258—2004）的要求，安全环保检测站主要检测表 1-3 中所列项目。

**表 1-3　安全环保检测站的检测项目**

| 项　目 | 说　明 |
| --- | --- |
| 外观检查 | 外观检查属于人工检查项目，要检查的项目很多。主要有<br>①车辆外表，如喷漆、喷字是否完好，牌照是否符合规定等<br>②各种灯光、后视镜、刮水器、喇叭、仪表等设备是否齐全有效<br>③驾驶室及车厢的密封情况，门窗的开闭、门窗玻璃升降是否正常<br>④转向盘、离合器、制动踏板的自由行程是否符合要求<br>⑤油、水、电、气系统的泄漏情况<br>⑥转向系统、制动系统和传动系统各机件是否连接牢固、转动灵活<br>⑦前、后桥及传动轴、车架等装置是否有明显的断裂、损伤、变形等问题<br>⑧排气管、消声器、燃油箱、蓄电池、减振器、冷却风扇等的连接是否可靠等<br>这些检查项目总共达 60 项左右，可大致分为车上和车底两大部分。为了便于检查车底部分，检验场所往往需要一条地沟 |
| 前轮侧滑量检查 | 使用侧滑试验台检查前轮侧滑量 |
| 轴重测量 | 轴重也称轴荷，即汽车某一轴的载质量。轴重测量是为了配合检查制动效能而进行的一个检测项目。测量轴重使用轴重仪。有时将轴重仪与制动试验台制成一体 |
| 制动检查 | 制动检查是安全环保检测站最重要的检测项目之一。一般采用制动试验台检测汽车制动力 |
| 车速表校验 | 在车速表试验台上进行车速表校验 |
| 噪声测量 | 噪声测量包括车内、外噪声和喇叭声级的测量。测量噪声使用声级计 |
| 前照灯检验 | 目前由于在检测站测量近光灯较困难，所以以测量远光灯为主，包括前照灯的发光强度和照射方向。使用的仪器是前照灯检验仪 |
| 排气污染物检测 | 检查废气排放，也是检测站的一项重要任务。汽油车主要检测 CO、HC 和 $NO_x$；柴油车主要检测排气烟度 |

## （二）综合性能检测

综合性能检测是在不解体的情况下，对营运车辆有关综合性能方面的项目进行的检查和测试。综合性能检测是依据 GB 18565—2001《营运车辆综合性能要求和检验方法》，针对营运车辆定期实施强制检测。另外，综合性能检测还依据 JT/T 198—2004《汽车技术等级评定标准》，担负车辆技术等级评定的工作。综合性能检测站是隶属于交通管理部门的检测站。

1. 综合性能检测的主要任务

按照交通部 1991 年 29 号令的规定，综合性能检测站的主要任务是对在用运输车辆的技术状况进行检测诊断；对汽车维修行业的维修车辆进行质量检测；接受委托，对车辆改装、改造、报废及其有关新工艺、新技术、新产品、科研成果等项目进行检测，提供检测结果；接受公安、环保、商检、计量和保险等部门的委托，为其进行有关项目的检测，提供检测结果。

可以看出，综合性能检测站的功能比安全环保检测站强一些，因此也被认为是技术上比较权威的检验部门。

按照国家标准《汽车综合性能检测站通用技术条件》（GB/T 17993—2005）的规定，综合性能检测站可按其职能的不同，分为 A、B 两级。

（1）A 级站　能够承担汽车技术状况检测、车辆技术等级评定检测、维修质量检测和接受有关部门委托对汽车及相关项目进行检测的汽车综合性能检测站。

（2）B 级站　能够承担汽车技术状况检测和维修质量检测的汽车综合性能检测站。

可以看出，在 A、B 两级检测站中，以 A 级站功能较强。

2. 综合性能检测站的检测项目及设备配备要求

综合性能检测站的检测项目与设备配备要求见表 1-4。

**表 1-4　汽车综合性能检测站检测项目与设备配备要求**

| 检测项目 | | 检测设备 | 配备要求 | |
|---|---|---|---|---|
| | | | A 级站 | B 级站 |
| 动力性 | 发动机功率 | 发动机综合检测仪 | √ | √ |
| | 底盘输出功率 | 汽车底盘测功机 | √ | ☆ |
| | 加速时间 | | √ | √ |
| 经济性 | 等速百公里油耗 | 汽车底盘测功机（或五轮仪）、油耗仪 | √ | √ |
| 制动性能和滑行性能 | 轴载质量 | 轴（轮）重仪 | √ | √ |
| | 制动力 | 制动检测仪（制动试验台） | √ | √ |
| | 制动力平衡 | | | |
| | 车轮阻滞力 | | | |
| | 驻车制动力 | | | |
| | 制动系统协调时间 | | | |
| | 制动踏板力 | 制动踏板力计 | √ | √ |
| | 驻车制动装置操纵力 | 操纵力计 | √ | √ |
| | ABS 性能 | ABS 检测仪 | ☆ | ☆ |
| | 滑行距离或滑行时间 | 汽车底盘测功机 | √ | ☆ |

续表

| 检测项目 | | 检测设备 | 配备要求 | |
|---|---|---|---|---|
| | | | A 级站 | B 级站 |
| 转向操纵性 | 侧滑量 | 侧滑检测仪 | √ | √ |
| | 车轮定位 | 车轮定位检测仪 | √ | √ |
| | 转向角 | 转向角检测仪 | √ | √ |
| 悬架效率 | 振幅和频率 | 悬架性能检测仪 | ☆ | ☆ |
| | 吸收率 | | | |
| | 左右轮吸收率差 | | | |
| 排气污染物 | 汽油车废气排放 | 废气分析仪 | √ | √ |
| | 柴油机废气排放 | 烟度计 | √ | √ |
| 前照灯 | 前照灯发光强度 | 前照灯检测仪 | √ | √ |
| | 前照灯光轴偏移量 | | | |
| 车速表、里程表示值 | 误差程度 | 车速表试验台(或汽车底盘测功机) | √ | √ |
| 汽车噪声 | 客车内噪声 | 声级计 | √ | √ |
| | 驾驶员身旁噪声 | | | |
| | 车外噪声 | | | |
| | 喇叭声级 | | | |
| 车身防雨密封性 | 渗、滴、漏情况 | 喷淋装置 | ☆ | × |
| 汽车侧倾角 | 汽车侧倾角度 | 汽车侧倾角检测仪 | ☆ | × |
| 整车装备与外观 | | 轮胎气压表、钢卷尺、漆膜光泽检测仪、钢板尺、轮胎花纹深度尺等 | √ | √ |
| 发动机诊断 | | 发动机综合测试仪、示波器、曲轴箱窜气量检测仪、气缸压力表等 | ☆ | ☆ |
| 底盘诊断 | | 车轮动平衡机、底盘间隙检测仪、传动系统游隙检测仪、不解体探伤仪、温湿度计、风速仪、秒表等 | ☆ | ☆ |

注：√—必须执行项；☆—选择执行项；×—不执行项。

### （三）故障诊断检测

故障诊断检测是利用各种检测仪器和设备，充分利用电子控制技术的特点，获取汽车的各种数据，并根据这些数据判断汽车的技术状况，对汽车故障做出科学、准确诊断，使汽车的故障诊断从定性诊断发展为定量诊断。

## 三、汽车检测与诊断的方法及运用

1. 汽车检测与诊断的方法

汽车故障诊断是指在整车不解体情况下从故障症状出发，通过问诊试车、分析研究、推理假设、流程设计、测试确认、修复验证，最后达到发现故障原因和故障部位并排除故障的应用技术。

汽车在使用过程中，由于某一种或几种原因的影响，其技术状况将随行驶里程的增加而

变化，其动力性、经济性、可靠性、安全性将逐渐或迅速地下降，排气污染和噪声加剧，故障率增加，这不仅对汽车的运行安全、运行消耗、运输效率、运输成本及环境造成极大的影响，甚至还直接影响到汽车的使用寿命。因此研究汽车故障的变化规律，定期检测汽车的使用性能，及时而准确地诊断出故障部位并排除故障，就成为汽车使用技术的一项重要内容。因此，汽车故障诊断与检测是延长汽车使用寿命的关键，是汽车使用技术的中心环节。

汽车检测与诊断是由检查、分析、判断等一系列活动完成的。从完成这些活动的方式看，汽车检测与诊断的基本方法见表 1-5。

**表 1-5 汽车检测与诊断的基本方法**

| 类别 | 说明 |
|---|---|
| 人工经验诊断法 | 人工经验诊断法是通过路试和对汽车或总成工作情况的观察，凭借诊断人员丰富的实践经验和一定的理论知识，利用简单工具，在不解体汽车或局部解体情况下，根据汽车在工作中表现出来的外部异常状况，通过眼看、手摸、耳听等手段，边检查、边试验、边分析，进而对汽车技术状况进行定性分析或对故障部位和原因进行判断的一种诊断方法<br>人工经验诊断法不需要专用仪器设备，可随时随地应用。但存在着诊断速度慢，准确性差及不能进行定量分析等缺点，并要求诊断者具有丰富的实践经验和较高的技术水平 |
| 现代仪器设备诊断法 | 现代仪器设备诊断法是在人工经验诊断法的基础上发展起来的诊断方法。该法可在不解体情况下，利用建立在机械、电子、流体、振动、声学、光学等技术基础上的专用仪器设备，对汽车、总成或机构进行测试，并通过对诊断参数测试值、变化特性曲线、波形等的分析判断，定量确定汽车的技术状况。采用微型计算机（以下简称微机）控制的专用仪器设备能够自动分析、判断、打印诊断结果<br>现代仪器设备诊断法的优点是诊断速度快、准确性高、能定量分析，缺点是投资大、占用固定厂房等 |
| 自诊断法 | 自诊断法是利用汽车电控单元的自诊断功能进行故障诊断的一种方法。自诊断的功能是利用监测电路检测传感器、执行器以及微处理器的各种实际参数，并将其与存储器中的标准数据进行比较，从而判定系统是否存在故障。当判定系统存在故障时，电控单元将故障信息以故障码的形式存入存储器，并控制警告灯向驾驶员发出警示信号。自诊断法的过程是通过一定的操作方式，把汽车电控系统中电控单元的故障码提取出来，然后通过查阅相应的“故障码表”来确定故障的部位和原因 |

在实际检测诊断工作中，上述三种方法不是相互独立的，而是相辅相成的。人工经验诊断法是检测诊断的基础，它在汽车诊断的任何时期均具有十分重要的实用价值，即使汽车专家诊断系统，它也是把人脑的分析、判断通过计算机语言转化成计算机的分析判断。现代仪器设备诊断法是在人工经验诊断法基础上发展起来的诊断方法，它在汽车检测诊断中所占的比例日益增大，使用现代仪器设备诊断法是汽车检测诊断技术发展的必然趋势。自诊断法对于汽车各大电子控制系统十分有效，而且快捷准确，这是其他方法无可比拟的，随着计算机控制技术的发展和在汽车上的广泛应用，自诊断法将会显示出更大的优势，发挥更大的作用。

2. 汽车故障诊断方法的运用

汽车检测与故障诊断，是随时了解汽车的技术状况、及时进行维护的基础，是实现视情修理的前提条件，是提高维修效率和维修质量的必要保证。

上述几种故障诊断方法在汽车维修中的主要应用是快速获取诊断信息，以便有效指导维修工作的实施。实践中获取诊断信息的主要方法见表 1-6。

**表 1-6 汽车故障诊断方法**

| 类别 | 说明 |
|---|---|
| 经验法 | 检测人员根据多年积累的经验采用眼看、手摸、耳听的办法对被检测汽车的外观和运行情况直接观察，可以获得第一手资料。当然这种方法只能对车辆进行定性判断，一般只能用于可以直接观察到的零部件。汽车外观检测可分为车身和底盘检测，检测时先观测车辆的外部尺寸有无明显变化，车门、车窗、灯光等是否齐全有效，车身下是否有渗漏现象，发动机和传动件声响是否异常，尾气是否有明显的黑烟等。可以借助简单的仪器进行观察，如手灯、内窥镜、振动听诊器等，将观测的情况记录存档，便于分析一些零件的变化趋势。实践表明，历史记录对现场的经验判断是十分有效的<br>检测人员可根据汽车在工作中表现出来的外部异常情况，采用逻辑推断的方法，来诊断故障类型和部位，即故障树法，就是用表示故障因果关系的分析图来诊断故障。这种方法必须依靠维修人员长期积累的经验和反复观察，如果维修人员经验不足常会出现误诊 |

续表

| 类 别 | 说 明 |
| --- | --- |
| 整体性能测定法 | 汽车整体或汽车总成性能检测和试验是确定汽车技术状况最主要的方法，也是在不解体情况下获取诊断信息的重要途径。评价汽车整体性能的指标有动力性能指标、经济性能指标、安全性能指标、排放性能指标、舒适性能指标等。如果汽车的整体性能指标好，一般不会有太大的故障，一些小的故障存在，如发动机有轻微的异响，一般不会影响车辆的整体性能。相反，如果汽车的整体性能指标不好，就一定有故障存在，如汽车的动力性能指标大幅度降低，那么汽车的发动机或传动系统就一定有故障，进一步检测就可以确定故障所在。总之，进行汽车整体性能试验可以判断汽车及总成是否有故障 |
| 磨损残余物测定法 | 汽车零件，如轴承、齿轮、活塞环、气缸套等在运行过程中的磨损残余物可以在润滑油中找到。目前，测定润滑油中磨损残余物有三种方法：第一种是直接检查残余物，通过测定油膜间隙内电容或电感的变化、测定润滑油浑浊的变化等方法迅速获得零部件失效的信息；第二种是收集残余物，判断其形态，如采用磁性探头、特殊的过滤器等收集齿轮、滚动轴承等工作表面疲劳引起的大块剥落颗粒；第三种方法是油样分析，采用光谱、铁谱分析方法可以确定汽车运动副中哪些零件发生了磨损 |
| 温度测量法 | 汽车工作时，不仅伴有振动、噪声，而且自身温度也区别于环境温度。正常条件下，零部件的温度在一定范围内变化，如正常燃烧的汽车发动机冷却液温度为80～90℃，温度的升高或降低意味着冷却系统工作不良。发动机排气管的温度过高，可能是点火过晚或混合气过浓、过稀等原因造成的。测量温度有两种方法：接触法和非接触法。传统的冷却液温度传感器是接触测量法，而红外成像法是非接触法。研究表明，不同温度的物体都在向外界辐射红外线，辐射功率与物体表面热力学温度的四次方成正比。当物体表面温度为27℃时，温度每升高1℃，辐射功率将增加1.34%。因此，可利用被测物体自身发射的红外辐射不同于周围部件的红外辐射的特点来检测被测物体的表面温度及温度分布。将被测物体的红外线辐射转换成可见光显示出来，即为红外成像技术。利用红外成像能对被测对象技术状况进行判断 |
| 压力检测法 | 汽车检测中，各种压力的测量是检测的一个重要方法。汽车各总成中需要检测的压力参数有机油压力、发动机气缸压力、进气管真空度、燃料系统供油压力、各种助力装置产生的压力等。一般的方法是将压力信号转换成电信号后，输入控制器进行处理，得出压力测量结果，作为故障诊断的依据 |
| 计算机诊断法 | 对于由微机控制发动机的车辆，可利用车辆本身的计算机或外部的计算机故障诊断仪将汽车电子控制部件存储的各种信息提取出来，然后进行整理、比较、翻译，以文字、图表、曲线的方式表现出来。人们可以根据这些信息，判断故障类型和发生的部位，这是汽车诊断技术发展的方向 |

通过上述几种方法的综合应用，获取足够的汽车诊断信息后，便可以有效地指导汽车维修工作的正常实施。

## 四、汽车检测的技术状况参数

汽车的检测与诊断是确定汽车技术状况的技术，不仅要求有完善的检测、分析、判断的手段和方法，而且在正确检测诊断汽车技术状况参数的同时，还必须知道正确的参数标准和最佳诊断与检测周期。诊断与检测参数、参数标准、最佳诊断周期是从事汽车诊断工作必须掌握的基础知识。

### （一）汽车技术状况参数

汽车技术状况参数，是表征汽车、总成及机构技术状况的量化指标。表征汽车技术状况的参数分为两大类：一类是结构参数；另一类是技术参数。结构参数是指表征汽车结构的各种特性的物理量，如几何尺寸、电学和热学的参数等。技术参数（表1-7）是指评价汽车使用性能的物理和化学量，如发动机的输出功率、油耗和排放值等。

**表 1-7　汽车通常检测的技术参数**

| 诊断对象 | 汽车技术参数 |
|---|---|
| 汽车整体 | 最高车速 |
| | 加速时间 |
| | 最大爬坡度 |
| | 驱动车轮输出功率 |
| | 驱动车轮驱动力 |
| | 汽车燃料消耗量 |
| | 汽车侧倾稳定角 |
| | CO 排放量 |
| | HC 排放量 |
| | $NO_2$排放量 |
| | $CO_2$排放量 |
| | $O_2$排放量 |
| | 柴油车自由加速时烟度 |
| 发动机总成 | 额定转速 |
| | 怠速转速 |
| | 发动机功率 |
| | 发动机燃料消耗量 |
| | 单缸断火(油)转速下降值 |
| | 排气温度 |
| 汽油机供给系统 | 空燃比 |
| | 汽油泵出口关闭压力 |
| | 供油系统供油压力 |
| | 喷油器喷油压力 |
| | 喷油器喷油量 |
| | 喷油器喷油不均匀度 |
| | 输油泵输油压力 |
| | 喷油泵高压油管最高压力 |
| | 喷油泵高压油管残余压力 |
| | 喷油器针阀开启压力 |
| | 喷油器针阀关闭压力 |
| | 喷油器针阀升程 |
| | 各缸喷油器喷油量 |
| | 各缸喷油器喷油不均匀度 |
| | 供油提前角 |
| | 喷油提前角 |
| 曲柄连杆机构 | 气缸压力 |
| | 气缸漏气量 |
| | 曲轴箱漏气量 |
| | 进气管真空度 |
| 配气机构 | 气门间隙 |
| | 配气相位 |
| 点火系统 | 断电器触点间隙 |
| | 断电器触点闭合角 |
| | 点火波形重叠角 |
| | 点火提前角 |
| | 火花塞间隙 |
| | 各缸点火电压值 |
| | 各缸点火电压短路值 |
| | 点火系统最高电压值 |
| | 火花塞加速特性值 |
| 润滑系统 | 机油压力 |
| | 油底壳油面高度 |
| | 机油温度 |
| | 机油消耗量 |
| | 理化性能指标变化量 |
| | 清净性系数的变化量 |
| | 介电常数的变化量 |
| | 金属微粒含量 |
| 冷却系统 | 冷却液温度 |
| | 冷却液液面高度 |
| | 风扇传动带张力 |
| | 风扇离合器离合温度 |
| 传动系统 | 传动系统游动角度 |
| | 传动系统功率损失 |
| | 机械传动效率 |
| | 总成工作温度 |
| 转向系统 | 车轮侧滑量 |
| | 车轮前束值 |
| | 车轮外倾角 |
| | 主销后倾角 |
| | 主销内倾角 |
| | 转向轮最大转向角 |
| | 最小转弯半径 |
| | 转向盘自由转动量 |
| | 转向盘最大转向力 |

续表

| 诊断对象 | 汽车技术参数 | 诊断对象 | 汽车技术参数 |
|---|---|---|---|
| 制动系统 | 制动距离 | 行驶系统 | 车轮端面圆跳动量 |
| | 制动减速度 | | 车轮径向圆跳动量 |
| | 制动力 | | 车胎胎面花纹深度 |
| | 制动拖滞力 | 其他 | 前照灯发光强度 |
| | 驻车制动力 | | 前照灯光束照射位置 |
| | 制动时间 | | 车速表误差值 |
| | 制动协调时间 | | 喇叭声级 |
| | 制动完全释放时间 | | 客车车内噪声 |
| 行驶系统 | 车轮静不平衡量 | | 驾驶员耳旁噪声 |
| | 车轮动不平衡量 | | |

## （二）汽车技术状况参数标准

为了定量地评价汽车、总成及机构的技术状况，确定维修的范围和深度，预报无故障工作里程，必须建立汽车技术状况参数标准，提供一个比较尺度，这样，在检测到汽车技术状况参数值后与汽车技术状况参数标准值对照，即可确定汽车是继续运行还是要进行维修。

1. 汽车技术状况参数标准的分类

汽车技术状况参数标准与其他标准一样，分为国家标准、行业标准、地方标准和企业标准四类，见表1-8。

**表1-8　汽车技术状况参数标准的分类**

| 类　别 | 说　　明 |
|---|---|
| 国家标准 | 国家标准有强制性标准、推荐标准和替代性标准，国家强制性标准冠以中华人民共和国国家标准（GB）字样。国家标准一般由某行业部委提出，由国家质量监督检验检疫总局发布，全国各级各有关单位和个人都必须贯彻执行，具有强制性和权威性。如GB 18565—2001《营运车辆综合性能要求和检验方法》、GB 17691—2001《车用压燃式发动机排气污染物排放排放限值及测量方法》和GB 7258—2004《机动车运行安全技术条件》等，都是国家标准，在汽车检测中都必须执行 |
| 行业标准 | 行业标准在行业系统内贯彻执行，一般冠以中华人民共和国某行业标准，也在一定范围内具有强制性和权威性，有关单位和个人也必须贯彻执行，如JT/T 201《汽车维护工艺规范》、JT/T 198《汽车技术等级评定标准》，均为中华人民共和国交通行业标准，其与诊断有关的限值均可作为汽车技术状况参数标准使用 |
| 地方标准 | 地方标准是省级、市地级、县级制定并发布的标准，在地方范围内贯彻执行，也在一定范围内具有强制性和权威性，所属范围内的单位和个人必须贯彻执行。省、市、地、县除贯彻执行上级标准外，可根据本地情况制定地方标准或率先制定上级没有制定的标准。地方标准中的限值可能比上级标准中限值要求更严格 |
| 企业标准 | 企业标准包括汽车制造厂推荐的标准，汽车运输企业和汽车维修企业内部制定的标准及检测仪器设备制造厂推荐的参考性标准三种类型<br>汽车制造厂推荐的标准是汽车制造厂在汽车使用说明书中公布的汽车使用性能参数、结构参数、调整数据和使用极限等，可以把它们作为汽车技术状况参数标准来使用。该类标准是汽车制造厂根据设计要求、制造水平，为保证汽车的使用性能和技术状况而制定的<br>汽车运输企业和维修企业的标准是汽车运输企业、汽车维修企业内部制定的标准，只在企业内部贯彻执行。该类标准除贯彻执行上级标准外，往往根据本企业的具体情况，制定一些上级标准中尚未规定的内容。企业标准中有些汽车技术状况参数的限值甚至比上级标准还要严格，以保证汽车维修质量和树立良好的企业形象。企业标准必须达到国家标准和上级标准的要求，同时允许超过国家标准和上级标准的要求<br>检测仪器设备制造厂推荐的参考性标准是检测仪器设备制造厂针对本仪器或设备所检测的汽车技术状况参数，在尚没有国家标准和行业标准的情况下制定的汽车技术状况参数的限值，通过仪器或设备的使用说明书提供给使用者，作为参考标准，以判断汽车、总成及机构的技术状况 |

任何一级的标准制定，都既要考虑技术性和经济性，又要考虑先进性，并尽量靠拢同类国际标准。

2. 汽车技术状况参数标准的组成

汽车技术状况参数标准一般由初始值、许用值和极限值三部分组成，见表1-9。

表1-9 汽车技术状况参数标准的组成

| 类别 | 说明 |
| --- | --- |
| 初始值 | 此值相当于无故障新车和大修车汽车技术状况参数值的大小，往往是最佳值，可作为新车和大修车的诊断标准。当汽车技术状况参数测量值处于初始值范围内时，表明诊断对象技术状况良好，无需维修便可继续运行 |
| 许用值 | 汽车技术状况参数测量值若在此值范围内，则诊断对象技术状况虽发生变化，但尚属正常，无需修理，按要求维护就可继续运行，超过此值，应及时进行修理 |
| 极限值 | 汽车技术状况参数测量值超过此值后，诊断对象技术状况严重恶化，汽车必须立即停驶进行修理。此时，汽车的动力性、经济性降低，行驶安全得不到保证，有关机件磨损严重，甚至可能发生机械故障 |

可以看出，通过对汽车进行检测诊断，当汽车技术状况参数测量值在许用值以内时，汽车可继续运行；当汽车技术状况参数测量值达到或超过极限值时，必须停止运行进厂修理。因此，将测得的汽车技术状况参数测量值与汽车技术状况参数标准值比较，就可得知汽车技术状况，并做出相应的决断。汽车技术状况参数标准的初始值、许用值和极限值，可能是一个单一的数值，也可能是一个范围。随着经济的发展和技术的进步，汽车技术状况参数标准将会不断修正，在使用各类标准时，应及时采用最新的版本。

## （三）汽车检测周期

检测周期是汽车检测的间隔期，用行驶里程或使用时间表示。检测周期的确定，应满足技术和经济两方面的条件，以获得最佳检测周期。最佳检测周期是能保证车辆完好率最高而消耗的费用最少的检测周期。确定最佳检测周期的工作是非常重要的，它既能使车辆在无故障状态下运行，又能使我国维修制度中“定期检测、强制维护、视情修理”的费用降至最低，因此要在“定期”上做好文章。

1. 制定最佳检测周期应考虑的因素

（1）汽车技术状况　在汽车新旧程度不一，技术状况不一，甚至还有使用性能、结构特点、故障规律、配件质量不一等情况下，制定的最佳检测周期显然也不一样。新车、大修后的车辆，其最佳检测周期长，反之则短。

（2）汽车使用条件　包括气候条件、道路条件、装载条件、驾驶技术、是否拖挂、燃润料质量等。气候恶劣、道路状况差、经常重载、驾驶技术不佳、拖挂行驶、燃润料质量得不到保障的汽车，其最佳检测周期短，反之则长。

（3）费用　包括检测诊断、维护修理、停驶损耗的费用。若使检测诊断、维护修理费用降低，则应使最佳诊断周期延长，但汽车因故障停驶的费用增加；若使停驶损耗的费用降低，则应使最佳检测周期缩短，但检测诊断、维护修理的费用增加。

2. 制定最佳检测周期的方法

大量统计资料表明实现单位里程费用最小和技术完好率最高，两者是可以求得一致的。根据交通部《汽车运输业技术管理规定》，汽车应实行“定期检测、强制维护、视情修理”的制度。该规定要求车辆二级维护前应进行检测诊断和技术评定，根据结果，确定附加作业或修理项目，结合二级维护一并进行。该规定又指出，车辆修理应贯彻“视情修理”的原则，即根据车辆检测诊断和技术鉴定的结果，视情按不同作业范围深度进行，既要防止拖延修理造成车况恶化，又要防止提前修理造成浪费。

从上述规定中可以看出，二级维护前和车辆大修前都要进行检测诊断，其中，大修前的检测诊断，一般在大修间隔里程行将结束时结合二级维护前的检测诊断进行。既然规定在二级维护前进行检测诊断，则二级维护周期就是我国目前的最佳诊断周期。根据JT/T201《汽车维护工艺规范》的规定，二级维护周期在10000～15000km的范围内。

## 五、汽车故障的成因及变化规律

1. 汽车故障的成因

汽车故障的成因主要有自然因素和人为因素，具体说明见表1-10。

表1-10　汽车故障的成因

| 类别 | | 说明 |
|---|---|---|
| 自然因素 | | 自然故障是指在正常使用和维护条件下，由于不可抗拒的原因而形成的故障。例如，使用过程中零件之间的自然磨损，零件在长期交变载荷下产生疲劳及在外部载荷和温度残余内应力下产生变形，非金属零件及电气元件老化等原因造成的故障 |
| 人为因素 | 汽车设计制造上的因素 | 人为故障是指由于人的行为不慎而造成的故障。这类故障起因于汽车设计、制造、维护过程中的人为因素<br>尽管各种车辆的设计者们考虑得很周全，但也难免存在薄弱环节和不足之处。如发动机水套内冷却液流向欠合理而影响散热，导致个别气缸磨损剧烈；因增压压气机结构不合理而严重烧机油；因总体布置不合理或其他原因导致制动侧滑；有的进口汽车不符合我国国情造成大客车车身强度不足等 |
| | 维修配件质量的因素 | 随着我国汽车保有量的急剧增长，维修配件需求量也大大增加，由于使用单位把关不严，伪劣产品鱼目混珠，引发了各种各样的故障。例如，同一发动机气缸盖各燃烧室容积不等，导致发动机无力或爆燃；凸轮轴正时齿轮键槽位置超差，破坏了正常的配气相位，降低了发动机的动力性；空气滤清器滤清效果差，引起气缸早期磨损；前轮左右钢板弹簧的刚度、挠度不一致、不标准，影响了前轮定位参数，破坏了操纵稳定性等 |
| | 燃料、机油选用因素 | 根据车型选用燃料和机油，是保证汽车正确使用的必要条件。如要求使用93号汽油的车辆，选用了90号汽油，发动机就会产生爆燃，冲坏气缸垫，或烧毁活塞顶，导致发动机损坏；高压缩比、热负荷大的汽油发动机，使用与之不配套的机油，会产生气缸活塞配合副的早期磨损；柴油车在严寒地区运行时，使用了高凝固点的柴油，就会造成启动困难等 |
| | 管理方面的问题 | 由于使用单位和个人不了解或不严格执行车辆技术管理规定，导致车辆使用不合理、维护不定期、修理不及时，而使人为故障丛生。使用中不重视日常维护，新车或大修车不走合，不执行出车前、行驶中、收车后的"三检"工作，不定期进行"三清"工作等，均会使随机故障频发，不但影响了汽车使用寿命，而且危及行车安全 |

2. 汽车故障的变化规律

汽车故障的变化规律是指汽车故障率（使用到某行驶里程的汽车，在单位行驶里程内发生故障的概率，也称失效率或故障程度）随行驶里程的变化规律。

在正常使用和维护条件下，汽车故障率与行驶里程之间的关系呈"浴盆"形曲线，如图1-1所示。汽车故障的变化规律见表1-11。

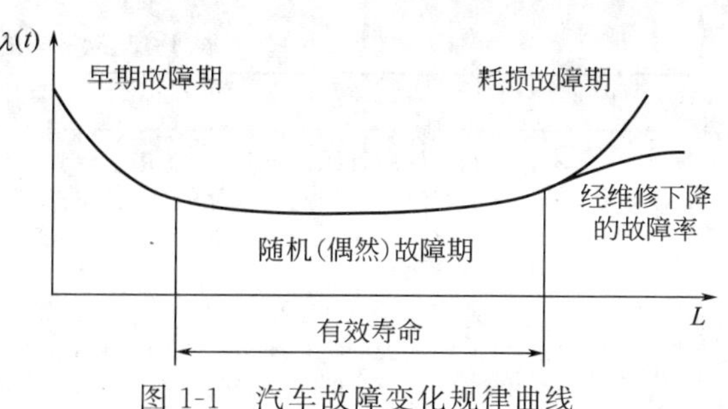


图1-1　汽车故障变化规律曲线

**表 1-11　汽车故障的变化规律**

| 类　别 | 说　　明 |
| --- | --- |
| 早期故障期 | 早期故障期相当于汽车的走合期。因初期磨损量较大，所以故障率较高，但随着行驶里程增加而逐渐下降 |
| 随机故障期或偶然故障期 | 在随机故障期，其故障的发生是随机性的，没有一种特定的故障在起主导作用，多由于使用不当、操作疏忽、润滑不良、维护欠佳及材料内部隐患，以及工艺和结构缺陷等偶然因素所致。在此期间，汽车或总成处于最佳状态，其故障率低而稳定，其对应的行驶里程一般称为汽车的有效寿命 |
| 耗损故障期 | 在耗损故障期，由于零件磨损量急剧增加，大部分零件老化耗损严重，特别是大多数受交变载荷作用及易磨损的零件已经老化，因而故障率急剧上升，出现大量故障，若不及时维修，将导致汽车或总成报废。因此，必须把握好耗损点，制定合适的维修周期 |

由上可知，早期故障期和随机故障期所对应的行驶里程即为汽车的修理周期或称修理间隔里程。

## 六、汽车故障的分类、现象及常用检测诊断参数与设备

1. 汽车故障的分类

汽车故障按影响汽车性能的情况分为功能故障和参数故障。功能故障是指汽车不能继续完成本身的功能，如行驶跑偏、转向失灵、发动机不能启动等。参数故障是指汽车的性能参数达不到规定的指标，如发动机功率下降、百公里油耗上升、排放超标等。

汽车故障按造成后果的严重程度又可分为轻微故障、一般故障、严重故障、致命故障，其说明见表 1-12。

**表 1-12　汽车故障的分类**

| 类　别 | 说　　明 |
| --- | --- |
| 轻微故障 | 一般不会导致汽车停驶或性能下降，不需要更换零件，用随车工具进行适当调整即可排除，如气门脚响、点火和喷油时刻不正确、怠速过高等 |
| 一般故障 | 导致汽车停驶或性能下降，但一般不会导致主要部件和总成的严重损坏，可更换易损零件或用随车工具在短时间内排除，如供油不畅、滤清器堵塞、个别传感器损坏等 |
| 严重故障 | 可能导致主要零件的严重损坏，必须停车，并且不能用更换零件的方法或用随车工具在短时间内排除，如发动机拉缸、抱轴、烧瓦、气缸裂纹等 |
| 致命故障 | 可能引起车毁人亡的恶性重大事故，如柴油机飞车、连杆螺栓断裂、转向节断裂、制动系统失效等 |

2. 汽车的常见故障现象

现代的汽车由于结构复杂，出现的故障也多种多样，见表 1-13。

**表 1-13　汽车的常见故障现象**

| 项　目 | 说　　明 |
| --- | --- |
| 工作异常 | 汽车使用可靠性下降，不能正常行驶。例如，发动机突然熄火，无法启动；动力性突然下降，油耗明显上升等。诸如此类故障的症状较为明显，易于察觉，但其成因较为复杂，而且往往由渐变到突变，直至失效。因此诊断时必须认真分析突变前有无可疑症状，判明故障原因 |
| 异响 | 某些故障往往会引起汽车某个部位发出不正常响声，此类故障一般可及时发现，应及时排除，否则可能酿成大的机件事故。经验证明，凡声响沉闷，并伴有明显振颤现象时，表明汽车可能存在恶性故障，此时应立即停车关机，查找原因，判明故障部位。异常响声因故障部位不同而各异，因此诊断时应仔细查听，根据响声特征，正确分辨故障部位及原因 |

续表

| 项　目 | 说　　明 |
| --- | --- |
| 过热 | 汽车在正常工作过程中，无论何时，均应保持一定的工作温度。例如，发动机过热，说明冷却系统、点火系统有故障，如不及时排除，就会引起早燃、爆燃、行驶无力等 |
| 渗漏 | 这是一种比较明显的故障症状，仔细观察就可以发现。渗漏一般指燃油、润滑油、冷却液、制动液等的渗漏。渗漏容易产生零件过早磨损、机件损坏及工作失灵等后果 |
| 排气异常 | 发动机排气管排出的废气，在燃烧不正常的情况下，排气的颜色也不正常，可能变黑、变蓝、变白。对汽油机而言，正常的废气应无明显的烟雾。如果气缸烧机油，废气呈蓝色；如果燃烧不完全，废气呈黑色；燃油中含水，则废气呈白色 |
| 燃料、润滑材料消耗异常 | 燃料、润滑材料如果消耗过多，也是故障症状。机油消耗过多，除了渗漏原因以外，多数是由于发动机存在故障，这时常伴有加机油口处大量窜烟或脉动窜烟，废气颜色也不正常，其主要原因是活塞与气缸壁的配合间隙过大。如果发动机在工作中，机油池内油液量增加，则可能是冷却水或汽油渗入。所以燃料、润滑材料的消耗情况是发动机工作是否正常的重要标志 |
| 气味异常 | 若发动机过热或烧机油、离合器片打滑严重等，都会散发出一种煳味。电线烧蚀、电路短路搭铁时也有煳味，行车中一旦发觉有异常气味，就应立即停车查明故障所在 |

3. 常用检测诊断参数与设备

在汽车维修进厂检测和出厂检测时，要对整车性能参数进行检测，当发现整车性能参数发生变化时，再进行汽车各系统的深入检测诊断。汽车整车的性能参数直接反映整车的技术状况，是评定使用维修质量的重要依据。

汽车检测诊断内容包括整车输出功率的测定、排放污染物测定与分析、车速表校验、噪声的测定、前照灯检验、汽车密封性试验及汽车外观检验等。根据故障类型不同，检测的内容和设备也不同。常用检测诊断参数与设备见表 1-14。

**表 1-14　常用检测诊断参数与设备**

| 项目 | 说　　明 |
| --- | --- |
| 整车输出功率的测定 | 汽车整车的输出功率是评价汽车技术状况的基本参数之一，可以用来获知汽车驱动轮的输出功率或牵引力，以便评价汽车的动力性；有时用获得的驱动轮输出功率与发动机输出功率进行对比，并求出传动效率，以便判定底盘传动系统的技术状况。底盘测功试验台能够在室内模拟汽车的各种运行工况，进行汽车性能试验和汽车各系统的技术状况诊断。它以滚筒带动汽车驱动轮旋转，并通过加载装置模拟汽车在道路上行驶时的各种阻力，再现汽车行驶中的各种工况，从而实现汽车在各种转速下驱动轮上的输出功率或牵引力的测定<br>在底盘测功试验台上除可以进行底盘输出功率测定外，还可以进行汽车性能试验和发动机与底盘各系统技术状况诊断 |
| 汽车异响的检测与诊断 | 由于汽车异响比较复杂，目前仍以经验判断为主，但也有利用较先进的综合检测仪来检测的，主要用于发动机检测。例如，深圳元征 EA-1000 型、BOSCH FSA-560 型检测仪，它们主要根据异响的振动波形、振幅、频率来进行判断 |
| 汽车污染物的测量 | 汽车检测和故障诊断时，一般用专用废气分析仪检测特定工况下的一氧化碳（CO）、碳氢化合物（HC）、氮氧化合物（$NO_x$）和可见颗粒物等污染物，以及二氧化碳（$CO_2$）、氧（$O_2$）的排放量，与有关标准比较、分析，依此确定汽车发动机技术状况或判断故障原因，从而利于制定维修方案 |
| 气缸密封性检测 | 气缸密封性下降会使发动机功率下降，燃油消耗率增加，使用寿命大大缩短。因此，气缸密封性是表征发动机技术状况的重要参数 |
| 燃油系统检测 | 机械膜片式汽油泵用泵油量仪来检测泵油压力、密封性和泵油量。但应用较广的还是对电子控制燃油喷射发动机（简称电控发动机）燃油系统的检测，主要包括电控发动机燃油系统压力的检测与诊断，从而可以判断电动汽油泵或油压调节器有无故障，汽油滤清器是否堵塞等<br>柴油机供给系统可用人工经验法进行检测诊断，也可用测试仪进行，如利用元征 EA-1000 型检测仪检测柴油机的综合参数 |

续表

| 项目 | 说明 |
| --- | --- |
| 润滑系统检测 | 润滑系统机油压力可用压力表测量。润滑油品质的检测除经验法外，也可用润滑油分析仪检测。利用润滑油分析仪主要分析润滑油的污染性质和程度 |
| 汽油机单缸功率的检测 | 检测单缸功率时需先测出发动机整机功率，再测出某单缸断火情况下的发动机功率，两功率差即为断火缸的单缸功率。技术状况良好的发动机各单缸功率应是一致的，否则会造成发动机运转不平稳。比较各单缸功率，可判断各缸工作状况<br>也可利用在单缸断火情况下测得的发动机转速下降值，来评价各缸的工作状况 |
| 发动机性能综合检测 | 发动机综合性能检测是利用发动机综合性能分析仪直观、方便地对发动机进行故障检测、分析与诊断，可用于发动机实验室、检测线、汽车修理厂等。主要检测参数有以下内容<br>①汽油机性能检测，包括点火系统性能检测的初级点火信号、次级点火信号、点火提前角；动力平衡、相对气缸压缩压力测试、启动测试、充电测试、进气管真空度波形、温度测量、废气分析、转速稳定性分析、无外载测功；电控发动机参数检测的转速（相位）传感器检测、温度传感器检测、进气管内真空度传感器检测、气门位置传感器检测、爆燃传感器检测、氧传感器检测、空气流量传感器检测、喷油脉冲检测、车速传感器检测<br>②柴油机性能检测，包括柴油机喷油压力、柴油机喷油提前角检测、启动测试、充电电压测试、转速稳定性、自由加速烟度检测、无外载测功<br>③废气分析仪设置、烟度分析仪设置 |
| 离合器打滑的检测 | 离合器打滑频闪测定仪可用来检测离合器是否有打滑现象。如无频闪测定仪，也可用发动机点火频闪正时灯代替 |
| 传动系统游动角度的检测 | 传动系统机件游动角度超过允许值是由于各部分机件磨损松旷，间隙累积的结果，因而传动系统游动角度可以作为评价汽车传动系统技术状况的一般性综合诊断参数。利用传动系统游动角度检验仪可对各传动部分的游动角度进行检验 |
| 转向盘转向力的检测 | 转向盘转向力对行车安全影响重大。所以一般采用转向参数测量仪或转向测力仪等仪器检测转向力及对应转角 |
| 制动系统的检测与诊断 | 根据《机动车运行安全技术条件》（GB7258—2004）的规定，可以用制动距离、制动减速度或制动力检测汽车制动性能。制动性能检测分为路试法检测和试验台检测两种。试验台检测可以在滚筒式制动试验台上进行，也可以在平板式制动试验台上进行 |
| 四轮定位检测 | 汽车四个车轮在汽车车身上的定位（位置、姿势）应在设计给定的范围内，否则汽车可能出现多种故障现象。一般用前束尺、转向轮定位仪、四轮定位仪等检测车轮各定位参数 |
| 车轮平衡检测 | 现代高速汽车对车轮平衡的要求非常高。目前汽车维修中普遍使用车轮平衡机来检测车轮不平衡量 |
| 汽车悬架和转向系统间隙检测 | 汽车悬架和转向系统间隙过大会引起汽车转向盘抖振、行驶跑偏、乘坐舒适性不良、轮胎异常磨损和行驶噪声等故障。因此，必须利用汽车悬架和转向系统间隙检测仪对汽车悬架和转向系统间隙进行检测 |
| 悬架振动检测 | 通过对各车轮悬架系统振动衰减的规律性进行测试、分析、对比，就可确定汽车悬架系统中各悬架弹簧和减振器的技术状况 |

## 七、汽车检测的规范化和标准化

随着交通安全、环境状况和能源浪费问题的日益突出，各国都制定出越来越严格的法规和相关标准，以加强对在用汽车排放、安全、能耗的管理，对相应的检测技术提出了需求。同时，许多国家特别是发达国家根据本国国情制定了相关法律和规定，实施车辆检查制度，以便对在用汽车的使用、维护和技术状况等进行严格的监督，从而促进在用汽车排放、安全、能耗等方面达标。各国还进一步制定出汽车检测方法和设备的一些标准和技术要求，使汽车检测迈向法制化、制度化、规范化的道路。我国也制定了一系列汽车检测方面的法律、法规、制度和标准，包括大量的国家标准、行业标准、地方标准和企业标准。

1. 有关交通安全、环境状况和能源浪费的限制性法律法规和标准

国际上对交通安全、环境状况和能源浪费的限制性法律法规非常多，也非常严格，最著名的有欧盟（European union，Eu）轿车尾气排放和油耗指令（Ⅰ、Ⅱ、Ⅲ、Ⅳ阶段等）、美国环境保护署（Environmental Protection Agency，EPA）美国联邦轿车尾气排放法规等。

在我国，这方面的法规也日益健全，起到越来越好的作用。

在安全方面，有《中华人民共和国道路交通安全法》，有国家标准《机动车运行安全技术条件》(GB7258—2004)，另外还有许多汽车安全方面的国家标准、行业标准。

在环境保护方面，不但有《中华人民共和国环境保护法》《中华人民共和国大气污染防治法》，还有国家标准《车用压燃式发动机和压燃式发动机汽车排气烟度排放限值及测量方法》(GB 3847—2005)、《车用点燃式发动机及装用点燃式发动机汽车排气污染物排放限值及测量方法》（GB 14762—2002）等。另外，国家公布了轻型汽车第Ⅲ、Ⅳ阶段排放标准《轻型汽车污染物排放限值及测量方法（中国Ⅲ、Ⅳ阶段）》(GB 18352.3—2005)，即中国轻型汽车第Ⅲ、Ⅳ号排放标准，轻型汽车第Ⅲ号排放标准自 2007 年 7 月 1 日起实施，第Ⅳ号排放标准自 2010 年 7 月 1 日起实施。

在燃料消耗方面，有《乘用车燃料消耗量限值》(GB 19578—2004)、《轻型商用车辆燃料消耗量限值》(GB 20997—2007)、《汽车节油技术评定方法》(GB/T 14951—2007) 等国家标准和行业标准。

2. 汽车检测制度

在美国，各个州都有自己的汽车检测法规，而在用汽车的检测大部分在民间检测站进行，有的在加油站进行安全检测。欧洲各国也都有自己的汽车检测制度，而且欧洲一些发达国家的检测设备非常先进，汽车检测由民间的行业技术监督协会负责，不以赢利为目的，具有良好的公正性和权威性。日本有较完善的汽车检测制度和标准，对检测的内容、方法、设备等都有规定，分设民营和国有检测站。民营站一般设在车辆维修厂，国有站只判断车辆安全性能是否合格，其检测线自动化程度较高。

在我国，公安交通管理部门对在用汽车实行年检制度和新车入户、改装改造、更新报废的检测。交通运输管理部门主要对在用营运车辆进行定期检测和维修管理，以及春运等特殊情况下的安全检测。此外，许多城市的交通或环保部门还经常对路上行驶的汽车进行尾气排放抽检。相关的法规和标准有交通部发布的第 13 号令《汽车运输业车辆技术管理规定》、第 29 号令《汽车运输业车辆综合性能检测站管理办法》、交通部标准《汽车维护工艺规范》(JT/T 201—1995)、《营运车辆技术等级划分和评定要求》(JT/T 198—2004)、《汽车技术等级评定的检测方法》(JT/T 199—1995)、国家标准《汽车综合性能检测站通用技术条件》(GB/T 17993—1999)、《营运车辆综合性能要求和检验方法》(GB 18565—2001) 等。

3. I/M 制度体系

对在用汽车的检测制度方面，美国的 I/M（Inspection/Maintenance，检查/维修）制度非常著名。

I/M 制度的目的是通过对在用车的检测确定其尾气排放污染严重的原因，然后有针对性地采取维护措施，使在用车最大限度地发挥自身的尾气排放净化潜力。美国在 1968 年通过的《空气清洁法》基础上将 I/M 形成法规，通过对在用汽车实施检查/维修制度，达到对汽车排放进行全面控制的目的。

I/M 制度是一套十分严格而完整的制度。通常一个完整的 I/M 制度包括：立法和政策；

基本规范参数；测试程序和有关政策；测试设备；质量控制和保证；维修技术及人员、设备的鉴定；信息、认识和关系。

I/M 制度起初适用于汽油轿车和轻型货车，后来有些地区将其扩大到重型货车和摩托车。测试频率一般为 1 次/年或 2 次/年。I/M 制度分基本型和加强型两种：基本型 I/M 项目包括怠速试验、油箱盖/压力检查和目测检查 3 部分；加强型 I/M 项目最多包括 5 项，即目测检查、台架排放试验、挥发吹清气流试验、挥发完整性（泄漏）试验和对 1996 年车型及以后车型车载诊断系统检测。

作为专项法规，I/M 的立法目的在于指导地方运输部门和环保管理部门治理在用车的排放。I/M 制度中推荐的基本规范参数和测试程序是从各种相关工艺的规程中筛选出来的一些可以使汽车尾气排放和蒸发排放大大减少的项目，同时还对随机检测技术程序和方法进行了规定。在 I/M 制度标准项目中要求建立大量的专门检测站与检测网络，并规定了检测站应有的功能、设备、体制和日常运行要求。I/M 制度并不强求在用车上安装新型净化装置，而是对排放净化系统的故障进行检测与排除，是减少机动车尾气排放和蒸发排放的实际的、有效的途径。美国环境保护署于 1992 年要求各州都要建立 I/M 制度体系。执行 I/M 制度后，对排放产生了显著的影响。例如，美国科罗拉多州实行 I/M 制度后，一氧化碳（CO）的排放减少了 59％。另外，据美国 1992 年对轻型车的统计，实行 I/M 制度后，车龄达 24 年的“高排放”车碳氢化合物（HC）的排放已经减少到原来的 20％左右。

在我国，北京、上海等大城市积极吸收 I/M 制度的有益经验，研究和试验适合我国国情的 I/M 制度，建设权威性的检测站（I 站）和维修站（M 站），实施定期检查、强制维护和监控评价管理体系，并已经取得了良好的效果。

*4. 汽车检测方法和设备方面的规定*

检测设备和检测方法对检测结果的可比较性、对检测标准的制定和检测制度的执行有直接的影响。如果不同的检测部门使用不同的检测方法和设备对汽车进行检测，得出的结果会五花八门。为了客观、准确、全面反映汽车排放、安全、油耗等方面的指标，以及便于管理，各国都制定了针对汽车检测方法和设备的标准、规定。例如，美国环境保护署制定的汽车排放试验标准《加速模拟工况试验规程、排放标准、质量控制要求及设备技术要求技术导则》（EPA-AA-RSPID-IM-96-2），简称加速模拟工况法（Acceleration Simulation Mode，ASM），成为全球汽车排放检测通行的方法。我国也制定了汽车检测方法和设备方面的一系列标准和规定，如《机动车安全检测设备》（GB/T 11798.1～9）等。

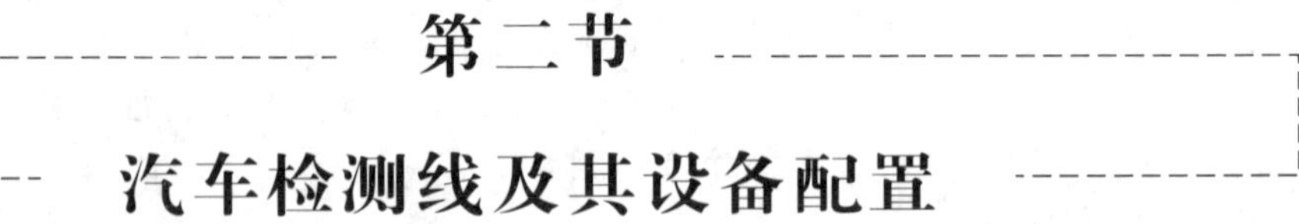

# 第二节 汽车检测线及其设备配置

## 一、汽车安全环保性能检测线

安全与环保性能检测包括检查与安全行车相关的项目和检查与环保相关的项目。安全环保检测站一般隶属公安部门管理。根据有关政策法规的要求，对汽车进行入户办牌证时的初次检测、经常性的定期检测（年检）、异动时的临时检测及特殊情况下为特殊目的而进行的特殊检测。某些汽车维修厂为了检测维修的方便也设立了汽车安全环保性能检测线。

手动和半自动的安全环保检测线一般由外观检查（人工检查）工位、侧滑制动车速表工位、灯光尾气工位三个工位组成。全自动安全环保性能检测线可由三工位、四工位或五工位组成。五工位一般指汽车资料输入及安全装置检查工位、侧滑制动车速表工位、灯光尾气工位、车底检查工位、综合判定及主控制室工位。图 1-2 所示为国产五工位全自动安全环保性能检测线。

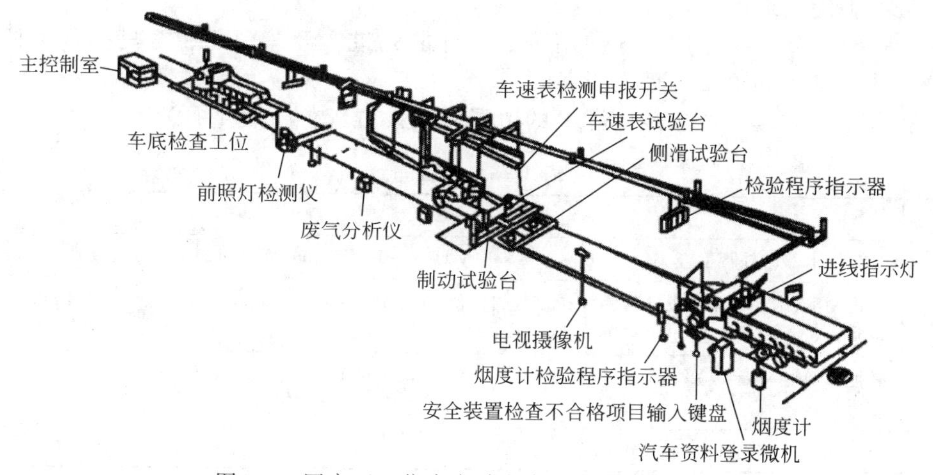


图 1-2　国产五工位全自动安全环保性能检测线

1. 检测项目及需要配备的主要设备

按照国家标准《机动车运行安全技术条件》（GB 7258）的要求，安全环保检测站或检测线主要进行外观检查、排气污染物检测、前轮侧滑量检测、轴重测量、制动检测、车速表校验、前照灯检测和噪声测量等项目。具体的检测项目和所需设备见表 1-15。

**表 1-15　安全环保性能检测项目及所需设备**

| 检测项目 | 子项目 | 所需设备 |
|---|---|---|
| 外观检查<br>（包括车体上部检查和车底检查） | 外表及牌证<br>灯光信号及仪表<br>车辆设施及密封<br>操纵机构功能<br>重要机件损伤情况<br>连接紧固情况等 | 地沟或举升机<br>必要的测试量具<br>工作灯 |
| 排气污染物检测 | 检测汽油车排气污染物含量或柴油车烟度 | 废气分析仪<br>烟度计 |
| 前轮侧滑量检测 | 检测前轮侧滑量 | 侧滑试验台 |
| 轴重测量 | 测量汽车前、后轴重量 | 轴重仪 |
| 制动检测 | 检测前、后制动和驻车制动效果 | 制动试验台 |
| 车速表校验 | 检查车速表的准确性 | 车速表试验台 |
| 前照灯检测 | 检测前照灯的发光强度和照射方向 | 前照灯检验仪 |
| 噪声测量 | 测量车内噪声和喇叭声级 | 声级计 |

2. 工位布置与检测流程

工位就是为了提高检测效率，将所有检测项目及电脑适当组合成几个检测单元，每个单元一个工位。每个工位可安排一辆汽车接受该组项目的检测。工位数也就是检测线上同时接

受检测的汽车数。一般的检测线可设计成 3～5 个工位。工位数太少，则检测效率太低；工位数太多，检测线将会太长，占地过多。

工位数确定后应进行工位布置。检测线多采用直线通道式，流水作业，工位则按一定顺序布置成流水作业线。至于哪些工位布置在前，哪些工位布置在后，其顺序要考虑线内排烟问题、检测项目的配合问题。例如，称轴重一定要在测制动之前进行，因为汽车在检测线上是只能前进、不能后退的。

设备选择时，要注意选用那些使用可靠、性能先进、经久耐用、容易操作、便于维修、精度较高、计量准确和价格合理的设备。

具体布置工位时，一般参照国际上的习惯做法设置工位（表 1-16）。

**表 1-16 工位布置**

| 工　位 | 说　　明 |
| --- | --- |
| L 工位 | 车体上部的外观检查工位（Lamps and safety Device Inspection，灯光与安全装置检查） |
| ABS 工位 | 将侧滑、制动和车速表的检测放在一起的工位（A—Alignment tester，侧滑试验台；B—Brake tester，制动试验台；S—Speedometer tester，车速表试验台） |
| HX 工位 | 把前照灯与废气检测放到一起的工位（H—Headlight tester，前照灯检验仪；X—Exhaust gas tester，废气分析仪） |
| P 工位 | 车底检查工位（Pit inspection，车底检查） |

当 ABS 工位中三检测设备紧靠在一起布置时，可使厂房缩短。如果将 HX 工位布置在常年主导风下风向且在检测线入口处的第一工位上，检测汽车废气和烟度时所产生的烟尘即可直接排出检测线厂房门外，减少了线内污染。L 工位和 P 工位由于发动机可以熄火，其污染最小，因而可布置在检测线中间。

图 1-3 所示是四工位检测线布置的一个例子。其中，第一工位为车辆申报和尾气检测工位，第二工位为 ABS 工位，第三工位是前照灯及噪声检查工位，第四工位是汽车外观检查、车底检查及结果打印工位。各工位指示器位于该工位的前上方，一般是一个电子显示屏，其作用是提示各工位检测流程、向司机发出操作指令、显示检测结果。

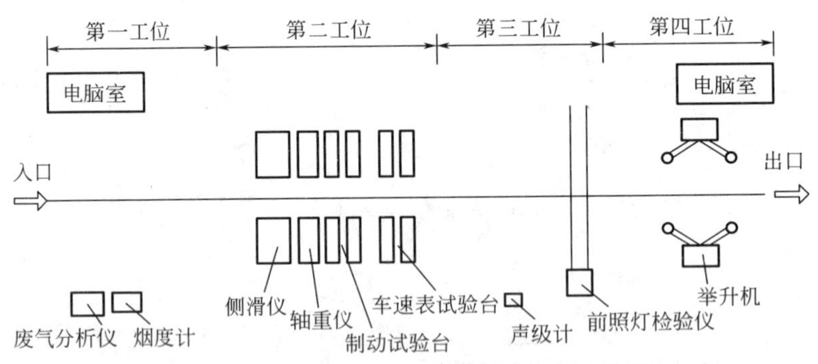


图 1-3　安全环保性能检测线设备布置举例

另外，检测线电脑控制系统一般包括两台电脑及其与各设备、显示屏连接的网络系统。其中一台电脑放在检测线入口处，用于输入被检车辆有关信息；另一台则是全系统的主控电脑，放在检测线出口处，用于系统监控、数据采集处理、结果打印和档案管理等。有的为了节约成本，检测线只使用一台电脑。

检测流程就是指某一汽车接受检测的整个过程。工位布置确定下来之后，检测流程也就随之大体固定下来了。上例对应的检测流程如图 1-4 所示。

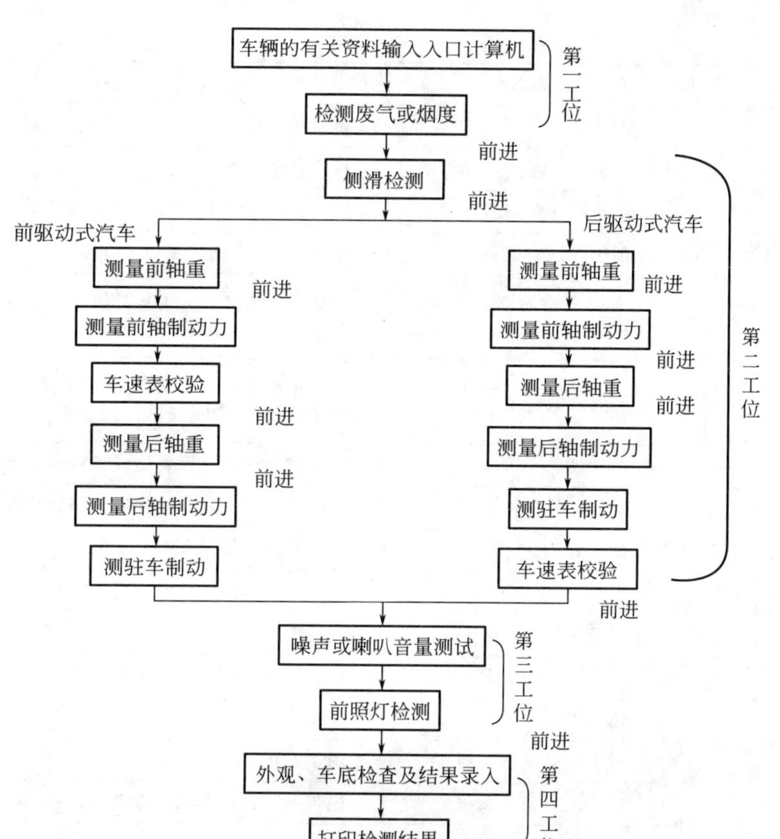


图 1-4　安全环保性能检测流程

以上检测流程仅供参考，也可以有其他形式的检测流程。检测报告单也可以有各种形式，但其中应包括安全环保性能检测的规定项目和结果。检测结果中若某个检测项目有任意一个子项目不合格，则该检测项目就不合格。只有该项全部子项目都合格时，该项检测才算合格。同样，全部检测项目合格后，总结果才算合格；否则，应将汽车送厂修理，然后再行复检。

下面以图 1-2 所示五工位全自动安全环保性能检测线为例，表 1-17 为主要检测项目、设备及其用途，在表列设备中，侧滑试验台、轴重计或轮重仪、制动试验台、车速表试验台、前照灯检测仪、排气分析仪、烟度计、声级计和检测手锤为检测设备。

**表 1-17　全自动安全环保性能检测线主要检测项目、设备及其用途**

| 检测工位 | 主要检测项目 | 设备名称 | 设备用途 |
|---|---|---|---|
| 汽车资料输入及安全装置检查工位（L 工位） | 汽车上部的灯光和安全装置等项目的外观检查 | 进线指示灯 | 控制进线车辆，绿灯进，红灯停 |
| | | 汽车资料登录微机 | 登录汽车资料，并发送给主控制微机 |
| | | 工位测控微机 | 负责工位检测过程监控、数据采集处理等项工作 |
| | | 检验程序指示器 | 指示工位检测程序，下达操作指令，显示检测结果，引导车辆前进 |
| | | 轮胎自动充气机 | 按设定的轮胎气压自动充气 |
| | | 轮胎花纹测量器 | 测量轮胎花纹深度 |
| | | 检测手锤 | 检查各连接件、车架等是否松动或开裂 |
| | | 不合格项目输入键盘 | 将车上、车下外观检查中的不合格项目报告给主控制微机 |
| | | 监察电视及摄像机 | 供主控制室监察地沟及整个检测线的工作情况 |

续表

| 检测工位 | 主要检测项目 | 设备名称 | 设备用途 |
| --- | --- | --- | --- |
| 侧滑制动车速表工位（ABS工位） | 侧滑检测、轴重检测、制动检测、车速表检测 | 侧滑试验台 | 检测转向轮侧滑量 |
| | | 轴重计或轮重仪 | 检测各轴轴重 |
| | | 制动试验台 | 检测各轮拖滞力、制动力和驻车制动力 |
| | | 车速表试验台 | 检测车速表指示误差 |
| | | 车速表检测申报开关或遥控器 | 当试验车速达40km/h时按下此开关或遥控器，微机采集此时的实际车速数据 |
| | | 光电开关 | 当车轮遮挡光电开关时，光电开关产生的信号输入微机，报告车辆到位，微机安排检测开始 |
| | | 反光镜 | 供驾驶员观察车轮到达试验台或停车线的位置 |
| 灯光尾气工位（HX工位） | 前照灯检测、排气检测、喇叭声级检测 | 前照灯检测仪 | 检测前照灯发光强度和光轴偏斜量 |
| | | 排气分析仪 | 检测汽油车排气中的CO和HC浓度 |
| | | 烟度计 | 检测柴油车排气中的自由加速烟度 |
| | | 声级计 | 检测喇叭声级 |
| | | 停车位置指示器 | 指引汽车在灯光尾气工位停车线上准确停车 |
| 车底检查工位（P工位） | 车辆底部外观检查 | 地沟内举升平台 | 使地沟内的检测人员在高度上处于较有利的工作位置 |
| | | 对讲话筒及扬声器 | 用于地沟上下的通话联系 |
| | | 地沟内报警灯或报警器 | 报告车辆到达车底检查工位 |
| 综合判定及主控室工位 | 对各工位检测结果进行综合判定后，打印检测结果报告单 | 主控制微机 | 安排检测程序，对照检测标准，综合判定并存储、打印检测结果 |
| | | 打印机 | 打印检测结果报告单 |
| | | 控制台 | 主控制微机、键盘、显示器、打印机、监察电视等均安放在控制台上，是全线的控制中心 |
| | | 主控制键盘 | 当微机系统出现故障不能使用时，可通过主控制键盘对各工位实施控制，以不间断检测工作 |
| | | 稳压电源和不间断电源 | 稳定电压，不间断供电 |

## 二、汽车综合性能检测线

综合性能检测线除具有安全环保性能检测线的全部功能外，还增加了底盘测功工位等动态测试工位，因此综合性能检测线比安全环保性能检测线的功能强很多，可以对车辆进行全面的技术状况检测诊断，对汽车维修质量进行检测验收，对改装改造的汽车进行技术鉴定等。至于新设计的、准备投产鉴定的汽车，不但要进行综合性能检测，还要在专门的汽车试验场和典型道路进行行驶试验和测定。综合性能检测站根据其中检测线上所配备设备的不同，分为A、B两种类型。A级站在国内一般设置两条检测线：一条为安全环保检测线，主要承担车管部门对车辆进行年审的任务；另一条为综合检测线，主要承担对车辆技术状况的检测诊断。其综合检测线一般有两种类型：一种是全能综合检测线，设有包括安全环保检测线主要检测设备在内的比较齐全的工位，这种检测线的检测设备多，检测项目齐全，与安全环保检测线互不干扰，因而检测效率相对较高，但建站费用也高；另一种是一般综合检测线，设置的工位不包括安全环保检测线的主要检测设备，主要由底盘测功工位组成，能承担除安全环保检测项目以外的检测诊断，必要时车辆需开到安全环保检测线上才能完成有关项目的检测，国内已建成的综合性能检测站有相当多是属于这种类型的，与全能综合检测线相比，一般综合检测线设备少，建站费用低，但检测效率也低。

图 1-5 所示的双线综合性能检测站，其综合检测线是一种接近全能的综合检测线。它由发动机测试及车轮平衡工位、底盘测功工位、车轮定位及车底检查工位组成，除制动性能不能检测外，安全环保检测线上的其他检测项目均能在该线上检测。

B 级站的综合检测线不包括底盘测功工位。

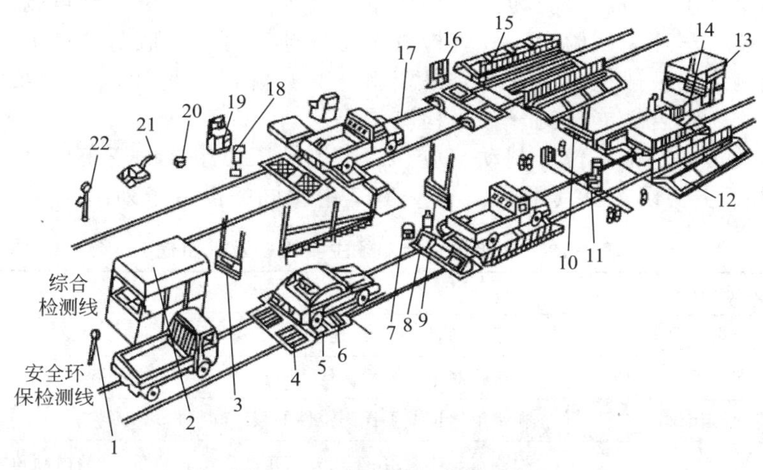


图 1-5 双线综合性能检测站

1—进线指示灯；2—进线控制室；3—L 工位检验程序指示器；4,15—侧滑试验台；5—制动试验台；6—车速表试验台；7—烟度计；8—排气分析仪；9—ABS 工位检验程序指示器；10—HX 工位检验程序指示器；11—前照灯检测仪；12—地沟系统；13—主控制室；14—P 工位检验程序指示器；16—前轮定位检测仪；17—底盘测功工位；18,19—发动机综合测试仪；20—机油清净性分析仪；21—就车式车轮平衡仪；22—轮胎自动充气机

综合性能检测线所有工位加起来会很长，所以一般分两段布置，即安全环保检测线和综合检测线。安全环保检测线与前面讲的相似，只不过各检测项目的子项目更多，设备配置更齐全（如制动检测部分配备测力计等），这里不再介绍。综合检测线部分一般可分为 3 个或 4 个工位。图 1-6 所示为三工位综合检测线举例。

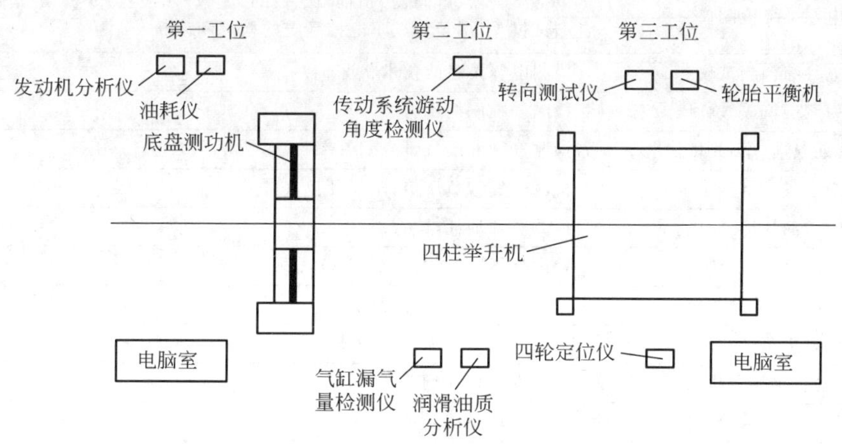


图 1-6 三工位综合检测线举例

其中3个工位所包含的检测项目（设备）分别为第一工位的发动机分析仪、油耗仪、底盘测功机，第二工位的传动系检测、漏气检测、润滑油质分析，第三工位的转向角检测、四轮定位、轮胎平衡。

其中，如果配置悬架性能检测仪，则放在第二工位或在第二工位与第三工位之间增加一个工位比较合适。至于检测汽车防雨密封的喷淋装置，则放在安全环保检测线和综合检测线之外的另一个场所，室内室外都行。

底盘测功工位是综合检测线最重要的工位，在资金允许的情况下应尽量多配备一些与之配合的检测设备，以便增多动态检测、诊断项目。该工位应布置在常年主导风下风向且在线首，以使废气直接排出厂房门口。为了节约成本，因为底盘测功试验台可以测试车速表指示误差，就不要再装备车速表试验台，外观检查工位的地沟可兼作底盘调试工位。

综合性能检测线的一般检测流程是登录资料→车身防雨喷淋测试（可兼作车身清洗）→安全环保性能检测→综合性能检测→输出检测结果。

以外观检查及车轮定位工位、制动工位和底盘测功工位组成的三工位全能综合检测线为例，表1-18列出了主要设备及其用途，与表1-17中相同的设备未列出。

**表1-18　全能综合检测线主要设备及其用途**

| 序号 | 设备名称 | 设备用途 |
|---|---|---|
| 1 | 地沟上举升器 | 举起车辆，使车轮离地 |
| 2 | 就车式车轮平衡机 | 就车检测车轮不平衡量，并通过配重使车轮平衡 |
| 3 | 声发射探伤仪 | 在不解体情况下探测零件的裂纹和损伤 |
| 4 | 四轮定位仪或车轮定位检测仪 | 检测车轮前束值、车轮外倾角和主销后倾角、主销内倾角及前轮最大转向角度值 |
| 5 | 转向盘自由转动量检测仪 | 检测转向盘自由转动量 |
| 6 | 转向盘转向力检测仪 | 检测转向盘转向力 |
| 7 | 传动系统游动角度检测仪 | 检测传动系统自由转动量 |
| 8 | 底盘间隙检测仪 | 检测轮毂轴承、转向节主销、纵拉杆、横拉杆和钢板弹簧销等处的间隙 |
| 9 | 底盘测功试验台 | 检测驱动车轮的输出功率或驱动力，模拟道路行驶，进行各种性能试验，进行动态检测诊断等 |
| 10 | 发动机综合参数测试仪 | 对发动机的功率、气缸压力、点火正时、供油正时、点火系统技术状况、供油系统技术状况、电控系统和异响等进行检测、分析和判断 |
| 11 | 电控系统检测仪 | 包括读码器、解码器、扫描器、专用诊断仪、示波器、分析仪、信号模拟器和综合测试仪等，用于对汽车电控系统的检测和诊断 |
| 12 | 电气综合测试仪 | 检测电气设备的技术状况 |
| 13 | 气缸压力测试仪或气缸压力表 | 检测气缸压缩压力 |
| 14 | 气缸漏气量(率)测试仪 | 检测气缸的漏气量或漏气率 |
| 15 | 真空表或真空测试仪 | 检测进气管负压值，用于评价气缸密封性 |
| 16 | 油耗计 | 检测燃油消耗量 |
| 17 | 五气体分析仪 | 检测排气中的CO、HC、$NO_x$、$CO_2$、$O_2$ |
| 18 | 机油清净性分析仪 | 分析机油的清净性程度 |
| 19 | 发动机无负荷测功仪 | 对发动机进行无负荷加速测功 |
| 20 | 发动机异响分析仪 | 诊断发动机异响 |
| 21 | 传动系统异响分析仪 | 诊断传动系统异响 |
| 22 | 温度计或温度仪 | 检测各总成温度及发动机排气温度 |

## 三、汽车维修企业检测设备的配备

为了保证汽车维修企业生产质量，国家标准 GB/T 6739.1～3 对汽车维修业开业条件提出了要求。其中要求一类、二类、三类汽车维修企业开业时，企业配备的设备型号、规格和数量应与其生产纲领、生产工艺相适应；设备技术状况应完好，满足加工、检测精度要求和使用要求；允许外协的设备必须具有合法的技术经济合同书。另外，为了搞好汽车检测与维修人员的技能培训和认证，劳动和社会保障部启动了开展汽车维修专项技能认证的试点工作，包括汽车故障诊断与维修、汽车碰撞修复、配件供销与估损、汽车维修企业管理、汽车营销领域 5 个专项，其中对检测诊断设备也提出了要求，现介绍如下。

1. 一类汽车维修企业应配备的检测设备

一类汽车维修企业，是指从事汽车大修和总成修理生产的企业。此类企业也可从事汽车维护、汽车小修和汽车专项修理生产。一类汽车维修企业应具备的试验与检测诊断设备、量具和计量仪表见表 1-19。

**表 1-19　一类汽车维修企业应配备的检测设备和仪器**

| 发动机部分 | 底盘部分 | 电气部分 |
|---|---|---|
| ①发动机综合检测仪<br>②气缸体、气缸盖和散热器水压试验设备<br>③燃烧室容积测量装置<br>④气缸漏气量检测仪<br>⑤曲轴箱窜气测量仪<br>⑥工业纤维内窥镜<br>⑦润滑油质量检测仪<br>⑧润滑油分析仪<br>⑨废气分析仪<br>⑩烟度计<br>⑪声级计<br>⑫油耗计（允许外协）<br>⑬无损探伤设备（与底盘各总成共用）<br>⑭汽油泵、化油器试验设备<br>⑮喷油泵、喷油器试验设备<br>⑯曲轴、飞轮与离合器总成动平衡机<br>⑰电控汽油喷射系统检测设备<br>⑱气缸压力表<br>⑲发动机检测专用真空表<br>⑳转速表<br>㉑温度计<br>㉒厚薄规 | ①前轴检验装置<br>②制动检测设备<br>③四轮定位仪或转向轮定位仪<br>④转向盘转动量和转矩检测仪<br>⑤车轮动平衡机<br>⑥车速表试验台（允许外协）<br>⑦传动轴动平衡机（允许外协）<br>⑧侧滑试验台（允许外协）<br>⑨底盘测功设备（允许外协）<br>⑩前束尺<br>⑪轮胎气压表 | ①电气试验台<br>②前照灯检测设备<br>③万用表<br>④电解液密度计<br>⑤高频放电叉 |

2. 二类汽车维修企业应配备的检测设备

二类汽车维修企业，是指从事汽车一级、二级维护和汽车小修生产的企业。二类汽车维修企业应具备的试验与检测诊断设备、量具和计量仪表见表 1-20。

**表 1-20　二类汽车维修企业应配备的检测设备和仪器**

| 试验与检测诊断设备 | | 量具和计量仪表 |
|---|---|---|
| ①发动机综合检测仪<br>②气缸漏气量检测仪<br>③曲轴箱窜气测量仪<br>④润滑油质量检测仪<br>⑤润滑油分析仪<br>⑥工业纤维内窥镜<br>⑦电气试验台<br>⑧废气分析仪<br>⑨烟度计<br>⑩声级计 | ⑪汽油泵、化油器试验设备<br>⑫喷油泵、喷油器试验设备<br>⑬电控汽油喷射系统检测设备<br>⑭无损探伤设备<br>⑮转向盘转动量检测仪<br>⑯车轮动平衡机<br>⑰转向轮定位仪<br>⑱前照灯检测设备（允许外协）<br>⑲制动检测设备（允许外协）<br>⑳车速表试验台（允许外协） | ①前束尺<br>②厚薄规<br>③万用表<br>④电解液密度计<br>⑤高频放电叉<br>⑥转速表<br>⑦轮胎气压表<br>⑧气缸压力表<br>⑨发动机检测专用真空表<br>⑩温度计 |

3. 三类汽车维修业户应配备的检测设备

三类汽车维修业户，是指专门从事汽车专项修理（或维护）生产的企业和个体户。专项修理（或维护）的主要项目有车身修理，涂漆，篷布、坐垫及内装饰修理，电气、仪表修理，蓄电池修理，散热器、油箱修理，轮胎修补，安装汽车门窗玻璃，空调器、暖风机修理，喷油泵、喷油器、化油器修理，曲轴修磨，气缸镗磨，车身清洁维护等。

三类汽车维修业户应具备的试验与检测诊断设备、量具和计量仪表不多，主要的设备见表1-21。

**表1-21　三类汽车维修业户应配备的检测设备和仪器**

| 试验与检测诊断设备 | 量具和计量仪表 | |
|---|---|---|
| ①曲轴动平衡设备<br>②化油器清洗、试验设备<br>③水压试验设备<br>④漏气试验设备<br>⑤喷油泵、喷油器清洗和试验设备 | ①量缸表<br>②厚薄规<br>③万用表<br>④电解液密度计<br>⑤高频放电叉<br>⑥压力测试仪 | ⑦轮胎气压表<br>⑧气缸压力表<br>⑨真空表<br>⑩温度计<br>⑪检漏计 |

4. 专项维修师所需检测设备和仪器具

专项维修师培训、考核认证所需试验与检测诊断设备、量具和计量仪表见表1-22。

**表1-22　专项维修师所需检测设备和仪器**

| 器具 | 扭力扳手、护耳和护目装置、测试灯、正时灯、跨接线、检测镜等 |
|---|---|
| 仪表 | 电流表、电压表、欧姆表、数字万用表、双通道以上示波器、油压表、气缸压力表、真空/压力表、转速表、燃油压力表 |
| 计量工具 | 内径百分尺、游标卡尺、高度尺、直线规、前束尺、千分表、塞尺、卷尺、直尺、声级计、皮带张力计、冷却系统压力检测仪及接头 |
| 检测诊断设备 | 蓄电池/充电/启动系统测试仪、轮胎动平衡机、四轮定位仪、电脑扫描仪（手持式或PC机式）及其接头（具有OBDⅡ诊断功能）、发动机综合性能分析仪、四气或五气分析仪、温度计、火花检测仪 |

Chapter

# 2 第二章

# 汽车安全环保性能检测

## 第一节 汽车侧滑检测

如果车轮定位失准，特别是车轮定位中前束和外倾配合不适当，此时汽车行驶时，车轮向前滚动的同时，将会产生横向滑移现象，即车轮侧滑。检测时可使用动态检测法检测车轮的侧滑量，使用的检测设备主要有滑动板式侧滑试验台和滚筒式车轮定位试验台两种。滑动板式侧滑试验台简称侧滑试验台，是使汽车在滑动板上驶过，用测量滑动板左、右方向移动量的方法，来检测车轮侧滑量并判断是否合格的一种检测设备。

### 一、前束与外倾的关系及侧滑量检测原理

为了提高车轮工作时的安全性，保证车桥在承受较大载荷后车轮不致产生内倾，在车轮定位中设置了前轮外倾角。前轮外倾后，在两车轮滚动时会出现向外张开滚动的趋势。虽然在刚性前梁的约束下，车轮并不能真正向外分开滚动，但两车轮分别给地面向内的侧向力和轮胎在地面上的滑磨是实际存在的。如果这样的汽车左、右车轮在两块可以左、右自由滑动的滑动板上向前驶过时，则可以看到两滑动板向内靠拢。滑动板向内的靠拢量，即为该前轮的侧滑量。

前轮前束是为了纠正前轮外倾后向外张开滚动这一特点而设计的。当前束恰到好处时，即给向外张开的车轮一个合适的方向修正量，车轮就会保持稳定的直线行驶。此时，即使汽车前轮再通过同样的滑动板，滑动板也不会左右移动。当然，若前轮前束值太大，则左、右车轮滚动时又有向内靠拢的趋势。汽车的左、右车轮通过上述同样的滑动板时，则两滑动板分别向外滑动。

侧滑试验台就是利用上述滑动板在侧向力作用下能够横向滑动的原理来测量车轮侧滑量的。可以看出，检测中若滑动板向外移动，表明前轮前束值太大或外倾角过小；若滑动板向内移动，表明前轮外倾角太大或前束值过小；若滑动板不移动，表明前轮没有侧滑量，前束与外倾配合恰到好处。

对于某些汽车，除前轮有前束和外倾外，后轮也有前束和外倾。

为了保证汽车具有良好的操纵稳定性，前轮所在平面及主销轴线总是设计成与汽车的纵向或横向铅垂面成一定角度。这些角度称为转向轮定位参数，包括主销内倾角、主销后倾

角、前轮外倾角和前轮前束。其中对前轮侧滑起决定作用的是前轮外倾角和前轮前束。若这两个参数配合得好，侧滑就可以很小或者为零；反之侧滑量会比较大。所以检查侧滑的目的，不仅是为了侧滑本身，而且也用于检查前轮定位是否合理。

前轮侧滑对汽车的操纵稳定性影响较大。如果侧滑量太大，会引起汽车行驶方向不稳、转向沉重，增加轮胎磨损，加大燃油消耗，甚至操纵失准而导致交通事故。因此，侧滑检测是汽车安全检测的主要内容。

## 二、侧滑试验台的结构及工作原理

侧滑试验台按滑动板数不同，分为单板式和双板式两种，双板式侧滑试验台在国内应用广泛，这里重点介绍它的结构原理及使用方法。以铭华 MCH-30A 型汽车侧滑试验台为例，其最大允许轴载质量 3000kg，测量范围为－10.0～＋10.0m/km，侧滑试验台主要包括机械和电气两大部分。各种类型试验台的机械部分大同小异，主要差别在于电气部分。

1. 机械部分

双滑板式侧滑试验台机械部分如图 2-1 所示，由机架、左右滑板及滚轮、连杆机构、放松板、复位弹簧、位移传感器组成。滑板支承在滚轮和导向滚轮组成的滚动导轨机构上，可灵活地左右移动。滑板滑轮上汽车前轮行驶时，机架中部的高精度位移传感器将滑板的位移量转换成电信号，送入仪表处理。在显示屏上显示出位移量数值。复位弹簧可以起到自动复位的作用，以使滑板在不受力时能够保持在中间位置（零位）。

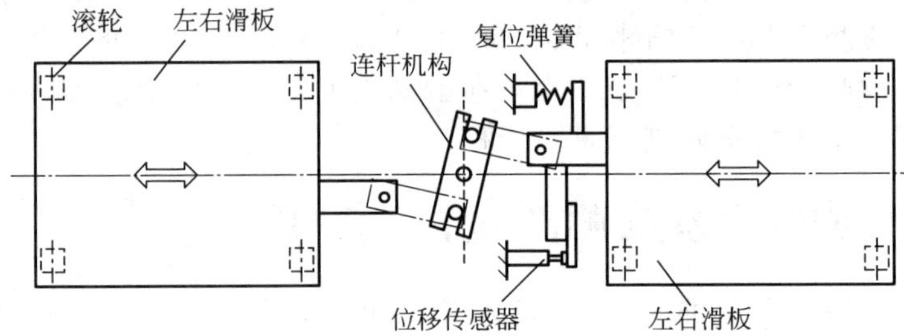


图 2-1　双滑板式侧滑试验台机械部分

2. 电气部分

电气部分依传感器种类的不同而有不同形式，目前常用的主要有电位计式、自整角机式和差动变压器式，具体说明见表 2-1。

**表 2-1　试验台电气部分**

| 类　别 | 说　　明 |
|---|---|
| 电位计式测量装置 | 电位计式测量装置的原理非常简单。将一个可调电阻安装在侧滑试验台底座上，其活动触点通过传动机构与滑板相连，从而将滑板的位移量变为电位计活动触点的位移 |
| 自整角机式测量装置 | 自整角机是一种控制电机，它由发送机和接收机组成，每个电机都有 A、B、C 三相定子绕组和一个转子励磁绕组。两个电机的三相定子绕组对应连接，两个转子励磁绕组 $F_1$ 和 $F_2$ 同时接到交流电源，如图 2-2 所示<br>此时，两个励磁绕组都会产生交流磁场，它们在各自的定子绕组中都会感应电动势。当发送机和接收机的转子位置一致时，两台电机定子绕组中的感应电动势大小相等、方向相反，所以在无外力作用时，两个电机都将处于静止状态<br>此时若人为地将发动机转子转动一个角度，则两台电机定子感应电动势将不再平衡，在定子回路中将产生均衡电流，此电流的磁场会吸引接收机的转子也偏转同一个角度。这就实现了两台电机之间没有机械连接、却可按同一个角度偏转的效果<br>在实际应用中，首先将侧滑试验台滑板的横向移动通过杠杆机构传递给齿条、齿轮，把直线运动变为旋转运动，再将这种旋转运动传递给自整角机的发送机，而接收机装在指示仪表内，用来驱动仪表指针转动，从而仪表指针的偏转角度与侧滑板的位移量完全成正比 |

续表

| 类　别 | 说　明 |
| --- | --- |
| 差动变压器式测量装置 | 差动变压器的初级和次级线圈都套在一个可以活动的铁芯上，铁芯可以随着滑板一起移动。初级线圈中通以交流电，则两段次级线圈中都会感应出交流电压信号。当铁芯在中间位置时，两段次级线圈感应电动势大小相等，经整流及差动电路处理后输出信号为零。若铁芯往某一方向移动时，则两段次级线圈感应电动势不再相等，经电路处理后便会输出一个直流差动信号，而且信号的极性与铁芯移动方向有关。这种信号送到仪表后，不仅可以指示侧滑数值大小，还可以指示数值的正负，也就是滑板移动的方向<br>试验台仪表为数显立式仪表，也可与网络系统联网，由专用显示屏显示<br>当汽车以慢速（3～5km/h）驶过试验台时，左、右轮侧滑力使两滑板移动，带动位移传感器的测杆，把滑板的位移量转换成电信号送入仪表，并通过对信号滤波、放大等一系列处理，由仪表或电脑、显示屏显示出侧滑量<br>差动变压器的工作原理如图 2-3 所示 |

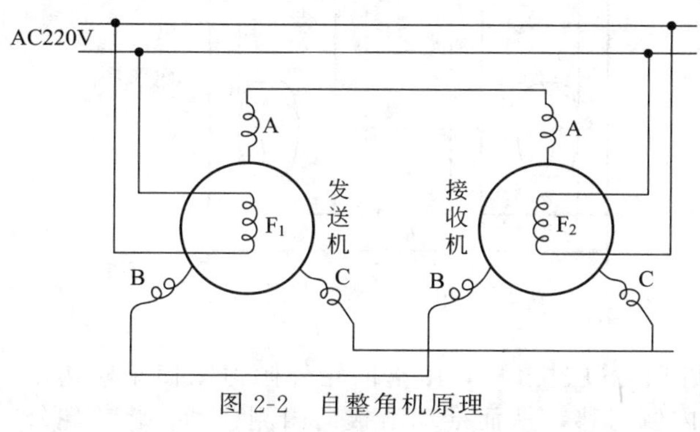

图 2-2　自整角机原理

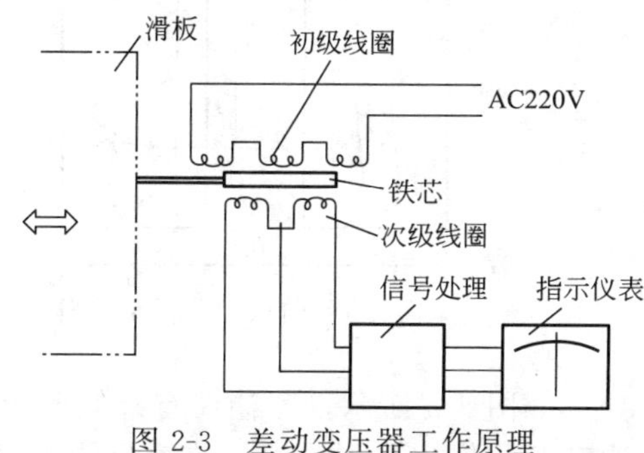

图 2-3　差动变压器工作原理

## 三、前轮侧滑检测的原理及检测标准

1. 侧滑的形成及检测原理

由于车轮外倾角的存在，车轮滚动时就会类似于圆锥的滚动，出现两个车轮企图向各自的外侧滚开的趋势。由于转向横拉杆和车桥的约束，车轮不可能向外滚开，于是车轮将在地面上出现边滚边向内滑的现象，从而增加了轮胎的磨损。

为了消除前轮外倾带来的不良后果，在汽车设计时让前轮具有一定的前束。由于前束的作用，车轮在前进时，两轮力图向内侧滚动。同样由于机械上的约束，车轮不可能向内侧滚动，这就又出现了车轮边滚动边向外滑的倾向。

由于汽车上既有前束又有外倾角，所以，前轮侧滑是前轮外倾角与前轮前束共同作用的结果。在侧滑倾向的方向上，前轮外倾与前束的作用是相反的。若前束调整得合适，可以完全抵消前轮外倾引起的侧滑倾向，使总的侧滑量为零。因此在实际测量时，可以让汽车通过只能横向移动的滑板，观察前轮外倾和前束对滑板的横向推动作用。

假设让两个前轮分别通过各自的滑板，或者只设置一块滑板，让其中一个车轮通过这块滑板（另一个车轮就在地面上走过），都可以检测侧滑。相应地就有两种侧滑试验台——双滑板试验台和单滑板试验台。目前实际应用的主要是双滑板试验台。

2. 双滑板侧滑试验台的测量原理

如图 2-4 所示，让带有前束而不带外倾的前轮驶过只能横向移动的滑板。由于前束的存在，每个车轮都将一边滚动、一边向外侧推动滑板。滑板被横向推动的距离应该与前束值的大小有关，同时又与车轮走过的距离有关。将由前束引起的侧滑量定义为

$$S_1=\frac{L_2-L_1}{2D}$$

式中 $L_1$——前轮行驶前的左、右滑板距离，mm；

$L_2$——前轮行驶后的左、右滑板距离，mm；

$D$——前轮驶过的距离，m。

$S_1$——每前进 1m 时横向滑移的距离，mm/m。

显然 $S_1$ 为正值。

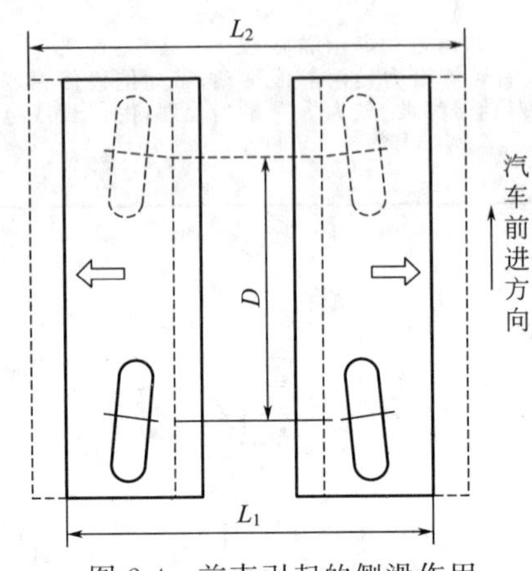


图 2-4 前束引起的侧滑作用

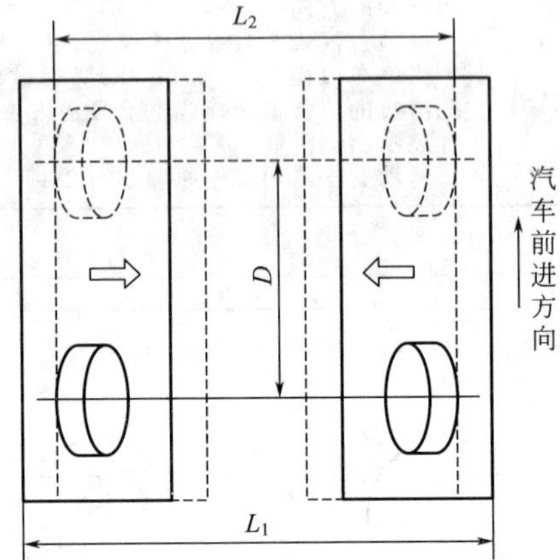


图 2-5 外倾引起的侧滑作用

如图 2-5 所示，若让仅有外倾而无前束的前轮驶过滑板，由于前轮外倾力图使车轮边滚边散开的作用受到约束，前轮只能边滚边向内侧滑移，从而推动滑板向内侧移动。将前轮外倾引起的侧滑量定义为

$$S_2=\frac{L_2-L_1}{2D}$$

显然 $S_2$ 为负值。

前轮外倾和前束引起的侧滑作用相反，总的侧滑量为两者的代数和，即

$$S=S_1+S_2$$

总的侧滑量规定为左、右车轮侧滑量的平均值。滑板向外滑时为正，表示前束的影响较大；反之若滑板向内滑时为负，表示前轮外倾的影响较大。为了与实际接近，侧滑量实用单位不是 mm/m，而是 m/km。

3. 有关侧滑的检测标准规定

国家标准 GB 7258—2004 中规定，机动车转向轮的横向侧滑量，使用侧滑试验台检测时应不大于 5m/km，即侧滑量应在±5m/km 之间。

## 四、侧滑试验台的操作与使用

1. 设备使用方法

① 接通并启动工位仪表电源。

② 将台体中部锁止销取出。

③ 仪表显示回零即可，未回零则按“清零”键，显示回零。

④ 按“测试”键后，引车员将被检车辆以不大于 5km/h 的速度直驶过侧滑试验台，此时，通过显示屏显示的侧滑量数值即可确定被检汽车侧滑合格与否。

2. 使用注意事项

① 禁止轴重大于设备允许轴重的车辆驶过该试验台。

② 汽车驶过试验台时，必须与试验台垂直。

③ 受检车辆在滑板上时禁止转向和制动。

④ 轮胎气压必须符合标准。

⑤ 受检前应清除待检车辆轮胎上的泥土、沙石等杂物。

⑥ 禁止在试验台上停放车辆。

⑦ 试验台不用时，必须用锁止销锁紧滑板。

⑧ 仪表应尽量远离高热源及阳光直射处，应特别注意不要置于有干扰的地方，如电焊机、机床等设备附近。

# 第二节 汽车制动性能检测

汽车制动性能的好坏对行车安全与否有重要的影响，保证良好的制动性能是安全行车的第一要求，制动性能的检测是汽车安全检测中最基本和最重要的一个检测项目。

## 一、制动性能下降的分析及对制动过程的基本要求

### （一）制动性能下降的分析

1. 制动效能下降

汽车制动效能下降表现为汽车没有足够的制动力，不能保证汽车迅速、平稳地停车。其具体表现是踩住制动踏板后，制动器制动力不能迅速增大，制动减速度不足，制动距离过长或制动时间过长。

2. 制动跑偏

制动跑偏是由制动时左、右不对称因素所引起的，如左、右轮（尤其是转向轮）产生的地面制动力大小不等，轮胎结构或气压不同，悬架刚度有差异，车辆左、右两边载荷不均及路面状况不同等。其结果都会使制动时左、右两侧地面制动阻力不等，车辆就容易驶向阻力大的一侧。图 2-6 所示给出了一种示例，图中 $F_1$、$F_2$、$F_3$ 和 $F_4$ 分别为各轮所受地面制动力，其中，左前轮制动力偏大。$F_i$ 为汽车总的惯性力。显然，制动力的合力并不在汽车中心线上，而是偏向左侧，因此汽车向左跑偏。

3. 制动侧滑

制动侧滑是制动时车辆产生横向滑移的现象。本来车辆在正常行驶或虽制动而车轮未被抱死的情况下，车轮是有一定的横向（即侧向）附着力的，但车轮在抱死制动时，横向附着力几乎全部丧失，因而很容易受横向力的干扰而发生制动侧滑现象。理论分析和实践都已证明，若制动时前轮先抱死而后轮未抱死，如图 2-7(a) 所示，则前轮首先失去横向附着力。此时若前轮受到小的干扰力 $f$，就很容易横向移动（侧滑），整车会以其后轴 $S$ 处为中心发生偏转。但因汽车重心在 $S$ 点前面，惯性力 $F_i$ 具有自动回正作用，所以整车尚处于稳定状态，能够按直线减速停车，但在弯道上行驶时容易失去方向控制能力。若后轮比前轮先抱死，如图 2-7(b) 所示，则后轮失去横向附着力，在受到横向干扰而侧滑时，前轴 $S$ 处成了偏转中心。此时因惯性力 $F_i$ 作用在 $S$ 点的后面，导致车辆立即失去稳定性，极易出现甩尾或打转现象。所以后轴先抱死是非常危险的。若前、后各轮同时抱死，则可以避免后轴侧

滑，还可以最大限度地发挥前、后轴的制动效能，是三者中最好的一种状况，但制动过强时汽车也会丧失转向能力。

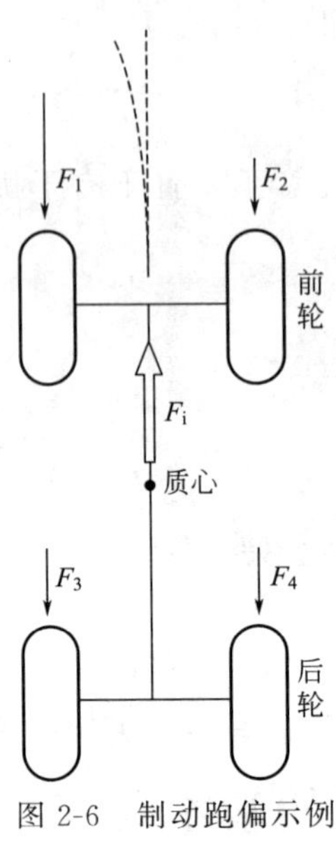

图 2-6 制动跑偏示例

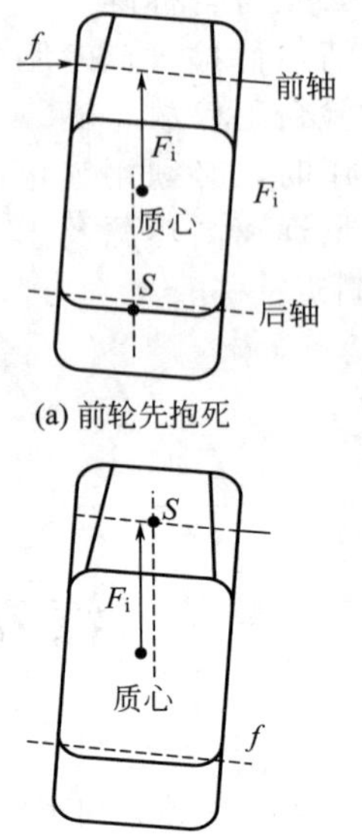

图 2-7 车轮抱死时的运动状态

4. 紧急制动时的轴荷转移现象

汽车紧急制动时速度急剧减小，因惯性作用，汽车有继续向前冲的趋势（坐在汽车里可以明显地感受到这种作用）。汽车受到的惯性力如图 2-8 中的 $F_i$所示。

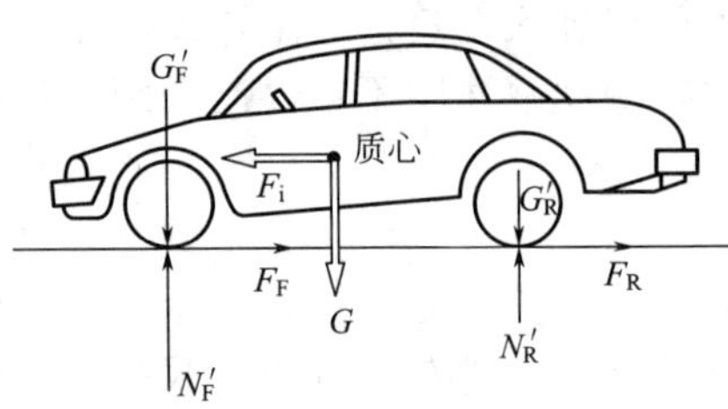

图 2-8 紧急制动时汽车的受力情况

$F_i$作用于汽车的质心，并指向汽车前进方向，而向后的制动阻力 $F_F$、$F_R$却是作用在车轮与地面的接触点。由力学分析很容易知道，这些力的共同作用，有使图 2-8 中的汽车向前倾的趋势。而汽车质量是通过有弹性的悬架系统作用在车轮上的，这就造成了紧急制动时汽车的“点头”和“翘尾”现象。其最终结果是，尽管汽车的总质量未变，但与静态时相比，前轴动态载荷增大，而后轴动态载荷减小。

由于汽车紧急制动时后轴动态载荷减小，轮胎与路面之间的附着力明显下降，很容易引起车后部侧滑（甩尾）。因此，某些汽车装置了比例阀来调整紧急制动时的前、后轴制动力比例，以减轻紧急制动时侧滑（甩尾）。ABS 系统也能较好地减轻紧急制动时的侧滑（甩尾）。

### （二）对制动过程的基本要求

为保证行车和停车的安全，对制动过程有以下基本要求。

① 要有足够的制动力，以保证汽车能够迅速、可靠地停车。

② 制动操作要轻便，以免引起驾驶员的疲劳，降低制动操作能力。国家标准规定了驾驶员在进行制动时的施力大小。

③ 应具有驻车制动功能，以保证车辆停放在停车场或有一定坡度的坡路上原地不动而不至于滑溜。

④ 应具有应急制动功能，以利于在行车制动失效之后，能在规定的制动距离内将车辆停住和保证汽车有效减速。

⑤ 不能自行制动。在不需制动时，不能因车体振动或转向等引起制动作用；放松制动踏板后，制动力应能迅速消失，不应出现残余制动力（这种现象称为拖滞或阻滞），以免使行车阻力增加。

⑥ 应具有制动方向稳定性，使汽车在紧急制动时能够保持稳定的行驶方向，避免跑偏、侧滑等现象发生。

⑦ 应具有制动效能恒定性，使制动器尽量不受制动器工作时产生的高温和外界进入的水的影响而减退效能。

## 二、汽车制动检测设备

汽车制动检测的路试设备和工具主要有第五轮仪、减速度仪或米尺、秒表、标杆等，台试的设备主要是制动试验台，包括滚筒式和平板式制动试验台，下面分别予以介绍。

### （一）第五轮仪

第五轮仪简称五轮仪，它可以测量制动过程中的制动距离、制动时间和制动初速度。五轮仪由机械和电子两部分组成。其机械部分（图 2-9）主要是一个车轮，使用时拖在车后，故称为“第五轮”。为保证车轮转动时与地面可靠接触而不致跳动，轮旁装有储气筒、气缸、活塞杆等装置，以保持车轮和地面间的压力。

电子部分包括传感器和单片机等信号采集和处理装置。电磁传感器装在第五轮轴上，它由磁环、齿轮和线圈等组成。当车行驶时，第五轮跟随转动，内、外齿轮相对运动，引起磁路磁阻发生变化，线圈内便感应出交变电压信号。经放大处理后，形成频率与车轮转速成正比的脉冲信号。由于车轮外径是固定的，所以根据单片机在一定时间内记录的脉冲数，就可以计算出汽车的车速及走过的路程。例如在检测制动性能时，可以首先监视车速使之达到规定的速度，然后立即踩制动踏板，同时记录脉冲个数，直到车停下为止。通过制动过程中记录的脉冲个数就可以算出该车的制动时间，同时可换算为制动距离。

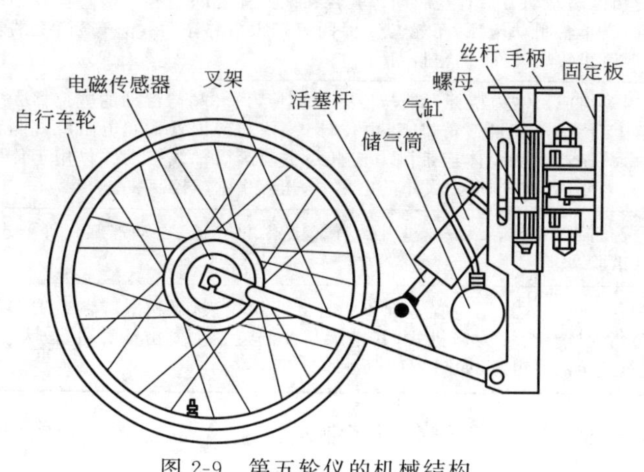

图 2-9　第五轮仪的机械结构

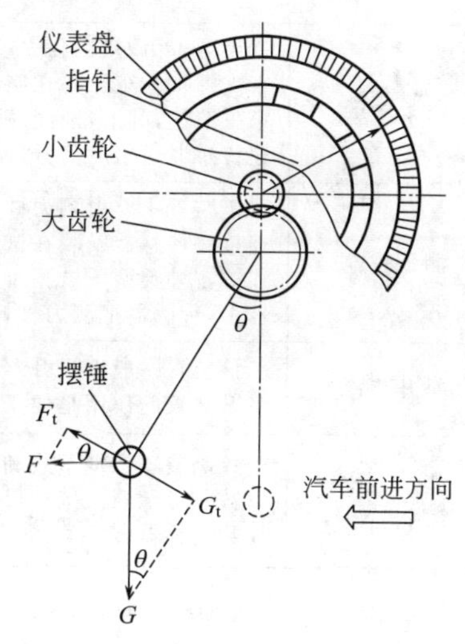

图 2-10　摆锤式减速度仪结构示意

### （二）减速度仪

减速度仪用来测量制动减速度的大小。减速度仪有摆锤式和滑块式两种。两者所依据的

基本原理，都是牛顿第二定律。通过直接或间接测量所受的阻力的大小，就可以计算出物体的减速度。

图 2-10 所示为摆锤式减速度仪结构示意。如果把减速度仪安装在汽车内，当汽车处于静止或匀速运动时，摆锤会保持铅垂位置。若汽车作加速或减速运动，则摆锤会因惯性作用（可将这种作用称为惯性力）而偏斜一个角度 $\theta$。由于减速度与角度 $\theta$ 的关系为 $a=g\tan\theta$，即减速度与摆锤的偏斜角 $\theta$ 的正切成正比，所以只要测量出摆锤的偏斜角 $\theta$，就可以计算出减速度的大小。$g$ 为重力加速度。

如果没有以上设备，也可以用米尺、标杆、秒表等简单工具在道路上检测制动距离和制动时间。为保证检测精度，在路试法检测制动性能中常使用第五轮仪检测制动距离、制动时间和制动初速度，用减速度仪或用其他测试方法测量车辆充分发出的平均减速度（MFDD）。

## （三）汽车制动试验台

汽车制动试验台有多种类型，按试验台测试原理的不同，分为反力式和惯性式两类；按试验台支承车轮形式的不同，分为滚筒式和平板式两类。目前，单轴反力式滚筒制动试验台（测力式）在国内应用最为普遍。

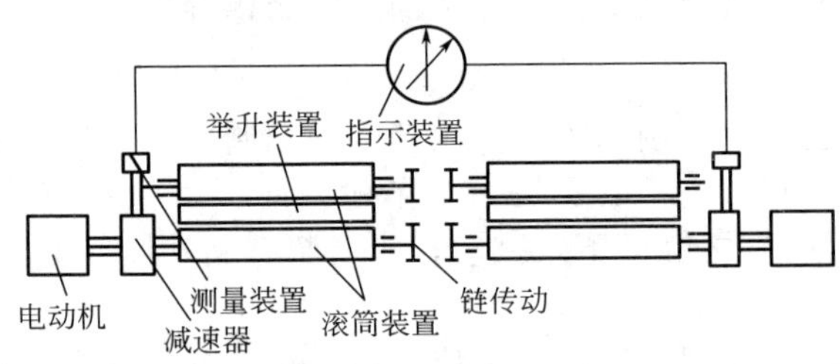

图 2-11 单轴反力式滚筒制动试验台结构示意

1. 反力式滚筒制动试验台的结构

图 2-11 所示为单轴反力式滚筒制动试验台结构示意，主要由驱动装置、滚筒装置、测量装置、举升装置、指示与控制装置等组成，其具体说明见表 2-2。

表 2-2 反力式滚筒制动试验台的结构

| 项目 | 说明 |
|---|---|
| 驱动装置 | 该装置由电动机、减速器和链传动组成。电动机的转动通过减速器减速后传给主动滚筒，主动滚筒又通过链传动把动力传给从动滚筒。减速器与主动滚筒同轴，减速器壳体处于浮动状态 |
| 滚筒装置 | 该装置由左、右独立设置的两对滚筒构成。被测车轮置于两滚筒之间，滚筒表面模拟活动路面，用来支撑被检车轮并在制动时承受和传递制动力。有些制动试验台在两滚筒之间装有一根直径较小的第三滚筒，其上带有转速传感器。当车轮制动抱死，车轮与滚筒间有较大滑移率时，第三滚筒上的转速传感器送出电信号，使滚筒立即停止转动，以防止轮胎剥伤 |
| 测量装置 | 该装置主要由测力杠杆、传感器等组成。测力杠杆一端与传感器连接，另一端与浮动的减速器壳体连接。传感器安装在试验台支架上，传感器有自整角机式、电位计式、差动变压器式和电阻应变测力式等多种类型。被测车轮制动时，减速器浮动壳体连带测力杠杆绕主动滚筒轴线摆动并作用于传感器上，传感器把测力杠杆的移动或力变成反映制动力大小的电信号，送入指示与控制装置中 |
| 举升装置 | 该装置一般由举升器、举升平板和控制开关等组成。举升器有气压式、液压式、电动螺旋式等形式，举升装置的作用是便于汽车出入试验台 |
| 指示与控制装置 | 控制装置有电子式和微机式两种。电子式控制装置多配以指针式指示仪表，微机式控制装置多配以数字显示器。国产反力式滚筒制动试验台多为微机式，其指示与控制装置主要由计算机、放大器、模数转换器（A/D）、数字显示器和打印机等组成，如图 2-12 所示 |

此外，由于对汽车制动性能的评判与轴重有关，现在很多制动试验台都装有配套的轴重计量设备。

2. 反力式滚筒制动试验台的检测原理

准备检测时，升起举升器，将被测汽车驶上制动试验台，车轮置于主、从动滚筒之间，降下举升器。通过延时电路启动电动机，电动机则通过减速器及链传动驱动滚筒，从而带动

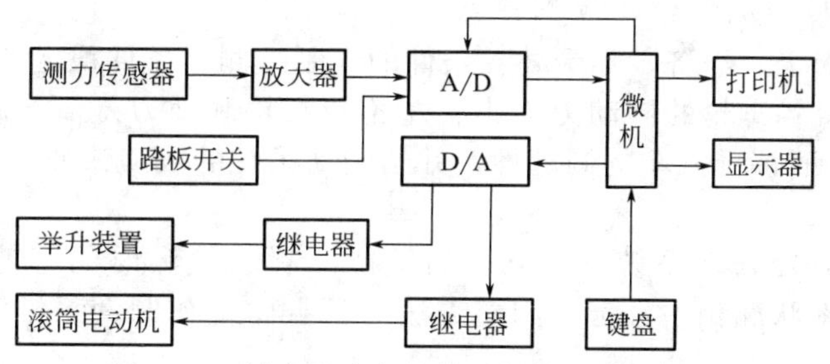


图 2-12 制动试验台的指示与控制装置框图

车轮低速旋转。当驾驶员踩下制动踏板，在制动器摩擦力矩 $M_\mu$ 作用下［图 2-13(a)］，车轮开始减速旋转。此时电动机驱动滚筒，而滚筒则对车轮轮胎周缘的切线方向作用着驱动力 $F_{x1}$、$F_{x2}$，以克服制动器摩擦力矩，维持车轮继续旋转。与此同时，车轮轮胎在滚筒表面切线方向作用着与滚筒驱动力数值相等而方向相反的反作用制动力 $F'_{x1}$、$F'_{x2}$。在 $F'_{x1}$、$F'_{x2}$ 对滚筒轴线形成的反作用制动力矩作用下，浮动的减速器壳体与测力杠杆一起朝与滚筒转动相反的方向摆动［图 2-13(b)］，而测力杠杆另一端的力 $F_1$ 经传感器转换成与反作用制动力大小成比例的电信号。此信号经放大变换处理后，由指示装置显示出由车轮制动器产生、经轮胎传递、作用在滚筒上的制动力。在制动过程中，当左、右轮制动力之和大于某一数值时，微机即开始采集数据，采集过程所经历的时间是一定的。经历了规定的采集时间后，微机发出指令使电动机停转，以防止轮胎剥伤。检测过程结束后，将举升器举起，车辆即可驶离试验台。

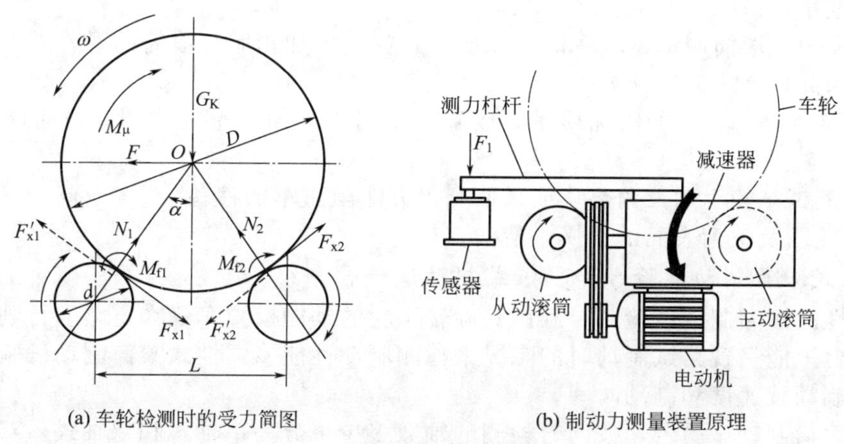


(a) 车轮检测时的受力简图 (b) 制动力测量装置原理

图 2-13 制动力检测原理

$G_K$—车轮所受的载荷；$F$—车轴对车轮的水平推力；$N_1$,$N_2$—滚筒对车轮的支承反力；$F_{x1}$,$F_{x2}$—滚筒对车轮的驱动力；$F'_{x1}$,$F'_{x2}$—车轮对滚筒的切向反作用力；$M_\mu$—制动器摩擦力矩；$M_{f1}$,$M_{f2}$—滚动阻力矩；$\alpha$—安置角；$L$—滚筒的中心距

车轮阻滞力的测量在行车和驻车制动装置处于完全释放状态、变速器置于空挡位置时进行。此时，电动机通过减速器、链传动及滚筒来带动车轮维持稳定转动所需的力，即为车轮的阻滞力，该力可通过指示装置读取。

制动协调时间的测量是与测量制动力同步进行的，它以驾驶员踩踏板的瞬间作为计时起点，由制动踏板上套装的踏板开关向控制装置发出一个“开关”信号，开始时间计数，直至制动力达到标准规定的制动力的 75％时为止。其计时终点通常由试验台微机执行相应的程序来控制。

3．反力式滚筒制动试验台的检测特点

① 检测迅速、安全、经济，不受外界条件的限制，测试条件稳定，重复性较好。

② 能定量地测得各车轮的制动力大小、左轮和右轮制动力差值、制动协调时间、车轮阻滞力等，因而可全面评价汽车的制动性，并给制动系统的故障诊断、维修和调整提供可靠依据。

③ 不能反映防抱死制动系统（ABS）的性能。制动检测时的车速较低（一般不超过5km/h），与实际制动状况相差甚远，因而无法对具有防抱死制动系统汽车的制动性能进行准确测试。

④ 进行制动检测时，汽车没有平移运动，因而也就没有因惯性作用而引起的轴负荷前移作用，故车辆处于空载检测时，前轴车轮容易抱死而难以测得前轴制动器能够提供的最大制动力，从而导致整车的制动力不够，易引起误判。同时，汽车的无移动检测也不能反映汽车其他系统（如转向机构、悬架）的结构、性能对制动性能的影响。

⑤ 试验台制动时的最大测试能力，受检测因素的影响较大。根据图 2-13(a) 所示的受力图列出平衡方程，可得车轮制动时试验台能提供的制动力极限值为

$$F_{\mathrm{xmax}}=\phi(N_1+N_2)=\phi\frac{G_{\mathrm{K}}+\phi F}{(1+\phi^2)\cos\alpha}$$

式中　$\phi$——滚筒与车轮表面的附着系数。

由上式可知，试验台的最大测试能力受安置角 $\alpha$、附着系数 $\phi$、水平推力 $F$ 三方面因素的影响。当 $\alpha$、$\phi$、$F$ 增加时，制动力的最大测试能力增加；而当车轮直径增大，附着系数减小，非测试车轮制动力过小时，则被测车轮容易抱死，其最大制动力难以测出，从而导致整车制动力过小，易引起误判。

要提高反力式滚筒制动试验台的测试能力，就要增加轮胎与滚筒的附着力，避免制动时车轮抱死。为此，常用的措施如下。

① 在车辆上增加足够的附加质量，或施加相当于附加质量的作用力，而这些均不计入轴荷。

② 在非测试车轮上加三角垫块或采取牵引方法阻止车辆移动。

③ 保持轮胎及滚筒表面的干燥、清洁。

4．惯性式滚筒制动试验台和平板式制动试验台介绍

（1）惯性式滚筒制动试验台　利用其旋转飞轮的动能模拟车辆在道路上行驶的动能，使车辆在试验台上能呈现路试制动时的工况来检测制动性能。惯性式滚筒制动试验台检测的是制动距离、制动减速度和制动时间。

惯性式滚筒制动试验台，按同时检测的轴数多少可分为单轴式和双轴式。双轴惯性式滚筒制动试验台结构简图如图 2-14 所示，该试验台可以同时测试双轴车辆所有车轮的制动性能，它可根据车辆的轴距调节前、后滚筒组之间的距离。该距离可用驱动移动架液压缸 17 调节，使滚筒组在导轨上移动，调节合适后用夹紧液压缸 18 进行夹紧定位。前后左右各滚筒及飞轮通过连接部件相连。为防止汽车制动时车轮向后窜出，在后滚筒组后部装有第三滚筒 19。

惯性式滚筒制动试验台的滚筒相当于一个移动的路面，试验台上各对滚筒分别带有的飞轮，其惯性质量应与受检汽车的惯性质量相当。检测时，先使滚筒与车轮处于某一转速旋转，然后切断驱动滚筒旋转的动力，踩制动踏板，制动后的车轮对滚筒表面产生切向阻力，而滚筒在其飞轮系统的惯性作用下继续旋转，其转动的圈数相当于车轮的制动距离，在规定的检测车速下，该制动距离的大小可以充分反映被测车轮制动器和整个制动系统的技术状况。而滚筒的制动初速度、制动减速度及滚筒依靠惯性旋转的圈数均可通过测量系统测得。

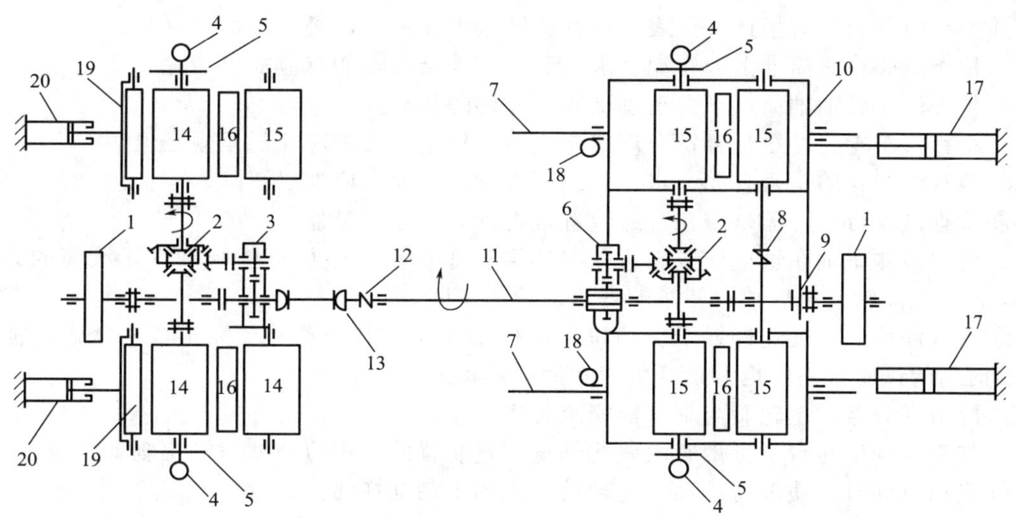


图 2-14　双轴惯性式滚筒制动试验台结构简图

1—飞轮；2—传动器；3，6—变速器；4—测速发电机；5，9—光电传感器；7—可移导轨；8，12—电磁离合器；10 一移动架；11—传动轴；13—万向节；14—后滚筒；15—前滚筒；16—举升托板；17—驱动移动架液压缸；18—夹紧液压缸；19—第三滚筒；20—调节第三滚筒液压缸

利用惯性式滚筒制动试验台检测制动性能时，可以在任意车速下进行，试验条件接近汽车实际行驶情况，其测试结果与实际工况较为接近。但这种试验台要求旋转部分的转动惯量大，结构较复杂，占地面积大，且不适应多种车型，因此在实际检测中应用并不多。

（2）平板式制动试验台　如图 2-15 所示，它是一种低速动态惯性式制动试验台，由四块测试平板、传感器、控制和显示装置等组成。检验时，汽车以 5～10km/h 的速度驶上测试平板，置变速器于空挡并紧急制动。汽车在惯性作用下，通过车轮在平板上附加与制动力大小相等、方向相反的作用力，使平板沿纵向位移，经传感器测出各车轮的制动力，并由显示装置显示检测结果。这种试验台结构简单，测试过程与实际路试条件较接近，能反映车辆的实际制动性能，也能反映制动时轴荷前移及其他系统（如悬架）对汽车制动性能产生的影响，试验台不需要模拟汽车平移惯量，较容易与轴重仪、侧滑仪组合在一起，车辆测试方便且效率较高。但这种试验台存在测试重复性差、占地面积大、需要助跑车道和不安全等问题。

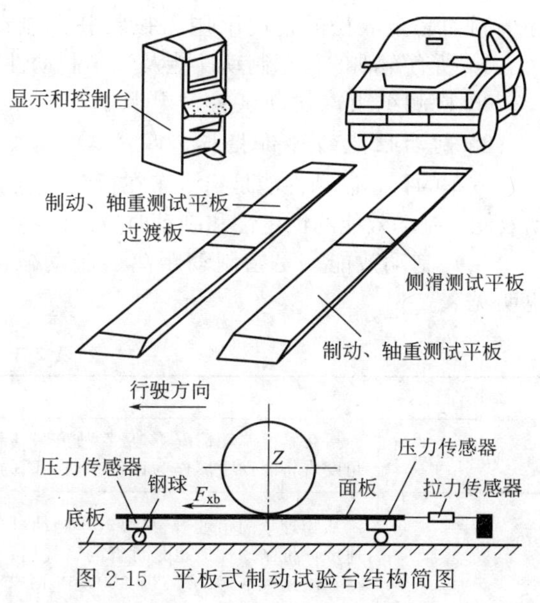


图 2-15　平板式制动试验台结构简图

## 三、制动性能的检测方法、评价指标及其相关规定

1. 制动性能的检测方法

利用反力式滚筒制动试验台检测汽车制动性能时，具体检测方法如下。

① 将试验台指示与控制装置上的电源开关打开，按使用说明书要求预热至规定时间。

② 如果指示装置为指针式仪表，检查指针是否在零位，否则应加以调整。

③ 检查试验台滚筒上是否有泥、水、砂、石等杂物，如有应加以清除。

④ 核实汽车各轴轴荷，不得超过试验台允许的载荷。

⑤ 检查汽车轮胎气压是否符合汽车制造厂的规定，否则应充气至规定值。

⑥ 检查汽车轮胎是否有泥、水、砂、石等杂物，如有应加以清除。

⑦ 检查试验台举升器是否在升起位置，否则应升起举升器。

⑧ 汽车被测车轴在轴重计或轮重仪上检测完轴荷后，应尽可能顺垂直于滚筒的方向驶入试验台。先前轴、再后轴，使车轮处于两滚筒之间。

⑨ 汽车停稳后，变速杆置于空挡位置，行车、驻车制动器处于完全放松状态，能测制动协调时间的试验台还应把脚踏开关套在制动踏板上。

⑩ 降下举升器，至轮胎与举升器完全脱离为止。

⑪ 如果制动试验台本身带有内藏式轴重测量装置的，则应在此时测出轴荷。

⑫ 启动电动机，使滚筒带动车轮转动，先测出制动拖滞力。

⑬ 用力踩下制动踏板，一般试验台在 1.5～3.0s 后或所带第三滚筒发出信号后，滚筒自动停转。

⑭ 读取并打印检测结果。

⑮ 升起举升器，驶出已测车轴，将下一车轴驶入，按与上述同样的方法检测制动力。

⑯ 当与驻车制动相关的车轴在试验台上时，检测完行车制动后应重新启动电动机，在行车制动完全放松的情况下用力拉紧驻车制动杆，检测驻车制动性能。

⑰ 所有车轴的行车制动性能及驻车制动性能检测完毕后，升起举升器，汽车开出试验台。

⑱ 检测结束，切断试验台电源。

2. 制动性能的评价指标

汽车的行车制动性能是指汽车在行驶中能够强制减速、停车或下坡时限速的能力。可以从制动效能、制动效能的恒定性和制动时方向的稳定性三个方面综合评价汽车的行车制动性能。

（1）制动效能　是指制动距离、制动减速度、制动时间和制动力等方面的性能，其具体说明见表 2-3。

**表 2-3　制动效能**

| 项　目 | 说　　明 |
|---|---|
| 制动距离 | 指在紧急制动情况下，从驾驶员踩到制动踏板开始到汽车完全停止所驶过的距离。从行车安全的角度看将制动距离作为评价制动性能的指标是合理的、直观的，在实际中被广泛采用 |
| 制动减速度 | 从物理学的角度看，只要汽车制动过程的减速度足够大，就能保证尽快减速或停车，所以用制动减速度评价制动性能也是可行的。我们一般用充分发出的平均减速度(MFDD)的大小来评价制动性能<br>在国家标准 GB 7258—2004 中，MFDD 的计算式采用如下较实用的公式<br>$$\text{MFDD}=\frac{v_b^2-v_e^2}{25.92(s_e-s_b)}$$<br>式中　$s_b$——在速度 $v_0$ 和 $v_b$ 之间车辆驶过的距离，m<br>$s_e$——在速度 $v_0$ 和 $v_e$ 之间车辆驶过的距离，m<br>$v_e$——$0.1v_0$ 时的汽车速度，km/h<br>$v_b$——$0.8v_0$ 时的汽车速度，km/h<br>$v_0$——汽车制动初速度，km/h<br>25.92——速度单位由标准单位（m/s）换算为惯用单位（km/h）的换算系数<br>图 2-16 表示了这些数值间的关系<br>上式可以通过物体作匀减速运动的公式得出：<br>$$v_b^2-v_e^2=2a(s_e-s_b)$$<br>式中　$a$——汽车制动过程的平均减速度 |

续表

| 项　目 | 说　　明 |
| --- | --- |
| 制动时间 | 指整个制动过程所用的时间，包括以下几个时间段（图 2-17）<br>驾驶员反应时间 $t_1$：是指驾驶员从遇到需紧急制动的信号，至踩到制动踏板所需的一段时间，一般为 0.3～1.0s<br>制动器作用时间 $t_2$：是指从制动器开始动作到它能够发出最大制动力的一段时间。它由 $t_2'$ 和 $t_2''$ 组成，其中 $t_2'$ 是从驾驶员踩到制动踏板，到产生制动作用的一段时间，也称制动器反应时间，$t_2''$ 是制动力逐渐增大的过程所对应的时间，或称制动力上升时间。制动器作用时间一般为 0.2～0.7s<br>制动力持续时间 $t_3$：指制动力稳定在最大值的一段时间。这段时间使制动作用得到充分发挥，在进行检测时，制动持续时间维持 2s 左右即能保证制动效能<br>制动释放时间 $t_4$：是从驾驶员松开制动踏板直到制动完全消除所需的一段时间，一般为0.2～1.0s |
| 制动力 | 制动时，车轮基本不转或慢速转动而汽车却因惯性作用而有继续前进的趋势，使车轮对地面产生一个向前的作用力 $F_\mu$，其反作用力就是地面对车轮的制动力，称为地面制动力，用 $F_g$ 表示<br>由于制动力是产生制动作用的根本原因，所以制动力是从本质上评价制动性能的一个指标。利用检测制动力来评价制动性能有许多好处。因为可以分别检查每个车轮制动力的大小，从而检查前、后轴的制动力分配是否合理、制动力左右是否平衡等，对分析制动器的故障和维修也很有帮助 |

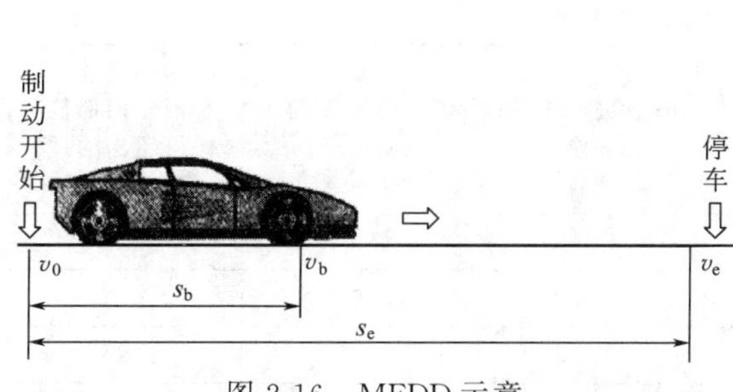


图 2-16　MFDD 示意

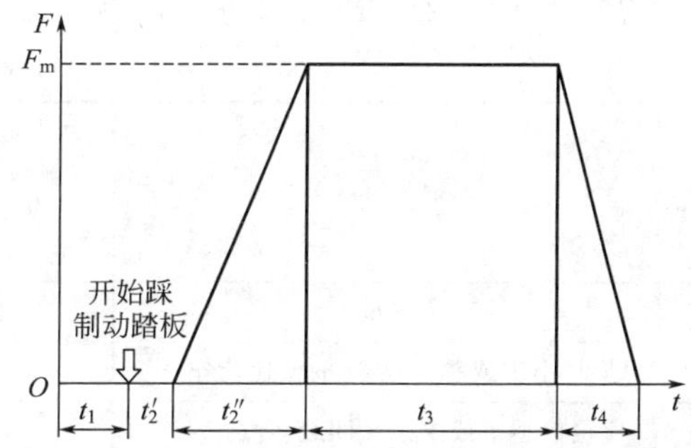


图 2-17　简化的制动力随制动时间的变化过程

(2) 制动效能的恒定性　是指车辆良好的制动效能能够持久作用下去的性能，它包括制动器材料抗热衰退的能力和制动器水湿恢复能力。

制动器摩擦材料因制动时摩擦生热，温度升高，可能引起摩擦因数减小，制动力下降，甚至摩擦片磨损烧坏，而影响制动性能，即出现热衰退现象。因此，摩擦片应具有高的抗热衰退能力，在汽车高速制动、短时间重复制动或下坡连续制动时尤其应当如此。

当制动器被水浸湿后制动力会下降，即出现水衰退现象。因此，在进水后，要求制动器能够尽快恢复其制动性能。

(3) 制动时方向的稳定性　表示制动时车辆不出现跑偏、侧滑等现象的能力。制动时方向的稳定性要求车辆制动时任何部位都不得超出给定宽度的车道。

3. 国家标准对检验制动性能的有关规定

国家标准 GB 7258—2004 对检验制动性能的规定，按检验方法分为路试和台试两类。

(1) 路试检验　是在规定的路面上进行测试。用路试的方法主要检验行车制动性能和应急制动性能。这些检验应在平坦、坚实、清洁、干燥的水泥或沥青路面上进行，以保证轮胎与地面间足够的附着系数。

机动车在规定初速度下的制动距离和制动稳定性应符合表 2-4 所列的要求。

**表 2-4 制动距离和制动稳定性要求**

| 车辆类型 | 制动初速度/(km/h) | 满载检验制动距离要求/m | 空载检验制动距离要求/m | 制动稳定性要求车辆任何部位不得超出的试车道宽度/m |
|---|---|---|---|---|
| 三轮汽车① | 20 | ≤5.0 | ≤5.0 | 2.5 |
| 总质量小于或等于3.5t的低速货车② | 30 | ≤9 | ≤8 | 2.5 |
| 其他总质量小于或等于4.5t的汽车③ | 50 | ≤22 | ≤21 | 2.5 |
| 座位数小于或等于9的载客汽车④ | 50 | ≤20 | ≤19 | 2.5 |
| 其他汽车、汽车列车及无轨电车⑤ | 30 | ≤10 | ≤9 | 3.0 |

①指最高设计车速小于或等于50km/h的，具有三个车轮的货车。

②指最高设计车速小于70km/h的具有四个车轮的货车。

③对质量大于3.5t并小于或等于4.5t的汽车，试车道宽度为3m。

④指在其设计和技术特性上主要用于载运乘客及其随身行李和临时物品的汽车，包括驾驶员座在内最多不超过9个座位。

⑤指由一辆汽车（三轮汽车和低速货车除外）牵引一辆挂车组成的机动车，包括乘用车列车、货车列车和铰接列车。

在规定的初速度下紧急制动时，MFDD和制动稳定性应符合表2-5所列的要求，并且汽车单车制动协调时间应不大于0.6s，汽车列车制动协调时间应不大于0.8s。

**表 2-5 制动减速度和制动稳定性要求**

| 车辆类型 | 制动初速度/(km/h) | 满载检验MFDD/(m/s²) | 空载检验MFDD/(m/s²) | 制动稳定性要求车辆任何部位不得超出的试车道宽度/m |
|---|---|---|---|---|
| 三轮汽车 | 20 | ≥3.8 | ≥3.8 | 2.5 |
| 总质量小于或等于3.5t的低速货车 | 30 | ≥5.2 | ≥5.6 | 2.5 |
| 座位数小于或等于9的载客汽车 | 50 | ≥5.9 | ≥6.2 | 2.5 |
| 其他总质量小于或等于4.5t的汽车 | 50 | ≥5.4 | ≥5.8 | 2.5 |
| 其他汽车、汽车列车及无轨电车 | 30 | ≥5.0 | ≥5.4 | 3.0 |

汽车在空载和满载情况下进行应急制动性能检验，应急制动性能应符合表2-6所列的要求。

**表 2-6 应急制动性能要求**

| 车辆类型 | 制动初速度/(km/h) | 制动距离/m | MFDD/(m/s²) | 最大允许操纵力/N | |
|---|---|---|---|---|---|
| | | | | 手操纵 | 脚操纵 |
| 座位数小于或等于9的载客汽车 | 50 | ≤38 | ≥2.9 | 400 | 500 |
| 其他载客汽车 | 50 | ≤18 | ≥2.5 | 600 | 700 |
| 其他汽车 | 30 | ≤20 | ≥2.2 | 600 | 700 |

在空载状态下，驻车制动装置应能保证车辆在坡度为20%（总质量为整备质量的1.2倍以下的车辆为15%）、轮胎与路面间的附着系数不小于0.7的坡道上正、反两个方向保持不动，其时间不少于5min。检验时手制动操纵力应符合有关规定。

国家标准规定，对空载检验制动性能有质疑时，可按满载检验的制动性能要求进行检验。

应急制动时性能要求：汽车（三轮汽车除外）在空载和满载状态下，按表2-7所列初速度进行应急制动性能检验，测量从应急制动操纵始点至车辆停住时的制动距离，应急制动性能应符合表 2-7 的要求。

**表 2-7　应急制动性能要求**

| 机动车类型 | 制动初速度/(km/h) | 制动距离/m | 充分发出的平均减速度/($m/s^2$) | 允许操纵力不应大于/N | |
|---|---|---|---|---|---|
| | | | | 手操纵 | 脚操纵 |
| 乘用车 | 50 | ≤38.0 | ≥2.9 | 400 | 500 |
| 客车[①] | 30 | ≤18.0 | ≥2.5 | 600 | 700 |
| 其他汽车（三轮汽车除外） | 30 | ≤20.0 | ≥2.2 | 600 | 700 |

①指在其设计和技术特性上主要用于载运乘客及其随身行李的商用车，包括驾驶员座位在内座位数超过 9 个。

（2）台试检验　就是利用试验台进行测试。与路试相比，台试更省时、省地、不受道路和气候的影响，更方便，所以得到普遍应用。

① 制动力检验：汽车、汽车列车在制动试验台上测出的制动力，应符合表 2-8 的要求，对空载检测制动力有质疑时，可用表 2-8 中规定的满载检验制动力要求进行检验。

**表 2-8　台试检验制动力要求**

| 机动车类型 | 轴制动力与轴荷[①]的百分比/% | | 制动力总和与整车重量的百分比/% | |
|---|---|---|---|---|
| | 前轴 | 后轴 | 空载 | 满载 |
| 三轮汽车 | — | ≥60[②] | ≥45 | |
| 乘用车、总质量不大于 3.5t 的货车 | ≥60[②] | ≥20[②] | ≥60 | ≥50 |
| 其他汽车、汽车列车 | ≥60[②] | — | ≥60 | ≥50 |

①用平板制动试验台检验乘用车时应按动态轴荷计算。

②空载和满载状态下测试均应满足此要求。

② 制动力平衡要求：就是对左、右轮制动力差的限制性要求，用以保证汽车制动方向稳定性。国家标准规定在制动力增长全过程中同时测得的左、右轮制动力差的最大值，与全过程中测得的该轴左、右轮最大制动力中大者之比，对前轴不得大于 20%，对后轴在后轴制动力大于或等于后轴轴荷的 60%时不得大于 24%，当后轴制动力小于后轴轴荷的 60%时，在制动力增长全过程中同时测得的左、右轮制动力差的最大值不得大于后轴轴荷的 8%。

③ 制动协调时间：普通汽车制动协调时间应不大于 0.6s，汽车列车制动协调时间应不大于 0.8s。

④ 阻滞力：即解除制动后车轮转动时受到的残余阻力。国家标准 GB 7258—2004 规定，各车轮的阻滞力均不得大于该轴轴荷的 5%。

⑤ 驻车制动性能检验：用制动试验台检验驻车制动力时，车辆应空载，乘坐 1 名驾驶员，驻车制动力的总和应不小于该车在测试状态下整车重量的 20%，对总质量为整备质量 1.2 倍以下的车辆，此值为 15%。

应该指出，上述路试和台试的各种方法，并不需要全部检验。按国家标准规定，只要选择检验以下三项之一即可全面评价行车制动系统的制动性能：制动距离及制动方向稳定性（路试）；制动减速度、制动协调时间及制动方向稳定性（路试）；制动力、制动协调时间及阻滞力（台试）。

# 第三节 汽车动力性能检测

汽车动力性能是指汽车在良好路面上直线行驶时由汽车受到纵向外力决定的、所能达到的平均行驶速度。汽车是一种高效率的运输工具，运输效率的高低在很大程度上取决于汽车的动力性能，其动力性能越好，运行的平均行驶速度越高，运输效率也就越高。因此，汽车动力性能是汽车各种性能中最基本、最重要的性能。汽车动力性能的评价指标主要有最高车速、加速性能和最大爬坡能力。

汽车原地起步加速时间，是汽车由一挡或二挡起步，以最大的加速度且选择恰当的换挡时刻逐步换至最高挡后，加速到某一预定的距离或车速时所需的时间。

汽车爬坡能力是指汽车满载，在良好路面上用一挡行驶时所能克服的最大坡度。通常用最大爬坡度表示。

## 一、汽车最高车速、加速性能及爬坡能力

1. 汽车最高车速

汽车最高车速是指汽车以厂定最大总质量，在风速小于 3m/s 的条件下，在干燥、清洁、平坦的混凝土或沥青路面上，能够达到的最高稳定行驶速度。

2. 汽车加速性能

汽车加速性能是指汽车从较低车速到获得较高车速时所需最短时间的能力，通常用加速时间来评价。加速时间又分为原地起步加速时间和超车加速时间。

汽车原地起步加速时间，是汽车由一挡或二挡起步，以最大的加速度且选择恰当的换挡时刻逐步换至最高挡后，加速到某一预定的距离或车速时所需的时间。

超车加速时间，是汽车以最高挡或次高挡由某一预定的车速全力加速到某一高速所需的时间。常用 40～60km/h、40～80km/h 或 40～100km/h 加速所需时间来表示。

3. 汽车爬坡能力

汽车爬坡能力是指汽车满载，在良好路面上用一挡行驶时所能克服的最大坡度。通常用最大爬坡度表示。

汽车要求有足够的爬坡能力，载货汽车在 30%左右，越野汽车在 60%左右。

## 二、汽车最高车速的测量

根据汽车加速性能的好坏，选定充足的加速区段，使汽车在驶入测量路段前能够达到最高的稳定行驶车速。要求供加速用的直线路段长度至少为 1～3km，视汽车质量大小和加速性能而定。在符合规定的试验道路上，选定中间一段 200m 为测试路段。

测试汽车在加速区间以最佳加速状态行驶，在到达测量路段前保持变速器（及分动器）在汽车设计最高车速的相应挡位，将加速踏板踩到底，使汽车以最高的稳定车速通过测量路段。记录汽车以最高车速通过测速路段的时间。

最高车速试验可在汽车试验场内利用高速跑道进行加速，在直线段达到最高的稳定车速后进行测量。

最高车速反映了汽车依靠动力所能达到的车速极限，检测时要关闭车窗和附加设施，如空调系统等。为了消除道路微小坡度的影响，提高测量准确性，测试往返各进行1次，测量路段应尽量重合，结果取其平均值。

## 三、汽车加速性能的检测

1. 原地起步加速性能的测定

检测时，先将变速器置于该车的起步挡位，然后快速起步并将加速踏板踩到底，使汽车尽快加速，当发动机转速达到最大功率转速时，力求迅速换挡；换挡后立即踩下加速踏板，这样连续换挡加速直至预定车速或预定距离为止；记录加速过程的速度、时间和行驶距离。

对于使用自动变速器的汽车，应在D挡进行测试。

2. 超车加速性能的测定

汽车在正常行驶时以最高挡和次高挡行驶居多，当汽车由较低车速过渡到较高车速时，动力性好的汽车能在较短时间内达到预定的车速，表现为加速快，能迅速实现超车。

检测时，汽车变速器置于预定挡位，加速中不能换挡。现以预定的车速作等速行驶，进入测试路段后，迅速将加速踏板踩到底，使汽车以最快速度行驶至某一速度或行驶一定距离，记录加速过程的速度、时间及行驶距离。

对于使用自动变速器的汽车，测试在D挡进行，初始车速的选取一般以汽车在加速中不至于有自动换挡操作为原则。

加速性能测试往返各进行1次，测量路段应尽量重合，结果取其平均值。

## 四、汽车最大爬坡度的测试

选择与该车预计爬坡度相近的坡道，坡道长度应大于25m，坡前应有8～10m的平直路段。测试车停于坡底靠近坡道的平直路段上，变速器置于最大牵引力输出挡（通常是一挡）。汽车起步后，将加速踏板踩到底进行爬坡。如果汽车能顺利爬上该坡道，再选择更大一级坡道进行测试，直到汽车不能爬上坡道为止，所能爬上的最大坡度，就是汽车所能越过的最大坡度。

# 第四节 汽车车速表误差校验

汽车行驶速度高，可以缩短运输时间，提高运输效率。但是，行驶速度过高往往使车辆失去操纵稳定性，使行车制动距离大大增加。因此，行驶速度对交通安全有很大影响。为了保证行车安全，特别是在限速路段和限速车道上行驶时，驾驶员必须按照车速表的指示值，根据车辆、行人和道路状况，准确地控制车速。为此，车速表一定要准确可靠。

随着汽车行驶里程的增加，车速表经长期使用会由于机械部分的磨损和电气部分的老化，而导致车速表指示误差愈来愈大。汽车轮胎在使用过程中由于磨损，其半径逐渐减小，汽车行驶速度因轮胎半径的减小而变化。车速表一般通过软轴由变速器输出轴驱动，在变速器输出轴转速不变的条件下，实际车速与车速表指示的车速形成误差。

如果车速表的指示误差过大，驾驶员就难以正确控制车速，且极易因判断失误而造成交

通事故。为确保车速表反映的数据可靠，必须适时对车速表进行检测和校正。由于车速表与行车安全有着密切关系，因此车速表误差校验是安全检测和综合检测中的重要检测项目之一。车速表的检测方法有道路试验法和室内台架试验法两种。本节着重介绍室内台架试验法。

## 一、车速表误差的形成与测量原理

1. 车速表误差的形成

车速表有磁感应式和电子式等类型，往往与里程表组合在一起。磁感应式车速表是利用蜗轮、蜗杆和软轴的传动作为传感器，利用磁电互感作用并通过指针的摆动来指示汽车行驶速度的。机件在使用过程中发生自然磨损、磁性元件的磁性发生变化和轮胎滚动半径发生变化等原因，都会造成车速表指示误差增大。不管是磁感应式车速表还是电子式车速表，在本身技术状况正常的情况下，轮胎滚动半径的变化是造成车速表误差的主要原因。轮胎滚动半径的变化主要是由于轮胎磨损、气压不足或气压过高等原因造成的。由于汽车实际行驶速度与车轮滚动半径成正比关系，因此即使车速表的技术状况正常，车速表的指示值也会因车轮滚动半径的变化，与实际车速形成误差。

2. 车速表误差的测量原理

为了在室内测得车速表的指示误差，需采用滚筒式车速表试验台对车速表进行检测。用滚筒式车速表试验台（以下简称车速表试验台）检测车速表的指示误差，是把与车速表有传动关系的车轮置于试验台滚筒上旋转，以滚筒的表面作为连续移动的路面，模拟汽车在路试中的行驶状态，进行车速表误差测量。车速表误差的测量原理如图 2-18 所示。测量时，将汽车上与车速表有传动关系的车轮（视车速表形式而定，多数情况下是驱动车轮）置于车速表试验台的滚筒上，由车轮驱动滚筒旋转或由滚筒驱动车轮旋转。车速表试验台滚筒的端部装有速度传感器，能发出与车速变化成正比的电信号。

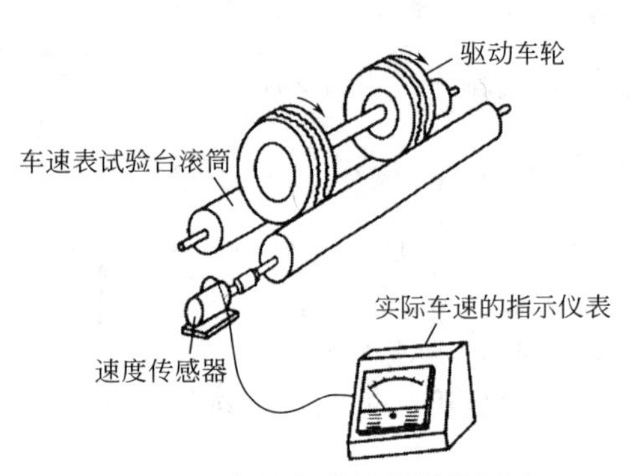

图 2-18　车辆表误差的测量原理

滚筒的线速度、圆周长与转速之间的关系，可用下式表达。

$$v=nL\times 60\times 10^{-6}$$

式中　$v$——滚筒的线速度，km/h；

$L$——滚筒的圆周长，mm；

$n$——滚筒的转速，r/min。

因车轮的线速度与滚筒的线速度相等，故上述的计算值即为汽车的实际车速值。因为其由车速表试验台上的速度指示仪表显示，所以称为试验台指示值。

车轮在滚筒上转动的同时，汽车驾驶室内的车速表也在显示车速值，称为车速表指示值。将试验台指示值与车速表指示值相比较，即可得出车速表的指示误差。

$$车速表指示误差=\frac{车速表指示值-试验台指示值}{试验台指示值}\times 100\%$$

## 二、车速表的检测标准

国家强制性标准 GB 7258—2004《机动车运行安全技术条件》中规定：车速表允许误差

范围为－5%～＋20%，即当实际车速为 40km/h 时，汽车车速表指示值应为 38～48km/h；或当汽车车速表指示值为 40km/h 时，实际车速为 33.3～42.1km/h。超过上述范围为车速表的指示不合格。

## 三、车速表试验台的结构及工作原理

车速表试验台有标准型、驱动型、综合型 3 种类型。标准型无驱动装置，它依靠被测车轮带动滚筒旋转；驱动型由电动机驱动滚筒旋转；综合型是把车速表试验台与制动试验台或底盘测功试验台组合在一起的试验台。

1. 标准型车速表试验台

标准型车速表试验台由速度测量装置、速度指示装置和速度报警装置等组成，如图 2-19 所示。

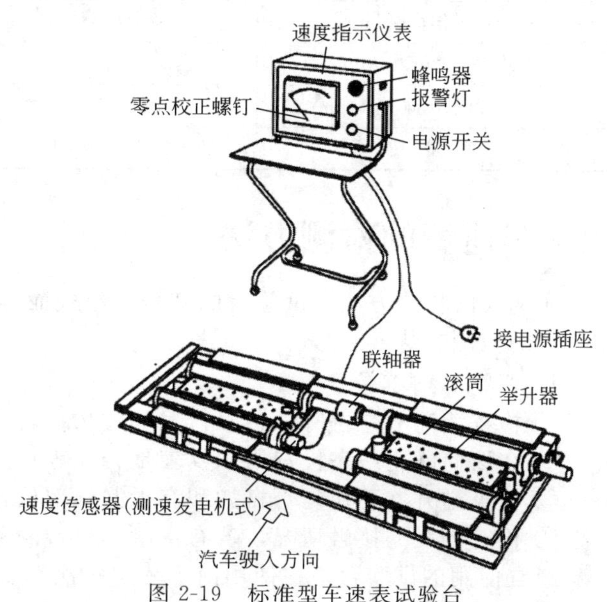

图 2-19 标准型车速表试验台

（1）速度测量装置　主要由滚筒、速度传感器和举升器等组成。滚筒一般为 4 个，通过滚筒轴承安装在框架上。速度传感器一般采用测速发电机，装在滚筒的一端。在前、后滚筒之间设有举升器，举升器与滚筒制动装置联动，举升器升起时，滚筒不会转动，以便汽车进出试验台。

（2）速度指示装置　以 km/h 为单位在速度指示仪表上显示车速，便于判明车速表误差是否在合格范围之内。

（3）速度报警装置　在测量中为提示汽车实际车速已达到检测车速（40km/h，下同）而设置。在车速表试验台的速度指示装置上，都设有报警灯或蜂鸣器作为报警装置。试验中，当汽车实际速度达到检测车速时，报警灯亮或蜂鸣器响，提示检测员立即读取驾驶室内车速表的指示值，以便与实际车速对照，从而判断车速表指示值是否在合格范围之内。

2. 驱动型车速表试验台

多数汽车的车速表转速信号取自变速器或分动器的输出端，即取自汽车的驱动系统。但是，也有一些汽车的车速表转速信号取自汽车从动系统的车轮。驱动型车速表试验台就是为适应后一种汽车而设置的，如图 2-20 所示。需要指出的是，该种车速表试验台在滚筒与电动机之间装有离合器。当离合器处于分离状态时，驱动型车速表试验台也可以作为标准型车速表试验台使用。

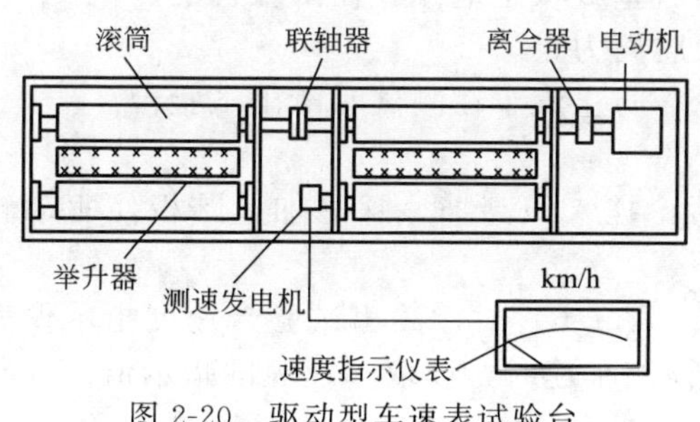

图 2-20 驱动型车速表试验台

驱动型车速表试验台的主要参数见表 2-9。

**表 2-9 驱动型车速表试验台的主要参数**

| 参数项目 | SB-10B 型 | SB-3B 型 |
|---|---|---|
| 允许最大轴载质量/t | 10 | 3 |

续表

| 参数项目 | SB-10B 型 | SB-3B 型 |
| --- | --- | --- |
| 最高试验车速/(km/h) | 120 | 120 |
| 滚筒尺寸(直径×长度)/m | 185×1000 | 185×850 |
| 滚筒轴间距/mm | 457 | 420 |
| 举升器形式 | 气囊式 | 气囊式 |
| 举升器工作行程/mm | 110 | 90 |
| 举升器空气压力/MPa | 0.6～1.0 | 0.6～0.8 |
| 外形尺寸(长×宽×高)/m | 3260×840×635 | 2920×750×590 |
| 净质量/kg | 800 | 800 |

## 四、车速表的检测方法

车速表的检测方法因试验台的牌号、形式而异，应根据使用说明书进行操作，这里仅介绍一般的检测方法。

1. 试验台的准备

① 检查滚筒上是否有油、水、泥等杂物。若有，要清除干净。

② 在滚筒静止状态检查指示仪表是否在零点上，否则要调零。

③ 检查举升器动作是否自如和有无漏气部位，若有阻滞或有漏气部位，应予修理。

④ 检查导线的接触情况，若有接触不良或断路，应予修理或更换。

经常使用的试验台，在使用前不一定每次都要进行上述检查。

2. 被测车的准备

① 按汽车制造厂的规定检查并补充轮胎气压。

② 轮胎沾有水、油等或轮胎花纹沟槽内嵌有小石子时，应清理干净。

3. 测试步骤

① 接通试验台电源。

② 升起滚筒间的举升器。

③ 将被测车输出车速信号的车轮尽可能与滚筒成垂直状态地停放在试验台上。

④ 降下滚筒间的举升器，至轮胎与举升器托板脱离为止。

⑤ 用挡块抵住位于试验台滚筒之外的一对车轮，防止汽车在测试时滑出试验台。

使用标准型试验台时应进行如下操作。

a. 启动汽车，待汽车的驱动轮在滚筒上稳定后，挂入最高挡，踩下加速踏板使驱动轮平稳地加速运转。

b. 当汽车车速表的指示值达到规定检测车速（40km/h）时，读出试验台速度指示仪表的指示值；或当试验台速度指示仪表的指示值达到检测车速时，读取车速表的指示值。

使用驱动型试验台时应进行如下操作。

a. 接合试验台离合器，使滚筒与电动机连在一起。

b. 将汽车的变速器挂入空挡，接通试验台电源，使电动机驱动滚筒旋转。

c. 当汽车车速表的指示值达到检测车速时，读取试验台速度指示仪表的指示值；或当试验台速度指示仪表的指示值达到检测车速时，读取汽车车速表的指示值。

d. 测试结束后，轻轻踩下汽车制动踏板，使滚筒停止转动；对于驱动型试验台，必须先关断电源再踩制动踏板。

e. 升起举升器，去掉挡块，汽车驶离试验台。

f. 切断试验台电源。

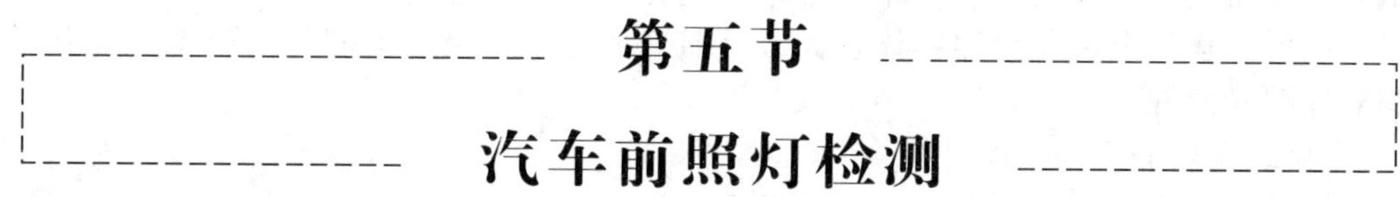

# 第五节 汽车前照灯检测

前照灯的检测是汽车安全性能检测中非常重要的一个项目。如果前照灯性能不好，驾驶员就不易辨清前方的障碍物或造成对方来车驾驶员眩目，导致交通事故。为保证夜间行车安全，前照灯的发光强度和光束照射位置被列为汽车安全检测中的必检项目。

## 一、前照灯的检测指标及配光特性

### （一）前照灯的检测指标

按国家标准《机动车运行安全技术条件》（GB 7258—2004）规定，汽车前照灯的检验指标为发光强度和光束照射方位的偏移值。

1. 发光强度和照度

根据国际标准的规定，发光强度单位是坎德拉，简称“坎”，单位符号用 cd 表示。国家标准规定的前照灯远光光束发光强度要求见表 2-10。

表 2-10 前照灯远光光束发光强度要求

| 汽车使用情况 | 灯制 | 发光强度/cd |
|---|---|---|
| 新车 | 二灯制 | 15000 |
| | 四灯制 | 12000 |
| 在用车 | 二灯制 | 12000 |
| | 四灯制 | 10000 |

照度是表示不发光物体被光源照明的程度，即表示受光面明亮度的物理量，其单位为勒克斯（lx）。

2. 光束照射方位的偏移值

如果把前照灯最亮的地方看作是光束的中心，则它对水平、垂直坐标轴交点的偏离，即表示它的照射方位的偏移，其偏移的尺寸就是光束照射方位的偏移值，也称光轴的偏斜量。不论近光或远光，光束照射方向对安全行车均非常重要，它既涉及防眩问题，也影响到照明的距离和范围。图 2-21 给出了用屏幕法检测前照灯照射位置的示意图。这种方法既可用于测近光，也可测远光。图 2-21 中，$H$ 为前照灯基准中心高度，$D$ 为两灯中心间距，虚线为前照灯光束照射位置，$H_1$、$H_2$分别代表左、右灯光束中心高度，$\Delta D_1$、$\Delta D_2$分别表示左、右灯光束的水平偏移量。

检测前照灯的近光光束照射位置时，按国家标准 GB 7258—2004 的规定，前照灯在距离屏幕 10m 处，光束明暗截止线转角或中点的高度（即图中 $H_1$、$H_2$）应为（0.6～0.8）$H$，其水平方向位置向左向右偏（即图中 $\Delta D_1$、$\Delta D_2$）均不得超过 100mm。对于远光灯的照射方向，国家标准规定，四灯制前照灯其远光单光束的调整，要求在屏幕上（也是距前灯 10m 远）光束中心离地高度为（0.85～0.90）$H$，水平位置要求左灯向左偏不得大于

100mm，向右偏不得大于170mm，右灯向左或向右偏均不得大于170mm。可见，不论远光还是近光，每个方向的光轴偏斜量都不能过大，而应照到前方路面规定的位置。

### (二) 前照灯的配光特性

用等照度曲线表示的明亮度分布特征称为配光特性，也称光形分布特性。配光特性表示了前照灯照射到物体上后，被照物体表面各处照度的分布情况。前照灯的配光特性有对称配光和非对称配光两种。

1. 对称配光特性

前照灯光束光形分布的等照度曲线若左右对称，不偏向一边，上下扩展也不太宽，这种配光特性称为对称配光特性，如图 2-22 所示。

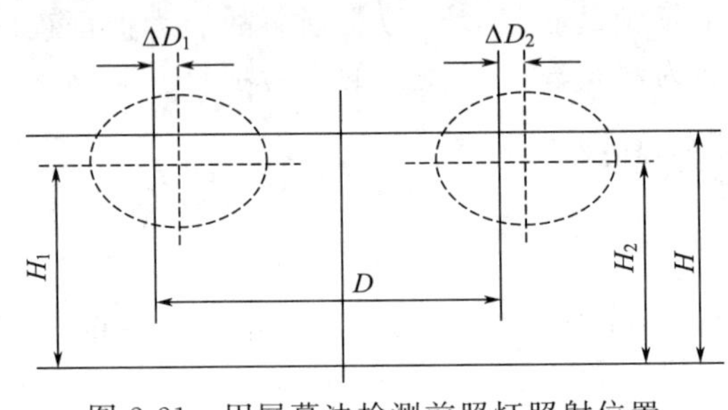


图 2-21 用屏幕法检测前照灯照射位置

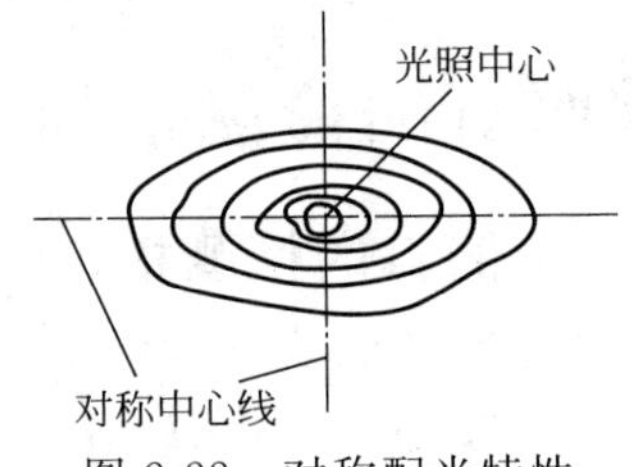


图 2-22 对称配光特性

2. 非对称配光特性

非对称配光即光形分布有一条明显的明暗截止线（灯光投射到配光屏幕上，眼睛感觉到的明暗陡变的分界线）。非对称配光有两种：一种是在配光屏幕上，明暗截止线的水平部分在 $V$-$V$ 线的左半边，右半边为与水平线向上成15°的斜线，如图 2-23(a) 所示；另一种是明暗截止线右半边为与水平线向上成 45°斜线至垂直距离为 25cm 处转向水平的折线，由于明暗截止线呈 Z 形，也称 Z 形配光，如图 2-23(b) 所示。我国前照灯近光灯已采用这种配光形式（GB 4599—1994《汽车前照灯配光性能》）。

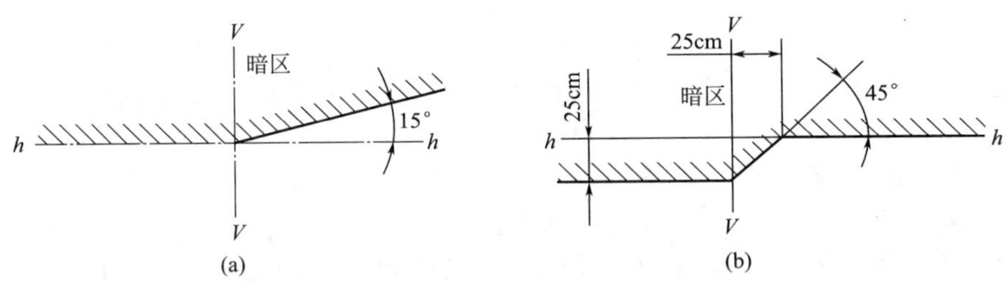


图 2-23 非对称配光特性

## 二、前照灯的检测方法及原理

前照灯检测的方法有屏幕法和仪器法两种。屏幕法所需设备比较简单，但检测起来准确性不高、效率低、占用场地大、易受环境光源影响。因此，通常都用前照灯检验仪（仪器法）检测发光强度和光轴偏斜量。前照灯检验仪是按一定测量距离放在被检车对面，用来检验前照灯发光强度和光轴偏斜量的专用设备。它通过采用能把吸收的光能变成电流的光电池作为传感器，按照前照灯光轴照射光电池产生电流的大小和比例，来测量发光强度和光轴偏斜量。

1. 发光强度的检验原理

如图 2-24 所示，连接光电池与光度计，按规定的距离使前照灯照射光电池，光电池便按受光强度的大小，产生相应的光电流使光度计指针摆动，指示出前照灯的发光强度。

2. 光轴偏斜量的检验原理

如图 2-25 所示，将 4 个光电池 $S_1$～$S_4$ 对称地置于受光屏幕中间，分别接到上下偏和左右偏指示仪表上，同时接受前照灯光束照射。若光线上下没有偏斜，则 $S_1$ 与 $S_2$ 受光相同，产生的电动势彼此平衡，从而所接的表头指示为零。反之，若光线偏斜，则 $S_1$ 与 $S_2$ 受光不等，表头将指示出光束上下偏斜方向和偏斜量大小。同理，$S_3$ 与 $S_4$ 所接的表头可以指示光束左右偏斜的情况。

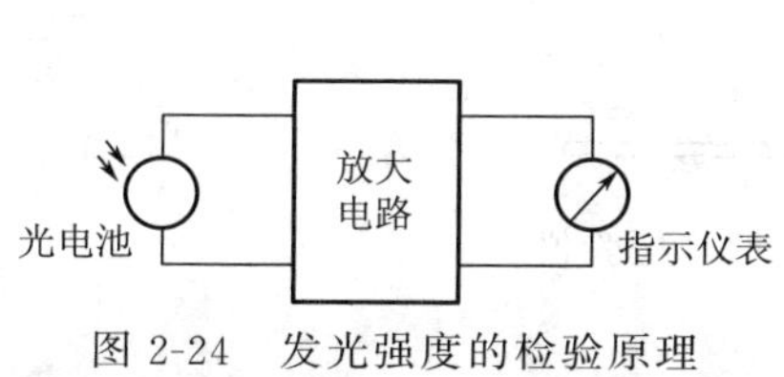

图 2-24　发光强度的检验原理

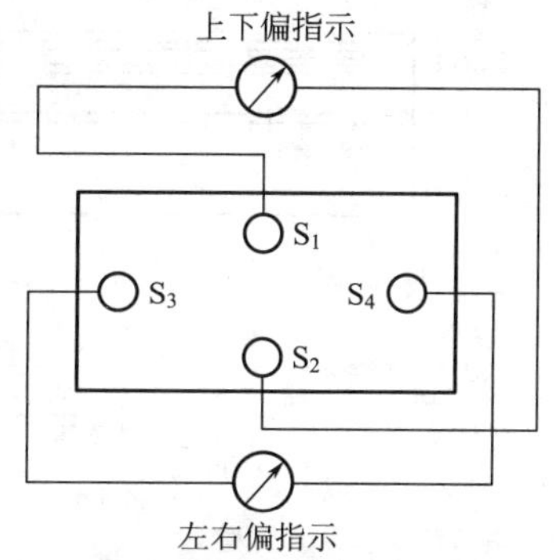

图 2-25　光轴偏斜量的检验原理

## 三、几种前照灯检验仪的结构及工作原理

前照灯检验仪从结构形式方面可分为聚光式、屏幕式、投影式和自动跟踪式等。各种前照灯检验仪基本上都是由接受前照灯光束的受光器、使受光器与汽车前照灯对正的校准装置、前照灯发光强度指示装置、光轴偏斜方向和偏斜量指示装置，以及支柱、底板、导轨、汽车摆正找准装置等组成。

1. 聚光式前照灯检验仪

聚光式前照灯检测仪（图 2-26）是利用聚光透镜把前照灯的散射光束聚合起来，并导引到光电池的光照面上，根据其对光电池的照射强度，检测前照灯的发光强度和光轴偏移量。

聚光式前照灯检验仪由支架、行驶部分、仪器箱、仪器升降调节装置和对正器组成。行驶部分装有 3 个带槽轮子，检测时，检验仪位于前照灯前 1m 处，与前照灯左右对正，转动升降手轮使仪器中心与前照灯的基准中心高度保持一致。通过移动部件的调整量确定光轴偏斜量；通过聚光透镜将光束照射到光电池而测量发光强度。

聚光式前照灯检验仪目前已经较少应用。

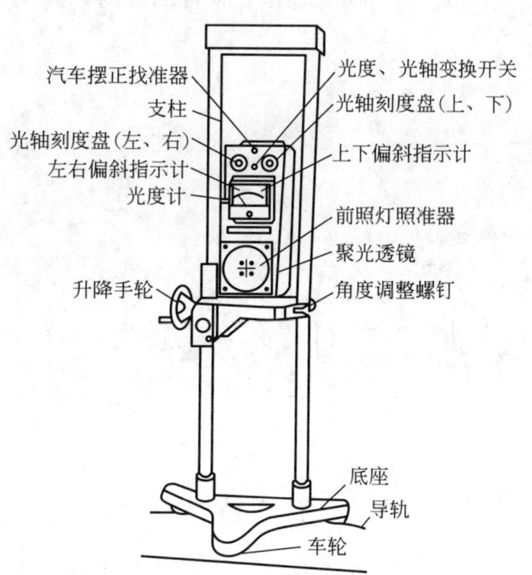

图 2-26　聚光式前照灯检验仪

2. 屏幕式前照灯检验仪

图 2-27 所示为屏幕式前照灯检验仪，它是把前照灯的光束照射到屏幕上，从而检验发光强度和光轴偏斜量的。屏幕式前照灯检验仪的构造是在固定屏幕上装有可以左右移动的活动屏幕，在活动屏幕上装有能上下移动的内部带光电池的受光器。检验时，移动受光器和活动屏幕，根据光度计指示值为最大时的位置找到光轴中心，然后由固定屏幕和活动屏幕上的光轴刻度尺即可读出光轴偏斜量，同时可从光度计的指示值得出发光强度。

屏幕式前照灯检验仪由于体积较大，在检测线和生产现场应用不太方便。

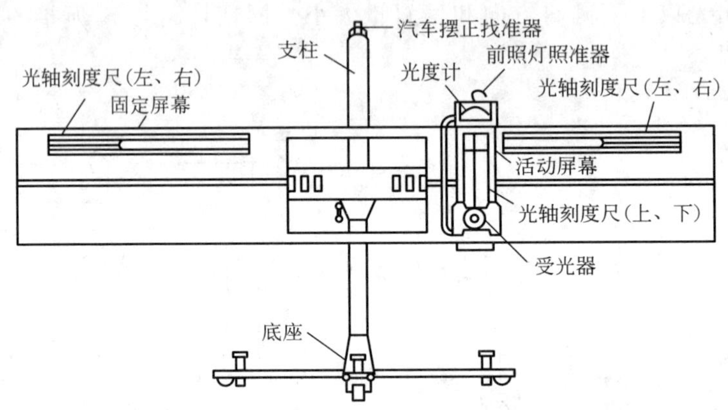


图 2-27　屏幕式前照灯检验仪

3. 投影式前照灯检验仪

投影式前照灯检验仪是目前应用最广泛的一种，其工作原理如图 2-28 所示。投影式前照灯检验仪距离前照灯 1m 或 3m（视具体仪器而定），将前照灯的光束经透镜聚光、再经反射镜反射后，投影到检验仪的半透明投影屏幕上。在屏幕上可看到光束分布图形。该图形近似于在 10m 屏幕上观察的光分布特性。在聚光透镜附近或在屏幕上安装对称布置的光电池，用以测量发光强度和光束照射位置。根据测量机构的不同，具体又有以下两种形式。

一种是投影屏幕刻度式，它在投影屏幕上有水平和垂直刻度线，根据光束中心在投影屏幕上的位置，即可测出光轴的偏斜量，如图 2-29 所示。

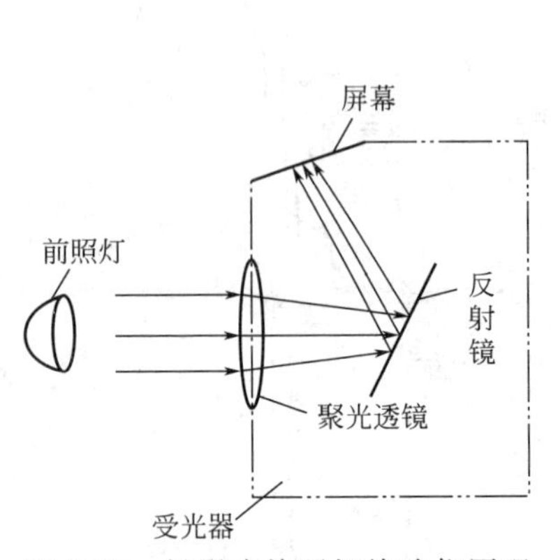


图 2-28　投影式前照灯检验仪原理

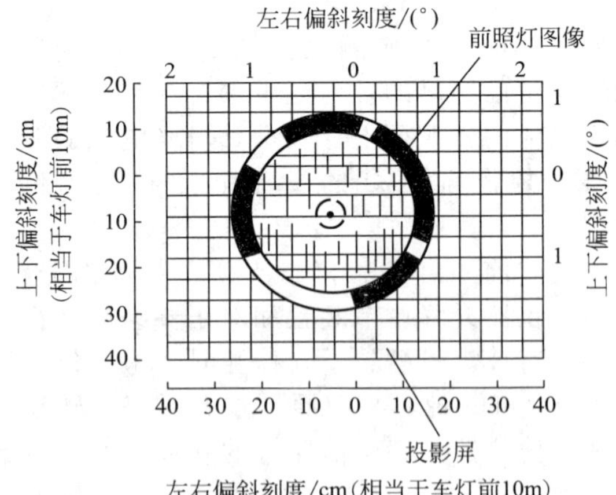


图 2-29　投影屏刻度式测量示例

另一种是光轴刻度盘式，其测量面板布置及其读数示例如图 2-30 所示。该面板下方左右两侧分别设有左右、上下偏斜量刻度盘，上方两侧是两个设有刻度的上下、左右偏斜量指示表。使用时，先借助仪器背后的“影像观察器”将前照灯光束大致调到屏幕中心，再分别调整上下、左右偏斜量刻度盘，直到上下、左右偏斜量指示表指针均指到中间位置时，两个刻度盘的读数即是上下、左右偏斜量。

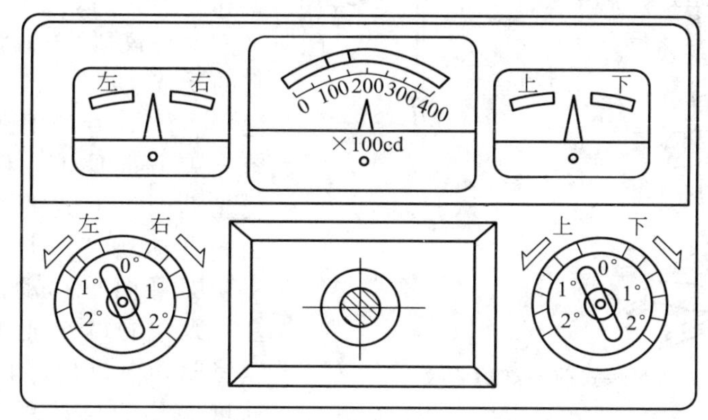


发光强度(200×100)=20000cd，左偏30′，上偏30′

图 2-30 光轴刻度盘式前照灯检验仪测量面板布置及其读数示例

如图 2-31 所示，投影式前照灯检验仪下面有脚轮，可在预先安装的导轨上左右移动。转动手柄，可以上下移动受光器（光接收箱）。有的仪器可用电动机驱动受光器的升降。仪器上方的找准器，可用来检查仪器与被测车辆的相对位置，以便使仪器受光面与车辆中心平面垂直。

这种仪器也可以观察近光灯的配光特性。方法是在测完远光之后，将两个光轴刻度盘旋钮都调到零，开亮前照灯近光，在屏幕上即可呈现出近光灯配光特性，如图 2-32 所示。再调整两个光轴刻度盘旋钮使近光明暗截止线拐点与屏幕中心重合，此时两个刻度盘读数就是近光明暗截止线拐点的上下和左右偏斜量，如图 2-30 所示的读数上偏 30′、左偏 30′，相当于图 2-32 中的 $\Delta V$ 和 $\Delta H$。

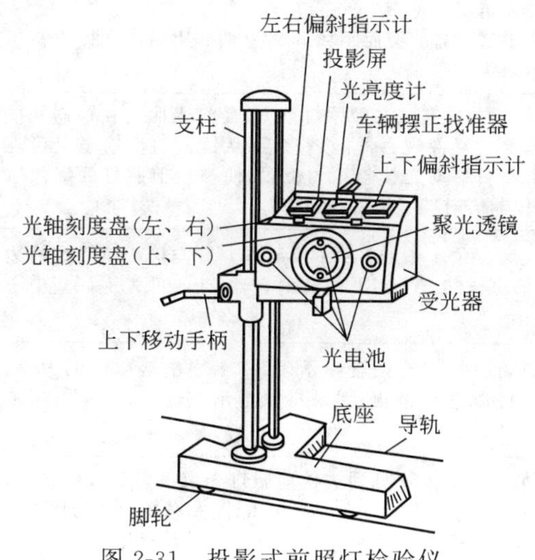


图 2-31 投影式前照灯检验仪

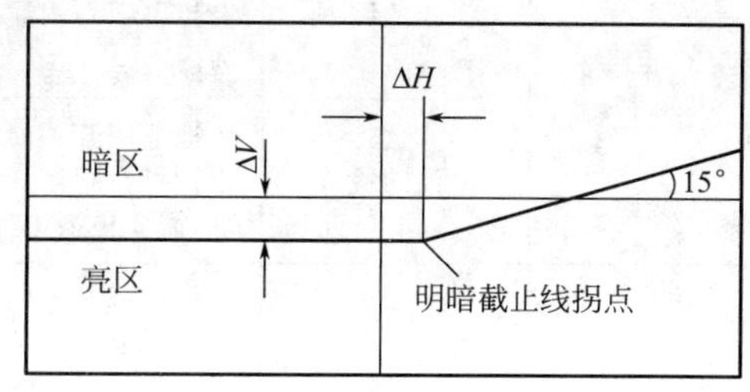


图 2-32 近光灯配光特性测试

4. 自动跟踪式前照灯检验仪

在自动化检测线上常使用一种自动跟踪式前照灯检验仪，其外形如图 2-33 所示。仪器受光屏幕到前照灯的距离一般是 3m。该仪器最大的优点是，只要前照灯光照到仪器屏幕附

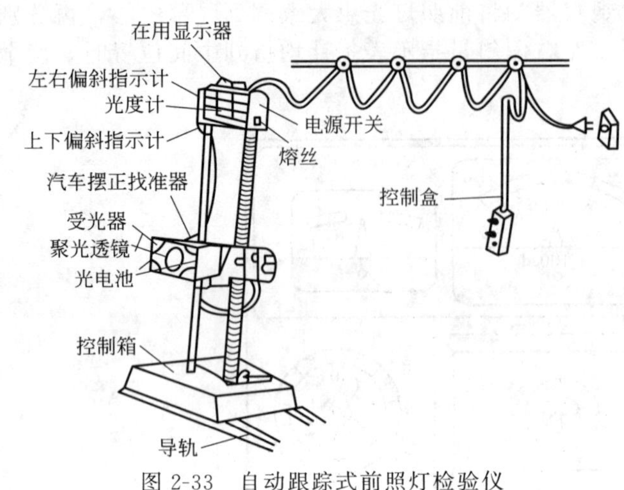


图 2-33　自动跟踪式前照灯检验仪

近，该仪器屏幕就会自动根据光束照射方向上下左右移动，最终使光束照到屏幕中心，并测量出光束的发光强度和照射方向。

这种仪器自动跟踪光束的原理是，它的受光器有一组呈对称分布的光电池（4个），专门用来跟踪光束的方向。若光束方向偏下，则上下两个光电池受光不同，下方的光电池受光强，输出的电动势高，上下电动势差驱动电机使屏幕向下移动；同理，若光束偏左，则左右两个光电池的输出电动势差将驱动电机使屏幕向左移动。这样，通过屏幕的自动跟踪，使光束最终能够照射到屏幕中心。

## 四、前照灯检验仪的使用与维护

以上介绍的四种类型前照灯检验仪虽然结构原理各异，但使用方法大体相同。下面以投影式前照灯检验仪为例，介绍其使用与维护的方法，具体见表2-11。

**表 2-11　前照灯检验仪的使用与维护**

| 项　目 | | 说　　明 |
|---|---|---|
| 测量前的准备工作 | 被检车的准备 | ①被检车应空载，驾驶室内乘坐1人<br>②蓄电池应充足电，轮胎应全部按规定气压充足气，前照灯配光镜玻璃上的灰尘应清除干净<br>③被检车应停放于平坦、水平的场地，场地应画有导引行车的标志线，使被检车辆的纵向中心线与仪器的光接收箱镜面垂直<br>④将被检车的前照灯表面中心与仪器的镜面距离调整为1m，用装于光接收箱顶部的找准器对准被检车纵向中轴线 |
| | 被检前照灯的校准 | 开亮前照灯远光灯，把仪器移到被检左或右前照灯前方，使灯光照射在仪器光接收箱的镜面上。打开仪器后盖上的影像观察器的镜盒盖，从镜盒盖反射镜上可观察到被检前照灯的影像。上下左右移动光接收箱的位置，使被检前照灯的影像落在影像观察器的正中央，表明仪器已对准了被检前照灯 |
| | 仪器的调平 | 观察光接收箱顶部的水准气泡应位于中心圆线内，允许少量偏移。如气泡的边沿超出中心圆线，则要调整仪器底座的三个水平调节偏心轴，使水准气泡回到中心圆内 |
| | 电池的检查 | 把电源开关转至“检查”位置，此时“发光强度指示表”指示出电池电压的大小。指针指在绿区，表示电压充足，可以进行检测；如果指针指示在红区，表示电压不足，需要更换电池 |
| 远光灯的发光强度和光轴偏斜量检测与调整 | 检测 | 将电源开关转至“工作”位置，在屏幕上可见到被检前照灯光束投射而成的光斑，转动面板上的光轴刻度盘旋钮（上下及左右），直至上下指示计、左右指示计均指零为止。此时旋钮所指示光轴刻度盘上的读数就是被检前照灯的光轴偏移量（图2-30中的上偏30′、左偏30′）。同时，在发光强度指示表上指示出被检前照灯的发光强度（图2-30中的20000cd） |
| | 调整 | 如果前照灯的照射方向偏移量超出规定范围，应进行调整。先将两个光轴刻度盘旋钮置于所需要调整的方位上（0°），然后调整被检前照灯的安装调整螺钉，直至左右指示计及上下指示计指针均指向零刻线 |

续表

| 项　目 | 说　明 |
|---|---|
| 前照灯近光配光特性的观察 | 把仪器的光轴刻度盘旋钮(上下及左右)均置于零位。开亮前照灯并转换到“近光”,在屏幕上即可呈现出被检前照灯的近光配光特性。如图 2-32 所示,在配光屏幕上近光应产生明显的明暗截止线 |
| 前照灯检验仪使用与维护注意事项 | ①检验仪的底座一定要保持水平,若有泥土、小石块等杂物粘在导轨或滚轮上,应及时清除干净<br>②检验仪不要受外来光线的影响<br>③汽车有 4 只前照灯时,一定要把辅助照明灯遮住后再进行测量<br>④要保持镜面清洁,仪器不用时,要用罩子把受光器盖好<br>⑤干电池失效后要及时取出,以免漏液后腐蚀仪器 |

# 第六节　汽车燃料经济性检测

石油是重要的战略物资，是交通运输的主要能源，又是重要的化工原料，因此汽车的燃油经济性受到世界各国的广泛关注。在汽车的运输成本中，汽车燃油消耗的费用占 20%～30%，提高汽车的燃油经济性、节约燃油，对降低汽车运输成本意义重大。

汽车燃料经济性用汽车燃料消耗量来评价。汽车燃料消耗量除了与燃料供给系统的技术状况有直接关系外，还与曲柄连杆机构、配气机构、点火系统、润滑系统、冷却系统、传动系统、行驶系统、转向系统和制动系统等有关，是一个综合性评价参数。用油耗计测量汽车燃料消耗量在使用中的变化，不仅可以诊断燃料供给系统的技术状况，而且可以诊断发动机及整车的技术状况。国外一些汽车运输企业，把油耗计作为诊断汽车是否需要维修的有效工具。

油耗计是测量汽车燃料消耗量的仪器，也称为燃料流量计。测量汽车燃料消耗量时，可以采用测定其容积、质量、流量、流速和压力等方法，其中容积法和质量法较为常用，特别是容积法应用得更为广泛。发动机台架试验时采用容积法和质量法的基本做法是测定发动机消耗一定容积燃料或消耗一定质量燃料所经过的时间，然后由燃料消耗量和经过时间计算单位时间的燃料消耗量。汽车道路试验或整车在底盘测功试验台上测量燃料消耗量时，则是测定汽车通过一定路程时消耗的燃料量和通过时间，然后由燃料量、路程和时间，计算试验车速下汽车单位里程燃料消耗量（L/km）、百公里燃料消耗量（L/100km）、百吨公里燃料消耗量（L/100t・km）或每升燃料行驶的里程（km/L）。就车测定燃料消耗量时，必须采用车用油耗计。车用油耗计具有体积小、重量轻、使用方便、不易损坏、能以蓄电池为电源和可装在车内与里程计等并用的优点，因而能固定安装在汽车等机动车辆上，随车辆道路试验、长期使用或安装在底盘测功试验台上，考核其整车燃料消耗量。

准确地检测汽车的燃油消耗量，并依此对汽车的燃油经济性做出正确的评价，是汽车性能检测的重要方面。

## 一、汽车燃料消耗量试验方法

汽车燃料消耗量试验方法分道路试验方法和台架试验方法两种基本方法。由于试验方法

不同，所使用的指标也不同，一般的指标有各工况下的整车燃油消耗量或发动机台架试验的最低燃油消耗量指标等。

1. 道路试验方法

国家标准 GB 12545—1990《汽车燃料消耗量试验方法》有以下规定，具体见表 2-12。

**表 2-12 道路试验方法**

| 项 目 | 说 明 |
|---|---|
| 条件 | ①试验车辆载荷：除有特殊规定外，轿车为规定乘员数的一半（取整数）；城市客车为总质量的 65%；其他车辆为满载，乘员质量及其装载要求按国家标准 GB/T 12534《汽车道路试验方法通则》的规定<br>②试验仪器：车速测定仪器和燃料流量计，精度为 0.5%，计时器最小读数为 0.1s<br>③试验的一般规定：试验车辆必须清洁，关闭车窗和驾驶室通风口，只允许开动为驱动车辆所必需的设备；由恒温器控制的空气流必须处于正常调整状态<br>④试验车辆必须按规定进行磨合，其他试验条件、试验车辆准备按 GB/T 12534 的规定 |
| 试验项目 | ①直接挡油门全开加速燃料消耗量试验<br>②等速燃料消耗量试验<br>③多工况燃料消耗量试验<br>④限定条件下的平均使用燃料消耗量试验 |
| 试验方法 | 具体试验方法按 GB 12545—1990《汽车燃料消耗量试验方法》的规定进行 |

2. 台架试验方法

台架试验方法是整车在滚筒式底盘测功试验台上模拟道路试验条件进行汽车燃料消耗量试验的一种方法，具体见表 2-13。

**表 2-13 台架试验方法**

| 项 目 | 说 明 |
|---|---|
| 试验条件 | 试验车辆载荷、试验仪器、试验的一般规定、试验车辆磨合和其他试验条件等，同于道路试验方法 |
| 试验准备 | ①试验车辆应预热至正常工作温度，轮胎气压应符合汽车制造厂的规定<br>②滚筒式底盘测功试验台应预热至正常工作温度，油耗计和气体分离器的安装位置应正确，供油系统气体应排除干净 |
| 检测方法 | 等速燃料消耗量检测方法如下<br>①将汽车开上滚筒式底盘测功试验台，落下举升器，逐挡加速至常用挡位（直接挡或超速挡），同时给滚筒加载，使车辆模拟满载等速行驶，直至达到规定试验车速<br>②待车速稳定后，测量不低于 500m 行程的燃料消耗量。连续测量 2 次，等速燃料消耗量取算术平均值<br>③计算等速百公里燃料消耗量 |

不管是道路试验还是台架试验，燃料消耗量的测量值均应按公式校正到标准状态下的数值。标准状态是指气温 20℃、气压 100kPa、汽油密度 0.742g/mL、柴油密度 0.830g/mL。

## 二、车用油耗计结构及使用方法

1. 车用油耗计的结构

车用油耗计一般由传感器和计量显示仪表组成，两者采用电缆线连接。车用油耗计的类型有多种，常用的有容积式和质量式。容积式车用油耗计如按传感器结构分类，可分为膜片式、量管式和活塞式三种。膜片式车用油耗计，有单油室式和双油室式之分；量管式车用油耗计，有单量管式和双量管式之分；活塞式车用油耗计，有单活塞式和四活塞式之分。在上述车用油耗计类型中，以采用膜片式、单活塞式和四活塞式传感器为多见。容积式车用油耗计如按计量显示仪表分，可分为电磁计数器式和有运算功能的数字显示式两种。目前，后者已发展成微机控制的智能化仪表。在常见的车用油耗计中，采用膜片式传感器的和单活塞式传感器的，多为电磁计数器式仪表；采用四活塞式传感器的，多为具有运算功能的数字显示式仪表。车用油耗计结构说明见表 2-14。

**表 2-14　车用油耗计结构**

| 类　别 | 说　明 |
| --- | --- |
| 膜片式车用油耗计 | 膜片式车用油耗计是通过油室内膜片的变形来测量燃油消耗量的。当油室内膜片变形使其容积由最大变到最小时，造成的容积差就是油室的排油量。油室的排油量是一个定值，由电磁计数器记录排油次数，因而可测得流经的燃油量。膜片式车用油耗计具有结构简单、密封性好、对燃油清洁性要求不高等优点。但是，使用中膜片不可避免地会产生塑性变形，致使计量精度发生变化，因而需要经常校正<br>国产 GD-30 型车用油耗计，由传感器和电磁计数器两部分组成，如图 2-34 所示。其传感器为容积膜片式，适用于汽、柴油发动机。当燃油流经传感器时，传感器能发出与流经的燃油体积成正比的脉冲信号，并将脉冲信号输送到电磁计数器内，经放大器放大后，驱动计数器进行记录，然后由数码管显示燃料消耗量 |
| 单活塞式车用油耗计 | 单活塞式车用油耗计是通过活塞在液压缸内移动 1 次，排出固定容积的燃油，计数器记录排油次数，实现对流经的燃油消耗量进行测量的目的。由于使用中活塞及其缸的尺寸变化速度极慢，所以计量准确，测试精度较高。但是，结构相对复杂，加工精度和装配精度要求较高，且对燃油的清洁度要求也较高 |
| 四活塞式车用油耗计 | 四活塞式车用油耗计由流量测量机构和信号转换机构组成，如图 2-35 所示<br>流量测量机构主要由活塞、液压缸、连杆、曲轴、上壳体、上盖和进、出油道组成。四个活塞及其液压缸呈“十”字形向心布置，活塞装在液压缸内，通过各自的连杆与曲轴连接。曲轴通过轴承支承在上壳体内。在上壳体及上盖内开有进、出油道。当燃油在泵油压力作用下经进油道进入 E 腔并通过上壳体内的油道到达活塞顶部时，可迫使活塞、连杆推动曲轴转动，将对面活塞顶部的燃油通过上壳体内的油道经上盖 F 油道排出。可以看出，当四个活塞及其液压缸各完成一次进、排油时，曲轴旋转一周<br>信号转换机构装在曲轴的另一端，由主动磁铁、从动磁铁、转轴、光栅板、发光二极管、光敏管、电缆插座和下壳体等组成。可以看出，主动磁铁装在曲轴上，从动磁铁装在转轴上，转轴通过轴承支承在下壳体内，转轴的下端固装有光栅板。在光栅板的上、下方装有发光二极管和光敏管。当曲轴转动时，由于一对永久磁铁的吸引作用，转轴及其上的光栅板也随之转动，通过发光二极管和光敏管的光电作用，能把曲轴的转动变成光电脉冲信号。每个光电脉冲信号代表一定容积的燃油量，通过专用电缆线把脉冲信号送入计量显示仪表，经过计算、处理后，即可显示出流经的燃油量。国产 LCH-1 型流量传感器就是一种四活塞式结构，如图 2-36 所示。其输出的光电信号为 0.2mL/脉冲<br>四活塞式车用油耗计具有结构紧凑、布置对称、工作平稳、计量精度高等优点，在国内外获得了广泛应用，特别适用于需精确计量燃油量的检测和试验。但是，也有结构相对复杂、加工精度和装配精度要求高、生产成本高和对燃油的清洁性要求高等缺点<br>四活塞式车用油耗计的计量显示仪表，多采用有运算功能的数字显示式仪表。由于微机的发展，该种仪表已发展成微机控制、功能全、重量轻、检测参数多、工作可靠、使用方便的智能化仪表。如国产 SLJ-3 型流量计，能对数据进行运算、处理、存储、显示和打印，如图 2-37 所示 |

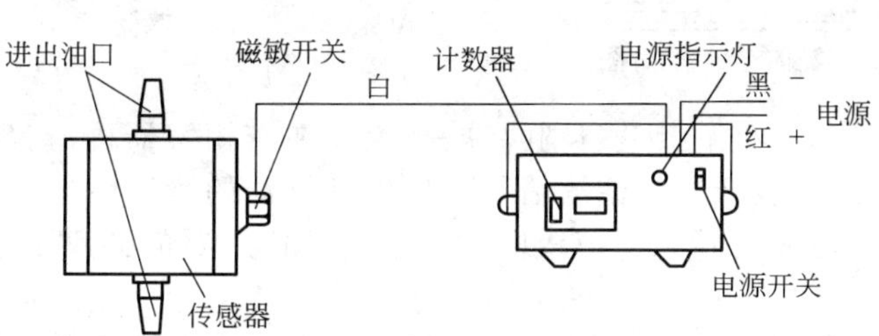


图 2-34　GD-30 型车用油耗计

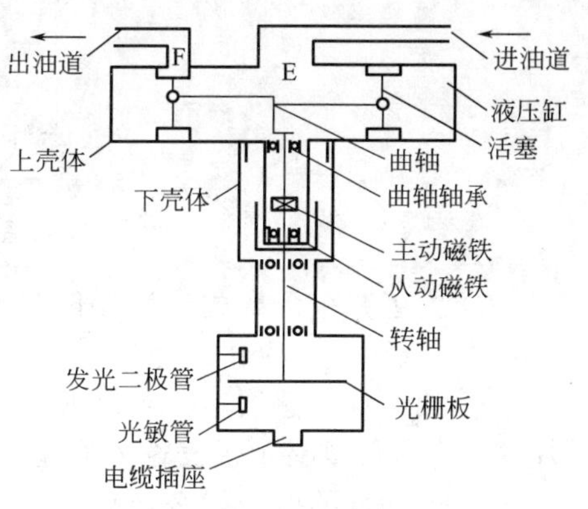


图 2-35　四活塞式车用油耗计

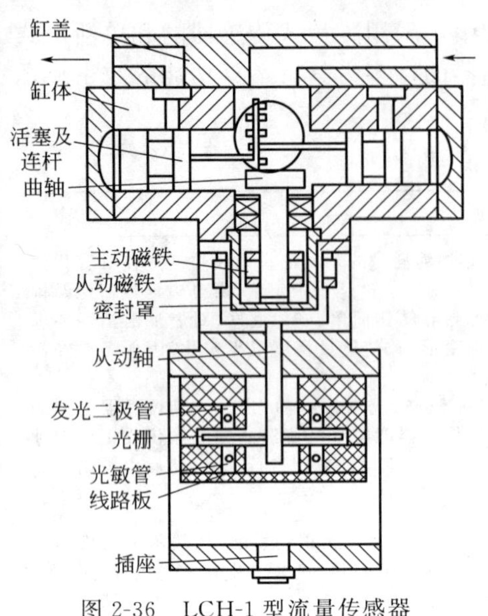

图 2-36 LCH-1 型流量传感器

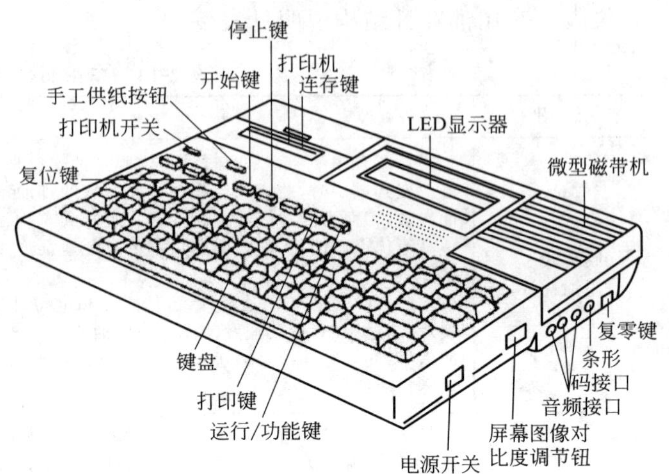

图 2-37 SLJ-3 型流量计

2. 车用油耗计的使用方法及注意事项

① 将油耗计传感器串接在燃料系统供油管路上。化油器式汽油机应串接在汽油泵与化油器之间，柴油机应串接在柴油滤清器与喷油泵之间，从高压回油管和低压回油管流回的燃油应接在油耗计传感器与喷油泵之间，以免重复计量，电控燃油喷射发动机应串接在燃油滤清器与燃油分配管之间，从燃油压力调节器经回油管流回燃油箱的燃油应改接在油耗计传感器与燃油分配管之间，避免重复计量。串接好的传感器应放置平稳或吊挂牢固。

② 传感器的进、出油管最好为透明塑料管，以便观察燃油中有无气体。供油管路中有气体会导致测量误差。当发现管路不断产生气泡时，应仔细检查并消除不密封部位。汽油蒸气会形成气阻。

测量开始前应将供油管路中的气体排净。测量中若发现油耗计传感器出油管有气泡，应宣布数据作废，重新测量。比较妥当的办法是，在油耗计传感器进口处串接气体分离器，以保证测量精度。气体分离器简图如图 2-38 所示。当混有气体的燃油进入气体分离器浮子室时，气体会迫使浮子室内的油平面下降，使针阀打开，气体排入大气，从出油管进入传感器的燃油便没有气体了，使测量精度提高。

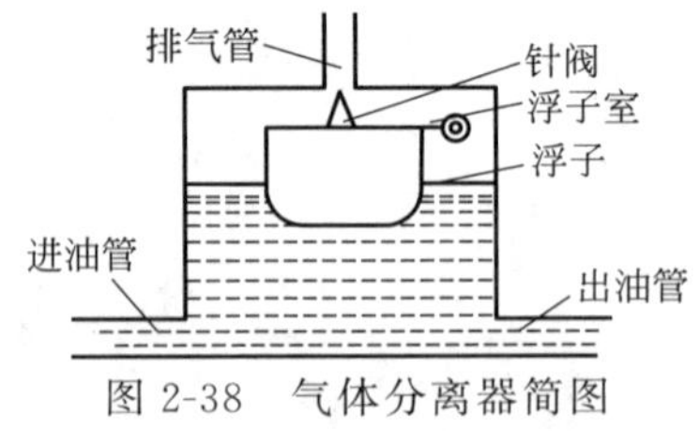

图 2-38 气体分离器简图

③ 为了减少活塞式油耗计传感器的磨损，防止活塞卡阻，被测燃油在密闭容器内应经 24h 以上沉淀，并应在油耗计传感器入口处安装纸质燃油滤清器，以保证燃油的清洁性。

④ 油耗计传感器串接到供油管路后，传输信号的电缆线应插入油耗计传感器的插座上，另一端插入计量显示仪表输入插座上。

⑤ 油耗计的电源线必须夹紧在蓄电池极柱上，不要随意就近接在电路某部位上，以免供电电压发生较大变化，影响油耗计正常工作。

# 第七节 汽车排气污染物检测

在汽车工业迅速发展的同时，汽车排放对大气的污染也越来越严重，大气污染已逐渐发展成为世界性的问题，尤其是在一些大中城市。随着汽车保有量的增加，汽车排气污染物造成的环境污染情况日趋严重，对汽车排气污染物的监控与防治已刻不容缓，首先必须做好汽车排气污染物的防治工作。用废气分析仪和烟度计测定排气污染物的浓度，目的是控制排气污染物的扩散，使其限定在被允许的范围内，以达到保护生态环境和保持自然界生态平衡的目的。

## 一、汽油车排气污染物检测的意义

汽车排气污染物主要有三个来源，即发动机排气管排出的废气（也称尾气）、曲轴箱窜出的可燃混合气以及燃油箱和油管接头等处逸出的汽油蒸气。这些污染物的成分主要是一氧化碳（CO）、碳氢化合物（HC）、氮氧化合物（$NO_x$）、铅化合物、二氧化硫（$SO_2$）、炭烟及其他一些有害物质。在相同工况下，汽油机排放的一氧化碳、碳氢化合物和氮氧化合物排放量比柴油机大，因此目前的排放法规对汽油机主要是限制一氧化碳、碳氢化合物和氮氧化合物的排放量。

汽油车排出的一氧化碳、碳氢化合物、氮氧化合物和二氧化硫等气体对人类危害很大，其危害主要有以下几方面，具体见表 2-15。

表 2-15　污染物的危害

| 类　别 | 说　明 |
|---|---|
| 一氧化碳(CO) | 一氧化碳是一种无色无味的有毒气体，它被吸入人体后经肺部进入血液，极易与血液中担负输运氧气的血红蛋白结合(一氧化碳与血红蛋白的亲和力是氧的 250～300 倍)。因此，在肺里血红蛋白不与氧结合而与一氧化碳结合，造成人体各部分缺氧，引起头痛、头晕、呕吐等中毒症状，严重时甚至死亡。尤其危险的是，一氧化碳无色无味，往往使人在不知不觉中中毒而不易察觉 |
| 碳氢化合物(HC) | 碳氢化合物是一个统称，它包含少量的醛、醇、酮及多环芳香烃等。其中的醛类(甲醛、丙烯醛)对人体产生的影响比较大。特别是甲醛，会形成烟雾而影响人的视线，刺激眼、鼻黏膜和呼吸道。多环芳香烃更是一种致癌物质(苯并芘) |
| 氮氧化合物($NO_x$) | 氮氧化合物也是一个统称。汽车排气中的氮氧化合物主要是一氧化氮，也有少量的二氧化氮。一氧化氮与血液中血红蛋白的亲和力比一氧化碳还强，通过呼吸道及肺进入血液，使其失去输氧能力，产生与一氧化碳相似的严重后果。二氧化氮侵入肺脏深处的肺毛细血管，引起肺水肿，同时还能刺激眼、鼻黏膜，麻痹嗅觉<br>氮氧化合物和碳氢化合物受到阳光中紫外线照射后会发生化学反应，产生淡蓝色的光化学烟雾，刺激眼结膜，导致流泪、红眼病；刺激呼吸系统，引起咽喉肿痛、呼吸困难 |
| 二氧化硫($SO_2$) | 二氧化硫有强烈的气味，当空气中二氧化硫的体积分数达 $10\times10^{-6}$时就可刺激咽喉与眼睛，体积分数达 $40\times10^{-6}$时会使人中毒。若大气中含二氧化硫过多，还会形成“酸雨”，损害生物，使土壤与水源酸化，影响自然界的生态平衡 |

鉴于以上污染物对人类的危害，对汽车排气污染物的检测具有非常重要的意义。另外，在现代汽车维修中，通过检测汽车排放的废气成分，可以帮助分析诊断汽车发动机故障。

## 二、汽车排放污染物检测的仪器及工作原理

目前国内外生产的尾气排放检测设备种类繁多，测定汽油车排放污染物的主要有不分光红外线气体分析仪、氢火焰离子型分析仪、化学发光分析仪等，柴油车排放污染物检测主要采用滤纸式烟度计、透光式烟度计等。下面以滤纸式烟度计和不分光红外线气体分析仪为例，分别介绍柴油机和汽油机汽车排放污染物检测仪器的主要结构和工作原理。

1. 滤纸式烟度计的结构与原理

从测量原理上来说，滤纸式烟度计是一种非直接测量的计量仪器，它通过检测测量介质被所测量排气烟度污染的程度大小来间接得出烟度的大小。仪器的取样系统通过抽气泵、取样探头从柴油车的排气管内，在规定时间中，抽取规定容积废气，经过测量介质（测试过滤纸）过滤，废气中的炭化颗粒附着在过滤纸上，形成一个规定面积的烟斑，然后通过测量系统的光电测量探头对烟斑的污染程度进行测量，转化为电信号，经过放大、处理，再将测试结果通过显示装置显示出来。

滤纸式烟度计结构如图 2-39 所示，由采样器和检测器两部分组成。采样抽气系统由抽气气缸、抽气电动机、取样探头以及气路管道系统和控制电路组成。采样时，在控制电路的控制下，电动机带动气缸运动，气缸通过气路管道系统，取样枪从柴油车的排气管内抽取规定容积的废气，并通过测试过滤纸过滤，完成采样过程。

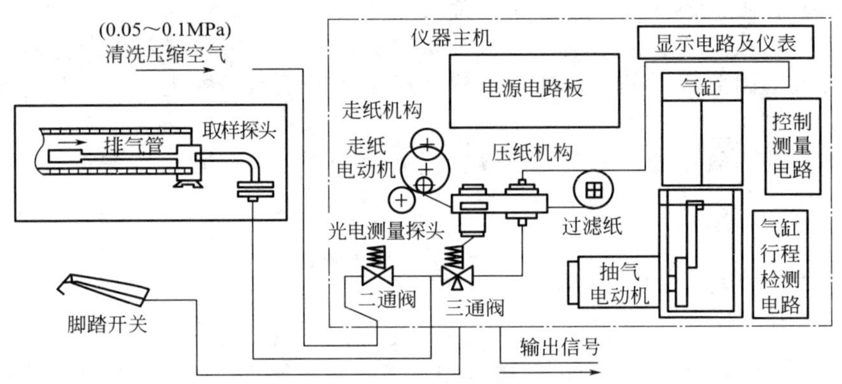


图 2-39　滤纸式烟度计结构

检测系统主要由走纸机构、压纸机构、光电测量探头以及测量电路和结果显示电路组成。测量时压纸机构张开，走纸电动机带动走纸机构，将被采样系统污染后的测试过滤纸带到光电测量探头下，光电测量探头对其进行测量，通过其内部的测量装置将滤纸污染程度转化为电信号，经过测量电路放大、处理，最后通过显示电路在数字表上将测量结果显示出来（图 2-40）。

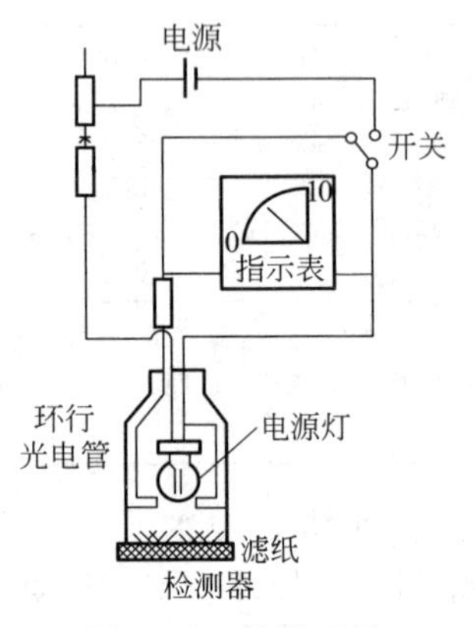


图 2-40　检测系统

2. 不分光红外线气体分析仪的结构与原理

不分光红外线气体分析仪从汽车排气管内收集汽车的尾气，并对气体中所含有的 CO 和 HC 的浓度进行连续测定（图 2-41）。它主要由尾气取样装置和尾气分析装置、浓度指示装置和校准装置构成。

（1）尾气取样装置　由探头、滤清器、导管、水分离器和泵等构成，如图 2-42 所示。用探头、导管、泵从排气管采集尾气，排气中的粉尘和炭化颗粒用滤清器滤除，水分用水分离器分离出去，最后将气体成分输送到分析部分。

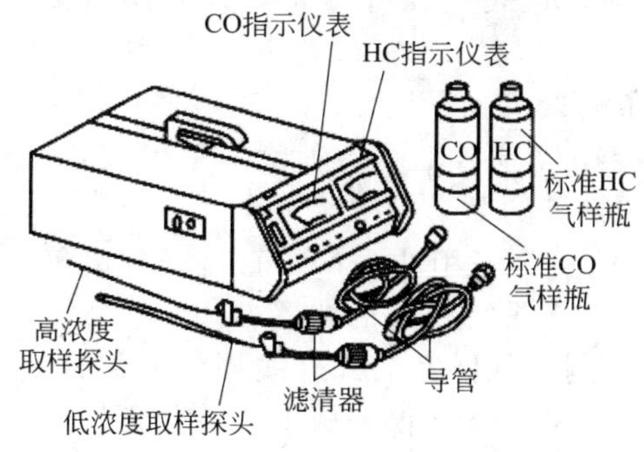

图 2-41 不分光红外线气体分析仪

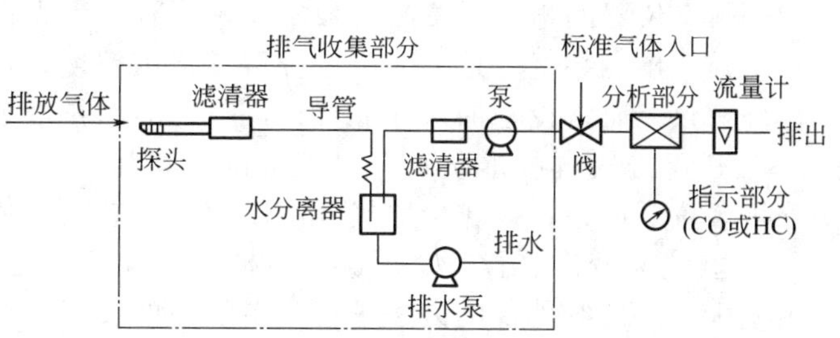

图 2-42 尾气在分析仪内的流动路线

（2）尾气分析装置 根据检测原理不同，尾气分析装置有两种不同的结构形式，即电容检测器和半导体检测器。下面主要介绍电容检测器检测原理。

电容检测器检测原理建立在一种气体只能吸收特定波长的红外线这一特性的基础上。即大多数分子只对红外线波段中一定波长的辐射具有吸收功能，而且其吸收强度与被测气体的浓度有关。如CO能够吸收4.55μm波长的红外线，$CH_4$ 能吸收2.3μm、3.4μm、7.6μm波长的红外线。

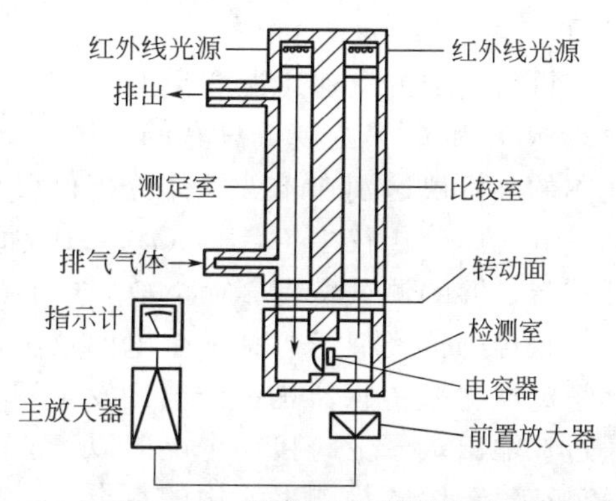

图 2-43 电容器式分析装置

该分析仪是由红外线光源、测量室（测定室、比较室）、回转扇片和检测器构成的。从采集部分输送来的多种成分共存的尾气，通过非分散型红外线分析部分分析测定CO、HC的浓度，用电信号将其输送到浓度指示部分，工作原理如图2-43所示。它由两个红外线光源发出两组分开的射线，这些射线被两个旋转扇片同相地遮断，从而形成射线脉冲，射线脉冲经滤清室、测量室而进入检测室。测量室由两个腔室组成，一个是比较室，另一个是测定室。比较室中充有不吸收红外线的氮气，使射线能顺利通过。测定室中连续填充被测试的尾气，尾气中CO含量越高，被吸收的红外线就越多。检测室由容积相等的左、右两个腔室组成，其间用一金属膜片隔开，两室中充有相同摩尔分数的CO。由于射到检测室左室的红外线在通过测定室时一部分射线已被排气中的CO吸收，而通过比较室到达检测室右室的红外线并未减少，这样检测室左、右两室吸收的红外线能量不同，从而产生了温差，温度的差异导致了压力差的存在，使作为电容器一个表面的金属膜片弯曲。弯曲振动的频率与旋转扇片的旋转频率相符。排气中的CO浓度越大，振幅就越大。膜片振动使电容改变，电容的改变引起电压的变化，从而产生交变电压。交变电压经放大、整流成直流信号，变为被测成分浓度的函数，因此可用仪表测量。而HC由于受到其他共存气体的影响，所以必须使用固体滤光片，利用正己烷的红外线吸收光谱进行测定。这样，样品室内共存的CO、$CO_2$、$NO_x$ 等HC以外的气体所产生的红外线被吸收，再经检测器窗口选择和除去，仅让具有HC（正己烷）吸收特性的3.5μm附近的波长到达检测室内。HC（正己烷）被封入检测器，样品室中的HC（正己烷）吸收量就能被检测器检测出来。

（3）浓度指示装置 按照废气分析装置送来的电信号进行显示，在CO测量仪上用CO体积浓度的百分比进行刻度，在HC测量仪上用HC换算成正己烷体积浓度的 $10^{-6}$ 为单位

进行刻度。

仪表指针可用零点调整螺钉调零。根据测量浓度不同，仪表上设有不同量程的换挡旋钮，可以方便地控制。

新型仪器的指示装置改为数字显示，有的可直接打印测量值。

（4）校准装置　是为了保持分析仪指示精度，使之能经常显示正确指示值的一种装置。在分析仪上通常设有加入标准气样进行校准的校准装置和机械的简易校准装置。

① 标准气样校准装置　是把标准气样从分析仪单设的一个专用注入口中直接送到废气分析装置，再通过比较标准气样浓度值和仪表指示值的方法来进行校准的装置。

② 简易校准装置　是用遮光板把废气分析装置中通过测量气样室的红外线挡住一部分，用减少一定量红外线的方法进行简单校准的装置。简易校准开关装在仪表板上，并分别设有CO、HC校准旋钮。

对于汽油机排气中CO的浓度可以直接测量，而HC由于成分复杂，因此要把各种HC化合物的成分浓度换算成统一的正己烷（$C_6H_{14}$）浓度来作为HC的浓度测量值，从而对于那些正己烷以外的HC的相对测量灵敏度，成了测量仪器的重要性能指标。在技术标准中，相对灵敏度用正己烷与丙烷（$C_3H_8$）的比值来表示，并规定对于丙烷浓度值，测量仪器的指示值为1.73～2.12。在测量仪中，把该数的倒数（0.472～0.578）作为换算系数予以标明。

目前实施的怠速工况测定CO、HC两气体的排气检测手段，已无法有效反映汽车排气中的$NO_x$和$CO_2$浓度，只有四气体、五气体分析仪才可满足相应的测量要求。四气体与五气体的分析仪区别在于五气体分析仪可检测氮氧化合物（$NO_x$）。

五气体分析仪中CO、$CO_2$、HC通过非分散红外线不同波长能量吸收的原理来测定，可获得足够的测试精度，而$NO_x$与$O_2$的浓度采用氧传感器和一氧化氮传感器来测定。

氧传感器类似于包括一个电解质阳极和一个空气阴极组成的金属-空气有限度渗透型电化学电池。氧传感器是一个电流发生器传感器，其所产生的电流正比于氧的浓度。此电流可通过在输出端子上跨接一个电阻以产生一个电信号。

在汽车废气检测上应用的氧电池，使用一种塑料膜作为渗透膜，其渗透量受控于气体分子撞击膜壁上的微孔，如果气体压力增加，分子的渗透率增加。因此，输出的结果直接正比于氧的分压，且在整个浓度范围内呈线性响应。

由氧传感器输出的信号经放大后，送至仪器数据处理系统的A/D输入端，进行数字处理及显示。

$NO_x$的传感器也是类似于氧传感器的电化学电池式传感器。

## 三、汽车排放污染物检测的评价指标

车辆使用的燃料不同，燃烧方式不同，汽车发动机排出的废气成分也不相同，另外有害成分的排放量与汽车的技术状态有着密切的关系。

1. 装配点燃式发动机的车辆怠速试验排气污染物限值

装配点燃式发动机的车辆怠速试验排气污染物限值见表2-16。

**表2-16　装配点燃式发动机的车辆怠速试验排气污染物限值**（GB 18565—2001）

| 车辆类别 | 轻型车 | | 重型车 | |
|---|---|---|---|---|
| | CO/% | HC/$10^{-6}$ | CO/% | HC/$10^{-6}$ |
| 1995年7月1日以前生产的在用汽车 | 4.5 | 1200 | 5.0 | 2000 |

续表

| 车辆类别 | 轻型车 | | 重型车 | |
|---|---|---|---|---|
| | CO/% | HC/$10^{-6}$ | CO/% | HC/$10^{-6}$ |
| 1995年7月1日起生产的在用汽车 | 4.5 | 900 | 4.5 | 1200 |

2. 装配点燃式发动机的车辆双怠速试验排气污染物限值

装配点燃式发动机的车辆双怠速试验排气污染物限值见表2-17。

**表2-17 装配点燃式发动机的车辆双怠速试验排气污染物限值**（GB 18285—2005）

| 车辆类别 | 怠速 | | 高怠速 | |
|---|---|---|---|---|
| | CO/% | HC/$10^{-6}$ | CO/% | HC/$10^{-6}$ |
| 1995年7月1日以前生产的轻型汽车 | 4.5 | 1200 | 3.0 | 900 |
| 1995年7月1日起生产的轻型汽车 | 4.5 | 900 | 3.0 | 900 |
| 2000年7月1日起生产的第一类轻型汽车① | 0.8 | 150 | 0.3 | 100 |
| 2000年10月1日起生产的第二类轻型汽车 | 1.0 | 200 | 0.5 | 150 |
| 1995年7月1日以前生产的重型汽车 | 5.0 | 2000 | 3.5 | 1200 |
| 1995年7月1日起生产的重型汽车 | 4.5 | 1200 | 3.0 | 900 |
| 2004年9月1日起生产的重型汽车 | 1.5 | 250 | 0.7 | 200 |

①对于2001年5月31日以后生产的5座以下（含5座）的微型厢式客车，执行此类在用车排放限值。

3. 装配压燃式发动机车辆自由加速试验排气可见污染物限值

装配压燃式发动机车辆自由加速试验排气可见污染物限值见表2-18。

**表2-18 装配压燃式发动机车辆自由加速试验排气可见污染物限值**（GB 18565—2001）

| 车辆类别 | 光吸收系数/$m^{-1}$ |
|---|---|
| 2001年1月1日以后上牌照的在用车 | 2.5 |
| 2001年1月1日至2005年7月1日在用车（装配废气涡轮增压器的在用车） | 3.0 |
| 2005年7月1日起生产的在用汽车 | 不应大于车型核准批准的自由加速排气烟度排放限值再加0.5$m^{-1}$ |

4. 装配压燃式发动机的在用车辆自由加速不透光试验烟度排放限值

装配压燃式发动机的在用车辆自由加速不透光试验烟度排放限值见表2-19。

**表2-19 装配压燃式发动机的在用车辆自由加速不透光试验烟度排放限值**（GB 3847—2005）

| 车辆类别 | 光吸收系数/$m^{-1}$ | |
|---|---|---|
| | 自然吸气式 | 涡轮增压式 |
| 2001年10月1日至2005年6月30日期间生产的在用车 | 4.5 | 3.0 |

5. 装配压燃式发动机的在用车辆自由加速试验烟度排放限值

装配压燃式发动机的在用车辆自由加速试验烟度排放限值见表2-20。

**表2-20 装配压燃式发动机的在用车辆自由加速试验烟度排放限值**（GB 3847—2005）

| 车辆类别 | 滤纸烟度值/Rb |
|---|---|
| 1995年6月30日以前生产的在用车 | 5.0 |
| 1995年7月1日至2001年9月30日期间生产的在用车 | 4.5 |

根据汽车生产年代的不同，检测的标准也不同，尤其对于汽油机车辆，由于发动机降低排污技术的快速发展，排放标准越来越高，在检测过程中，要掌握最新的检测标准要求，真正达到检测目的。

# 第八节 汽车噪声性能检测

噪声是泛指人们不需要、令人烦躁和讨厌的干扰声。噪声是一种不规则或随机的声音信号。特别是车辆产生的噪声，几乎可以占交通噪声的 80%。车辆噪声主要包括发动机的机械噪声、排气噪声和冷却风扇噪声等；底盘的机械噪声、制动噪声和轮胎噪声等；车箱（厢）振动噪声、货物撞击噪声、喇叭噪声和转向、倒车时的蜂鸣声等。在这些噪声源中，所发出的噪声程度绝大多数都与车辆的使用情况有关。当车辆加速行驶、减速制动、超速、超载和路面不平时，噪声明显增加。

车辆噪声一般为中等强度的噪声，为 60～90dB。如公共汽车的噪声为 80dB 左右，摩托车的噪声比一般汽车高 10dB 左右。由于车辆噪声为游走性的，影响范围大，干扰时间长，受害人员多，因而社会影响大。

我国于 1979 年颁布了《机动车辆允许噪声》的国家标准，把控制车辆噪声纳入了环境保护的范畴。

## 一、汽车噪声与噪声的评价指标

1. 汽车噪声

汽车噪声主要来自发动机、传动系统、轮胎及车身扰动空气所发出的声音，它是由多种声源组成的综合性噪声。汽车噪声与汽车及发动机的结构形式、技术状况、运行条件（道路、载荷、车速、风向和风速等）有关。具体可以分为发动机噪声、车身与底盘部分噪声及喇叭噪声等，见表 2-21。

表 2-21　汽车噪声

| 类别 | | 说明 |
|---|---|---|
| 发动机噪声 | 进气噪声 | 是由进气门快速周期性开闭，振动周围气体而产生的噪声。发动机转速越快，进气噪声也越大 |
| | 排气噪声 | 是发动机噪声中最主要的部分。当排气门开启时，高温高压的废气从气缸排出，压力突然减小，形成气流冲击。由于排气门的周期性开闭与活塞往复运动的影响，气流会产生很大的压力波，也就形成了强大的噪声。如果没有排气消声器，这种噪声可达 120～130dB。安装了排气消声器后，排气噪声可显著减少（会减少 20～30dB）。随着发动机转速的增加，排气噪声也会增大 |
| | 风扇噪声 | 也是汽车的主要噪声源之一，主要由风扇叶片旋转振动空气而产生。当转速增加时，风扇噪声也会增大 |
| | 燃烧噪声 | 燃气燃烧时，由于气缸内压力迅速周期性变化，也会产生噪声。特别是柴油机工作粗暴，燃烧噪声较大 |
| | 活塞敲击噪声 | 当活塞上下往复运动时，在上、下止点处所受侧向推力周期性改变方向，造成活塞冲击气缸而产生敲击噪声。活塞与气缸间的间隙越大，转速越高，这种噪声也越大 |
| | 其他噪声 | 还有由于气门运动时的撞击形成的气门机构噪声、柴油机喷油时的噪声、齿轮传动噪声等 |

续表

| 类别 | | 说明 |
|---|---|---|
| 车身与底盘部分噪声 | 传动噪声 | 主要是变速器、传动轴等部件运动时发出的噪声、齿轮啮合噪声等 |
| | 车身振动噪声 | 汽车在凹凸不平的路面上行驶时，会引起车身壳体、门窗等部件振动而产生噪声。另外，发动机的振动也会传递到车身而引起振动。这些振动是车内噪声的主要声源 |
| | 轮胎噪声 | 产生原因比较复杂，主要有轮胎滚动时花纹与地面间被包围的空气受到周期性挤压与释放而产生的噪声、轮胎弹性变形和路面凹凸不平引起轮胎本身振动所产生的低频噪声、轮胎与路面间的摩擦噪声等 |
| | 制动噪声 | 主要是由于制动时制动器摩擦副之间的摩擦产生的一种刺耳的高频噪声，其频率为1000～6000Hz。另外，气压制动式汽车空气压缩系统也有机械噪声和气流噪声 |
| | 空气动力噪声 | 汽车行驶时，会与空气摩擦，也会带动周围的空气振动，而发出随车速加快而越来越大的噪声 |
| 喇叭噪声 | | 汽车鸣喇叭时喇叭噪声特别明显(可达90～115dB) |

2. 噪声的评价指标

噪声的评价指标见表2-22。

**表2-22 噪声的评价指标**

<table>
<tr><th>项目</th><th>说明</th></tr>
<tr><td>声压</td><td>声波对介质造成的压力称为声压，即单位面积上的作用力。声压远小于大气压。一般声压的范围在$2\times10^{-5}$～20Pa，而大气压约为100kPa，即$10^5$Pa。声压越大，声音也越大<br>对于1000Hz的纯音来说，正常人耳能够感受的最小声压为$2\times10^{-5}$Pa，称为基准声压或听阈声压，用$p_0$表示。人耳能承受的最大声压为20Pa，称为痛阈声压。这样大的声音会使人耳感到震痛</td></tr>
<tr><td>声压级</td><td>声压级$L_p$是指某点的声压$p$与基准声压$p_0$的比值，其值常取对数再乘以20，表示为<br>$$L_p=20\lg\frac{p}{p_0}$$<br>声压级是声音的实际评价指标之一。由于声压范围很大，并且人耳实际听到的声音大小并不与声压成比例，所以实际使用声压级来衡量人听到的声音大小。声压级的单位为dB。<br>人们周围环境或声源的声压级范围如下：
<table>
<tr><th>环境或声源</th><th>测试位置</th><th>声压级/dB (A)</th></tr>
<tr><td>城市居民区夜间</td><td>—</td><td>约30</td></tr>
<tr><td>安静的办公室</td><td>—</td><td>40～45</td></tr>
<tr><td>嘈杂的场所</td><td>—</td><td>65～75</td></tr>
<tr><td>繁忙的交通路口</td><td>中间</td><td>75～80</td></tr>
<tr><td>拥挤的公共汽车内</td><td>中间</td><td>85～90</td></tr>
<tr><td>汽车喇叭</td><td>2m处</td><td>90～115</td></tr>
<tr><td>大型柴油机</td><td>旁边</td><td>120</td></tr>
</table></td></tr>
<tr><td>频率</td><td>人耳可听到的音频范围为20～20000Hz。声压级相同的声音，由于它们的频率不同，听起来并不一样。相反，不同频率的声音，虽然声压级不同，但有时听起来却一样响</td></tr>
<tr><td>噪声级</td><td>要评价噪声对人的影响，还要考虑到人的主观感觉因素。为此，需要对测量噪声仪器的频率响应特性做出一些修正，主要就是将频率响应特性的低频部分做一定的衰减，使仪器的频率特性接近于人耳听觉的频率特性。这种对仪器频率特性的人为处理方法称为“频率计权”。经过频率计权处理后的声压级称为噪声级或计权声级。根据对低频衰减情况的不同，噪声级分为A、B、C三种，其中A计权对声音低频部分衰减得最多，C计权衰减得最少。测量噪声声压级时常用A计权。国家标准规定在测量汽车噪声时也要使用A计权，因为研究表明，对于大多数的噪声而言，用A计权比其他计权能够更接近人耳的听觉响应特性</td></tr>
</table>

## 二、汽车噪声测量系统的原理

应用于汽车噪声检测方面的国家标准有 GB 1495—2002《汽车加速行驶车外噪声限值及测量方法》、GB/T 18697—2002《声学 汽车车内噪声测量方法》和 GB 7258—2004《机动车运行安全技术条件》。标准中规定，汽车噪声检测使用的仪器是声级计。

图 2-44 所示给出了噪声测量系统框图。传声器的功用是将波动的声压信号转换成电压信号。目前常用的是电容式传声器，但其输出阻抗很高，经不起电缆电容的衰减，所以紧接其后安排了前置放大器进行阻抗变换，然后通过电缆接到输入放大器。

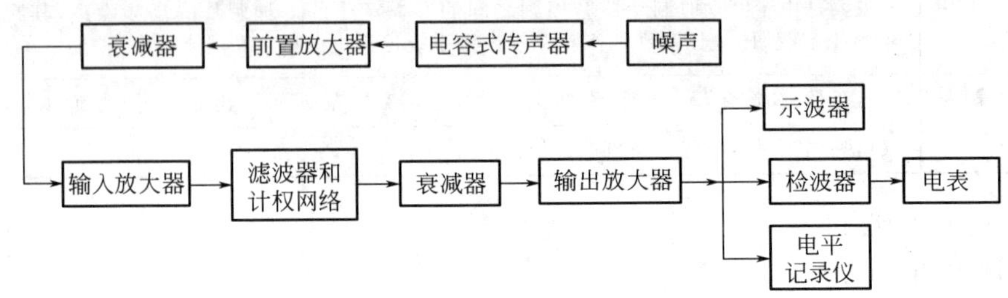


图 2-44 噪声测量系统框图

输入放大器的作用是将微弱的电压信号加以放大，它具有高度稳定的增益，但当输入信号较大时，应通过衰减器进行适当的衰减，以保证放大器在最佳状态下工作。

插在输入和输出放大器之间的是滤波器和计权网络，放大器具有在相当宽的频率范围内响应平直的放大特性。带通滤波器截取某一频带信号对噪声进行频率分析。计权网络则用来直接读取声级以便获得近似的响应级量度。

输出放大器的输出端给出的是经滤波（或计权）放大后的声电信号，但它还不能直接供人们识别。因此，必须加入检波器和显示装置。如果将该声电信号接往阴极射线示波器，则在荧光屏上将显示出声压随时间变化的波形，这对脉冲噪声的测量比较重要。对于稳定噪声通常只需要了解其总声压级和 A、B、C 三种计权方式以及各频带声压级，并不一定要了解声压信号的其他细节。这时就必须通过均方根检波电路对声压信号加以平方、平均和开方，然后将最后得到的直流均方根电压信号输往电表。该电表的刻度是经过专门标定的，可以直接读出声压级的分贝数。均方根检波电路的平均时间是可以调节的，通常有“快”“慢”两挡，有些仪器则具体标出了所用的平均时间。总的声压级读数由衰减器及表针位置决定。

## 三、汽车噪声检测仪器及使用

国家标准规定汽车噪声检测使用声级计，声级计是测量声压级大小的仪器。

声级计是一种便携式测量噪声的仪器。它包括测量传声器、放大器、计权网络、衰减器、检波器和指示电表等几个部分，一般不包括带通滤波器。由电池供电，用以测量稳定噪声经过计权的总声压级。近代精密声级计还常和倍频程或 1/3 倍频程滤波器相连接，构成较完整的频率分析系统，这样便可以测出对应于中心频率所代表的各频段的声压级。

声级计有三种。最简单一种的是普通声级计，如国产 SJ-1 型、丹麦 BK 2206 型、日本 NA-09 型声级计。这类声级计，对测量传感器要求不太高，全机动态范围及频率响应平直范围较窄，一般不和带通滤波器连用。比较精密的一种称为精密声级计，如国产 DSY-2S 型、丹麦 BK 2203 型、日本 NA-56 型等，其指示精度超过普通声级计且能与各种带通滤波器配合使用，其测量传声器一般都是用频率响应宽、灵敏度高、指向性和稳定性好的电容传声器。精密声级计放大器的输出可以和数据采集仪连接进行显示或加以存储。还有一种是用于脉冲噪声测量的精密声级计，如丹麦 BK 2209 型、日本 NA-57 型等，可用来测定脉冲噪声的峰值、最大均方根值等参数。

声级计按供电电源种类可分为交流式和直流式两种。其中直流干电池式声级计（图 2-45）因操作携带方便，所以比较常用。

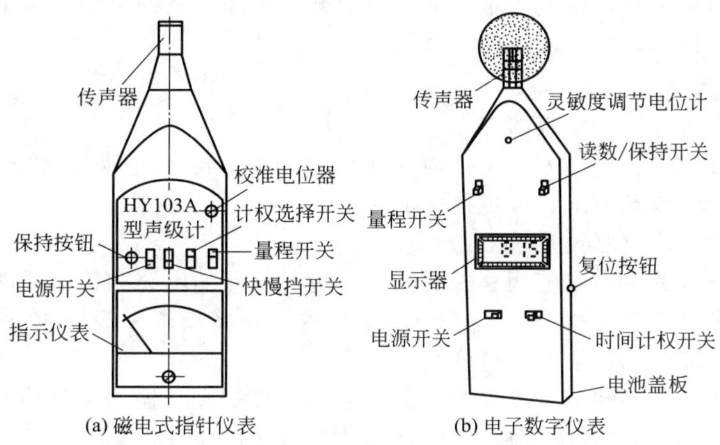


图 2-45　直流干电池式声级计

声级计按其测量精度可以分为四级：0 级（误差±0.4dB）、1 级（误差±0.7dB）、2 级（误差±1dB）、3 级（误差±1.5dB）。

1. *声级计的构造及工作原理*

声级计由传声器、电子线路（包括前置放大器、衰减器、计权放大器、检波器、对数放大器等）、指示仪表及电源等组成。其原理框图如图 2-46 所示。

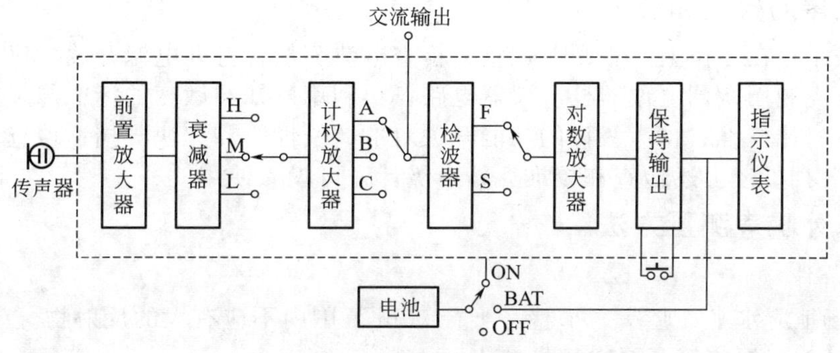


图 2-46　声级计原理框图

传声器通常称为话筒（麦克风），是将声压信号转变为电信号的传感器，是声级计中的关键元器件之一。常见的传声器有晶体式、驻极体式、动圈式和电容式数种。其中电容式传声器是噪声测量中较常用的一种。

前置放大器将电容式传声器输出信号进行放大和实现阻抗匹配。否则由于电容式传声器输出信号很小，输出阻抗很高。

衰减器用于调整输出信号的大小，以便显示仪表能够指示到适当的位置。以图 2-45(a) 所示的声级计为例，根据衰减程度分为 H、M、L 三挡，从而将测量范围分成 80～120dB、60～100dB 和 40～80dB 三段。用户可根据被测信号的大小选择适当的量程。

计权放大器即计权网络，分为 A、B、C 三种。有的声级计只有 A、C 两种计权。

检波器将快速变化的交流信号转换成变化比较慢的直流信号，以便于仪表指示。检波器

的输出一般分为快、慢两挡。快挡的平均时间为0.27s，慢挡为1.05s。快挡用于测量比较稳定的声音，或记录声音的变化。慢挡用于测量起伏波动较大的声音。

对数放大器的作用是在信号被送到指示仪表后，能够以均匀的刻度显示所测声级数值，以便与人耳听觉所适应的对数声音响应特性相吻合。

保持输出按钮按下时，仪表指示的数值只能升不能降，从而可测量某一段时间内声音的最大值。当松开按钮后，自动恢复即时显示。

2. 声级计的使用

接通电源，检查并调整仪表的零点。

使用前应检查电池容量。方法是把声级计功能开关对准“电池”，此时电表指针应达到额定红线，否则说明读数不准，应更换电池。

打开电源开关，让仪器预热10min以上。

校准仪器。每次测量前或使用一段时间后，应对仪器的电路和传声器进行校准。

检查声级计的各功能开关是否有效。由于室内的环境噪声一般为40～60dB，操作功能开关时声级计上相应的示值会有相应变化。

在投入使用时，若不知道被测噪声级范围多大，可把衰减器刻度盘预先放在最大衰减位置（即120dB），在实测中再逐步旋至被测声级所需要的衰减挡。

## 四、汽车噪声的检测方法

根据国家标准GB 1495—2002《汽车加速行驶车外噪声限值及测量方法》、GB/T 18697—2002《声学 汽车车内噪声测量方法》和GB 7258—2004《机动车运行安全技术条件》中的规定，汽车噪声检测时使用的测量仪器有声级计和发动机转速表，声级计误差不超过±2dB，并要求在测量前后，仪器按规定进行校准。

### （一）仪器的检查和校准

检查仪表是否在零位上，否则要调整；检查电池容量；打开电源开关，仪器预热；对仪器进行校准，先利用微调电位器校准仪器电路，再利用已知灵敏度的标准传声器对声级计上的传声器进行对比校准；将声级计的功能开关对准“线性”和“快”挡；检查计权网络；考查“快”“慢”挡。经上述检查和校准后，声级计才可投入使用。

### （二）车外噪声测量方法

1. 测量条件

① 测量场地应水平、坚实、平整，半径50m范围内不应有大的反射物。

② 测量场地路面应符合要求且场地表面干燥。

③ 背景噪声（周围环境噪声）应比所测汽车噪声至少低10dB。

④ 测量时风速不应超过5m/s，为避免风噪声干扰，可采用防风罩。

⑤ 声级计附近不应有任何影响声场的障碍物，测量人员也应站在不致影响仪器测量值的位置。

⑥ 被测汽车空载，选用汽车制造厂指定的轮胎，并将其气压充至规定值，测量时汽车及发动机应处于正常使用状态。

2. 测量场地及测点位置

① 车外噪声测量场地示意如图2-47所示。$AA'$线为加速始端线，$BB'$线为加速终端线。

② 声级计传声器位于测量场地中心点两侧，距中心7.5m，距地面高度1.2m，用三角支架固定，其轴线必须水平并垂直指向行驶中心线。

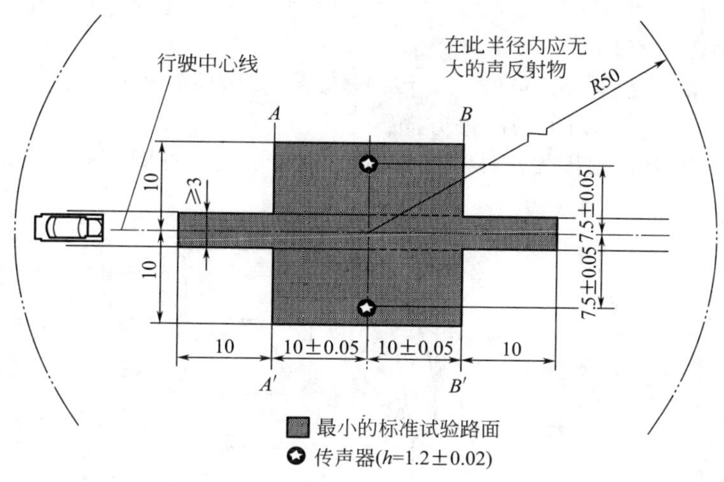


图 2-47 车外噪声测量场地示意（尺寸单位为 m）

3. 匀速行驶车辆噪声的测量方法

车辆用常用挡位，油门保持稳定，以 50km/h 的车速匀速通过测量区域。声级计用 A 计权、“快”挡进行测量，读取车辆驶过时声级计表头的最大读数。同样的方法往返各测量 1 次，车辆同侧 2 次测量结果之差不应大于 2dB，并把测量结果记入记录表中。若只用 1 个声级计测量，同样的测量应进行 4 次，即每侧测量 2 次。

4. 加速行驶车外噪声测量方法

车辆前进挡位为 4 挡以上的车辆用第 3 挡；前进挡位为 4 挡或以下的用第 2 挡；发动机转速为标定转速的 3/4，如果此时车速超过了 50km/h，则车辆以 50km/h 的速度稳定地到达始端线 $AA'$。在无转速表时，可以控制车速进入测量区，以所定挡位相当于 3/4 标定转速的车速稳定地到达始端线 $AA'$。

从车辆的前端到达始端线 $AA'$开始，立即将加速踏板踏到底或节气门全开，直线加速行驶，当车辆后端到达终端线 $BB'$时，立即停止加速。车辆后端不包括拖车，以及和拖车连接的部分。

声级计用 A 计权、“快”挡进行测量，读取车辆驶过时的声级计表头最大读数。

同样的方法往返各测量 1 次。车辆同侧 2 次测量结果之差不应大于 2dB，并把测量结果记入记录表中，取每侧 2 次声级计读数平均值中的最大值作为被测车辆的最大噪声级。若只用 1 个声级计测量，同样的测量应进行 4 次，即每侧测量 2 次。

5. 车内噪声测量方法

（1）车内噪声测量条件

① 测量场地必须保证在测量过程中，汽车与周围大型反射物体之间的距离大于 20m，试验道路应是硬路面，表面必须光滑、干燥。

② 车外气温应在－5～＋35℃范围内，沿测量路线风速不得超过 5m/s。

③ 背景噪声（包括仪器内部电噪声）应比所测车内噪声至少低 10dB。

④ 在测量过程中，发动机所有运行条件应符合制造厂的规定，并处于热机状态，所采用的轮胎及轮胎气压必须符合制造厂家的规定。

⑤ 在测试噪声时汽车应空载，车内除驾驶员、测量人员（1～2 人）和测试装备外，不得有其他载荷。

⑥ 测量时车辆门窗应关闭，辅助装置（如刮水器、暖风装置等）不能工作。

（2）车内噪声测量点位置

① 1 个测量点必须选在驾驶员座位，传声器具体安装位置见图 2-48 中 $B$ 点，基本处于驾驶员右耳旁附近。传声器朝车辆前进方向。

② 对于轿车，可以在后排无人座位上追加 1 个测量点，见图 2-48 中 $A$ 点。

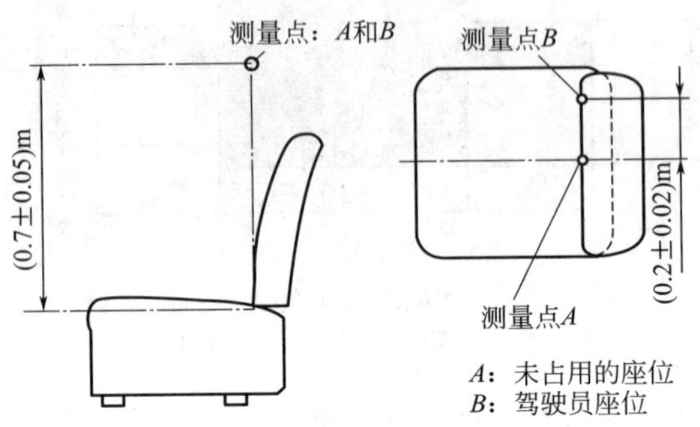


图 2-48　座位处传声器的安装位置

③ 站立处传声器位置：对于客车还应在车厢中部和后部追加测量点，测量点位置在地板以上（1.6±0.1)m、沿汽车的纵向轴线附近，基本处在站立乘客的耳旁处。

④ 卧姿时传声器位置：传声器放在无人的枕头中部以上（0.15±0.02)m 处。

（3）测量方法　声级计使用“A”计权网络，“快”挡进行测量。从以下 3 种车辆运行条件中选出可以代表被测汽车车内噪声的运行条件。

① 匀速行驶状态：从 60km/h 或最高车速的 40%（取两者较小值）到 120km/h 或最高车速的 80%（取两者较小值）范围内，至少以等间隔的 5 种车速进行测量，变速器挂最高挡，汽车以选择的车速匀速行驶，测量时间不少于 5s，读取相应车速下的噪声级数值（修约到最接近的整数）。

② 全节气门加速行驶状态：将汽车调整到稳定的初始工作状况，立即踏下加速踏板使节气门全开，同时开始检测，直到发动机转速达到规定额定转速的 90%或达到 120km/h 车速（取两者较小值）时停止测试，取最大噪声级读数。

稳定初始工作状况应符合以下要求。

a. 变速器挂入最高挡，使噪声测试尽可能在不超过 120km/h 的车速下完成，在测试过程中不得换挡。如果发动机转速为额定转速的 90%时，最高挡车速超过 120km/h，则应降低一挡。对于 4 挡、5 挡变速器不得低于 3 挡，3 挡变速器不得低于 2 挡。如在降挡情况下车速仍然超过 120km/h，则必须用此挡位在 60～120km/h 的速度范围内来测试汽车车内噪声。

b. 发动机应有一个最低初始转速，但初始转速不应低于额定转速的 45%。除非在最低允许挡位下，在发动机额定转速的 90%时，车速仍超过 120km/h，则初始转速应选 60km/h 所对应的发动机转速。对于带自动变速器的汽车，发动机初始转速应尽可能接近额定转速的 45%，且所对应的车速不超过 60km/h。如果自动变速器在加速终了之前换挡（加速终了速度是指发动机额定转速的 90%或 120km/h 车速），则初始速度应是换挡时速度的 50%。

③ 车辆定置状态：汽车定置，变速器置于空挡，发动机低速空转，开始测试噪声，立即踩下加速踏板，节气门完全打开，使发动机加速到高速空转，并在此位置保持至少 5s，完成测试过程，取最大噪声级读数。

# 汽车发动机性能检测

## 第一节 发动机功率检测

### 一、发动机功率评价指标

根据国家标准 GB 7258—2004《机动车运行安全技术条件》和 GB/T 15746.2—1995《汽车修理质量检查评定标准 发动机大修》附录 B 的规定：发动机功率不允许小于标牌（或产品使用说明书）标明的发动机功率的 75%；大修后发动机最大功率不得低于原设计标定值的 90%。部分汽车发动机的动力性指标（不带风扇、空气压缩机、空气滤清器、排气消声器等附件时的功率）见表 3-1。

表 3-1 部分汽车发动机的动力性指标

| 汽车型号 | 系列 | 排量/L | 发动机型号 | 最大功率/kW | 最大功率对应发动机转速/(r/min) |
|---|---|---|---|---|---|
| 桑塔纳 | Lx | 1.8 | JV | 66 | 5200 |
| 桑塔纳 2000 | GSI | 1.781 | MR | 74 | 5200 |
| 别克 | GLX | 2.986 | 6L46 | 126 | 5200 |
| 奥迪 | 100 | 1.8 | JW | 66 | 4800 |
| 红旗 | CA7200 | 2.21 | CA488 | 65 | 4800 |
| 凌志 400 | — | 3.9 | V8 | 193 | 5300 |

有时为判断发动机故障，需检查发动机各气缸动力性能是否一致，其方法如下。

① 先测出发动机整机功率，再测出某个单缸断火情况下的发动机功率，两功率差即为断火缸的单缸功率。技术状况良好的发动机，各单缸功率应是一致的，亦即各缸功率差应是相等的，否则会造成发动机运转不平稳。比较各单缸功率，可判断各缸工作状况。

② 可利用在单缸断火情况下测得的发动机转速下降值，来评价发动机各气缸的工作状况。工作正常的发动机，在某一转速下稳定运转时，发动机的指示功率与摩擦功率是平衡的。此时，若取消任一气缸的工作，发动机转速都会有相同的下降值。当发动机在 800r/min 下稳定工作时，取消一个气缸工作致使转速正常平均下降值见表 3-2，要求最高与最低下降

值之差不大于平均下降值的30%。

**表 3-2 单缸断火转速正常平均下降值**

| 发动机缸数 | 单缸断火转速正常平均下降值/(r/min) |
| --- | --- |
| 4 | 150 |
| 6 | 100 |
| 8 | 50 |

注：如果下降值低于表中所列，说明断火缸工作不良。转速下降值愈小，则单缸功率愈小，当下降值等于零时，单缸功率也等于零，即该缸完全不工作。

## 二、发动机功率检测原理

发动机的有效功率是曲轴对外输出的净功率，是发动机的一个综合性评价指标。发动机有效功率是汽车动力性最主要的诊断参数，是汽车不解体检验最基本的检测诊断参数之一。发动机功率的检测有稳态测功和动态测功两种方法。

1. 稳态测功

稳态测功是指发动机在节气门开度一定、转速一定和其他参数都保持不变的稳定状态下，在测功器上测定发动机功率的一种方法。常见的测功器有水力测功器、电力测功器和电涡流测功器三种。测功器能测出的发动机转速和转矩为

$$P_e=\frac{M_e n}{9550}$$

式中 $P_e$——发动机有效功率，kW；

$M_e$——发动机有效转矩，N·m；

$n$——发动机转速，r/min。

稳态测定发动机的额定功率是在节气门全开的情况下，由测功器向发动机的曲轴施加额定负荷，使其在额定转速下稳定运转，测出其对应的转矩。无论发动机的行程数和类型如何，均可用上式计算出有效功率。

稳态测功的结果比较准确、可靠，多为发动机设计、制造、科研单位和院校做性能试验所采用。缺点是测功时费时费力、成本较高，并且需要大型、固定安装的测功器。由于稳态测功时，需要对发动机施加外部负荷，所以也称为有负荷测功或有外载测功。

2. 动态测功

动态测功是指发动机在节气门开度和转速等参数均处于变动的状态下，测定发动机功率的一种方法。动态测功时无需对发动机施加外部负荷，又称为无负荷测功或无外载测功。这种测功的基本方法是，当发动机在怠速或空载某一转速下，突然全开节气门，使发动机克服自身惯性和内部各种运转阻力而加速运转时，其加速性能的好坏能直接反映发动机功率的大小。因此，只要测出发动机在加速过程中的某一相关参数，就可得出相应的最大加速功率。动态测功可以在汽车不解体条件下进行就车测定发动机功率，其特点是所用仪器轻便，测功速度快，方法简单，但测功精度较低，多为汽车运输企业、汽车维修企业和汽车检测站所采用。

动态测功是基于动力学的原理。当发动机在怠速或某一空载低转速下运转时，突然全开节气门加速运转，此时发动机产生的动力，除克服各种内部运动阻力矩外，将使曲轴加速运转，即发动机以自身运动机件为载荷加速运转。如果被测发动机的有效功率愈大，则曲轴的瞬时角加速度也愈大，而加速时间愈短。所以，只要测得角加速度和加速时间，就可以间接

获得发动机功率。

（1）测角加速度 转矩与角加速度的关系为

$$M_e = I\frac{d\omega}{dt} = I\frac{\pi}{30}\times\frac{dn}{dt}$$

式中 $M_e$——发动机的有效转矩，N·m；

$I$——发动机运动机件对曲轴中心线的当量转动惯量，kg·m$^2$；

$\frac{d\omega}{dt}$——曲轴的角加速度，rad/s$^2$；

$\frac{dn}{dt}$——曲轴的加速度，s$^{-2}$。

把 $M_e$ 代入式 $P_e = M_e n/9550$ 整理得

$$P_e = Cn\frac{dn}{dt}$$

其中

$$C = K\frac{\pi I}{9550\times 30}$$

式中 $K$——修正系数（由于发动机加速过程是一个非稳定工况，所以实际测得功率值是小于同一转速下的稳态测功值的，因而要进行修正）。

上式表明，发动机加速过程中，在某一转速下的有效功率与该转速下的瞬时加速度成正比。因此，只要测出加速过程中的这一转速和对应的瞬时加速度，即可求出该转速下的有效功率。对于某一型号的发动机，其转动惯量为一常数，如解放 CA10B 型发动机的转动惯量为 0.94438kg·m$^2$。修正系数 $K$ 的数值可通过台架对比试验得出。

（2）测加速时间 根据功能原理，发动机在某一转速范围的加速过程中，发动机驱动曲轴转动所做的功等于曲轴旋转动能的增量，即

$$A = \frac{1}{2}I\omega_2^2 - \frac{1}{2}I\omega_1^2$$

式中 $A$——发动机所做的功，J；

$\omega_1$，$\omega_2$——测定区间起始角速度和终止角速度，rad/s。

若发动机从 $\omega_1$ 上升到 $\omega_2$ 的时间为 $\Delta T$(s)，则发动机在这段时间内的平均功率 $P_{em}$ 为

$$P_{em} = \frac{A}{\Delta T} = \frac{1}{2}I\frac{\omega_2^2 - \omega_1^2}{\Delta T}$$

注意，由于 $\omega = \pi n/30$，并以 kW 作为平均功率的单位，则有

$$P_{em} = \frac{C_1}{\Delta T}$$

$$C_1 = \frac{1}{2}I\left(\frac{\pi}{30}\right)^2\frac{n_2^2 - n_1^2}{1000}$$

若已知转动惯量 $I$，并确定测量时的起始转速和终止转速 $n_1$、$n_2$，则 $C_1$ 为常数，称为平均功率测功系数。

由上式可知，发动机在起止转速范围内的平均有效加速功率与其加速时间成反比，即当发动机的节气门突然全开时，发动机由起始转速加速到终止转速的时间越长，则其有效加速功率越小，反之则越大。因此，只要测得发动机在设定转速范围内的加速时间，便可得出平均有效加速功率。

另外，还需要通过台架试验，找出稳态特性平均功率与外特性最大功率 $P_{emax}$ 之间的关系。其中加速时间 $\Delta T$ 与最大功率 $P_{emax}$ 之间的关系可用无负荷测功检验仪进行标定，并输

入微机，以便通过测加速时间而能直接读出功率数，也可把它们之间的关系绘制成曲线图或排成表格，以便测出加速时间后能在图中或表中查出对应的功率值。

## 三、发动机功率检测仪器

目前，最常用的发动机功率检测仪器有两种：一种是便携式发动机无负荷测功仪，如图 3-1 所示；另一种是发动机综合性能分析仪，如图 3-2 所示。

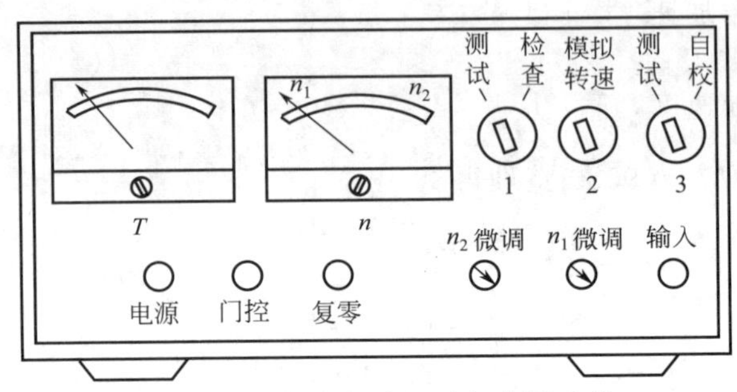


图 3-1　便携式发动机无负荷测功仪

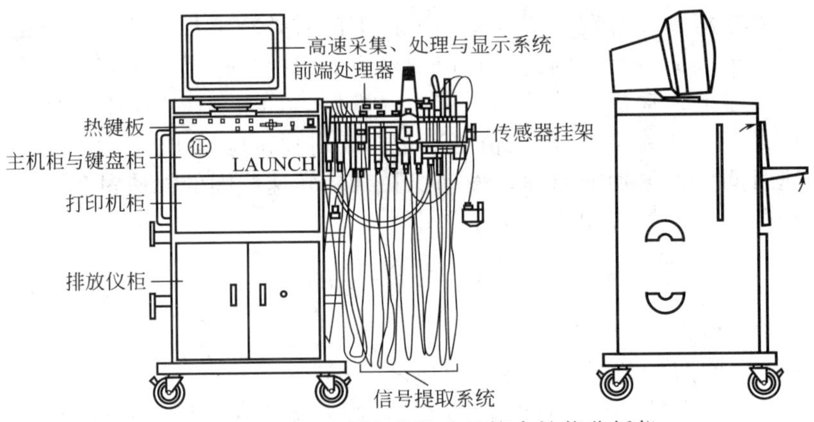


图 3-2　EA-1000 型汽车发动机综合性能分析仪

测量仪目前采用的测量方法，一种是测量瞬时加速度，另一种是测量加速时间。在国产发动机检测仪中，有的采用通过测角加速度以确定瞬时功率的测试原理，如天津 YT-416 型发动机检测仪；有的采用通过测试加速时间测定平均功率的测试原理，如济南 WFJ-1 型发动机检测仪。

1. 测量加速时间

测量加速时间是通过测量加速过程中某一转速范围内的加速时间，从而获得平均加速功率。仪器主要由转速信号传感变压器、转速脉冲整形装置、起始转速 $n_1$ 触发器、终止转速 $n_2$ 触发器、时标、计算与控制装置和显示装置等组成，其原理框图如图 3-3 所示。

这种仪器能把来自点火系统初级电路断电器触点开闭一次的电流感应信号，作为发动机转速的脉冲信号，经整形装置整形为矩形触发波，并变为平均电压信号。当发动机节气门突然全开加速到起始转速 $n_1$ 时，与 $n_1$ 对应的电压信号通过 $n_1$ 触发器触发计算与控制电路，使时标信号进入计数器并寄存。当发动机加速到终止转速 $n_2$ 时，与 $n_2$ 对应的电压信号通过 $n_2$ 触发器又去触发计算与控制电路，使时标信号停止进入计数器，并把寄存器中的时标脉冲数经数模转换随时转换成电流信号，在显示装置上按加速时间显示或直接标定成功率显示。

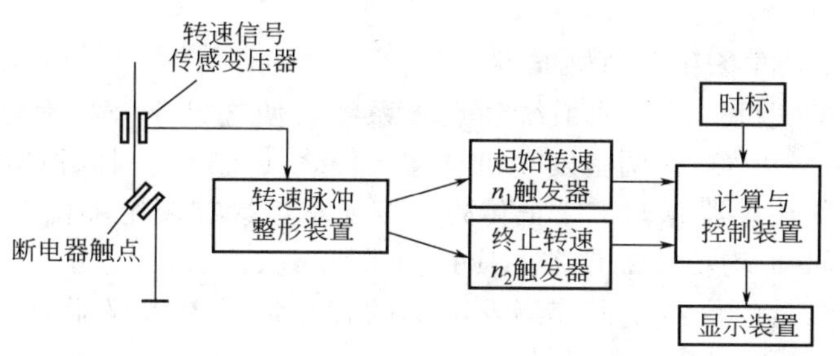


图 3-3 测量加速时间原理框图

2. 测量瞬时加速度

测量瞬时加速度是通过测量加速过程中某一转速下的加速度，从而获得瞬时功率。仪器主要由传感器、整形装置、时间信号发生器、计数器和控制装置、转换分析器、转换开关、功率指示表、转速表和电源等组成。其原理框图如图 3-4 所示。

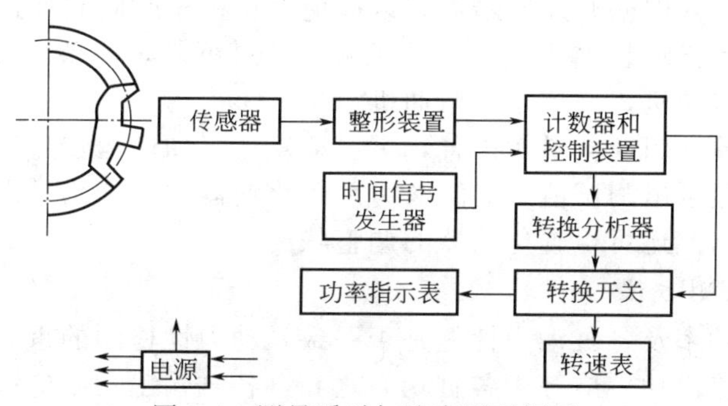


图 3-4 测量瞬时加速度原理框图

电磁感应式传感器装在离合器壳上一个特制的加工孔内，与飞轮齿顶保持 2～4mm 的间隙，属于非接触式。当飞轮转动时，传感器内产生脉冲信号，脉冲信号频率除以飞轮齿数，就可获得发动机的转速。从传感器传来的脉冲信号，通过整形、放大（把脉冲信号的频率放大 2～4 倍，目的是为了提高仪器的灵敏度）后变成矩形触发脉冲信号。矩形触发脉冲信号被输入加速度计数器，并且只有发动机转速加速到规定值时，整形装置才输出触发脉冲信号，触发脉冲信号通过控制装置触发加速度计数器工作，计算一定时间间隔内输入的脉冲数，并把这些脉冲数累加起来。时间间隔由时间信号发生器控制。第一时间间隔的脉冲数与发动机转速成正比，后一时间间隔和前一时间间隔脉冲数的差值则与发动机的加速度成正比，而发动机的有效功率又与加速度成正比。转换分析器能把计数器输出的脉冲信号，亦即与功率成正比的相对加速度脉冲信号变成直流电压信号，然后输入功率指示表。该指示表可按功率单位标定，因而可直接读得功率数。时间间隔取得越小，测得的有效功率就越接近瞬时有效功率。

## 四、无负荷测功仪的一般使用方法

由上可知，发动机动态测功可采用通过测试加速时间来测定平均功率，如济南 WFJ-1 型发动机检测仪；也可采用通过测角加速度测定瞬时功率，如天津 YT-416 型发动机检测仪。无负荷测功仪即可以制成单一功能的便携式测功仪，又可与其他测试仪表组合制成发动机综合检测仪。发动机综合检测仪是一种测试项目较多的综合性仪器，常具有无负荷测功的功能。无负荷测功仪的一般使用方法如下。

1. 准备工作

准备工作包括仪器准备和发动机准备。

① 调整发动机配气机构、供油系统和点火系统，使之处于技术完好状态；预热发动机至正常工作温度（80～90℃）；调整发动机怠速，使之在规定范围内稳定运转。

② 接通电源，预热仪器并调零，把传感器按要求连接在规定部位。

③ 对测加速时间-平均功率的仪器，应按要求把 $n_1$、$n_2$ 调好。

④ 需置入转动惯量的仪器，把被测发动机的转动惯量置入仪器内。若被测发动机的转动惯量未知时，则应先测定其转动惯量。

⑤ 操作其他必要的键位，如机型（汽油机、柴油机）选择键、缸数选择键和测试键等。

2. 总功率测试方法

常用的测试方法有怠速加速法和启动法两种。

怠速加速法是发动机在怠速下稳定运转，然后突然将节气门开到最大位置，发动机转速急速上升，当转速达到所确定的测试转速（测瞬时功率）或超过终止转速 $n_2$ 时，仪表显示出所测功率值。此后应立即松开加速踏板，以避免发动机长时间高速运转。记下或打印出读数后，按“复零”键使指示装置复零。为保证测试结果可靠，一般重复测量 3 次取平均值。该测试方法既适用于汽油机，又适用于柴油机。

启动法是首先将节气门开至最大位置，再启动发动机加速运转，当转速达到确定值或超过终止转速后，仪表显示出测试值。启动法可用于化油器式汽油机，由于排除了化油器加速泵的附加供油作用，因此还可检查化油器的调整状况。

3. 单缸功率的检测方法

检查各个气缸的功率及各缸动力性能是否一致是动力性检测的重要内容。在发动机正常工作情况下，发动机输出功率应等于各缸功率之和，各缸输出功率应大致相等。这样，发动机才能具有良好的动力性，其运转才能平稳。另外，在测得的发动机有效功率较小时，测试发动机单缸功率，可以发现发动机动力性下降的具体原因和部位。利用无负荷测功仪检测单缸功率的方法是，首先测出各缸都工作时的发动机功率，然后在所测气缸断火（油）情况下测出所测气缸不工作时的发动机功率，两功率之差即为断火（油）气缸的单缸功率。

另外，也可以利用断火试验或断油试验时的发动机转速下降值来判断单缸动力性。发动机以某一转速稳定运转时，如果交替使各缸点火短路或断油，则每次短路或断油后发动机功率下降、转速下降。若各气缸工作状况良好，则每次转速下降的幅度应大致相等。若某缸断火后，发动机转速变化不明显，则可断定该缸不工作或工作状况不良。

## 五、发动机综合性能检测仪及其使用

发动机综合性能检测仪，也称发动机综合性能分析仪或发动机综合参数测试仪，是发动机检测设备中，检测项目最多、功能最全、涉及面最广的一种仪器。它不仅能检测、分析、判断发动机静态、动态的工作性能和技术状况，而且现代一些仪器还超出了发动机检测的范畴，增加了对 ABS 防抱死制动装置和 SRS 安全气囊装置等的检测诊断。

1. 检测仪的类型

发动机综合性能检测仪，是以示波器为核心的测试仪器。它适当配合多种传感器（包括夹持器、测试探头和测针等），能实现对多种电量、非电量参数（温度、压力、真空、转速等）进行检测、分析与判断。

检测仪的类型，按使用方式可分为台式移动式和便携式两种类型；按示波器形式可分为模拟示波器式和数字示波器式两种类型；按控制方式可分为电子控制式、微机控制式和模块控制式三种类型；按使用的电源可分为交流 220V 式、直流 12V 式和直流电池式三种类型。

2. 检测仪的功能和特点

(1) 检测仪的功能

① 对汽油机可对点火系统进行检测，可观测、分析点火系统的平列波、并列波、重叠波、单缸波、重叠角、断电器触点闭合角、点火高压值和点火提前角等；可进行无负荷测功、动力平衡分析、转速稳定性分析、温度检测、进气管真空度检测、起动机与发电机检测、废气分析（需附带废气分析仪）；还具有数字万用表功能。

② 对柴油机可检测喷油压力数据，观测、分析供油压力波形，检测喷油压力提前角；可进行无负荷测功、烟度检测（需附带烟度计）、起动机与发电机检测、转速稳定性分析；还具有数字万用表功能。

③ 对电控燃油喷射发动机可进行空气流量检测、转速检测、温度检测、进气管真空度检测、节气门位置检测、爆燃信号检测、氧传感器检测、喷油脉冲信号检测。

④ 利用故障分析功能可进行故障查询、信号回放与分析。

⑤ 具有参数设定功能。

⑥ 作为数字示波器，能够显示波形和数值。

(2) 检测仪的特点

① 具有动态测试功能。检测仪的信号采集系统，能迅速、准确地捕获发动机运转中各瞬变参数随时间变化的函数曲线。这些动态参数是对发动机工作性能和技术状况进行准确判断的科学依据。

② 具有普遍性和通用性。由于检测仪的测试、分析过程不依据被测发动机的数据卡，只针对发动机基本结构和工作原理的实际情况进行，因此检测结果具有良好的普遍性，检测方法具有广泛的通用性。

③ 具有主动性。检测仪不仅能适时采集发动机的动态参数，而且还能主动地发出某些指令干预发动机的工作，以完成某些特定的试验程序，如发动机断缸试验等。

3. 检测仪的基本结构与工作原理

发动机综合性能检测仪，一般由信号提取系统、信息处理系统和采控显示系统三部分组成，国产元征 EA-1000 型发动机综合测试仪外形见图 3-2。

信号提取系统为各种传感器，包括电流传感器、压力传感器、温度传感器等。

信息处理系统能将所采集的信号进行衰减、滤波、放大、整形等预处理，然后将脉冲信号或数字信号直接输入 CPU 的高速输入端进行处理。图 3-5 所示为元征 EA-1000 型发动机综合测试仪的信号处理系统框图。

采控显示系统主要是微型计算机。

4. 检测仪的使用方法

各种发动机综合性能检测仪使用方法大同小异，基本方法如下。

(1) 准备工作　包括检测仪准备和发动机准备。

① 接通电源，打开检测仪总开关、微机主机开关和微机显示器开关，暖机 20min。

② 在发动机不工作和点火系统关闭的情况下，将信号提取系统连接到被测发动机上。

③ 电源线必须可靠接地，在测试电控燃油喷射发动机电子控制器 ECU 时，除仪器电源接地外，仪器地线必须与发动机共地，测试人员必须随时与汽车车身接触。

④ 启动发动机，预热至正常工作温度。

⑤ 调整发动机怠速，怠速转速应在规定范围内。

(2) 启动检测仪　经预热后启动检测仪，程序如下。

① 用鼠标左键双击显示器上发动机检测仪图标，启动检测仪综合性能检测程序。

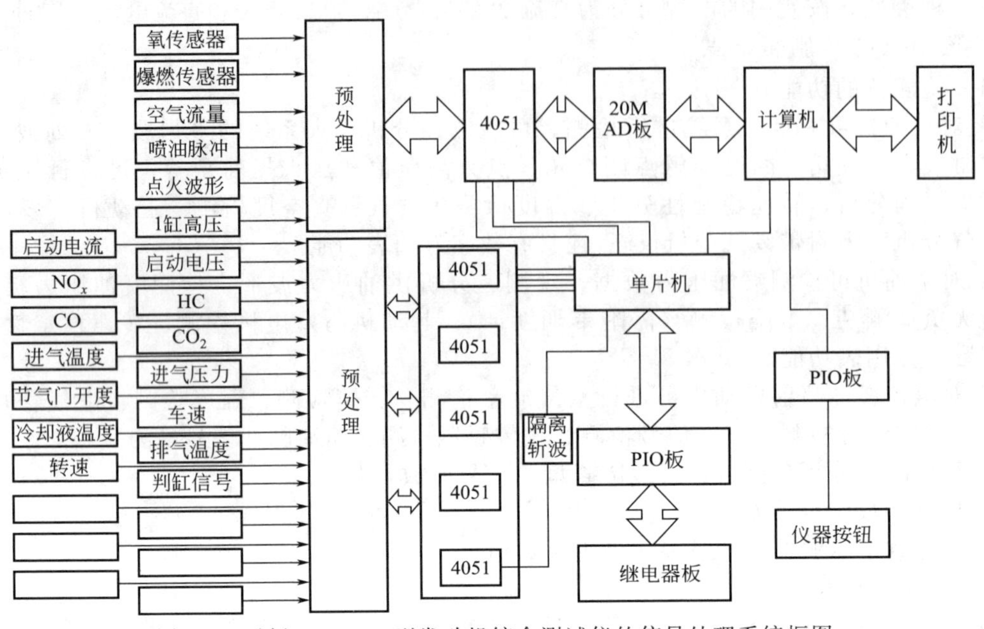

图 3-5　元征 EA-1000 型发动机综合测试仪的信号处理系统框图

② 检测仪主机对单片机通信、8 个适配器逐一进行自检。自检通过为绿，未通过将给予提示。

③ 显示屏出现用户资料录入界面。点击“修改”按钮，录入汽车用户资料，然后点击“确定”按钮，显示屏出现检测程序主、副菜单，即可按菜单进行操作。

（3）检测方法

① 在主菜单上选择所要测试的项目，点击进入下一级菜单。

② 在下一级菜单中选择要选择的测试项，点击进入测试界面。

③ 按测试界面上的要求操作。

# 第二节 气缸密封性检测

气缸密封性与气缸体、气缸盖、气缸垫、活塞、活塞环和进、排气门等零件的技术状况有关。在发动机使用过程中，由于这些零件磨损、烧蚀、结焦或积炭，导致气缸密封性下降，使发动机功率下降，燃油消耗率增加，使用寿命大大缩短。因此，气缸密封性是表征发动机技术状况的重要参数。

检测气缸密封性的常用方法有测量气缸压缩压力、测量曲轴箱窜气量、测量气缸漏气量或气缸漏气率、测量进气管真空度、测量曲轴箱机油中金属磨屑的含量等。检测时，只要进行其中的一项或两项，就能确定气缸密封性的好坏。

## 一、气缸压缩压力检测

如果发动机活塞与气缸的密封性、气门与气门座的密封性及气缸垫的密封性不好，气缸压缩最终的压力就会下降，影响到发动机动力性能。因此，通过气缸压缩压力检测，可以间接判断发动机密封性。

测量气缸最大压缩压力一般用气缸压力表测量，用气缸压力表测量气缸压缩压力，方法简便，价格低廉，在汽车维修企业中广为应用。但这种方法的测量误差大。

气缸压力表为专用压力表，由表头、导管、止回阀和接头组成。接头有锥形橡胶接头和螺纹接头两种，前者可以压紧在火花塞孔上，后者可以拧紧在火花塞螺纹孔上（图 3-6）。

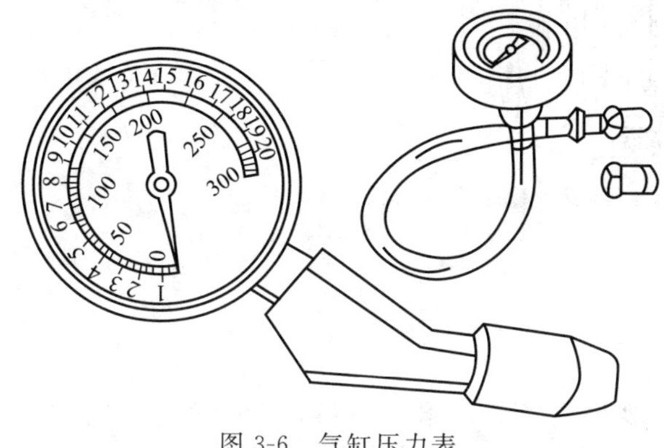

图 3-6 气缸压力表

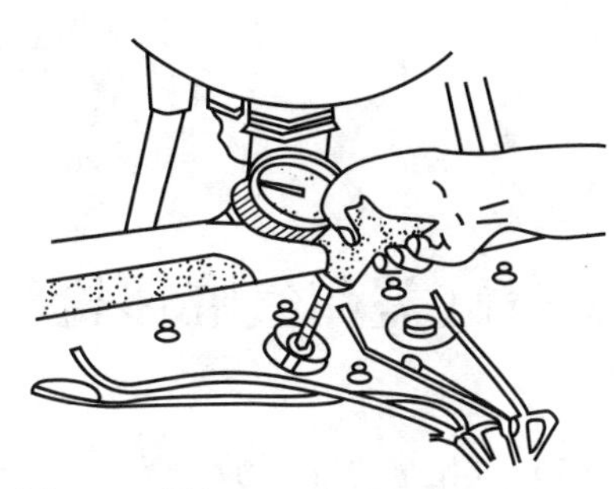
图 3-7 用气缸压力表测量气缸压力

测量时发动机应运转至冷却液温度达到 85～95℃，机油温度达到 70～90℃，测量方法和步骤见图 3-7 和表 3-3。

**表 3-3 电子振动分析仪的键盘操作方法**

| 步骤 | 操作方法 |
| --- | --- |
| 1 | 拆下空气滤清器 |
| 2 | 用压缩空气吹净火花塞周围的脏物 |
| 3 | 拆下全部火花塞 |
| 4 | 拔下分电器中央电极高压线，使其可靠搭铁，以免发生电击着火 |
| 5 | 将气缸压力表的橡胶接头插在被测气缸的火花塞孔内，扶正压紧 |
| 6 | 将节气门及阻风门置于全开位置 |
| 7 | 用起动机转动曲轴，待表头指针指示并保持最大压力后停止转动 |
| 8 | 取下压力表，记下读数，按下止回阀，使指针回零 |
| 9 | 按上述方法依次测量各缸，每缸测量次数不少于 2 次 |

根据《汽车发动机大修竣工技术条件》（GB 3799）的规定，大修后的发动机气缸压缩压力应符合原设计规定标准值，各缸压力差，汽油机应不超过各缸平均压力的 8%。在用发动机气缸压缩压力，在交通部颁发的《汽车运输业车辆技术管理规定》中不得低于标准值的 25%，否则发动机应送厂大修。

气缸压缩压力也可以用多功能发动机综合分析仪测量。现以国产 EA-800 型汽车发动机综合分析仪为例（图 3-8）说明其测量方法。

首先拆下被测气缸的火花塞，旋上分析仪配置的压力传感器，用起动机转动发动机曲轴 3～5s。这时由压力传感器取出的压力信号，经放大和 A/D 变换后，送入微机系统处理，并由显示器显示结果。

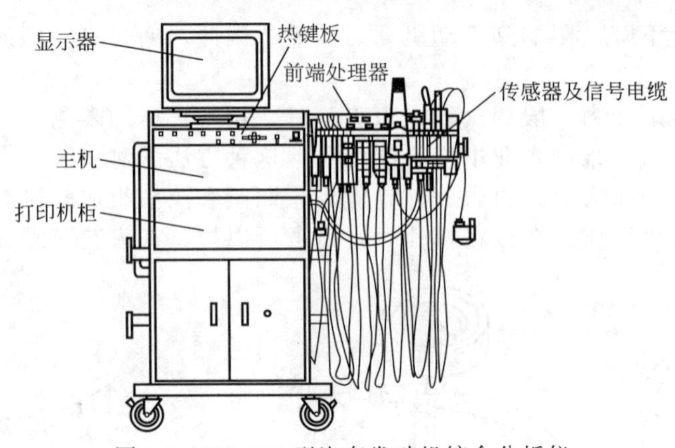


图 3-8　EA-800 型汽车发动机综合分析仪

## 二、气缸盖和气缸体检测

1. 气缸盖的检查

（1）气缸盖裂纹的检查　气缸盖经清理并洗净后，用染色渗透剂喷射于被检查部位（图 3-9），如燃烧室、进气口、排气口、气缸盖表面等，检查是否有裂纹。若渗透剂渗入内部，则表示该部分有裂纹存在，必须进行粘接、焊修或更换。

（2）气缸盖平面的检查　气缸盖与气缸体接触平面、气缸盖与进排气歧管接触平面的检查如图 3-10 所示，用精密的规板和塞尺检查表面平面度。若超过极限，应予修磨或更换。

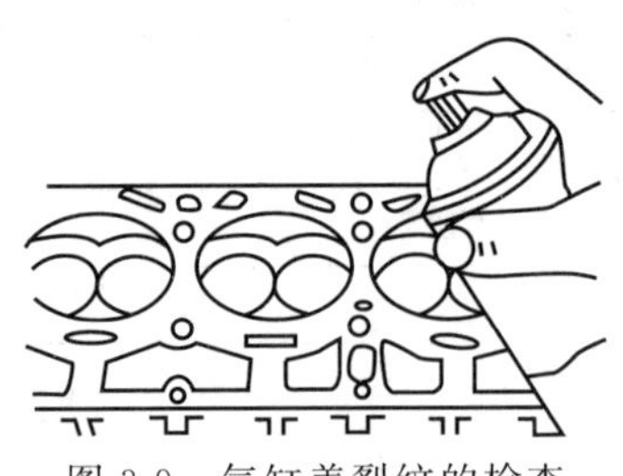

图 3-9　气缸盖裂纹的检查

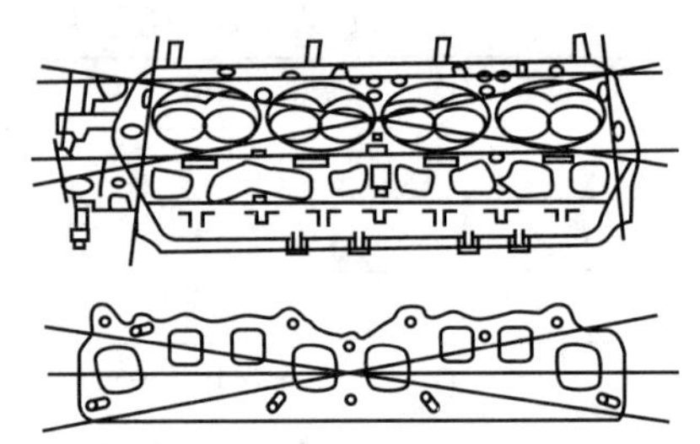

图 3-10　气缸盖平面的检查

2. 气缸体的检测

（1）气缸体平面的检测　用精密规板和塞尺进行平面的检测，如图 3-11 所示，在 6 个标线方位上进行，若平面度超过极限值时，应进行修磨。修磨方法与气缸盖相同。

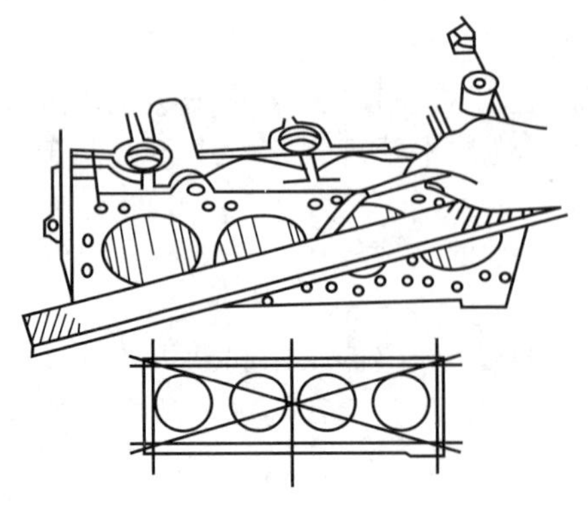

图 3-11　气缸体平面度的检测

图 3-12　气缸内壁的检测

(2) 气缸内壁的检测 气缸内壁的检测主要有以下几点。

① 对气缸进行直观检查，目视其垂直方向上是否有刮痕，若有较深的刮痕，则必须进行镗缸。

② 气缸的磨损是不均匀的，沿纵断面看是上大下小，失去原来的圆柱形状，呈锥形。从横断面看，沿圆周方向磨损后会失去原来的正圆形状，呈椭圆形。

③ 检查气缸内壁的磨损时，如图 3-12 所示，应在气缸的上部、中部和下部 3 处用量缸表测 $A$ 和 $B$ 两方向 $a$、$b$ 和 $c$ 部位内径尺寸。若缸径尺寸已超过了极限值，就必须进行镗缸。若未超过极限值，可用气缸缸径铰刀予以修整。

(3) 气缸盖衬垫的检测 气缸盖衬垫装于气缸盖与机体之间，用于防止漏水和漏气。气缸盖衬垫连接部位渗漏常常是螺栓的负荷分布不均衡而造成的。通过压痕检视，可以确定气缸盖衬垫隐患的部位。其方法是在连接部位放上专用的复写纸，就可凭目视检查出螺栓负荷的情况。

检视程序如下。

① 清洁气缸体和气缸盖的配合面。

② 在复写纸上印出所有孔径，用冲子将孔冲出。

③ 将纸放在气缸体上，放上衬垫，在衬垫上放上复写纸，将气缸盖放妥，按规定力矩顺序将气缸盖拧紧，使纸上出现压痕。

④ 卸下气缸盖，细心地将气缸盖衬垫上的复写纸揭下，检视螺栓负荷的分布压痕，颜色深的部位其压缩负荷大于颜色浅的部位。

整修方法如下。

① 检查气缸盖衬垫，若稍有不平，经整修后，涂以润滑油脂，或在凹陷处填以石棉，按规定力矩紧固，仍可继续使用。

② 气缸盖衬垫的弹性减弱时，可放在机油盆内加热，使其膨胀，增强弹性，以补偿接合面的平面度误差。

③ 气缸盖衬垫如未损坏，可将其放在温火上均匀地烘烤，由于石棉经加温后会膨胀而恢复到原来的状态和厚度，修整后仍可继续使用。

④ 气缸盖衬垫的厚度会影响发动机的压缩比。薄了，压缩比会增大，将影响发动机的正常工作；厚了，压缩比会减小，将影响发动机的功率。因此，气缸盖衬垫的厚度，应符合该型发动机的规定。

## 三、曲轴箱窜气量检测

根据试验资料，汽车行驶里程在 25000～40000km 时，气缸活塞环窜气量为 45～50L/min。更换活塞环后窜气量回降 10～20L/min，而且，窜气量指标还可用以检查发动机大修质量。在大修磨合期后，其窜气量一般在 10～20L/min。所以，根据曲轴箱窜气量变化情况，可以判断气缸磨损是否正常，评价气缸活塞配合副的密封性。

1. 检测方法和标准

由于从曲轴箱窜出的气体具有温度高、量小、脉动、污浊的特点，因而检测难度较大。试验表明，发动机在一般的工作情况下，曲轴箱内的气压很低，即使是满负荷下也只有 980～1960Pa。因此，如果测量方法不当，会使测量结果产生很大的误差。

曲轴箱窜气量除与发动机气缸密封状况有关外，还与发动机转速和负荷有关。因此在检测时，发动机应加载，节气门全开（或柴油机最大供油量），在最大转矩转速下测试（此时窜气量最大）。发动机加载可在底盘测功机上实现。测功机的加载装置可方便地通过滚筒、

驱动车轮和传动系统对发动机进行加载，可使发动机在全负荷工况下从最大转矩转速至额定转速的任一转速下运转，因此可用曲轴箱窜气量检测仪检测出任一工况下曲轴箱的窜气量。如果在道路上测量，汽车必须重载，选择大坡度道路低挡上坡行驶；车速必须保证发动机在最大转矩转速范围内运转，节气门全开，必要时可以用脚制动器配合加载。

目前国内还没有制定出统一的曲轴箱窜气量检测标准；同时，由于曲轴箱窜气量大小还与缸径大小和缸数多少有关，也很难把众多车型的曲轴箱窜气量综合在一个检测标准内。维修企业和汽车检测站应积累具体车型的曲轴箱窜气量检测数据资料，经分析整理制定企业标准，以作为检测依据。

2. 检测手段

(1) 用气体流量计检测曲轴箱漏气量　图 3-13 所示为一种测量气体流量的玻璃管式气体流量计简图。在测量时，将曲轴箱密封（堵住机油尺口和曲轴箱通风进、出口等），由加润滑油口处用橡胶管将漏窜气体导出，输入气体流量计。当气体沿图 3-13 中箭头方向移动时，由于流量孔板两边存在压力差使压力计水柱移动，直到气体压力与水柱落差平衡为止。压力计通常以流量刻度，因而由压力计水柱高度可以确定窜入曲轴箱气体的数量，流量孔板备有不同直径的小孔，可以根据漏窜气体量的范围来选用。测试时，启动发动机预热至正常水温，使发动机在加载状况下转速稳定在 1200～1600r/min，节气门全开。记下气体流量计每分钟的流量。

用气体流量计检测曲轴箱漏气量具有设备花费小、读数直观等特点，但精度不高、操作繁琐，不能实现电子化操作。

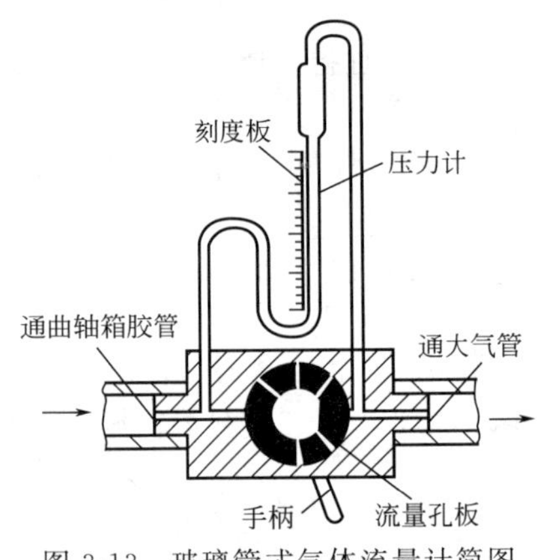


图 3-13　玻璃管式气体流量计简图

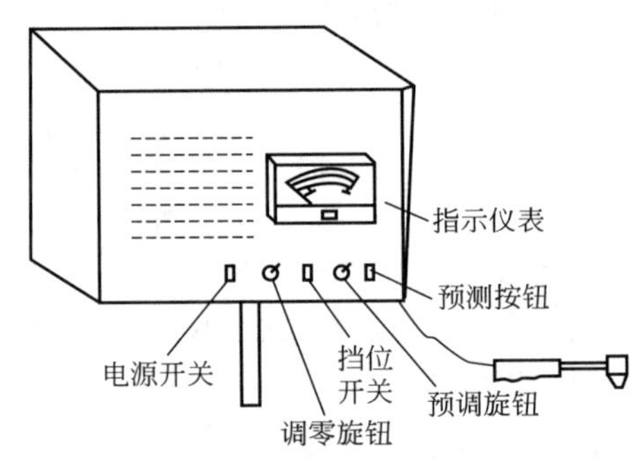


图 3-14　曲轴箱窜气量检测仪

(2) 用微压传感器式曲轴箱窜气量检测仪检测曲轴箱漏气量　微压传感器式曲轴箱窜气量检测仪如图 3-14 所示。当废气流过取样探头孔道时，在测量小孔处产生负压，微压传感器检测出负压并将其转变成电信号。流过集气头孔道的废气流量越大，测量小孔处产生的负压越大，微压传感器输出的电信号越强。该信号输送到仪表箱，由仪表指示出曲轴箱窜气量的大小。

使用方法如下。

① 打开电源开关，按仪器使用说明书的要求对检测仪进行预调。

② 密封曲轴箱，即堵塞机油尺口和曲轴箱通风进、出口等，将取样探头插入机油加注口内。

③ 启动发动机，待其运转平稳后，仪表箱仪表的指示值即为发动机曲轴箱在该转速下的窜气量。

该仪器具有测试简易、读数方便、不需要计算等优点。

## 四、进气管真空度检测

进气管真空度是进气管内的压力与大气压力的差值，单位为 kPa。发动机进气管真空度的大小随气缸活塞组零件的磨损而变化，并与气门组零件的技术状况、进气管的密封性，以及点火系统和供油系统的调整有关。因此，检测进气管真空度，可以诊断发动机多种故障。进气管真空度用真空表检测，无需拆卸任何机件，而且快速简便，因而应用极广。

一般发动机综合分析仪也具有进气管真空度检测功能。

1. 测试操作方法

① 启动发动机，并使其以高于怠速的转速空转 30min 以上，使发动机达到正常温度。

② 将真空表软管接到进气歧管的测压孔上。

③ 变速器挂空挡，发动机怠速运转。

④ 读取真空表上的示值。

2. 诊断标准

根据《汽车发动机大修竣工技术条件》（GB 3799）的规定，大修竣工的四冲程汽油机转速在 500～600r/min 时，以海平面为准，进气管真空度应在 57.33～70.66kPa 范围内。波动范围，六缸汽油机一般不超过 3.33kPa；四缸汽油机一般不超过 5.07kPa。

进气管真空度随海拔升高而降低。海拔每升高 1000m，真空度约减少 10kPa，故检测时应根据所在地的海拔高度进行折算。

## 五、气缸漏气量检测

随着气缸活塞组零件的磨损，气缸密封性下降，漏气量增加。发动机动力性、经济性变差，曲轴箱窜气量增加，机油受到污染。

气缸漏气量检测的基本方法是向活塞处于压缩行程上止点的气缸充入压缩空气，观察压力下降的程度，借以判断气缸的密封性。压力下降越多，气缸漏气量越多。

检测气缸漏气量可采用 QLY-1 型气缸漏气量检测仪。QLY-1 型气缸漏气量检测仪（图 3-15）包括减压阀、进气压力表、测量表、校正孔板、橡胶软管、快换管接头和充气嘴。还必须配备压缩空气源、活塞位置指针和活塞定位盘。若气缸漏气量检测仪测量表的压力示值用百分比表示，则该检测仪即为气缸漏气率检测仪，仪器的示值称为气缸漏气率。

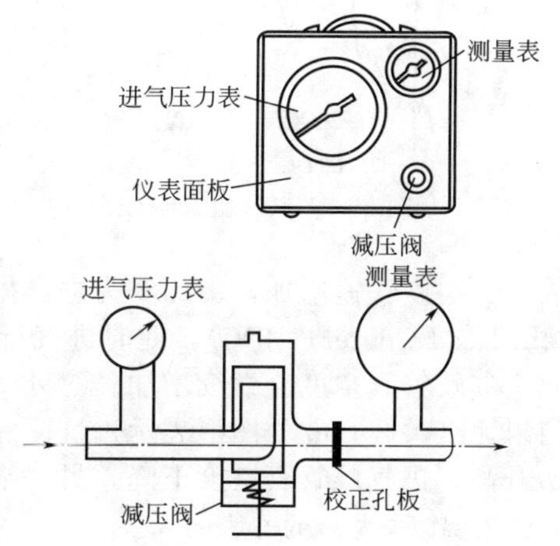


图 3-15　QLY-1 型气缸漏气量检测仪

气缸漏气率检测仪的标定方法：将仪器接通压缩空气源，并把出气口堵住，这时仪表指针的位置定为 0，表示不漏气；打开出气口使其与大气相通，这时仪表指针的位置定为 100%，表示气体全部漏掉。在 0～100%之间均匀刻度即可测量实际漏气率。

## 六、发动机真空波形检测

用示波器或发动机分析仪的示波功能检测进气管真空波形，能快速、准确地判断发动机

机械系统故障，省时、省力，效果较好。下面以发动机进气真空波形的采集和分析为例，介绍波形检测分析方法。

1. 真空波形的采集

由于发动机进气过程是进气、压缩、做功和排气四个工作过程中的一个过程，所以进气行程是周期的，这必然引起进气压力的脉动。同时，与进排气有关机械的性能信息，如配气机构、气门与活塞环密封等部件的参数变化也必然会反映到进气歧管真空波形中来，所以可以通过分析进气歧管真空波形来检测配气机构的故障。

图 3-16 所示为利用真空度传感器和发动机综合分析仪的示波功能检测发动机进气歧管真空度变化情况的示意。

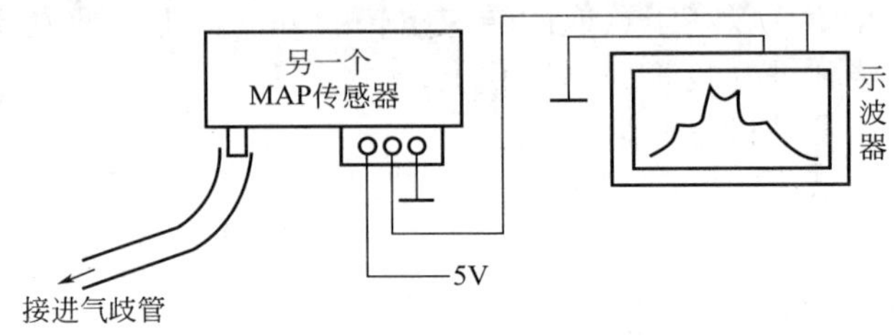


图 3-16　利用真空度传感器和发动机综合分析仪的示波功能检测发动机进气歧管真空度变化情况的示意

从所检测到的进气真空波形（图 3-17），可以看到图形的各个部分与发动机工作过程有较好的对应性，现说明如下。

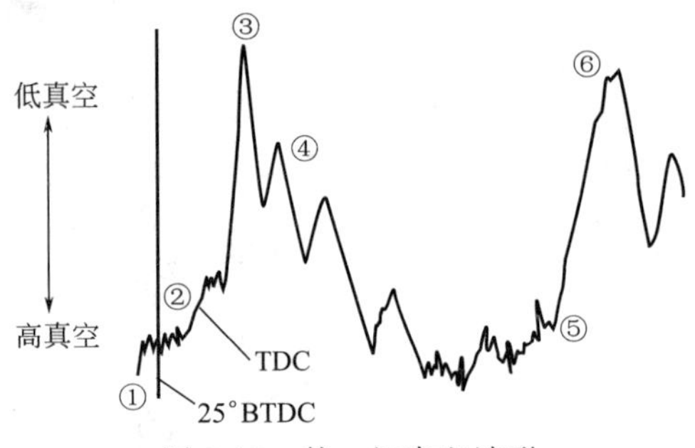


图 3-17　某一缸真空波形

图 3-17 中，①处图形表示进气门在上止点（Top Dead Center，TDC）前打开，实现提前进气，此时活塞仍在向上移动，该缸的排气门未完全关闭；②处图形表示活塞到达上止点（TDC），此时进、排气门都开启，气缸中有部分燃烧废气未完全从排气门中排出，由进气门反排到进气歧管，使进气歧管绝对压力升高，①到②的位置是进气门早开角度；③处图形表示排气门完全关闭，此时活塞向下移动，将进气歧管内混合气吸入，真空度快速增加，①到③为进、排气门重叠角度；④处图形表示活塞到达下止点（Bottem Dead Center，BDC），此时进气行程结束，由于进气门有迟闭角，气缸中仍有吸力，因此进气歧管真空度会继续增加；⑤处图形表示活塞开始向上移动，此时压缩行程开始，进气门未完全关闭；⑥处图形表示进气门完全关闭，此时进、排气门均完全关闭，气缸中压力开始升高，进气歧管真空度下降，另一缸又开始重复前面①～⑤的动作。

2. 故障波形的分析

（1）基本参数　一般电控燃油喷射发动机冷车时进气压力为 40～46kPa，真空度为 16～18inHg（1inHg=3386Pa），达正常温度后进气压力为 15～40kPa，真空度为 18～19inHg。1 缸火花塞不跳火，进气压力会升高 6.7kPa，真空度降低 2inHg。1 缸进气门漏气，进气压力会上升 13.4kPa，真空度降低 4inHg。点火正时比标准值提前 3°，进气压力会下降 3.3kPa，真空度升高 1inHg。

（2）标准真空波形与故障波形分析　在发动机分析仪上可选择检测标准真空波形与故障波形。图 3-18 所示为某四缸发动机的检测实例。图 3-18(a) 所示为四缸发动机标准波形，可以看到标准波形为较光滑的波浪曲线。图 3-18(b) 所示为第 4 缸进气门严重漏气时的波形。

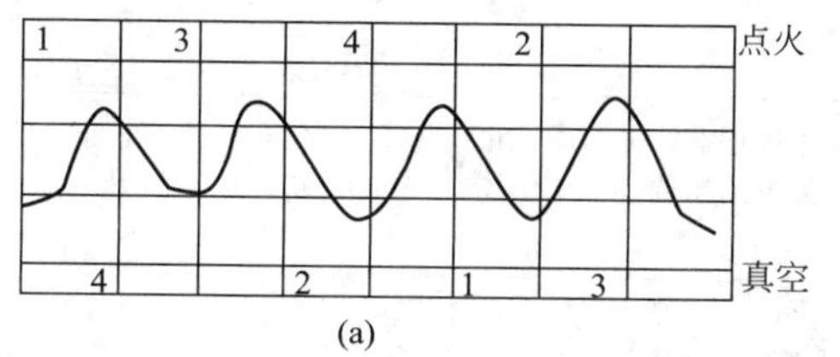


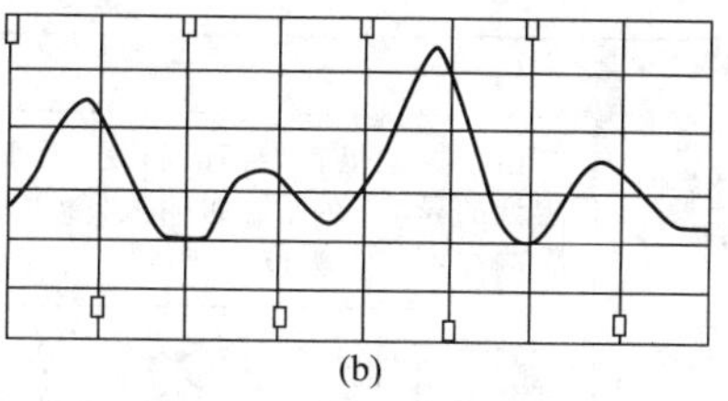


图 3-18　四缸发动机标准真空波形与故障波形分析

3. 仪器的操作方法

下面以国产 EA-1000 型发动机综合分析仪为例，介绍检测进气管真空度波形的操作方法。

① 启动发动机，运转到正常工作温度。

② 将检测仪真空度传感器的橡胶软管通过三通接头连接到发动机的真空管上。

③ 将发动机转速稳定在 1700r/min 左右。

④ 在主菜单下的子菜单上选择“进气管内真空度”，进入进气管内真空度检测状态，其界面显示如图 3-19 所示。

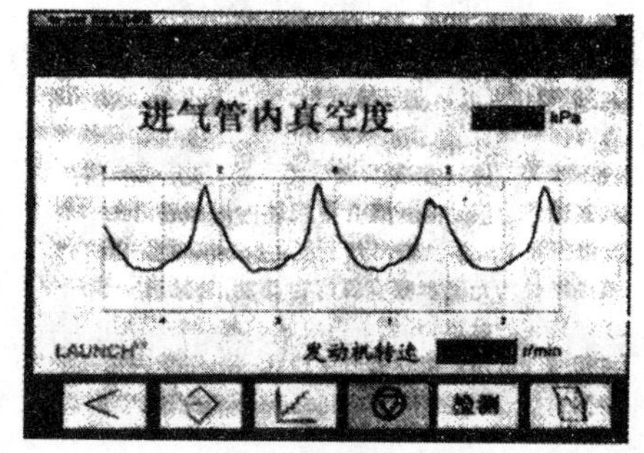


图 3-19　进气管内真空度检测状态

⑤ 按下检测界面下方的“检测”按钮，检测仪高速采集进气管真空度值，并显示出被检测发动机的真空度波形，观测、分析和判断所检测波形。

⑥ 分析结束后再按下“检测”按钮，高速采集结束。

必要时可按下诊断仪操作键盘上的 F4 键，检测仪提供四缸、六缸或八缸的进气管真空度标准波形，还可提供进气门开启不良、进气门漏气、排气门开启不良和排气门关闭不良等故障波形，以供观测波形时参考。

按 F2 键可对数据进行存储，按 F3 键可存储图形，按 F6 键可打印图形。

⑦ 测试结束后，按 F1 键返回主菜单。

# 第三节　发动机异响和振动检测

## 一、发动机异响检测

判断发动机异响的方法很多，总体来讲，有直观经验法和仪器设备测试法两种。

1. 直观经验法

这种方法不需仪器设备，经济、简单，过去和现在都广泛应用，但需有较强的实践经验。判断异响前，应检查发动机机油、电路和润滑情况是否正常，因为油、电路和润滑系统有故障，会妨碍判断，甚至会由此而产生异响。因此需在油、电路和润滑良好的情况下，分别进行以下不同方式的诊断（表 3-4）。

表 3-4 直观经验法的判断

| 方 法 | 说 明 |
|---|---|
| 在不同温度时判断 | 由于发动机各零件的材质、工作条件和润滑程度的不同，在不同温度时异响也不相同。例如，有些零件的异响，在低温时明显，随着温度升高而减弱或消失；有些零件的异响随温度的升高增强；还有的异响在不同的温度时无明显的变化 |
| 在不同转速下判断 | 各种异响在不同的转速时都有各自的特点。一般情况下异响随转速的升高而变大，但是变化的程度各不相同。有的异响在中、高速时才能显示出（如气缸窜气响），有的异响在高速时反而会被其他杂音干扰、掩盖（如连杆轴承响），有的异响在中速时明显（如连杆轴承响），有的异响在怠速时清楚（如敲缸响），而有的异响则在突然加速时才能明显出现 |
| 在不同部位判断 | 在不同的部位判断是指用听诊器、金属棒或长旋具等导声器具，在发动机发出异响的结构外部导声监听，进行对比判断。例如，正时齿轮响，在正时齿轮盖上导声监听比较明显，活塞敲缸响，在发动机一侧的上部导声监听响声明显 |
| 在不同负荷下判断 | 汽车行驶时，曲柄连杆机构的异响，一般随负荷的增大而增强，但也有的异响在增大负荷时，变化不明显 |
| 用断火方法进行判断 | 拔去分缸高压线（汽油机）或拧松高压油管螺母（柴油机），使需诊断的某缸断火，解除其做功的负荷。断火后曲柄连杆机构的异响一般会减弱或消失。曲柄连杆机构以外的异响，断火时一般无变化，通过断火试验，可以判断出异响是否出现在曲柄连杆机构，以及异响在哪一缸，并能反映出异响的特征 |

2. 加速运转时用听诊器诊断发动机异响

听诊器是诊断发动机异响，确定发动机故障部位的一种经济而又十分有效的检测工具。国产 JTQ-1 型机器听诊器的组成如图 3-20 所示。听诊器可以调节音量，因此即使是微小的响声也可清晰地听见，并且听诊器设有外接磁带记录仪插口，可将异响记录下来。

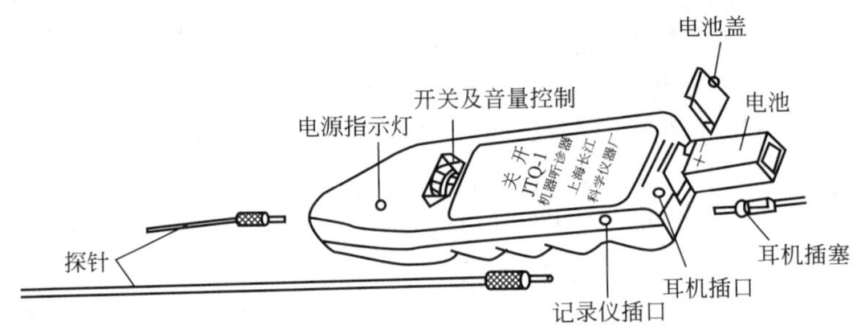


图 3-20 JTQ-1 型机器听诊器的组成

3. 发动机异响诊断仪测试法

随着科学技术的发展，现代汽车的检修越来越依赖先进的仪器和检测设备，如果利用专门诊断设备——异响诊断仪进行分析和研究，则只需熟悉发动机一般构造，操作人员就能比较迅速和准确地诊断出故障的部位和程度。

发动机异响诊断仪的线路框图如图 3-21 所示。

用仪器诊断发动机异响的基本原理，就是利用振动传感器把各种异响对应的振动信号拾取出来，经过选频放大后送到显示仪表显示异响的曲线形态，再辅之以单缸断火（或单缸断油）、转速变换等手段，迅速准确地判断出异响的种类、部位和严重程度。

4. 用示波器诊断发动机异响

物体因振动而发声。当发动机运动件的配合间隙过大或配合表面损伤时，在运转中便会产生机械振动并发出异响。不同的运动件在不同的运转工况下，产生不同特性的机械振动，其振动频率和振幅各不相同，因而发动机异响的强弱和音调的高低也就各不相同。利用振动

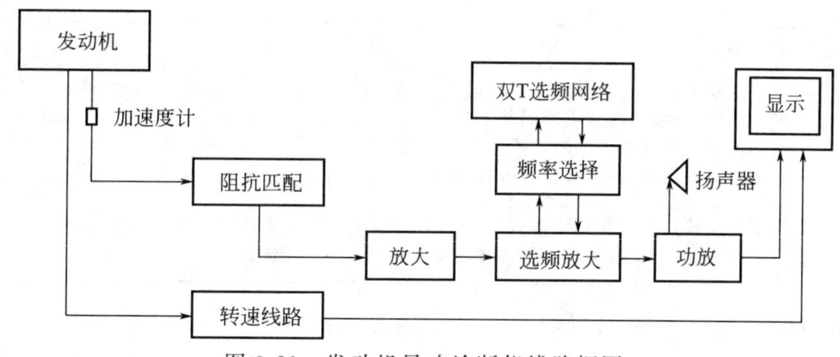

图 3-21 发动机异响诊断仪线路框图

传感器把引起异响的各种机械振动信号转换为电信号，再经选频放大后送入通用或专用示波器，在示波器荧屏上显示异响或振动的波形。根据波形的振幅和频率可以判断出产生异响的机件及其技术状况。该诊断方法需借助于异响测听仪、频谱分析仪来检测传动系统状况。

## 二、发动机振动检测

振动是物体前后或上下的往复运动。多数车辆的振动由旋转部件（发动机、传动系统、车轮）和发动机燃烧过程中的点火脉冲引起，旋转部件严重失衡或跳动时将产生明显的振动。

振动主要由以下 3 个要素组成。

① 振动源：振动的原因。

② 传递路径：振动通过车辆传递的路径。

③ 响应件：能够感受振动的部件。

例如，路面不平引起转向盘的振动，其振动源为受路面冲击或失衡的轮胎。传递路径为轮胎振动→车辆悬架系统→转向柱→转向盘。

振动会严重影响汽车的平顺性，因此应当重视对振动的检测。同时，通过对振动的检测和分析，可以排除许多故障。

在振动检测中，测量振动部件的振动速率，在速率确定后，将振动与速率相同的部件相关联，可以找到振动源。检测旋转部件的失衡或跳动量并进行重新平衡、维护车身结构等传递部件（如将发动机舱与乘客室更好地隔离），会使振动问题得到解决。

1. 电子振动分析仪简介

电子振动分析仪的液晶屏幕上至多可以有 3 个主要振动频率（以 r/min 或 Hz 显示）、振动相对强度或振幅（显示为加速度）。显示模式有锁定、记录/回放、平均/即时、频闪平衡 4 种模式（表 3-5）。

**表 3-5 电子振动分析仪显示器显示的内容**

| 类别 | 说明 |
|---|---|
| 锁定(FREEZE) | 按键盘上的 FREEZE(锁定)键，可激活锁定功能，将数据显示锁定。显示器顶端显示该锁定(FRZ)。在进行加速/减速测试时，短时内可登录大量振动，因此锁定功能十分有用。再次按动 FREEZE 键或 EXIT 键，可关闭锁定功能 |
| 记录/回放 | 显示的振动信息可进行记录，以便以后再回放。当电子振动分析仪断开电源后，可将存储的数据保存约 70h。数据按振动信息快检存储，最多可记录 10 次快检<br>按一下 RECORD 键，可以记录 1 次快检。屏幕将显示“R?”以请求 0～9 之间的标签号<br>按 PLAYBACK 键可回放记录的数据，屏幕显示“P?”以调出需要快检的标签号 |

续表

| 类　别 | 说　　明 |
|---|---|
| 平均/即时 | 电子振动分析仪通常在一个平均模式中操作，将一定时期内的多个振动样本平均化。平均模式降低了突然振动（如凹坑或不平路面产生的突然振动）的影响，多数测试都采用平均模式<br>电子振动分析仪在即时模式中，对振动更加敏感，显示更加瞬时化，且不在一定时期内进行平均。仅在测量短时出现的振动时，以及在加速（减速）测试中，使用即时模式 |
| 频闪平衡 | 电子振动分析仪可应用于频闪平衡转动的部件。触发器导线与感应式频闪灯同时使用。电子振动分析仪触发频闪灯，其频率与振动频率相同。正时灯卡在触发导线上 |

电子振动分析仪将显示频闪频率、振幅和滤波器范围。

显示器的左侧是频率读数，频率可按每分钟转数（r/min）或赫兹（Hz）显示，操作键盘上的 RPM/HZ 按钮可在两种读数之间进行切换。接着是条码图，以表示振动相对强度。右侧为实际强度或振幅，显示为加速度 G。

屏幕最上面的一行频率数据旁边为字母 A 或字母 B，该字母指示激活的输入通道。按键盘上的 A 或 B 键，可以在两个输入通道之间切换。图 3-22 和图 3-23 分别为 J38792 型电子振动分析仪的显示器屏幕和键盘，其键盘操作方法见表 3-6。

RPM A AVG 3:5
1800 132
360 0.25
1200 0 09

图 3-22　J38792 型电子振动仪的显示器屏幕

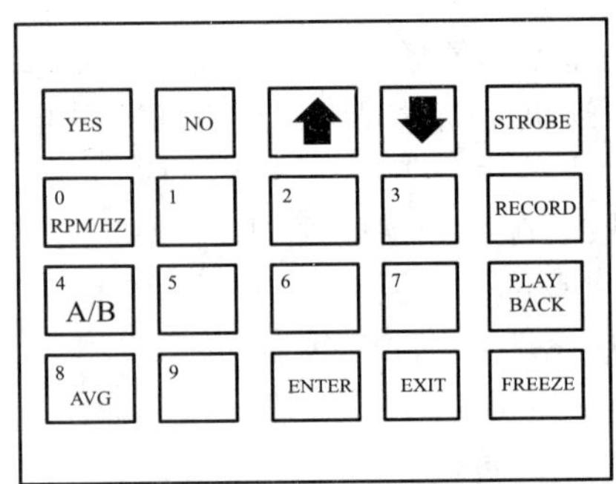


图 3-23　J38792 型电子振动分析仪的键盘

**表 3-6　电子振动分析仪的键盘操作方法**

| 键盘 | 操 作 方 法 |
|---|---|
| A/B | 使显示器在 A 通道和 B 通道之间切换。进行频闪平衡时，必须输入 A |
| AVG（平均值） | 使显示器在即时模式和平均模式之间切换。即时模式对突然振动变化较敏感。在平均模式时，显示屏顶部出现“AVG”一词 |
| RPM/HZ<br>（转/分或赫兹） | 将频率显示器在 r/min 和 Hz 之间切换 |
| FREEZE（锁定） | 将显示器数据即时锁定 |
| RECORD（记录） | 使电子振动分析仪位于记录模式。按“EXIT”键可将屏幕恢复到启动模式 |
| PLAYBACK（回放） | 使电子振动分析仪位于回放模式，以便查看先前记录的振动信息。按“EXIT”键可将屏幕恢复到启动模式 |
| 0～9 数字键 | 当记录或播放上一个信息时，数字键用于选择 10 个快检标签号（0～9）之一 |
| 箭头键 | 箭头键用于在回放模式中的锁定时移动各快检帧。按向上箭头键时向前移动一帧，按向下箭头键时向后移动一帧 |
| ENTER（输入） | 当电子振动分析仪在记录模式时，可以选择快检标签号，然后按“ENTER”键以开始记录 |

续表

| 键盘 | 操作方法 |
| --- | --- |
| STROBE（频闪平衡） | 将电子振动分析仪位于频闪平衡模式，以进行驱动轴的平衡和诊断。按“EXIT”键可将屏幕恢复到启动模式 |
| YES(是)和 NO(否) | 用于频闪平衡模式时选择滤波器范围 |
| EXIT(退出) | 当电子振动分析仪位于锁定模式、记录模式、回放模式或频闪平衡模式时，屏幕恢复到启动模式 |

2. 电子振动分析仪的使用方法

将电子振动分析仪的振动传感器放置于所要检测的部位（如座椅导轨）并将“UP”标签向上。给电子振动分析仪接入12V电源。备好电子振动分析仪以进行数据记录：由主菜单选择自动模式；选择怀疑的振动源；将光标移至发动机气缸号，按下输入键；在电子振动分析仪键盘输入发动机转速（500～6000r/min），在感觉最大振动的转速下按下输入键。

测试进行时，必须手调转速键（r/min）以匹配真实发动机转速，为此执行以下步骤。

① 选择增量步骤，以提高或降低转速，然后按下输入键。

② 监测适用于所选择的转速的频率范围，按下输入键进入启动数据屏幕。如果不在有效范围内，按下退出键回到选择转速页面。

③ 按向上或向下箭头键，调整活动数据屏幕上的转速（r/min），与真实车速匹配。

在启动数据显示器上读取测试结果。

# 第四节 发动机点火系统检测

汽油机点火系统必须能够根据发动机工作次序，适时产生高压电火花，并能根据发动机工况及转速的变化进行调整。点火系统故障是汽油机比较常见的故障，故障发生突然，原因复杂。表现形式是发动机不能启动、动力不足、发动机工作异常、燃料消耗增加、运行熄火等。在不解体情况下，对发动机点火系统的检测诊断主要是对点火波形、点火正时的检测。

## 一、点火系统性能评价指标

为保证点火系统在各种使用条件下都能可靠地点燃可燃混合气，对其有如下要求。

1. 击穿电压和点火能量

点火系统应具有足以击穿火花塞电极间隙的高电压和足够的点火能量。使火花塞电极之间产生火花的电压称为击穿电压。影响击穿电压的因素有火花塞电极间隙、气缸内混合气的压力与温度、电极的温度与极性。发动机正常工作时击穿电压一般均在15kV以上；发动机在满载低速时击穿电压为8～10kV；启动时需19kV。考虑各种不利因素的影响，通常点火系统的最高设计电压为30kV。

正常工作情况下，可靠点燃可燃混合气的点火能量为50～80mJ，启动时需100mJ左右的点火能量。

2. 点火时刻

点火系统应能根据发动机各种工况提供最佳的点火时刻（点火提前角）。发动机的温度、

负荷、转速和燃油品质等，都直接影响混合气的燃烧速度。点火系统必须能适应上述情况变化并实现最佳点火时刻的变化。常见车型的点火提前角见表 3-7。

表 3-7 常见车型的点火提前角

| 汽车型号 | 检测条件 | 点火提前角 |
|---|---|---|
| CA1091 | 发动机转速 900r/min | BTDC 5.5°～8.5° |
| EQ1091E | 发动机转速 400r/min | BTDC 0°～8.5° |
| 桑塔纳 | 1 个大气压，90 号汽油，怠速运转 | LX 型，BTDC 6°±1°；GSI 型，BTDC 12°±1° |
| 丰田皇冠 3.0 | 发动机转速(700±50)r/min | BTDC10° |
| 富康 ZX | 发动机转速 750r/min | BTDC8° |

## 二、点火系统主要部件检测

1. 点火线圈的检测

(1) 外部检验　检查点火线圈的外表，若绝缘盖破裂或外壳破裂，因容易受潮而失去点火能力，应予以更换.

(2) 初、次级绕组断路、短路、接地检测　用万用表测量点火线圈的初级绕组、次级绕组以及附加电阻的电阻值，应符合技术标准，否则说明有故障，应予以更换。电子点火系统的点火线圈为高能点火线圈，初级绕组的电阻一般较小，检测时可参考维修手册。例如，桑塔纳轿车点火线圈初级绕组的电阻为 0.52～0.76Ω，次级绕组的电阻为 2.4～3.5kΩ；奥迪轿车点火线圈初级绕组的电阻为 0.6～0.7Ω，次级绕组的电阻为 2.5～3.5kΩ。

① 检查初级绕组的电阻值：用万用表电阻挡测量"＋"与"－"端子间的电阻，如图 3-24(a) 所示。

② 检查次级绕组的电阻值：用万用表电阻挡测量"＋"与中央高压端子间的电阻，如图 3-24(b) 所示。

③ 检查附加电阻值：用万用表直接接于附加电阻的两端子上，如图 3-24(c) 所示。

(a) 初级绕组的检查　(b) 次级绕组的检查　(c) 附加电阻的检查

图 3-24　点火线圈的检测

2. 断电器触点间隙的检测

当断电器凸轮顶开触点至最大间隙时，用塞尺测量应为 0.35～0.45mm。

3. 传统点火系统各端子电压的检测

如图 3-25 所示，用万用表的直流电压挡量出在断电器的触点闭合和断开两种状态下各端子间的电压值，并记录检测结果。通过此项检测，可在一定程度上判断传统点火系统初级电路的故障情况。当蓄电池电压为 12.6V 时，各测量点测量结果见表 3-8。

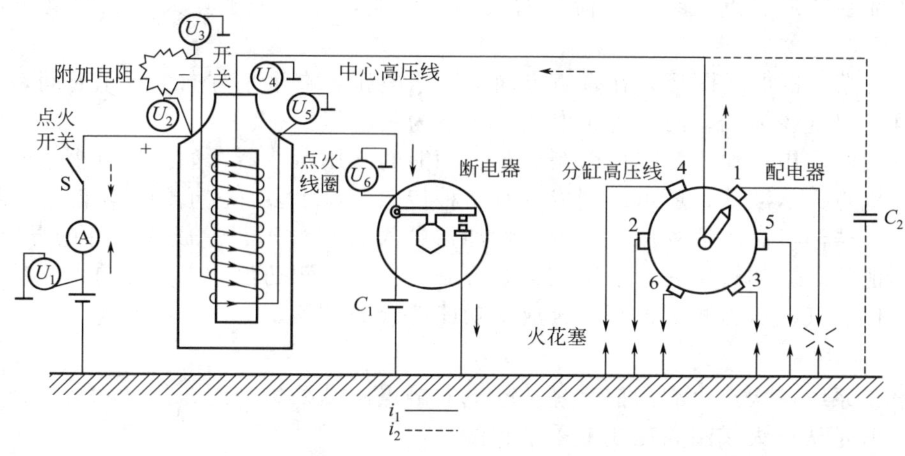


图 3-25 传统点火系统各端子电压的检测

**表 3-8 传统点火系统各端子电压检测数据**

| 触点开闭 | 端子电压/U | | | | | |
|---|---|---|---|---|---|---|
| | $U_1$ | $U_2$ | $U_3$ | $U_4$ | $U_5$ | $U_6$ |
| 触点闭合 | 12.6 | 12.6 | 6.3 | 6.3 | 0.2 | 0.2 |
| 触点断开 | 12.6 | 12.6 | 12.6 | 12.6 | 12.6 | 12.6 |

## 三、点火电压波形检测与分析

无论是传统的点火系统还是无触点电子点火或计算机控制的点火系统，都是由点火线圈通过互感作用把低压电转变为高压电，通过火花塞跳火点燃混合气做功的。点火系统低压部分、高压部分的变化过程是有规律的。因此，把实际测得的点火系统点火电压波形与正常工作情况下的点火电压波形进行比较并分析，即可判断点火系统的技术状况好坏及故障所在。用示波器的波形直观诊断点火系统故障是汽车维修常用的手段，汽油机点火系统的技术状况，可通过汽车专用示波器或发动机综合性能分析仪上的示波器来观察分析。下面以用示波器为例说明点火系统故障检测与分析方法。

1. 示波器工作原理

示波器主要由传感器、中间处理电路和显示器等部分组成。其中显示器可分为阴极射线管式和液晶式两种。阴极射线管由电子枪、偏转板和荧光屏组成，如图 3-26 所示。在管内的电子枪将电子束射至管前的荧光屏上，能产生一个光亮点。在管子内部有两组金属板，水平的两块称为垂直偏转板，垂直的两块称为水平偏转板。当从示波器电路得到电荷时，水平偏转板会使电子束在管内的水平方向上产生弯曲，从而使在荧光屏上显示光亮点的电子束从左至右横掠屏幕扫出一条光亮的线条，然后再从右至左变暗回扫。由于光的速度非常快，以致光亮点以一条实线出现在观察者眼前。当示波器接上运转的发动机点火系统时，垂直偏转板可通过示波器电路接收到电荷，且此电荷量的大小与点火系统电压的瞬时变化成比例，随着电子束从左到右扫描，变化着的电荷使其在垂直方向产生弯曲，因而光亮点在阴极射线管的屏幕上扫出一条曲

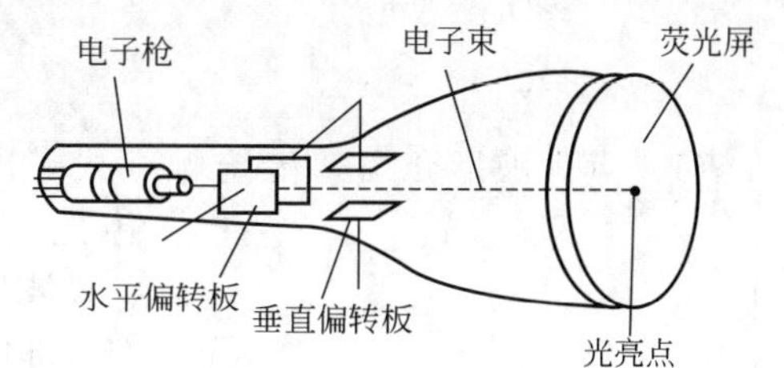


图 3-26 示波器上的阴极射线管

线图形。该曲线图形与点火系统电荷量的大小相对应，并代表了点火系统中电压随时间的变化。

示波器屏幕上的曲线图形，在垂直方向上表示电压，在水平方向上表示时间，走向从左至右，并且，以基线为准，向上为正电压，向下为负电压。

发动机诊断专用示波器，既可以制成单一功能的专用示波器，如采集点火信号显示点火波形的发动机点火示波器；还可以制成带有多种传感器显示多种波形的多功能示波器，如显示点火波形、柴油机高压油管压力波形、喷油器针阀升程波形、总成或零件的异响波形等；还可以和其他仪表，如转速表、电压表、电流表、无负荷测功仪、点火提前角测试仪、供油提前角测试仪、气缸压力测试仪等组合成多功能综合测试仪。

2. 检测方法

传统点火系统一次点火波形信号是从断电器触点两端采集到的，故又称为白金波形；而二次点火波形是从点火线圈高压线上采集到的。

在电子点火装置中，一次电流流经点火线圈一次绕组后，不流经分电器，而是通过点火控制器搭铁。因此，低压点火传感器的鳄鱼夹应夹在点火线圈的负接柱线上。

① 按发动机点火示波器或发动机综合检测仪使用说明书的要求，对仪器通电预热，检查校正。

② 启动发动机并预热至正常工作温度。

③ 按要求正确联机，即把各类传感器连接在发动机有关部位。

④ 通过按键或输入操作码可分别测得发动机的重叠波、并列波、平列波和单缸选缸波。调节检测仪上的“亮度”“对比度”“水平位置”“水平幅度”“垂直位置”“垂直幅度”“示波同步”等旋钮，可使荧光屏上的亮度、对比度、波形位置、波形幅度等符合观测要求。同时，观测波形时，应使发动机在规定转速下运转。

3. 波形分析

利用示波器可显示发动机点火过程的波形图，包括一次电流、一次电压和二次电压，如图 3-27 所示。波形分析是指把汽车发动机点火系统实际点火波形与标准波形比较以判断点火系统故障的过程。

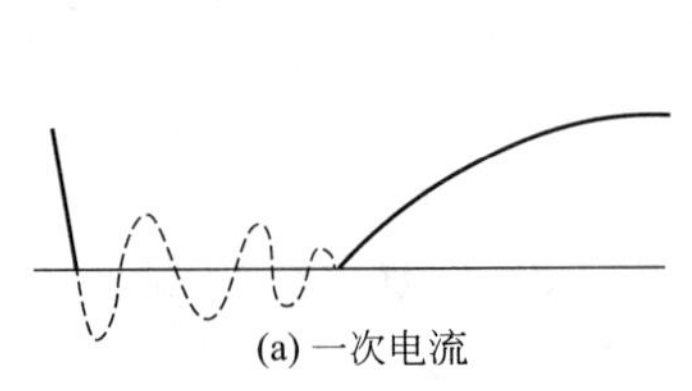

(a) 一次电流

(b) 一次电压

发火线

火花线

低频振荡段

闭合段

(c) 二次电压

图 3-27　发动机点火过程波形

（1）点火波形介绍　传统触点式一次、二次点火电压、一次电流波形如图 3-27 所示，电子点火系统的波形如图 3-28 所示。电子点火系统的二次点火波形与传统点火系统点火波形的主要区别在于其闭合段后部电压略有上升，有的波形在闭合段中间也有一个微小的电压波动，这反映了点火控制器（电子模块）中限流电路的作用。另外，电子点火波形闭合段的长度随转速变化而变化。

图 3-28　电子点火系统的波形

点火波形在示波器上可以显示如下四类波形，其说明见表 3-9。

表 3-9　点火波形在示波器上可以显示的种类

| 类　别 | 说　明 |
| --- | --- |
| 多缸平列波 | 多缸平列波是按点火次序从左至右首尾相连的波形，如图 3-29 所示。它用于诊断点火系统一次、二次电路接触情况以及电容器、低压线、高压线和火花塞等元件的性能 |
| 多缸并列波 | 多缸并列波是按点火次序从下到上排列的波形，如图 3-30 所示。它可以比较火花线长度和一次电路闭合区间的长度 |
| 多缸重叠波 | 多缸重叠波是将多缸发动机各缸点火过程的曲线重叠到同一图形上的波形，如图 3-31 所示。它可以比较各缸点火周期、闭合区间和断开区间的差异 |
| 单缸标准波形 | 图 3-32 所示为单缸标准二次电压波形，它反映了一个气缸点火工作的情况。波形上各段的意义如下<br>①断电器触点打开，一次电流下降，而二次电压急剧上升<br>②火花通过时间。这时二次电压输送到火花塞上，一旦火花塞电极间放电，二次电压便随之下降，并保持在火花塞电极间放电所要求的电压值<br>③第一次振荡波。当保持火花塞持续放电的能量消耗完毕，电火花消失后点火线圈中的残余能量以阻尼振荡的形式耗完<br>④断电器触点闭合，这时点火线圈的一次电路有电流通过，而在二次电路中导致一个反向电压<br>⑤断电器触点打开的全部时间<br>⑥断电器触点闭合的全部时间，水平直线表示点火线圈与一次电路接通，形成磁场和积蓄能量，为下一周期的工作做准备<br>⑦第二次振荡波，即点火线圈的磁化曲线<br>如果所测波形曲线与标准波形有差异，这些差异可能出现在四个区域，如图 3-33 所示<br>C 区域为点火区：当一次电路切断时，点火线圈一次绕组内电流迅速降低，所产生的磁场迅速衰减，在二次绕组中产生高压电（15000～20000V），火花塞间隙被击穿时，二次电压随之下降，C 区域异常说明电容器或断电器触点不良<br>D 区域为燃烧区：当火花塞电极间隙被击穿后，电极间形成电弧使混合气点燃，火花放电过程一般持续 0.6～1.5ms，在二次点火电压波形上形成火花线，D 区域异常说明分电器或火花塞不良<br>B 区域为振荡区：在火花塞放电终了，点火线圈中的能量不能维持火花放电时，残余能量以阻尼振荡的形式消耗尽，此时点火电压波形上出现具有可视脉冲的低频振荡，B 区域异常说明点火线圈不正常<br>A 区域为闭合区：二次电路再次闭合后，二次电路感应出 1500～2000V 与蓄电池电压相反的感应电压，在点火波形上出现迅速下降的垂直线，然后上升过渡为水平线，A 区域异常多为分电器不正常 |

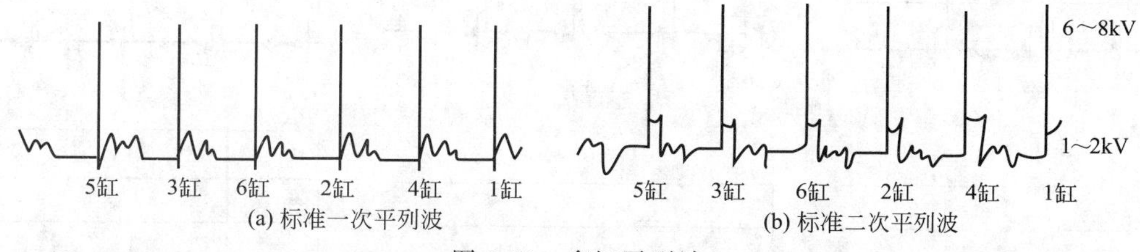


图 3-29　多缸平列波

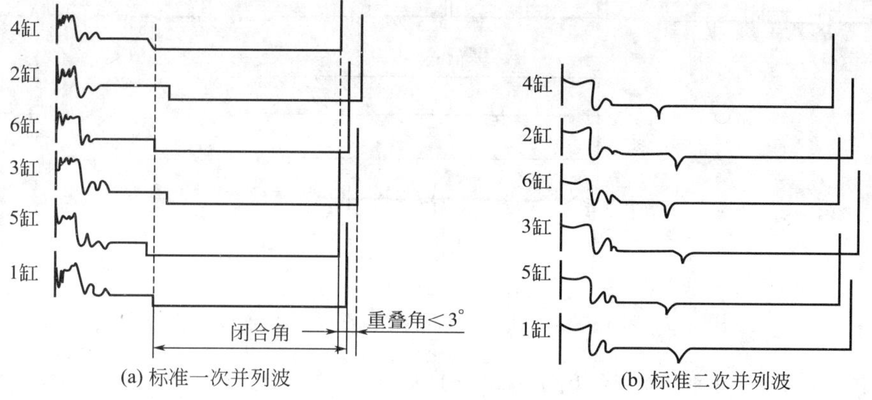


图 3-30　多缸并列波

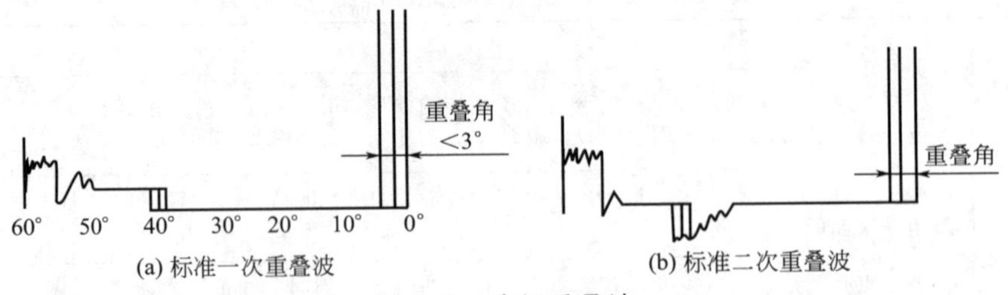


图 3-31 多缸重叠波

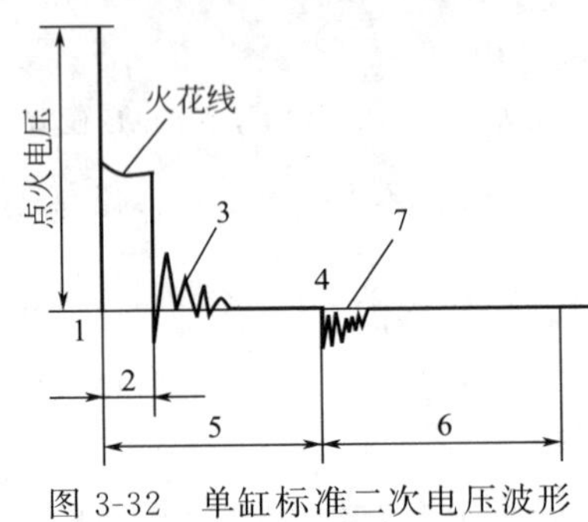


图 3-32 单缸标准二次电压波形



图 3-33 常见二次波形异常区域

（2）典型故障波形分析　以多缸发动机各缸点火状况的平列波为例，该波形可用于比较检测。例如，某四缸发动机波形按点火次序排列为 1-2-4-3，图 3-34 所示为该四缸发动机的正常波形和常见的几种故障波形。

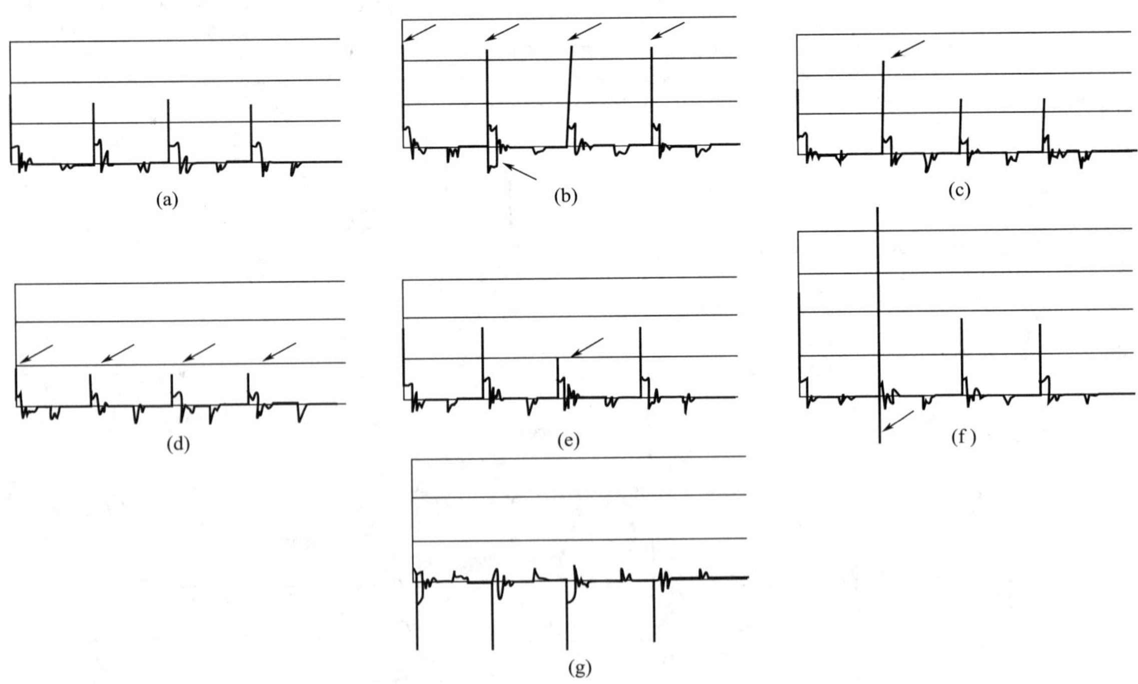


图 3-34 四缸发动机的正常波形和常见的几种故障波形

① 四缸发动机正常平列波形如图 3-34(a) 所示。

② 各缸点火电压均高于标准值，如图 3-34(b) 所示，说明高压回路有高阻，多为点火

线圈的高压线插孔、分电器高压线插孔及分火头等有积炭，或高压线内有高阻（断线、接插不牢固）等。个别缸在点火线下端出现多余波形，为该缸火花塞故障（如第 2 缸），火花塞电极烧毁或间隙增大。

③ 个别缸点火电压过高，如图 3-34(c) 中第 2 缸，为该缸火花塞间隙偏大，或高压线接触不良，以及分火头与该缸高压线接触刷间隙过大。

④ 全部气缸点火电压低于标准，如图 3-34(d) 所示，为火花塞脏污或间隙太小。

⑤ 个别缸点火电压低，如图 3-34(e) 中第 4 缸，为该缸火花塞间隙小或脏污，以及该缸高压线（绝缘损坏）或火花塞（瓷芯破裂）有漏电等情况。

⑥ 为诊断点火线圈发火能力，可拔掉某缸高压线［图 3-34(f) 中第 2 缸］。此时，该缸点火电压应高达 20kV 以上，为点火线圈性能良好，而且点火电压线下端伸长应为上端的 1/2 左右。

⑦ 全部平列波上下颠倒［图 3-34(g)］，为点火线圈极性接反所致。

4. 闭合角检测

利用并列波可以诊断出分电器凸轮磨损情况和断电器触点闭合角。

汽油机点火过程中，一次电路导通阶段所对应的凸轮轴转角称为闭合角。

对于传统的点火系统，闭合角为白金触点闭合时期所占的凸轮轴转角；对于电子点火系统，则是晶体管导通所占的凸轮轴转角。利用一次并列波（图 3-30）可方便地观测各缸的闭合角，其闭合角大小，三缸发动机 60°～66°，四缸发动机 50°～54°，六缸发动机 38°～42°，八缸发动机 29°～32°。

对于传统有触点点火系统而言，若测出的闭合角过小，说明触点间隙太大，触点闭合时间短，一次电流增长不到需要的数值，会使点火能量不足；若闭合角太大，说明触点间隙小，会使触点间发生电弧放电，反而削弱了点火能量，不利于正常点火。

在闭合角相同时，发动机转速高则闭合时间短，转速低则闭合时间长。因此，为保证点火可靠，闭合角应随发动机转速而变化。电子点火系统中的点火控制器可对闭合角的大小进行控制和调节，低速时，减小闭合角，高速时，增大闭合角。

5. 重叠角检测

各缸点火波形首端对齐，最长波形与最短波形长度之差所占的凸轮轴转角称为重叠角（图 3-31）。重叠角不应大于点火间隔的 5%，具体数据是，四缸发动机≤4.5°，六缸发动机≤3°，八缸发动机≤2.5°。

重叠角的大小反映多缸发动机点火间隔的一致程度，重叠角越大，则点火间隔越不均匀。这不仅会影响发动机的动力性、经济性，还影响发动机运转的稳定性。重叠角太大是由分电器凸轮磨损不匀或分电器轴磨损松旷、弯曲变形等原因造成的。

6. 电子点火系统示波器检测波形与传统点火系统的区别

① 电子点火系统的一次和各种二次电压波形与传统的触点式点火系统的波形相似，由于电子点火系统除了少数配有电容器，用于抑制点火时的高频振荡波对无线电的干扰外，大都无电容器，故其振荡波会比传统点火系统少些。

② 电子点火系统无触点、电容等，有的电子点火系统无分电器。因此，与这些有关的故障原因就没有了。

③ 目前的一些电子点火器都具有闭合角可控功能，故在检测闭合角时，闭合角度变化是正常的，而不变化则说明电子点火器闭合角可控电路已失效。因此，在检测前应了解电子点火系统是否有闭合角可控功能。

④ 对于不同的电子点火系统，其正常的电压波形会有一些差异。为了在检测时能够迅速而准确地进行判断，平时应注意查看各型汽车维修手册上的点火电压波形说明，或用示波

器记录下各型汽车在正常工作状态下的点火电压波形。

## 四、磁感应式电子点火系统检测

1. 磁感应信号发生器在的检测

检查信号发生器的间隙，信号转子与感应线圈铁芯之间的间隙一般为 0.2～0.4mm。如不符合标准值，应进行调整。

用万用表测量信号发生器感应线圈的电阻，应符合标准值。

2. 电磁感应式点火控制器的检测

① 如图 3-35 所示，用一只 1.5V 的干电池代替信号发生器，接到点火控制器信号输入端子上。

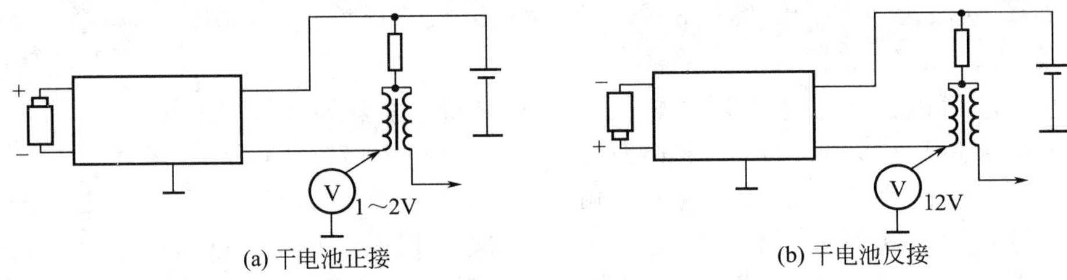


图 3-35　电磁感应式点火控制器的检测

② 正接时，点火线圈的初级绕组导通，用万用表测量点火线圈的“－”接线柱与接地之间的电压，应为 1～2V，如图 3-35(a) 所示。

③ 将电池的极性颠倒后，再进行测量，其值应为 12V，如图 3-35(b) 所示。若与上述不符，说明点火控制器有故障，应更换。

3. 分火头的检测

① 外观检查。观察分火头的外观，分火头应无裂痕、烧蚀或击穿等现象，否则应更换新件。

② 漏电检查。将分火头倒放在缸体或缸盖上，用跳火正常的分缸高压线将高压电引到分火头上，如果分缸高压线有明显跳火现象，说明分火头已漏电，应更换新件。

③ 电阻测量。用万用表测量分火头顶部的电阻，如图 3-36 所示，正常值应为 (1±0.41)kΩ。

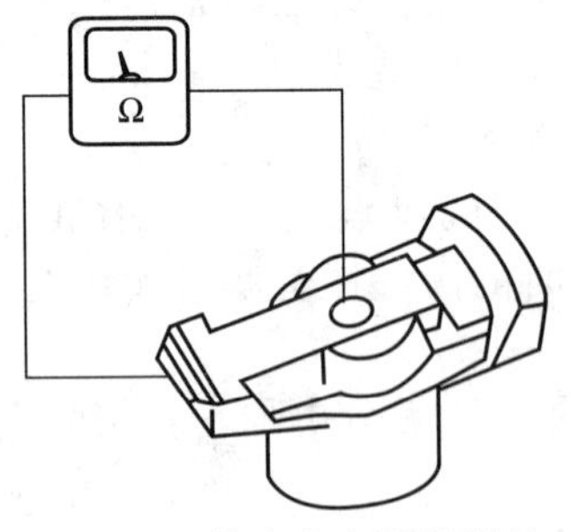


图 3-36　分火头电阻的测量

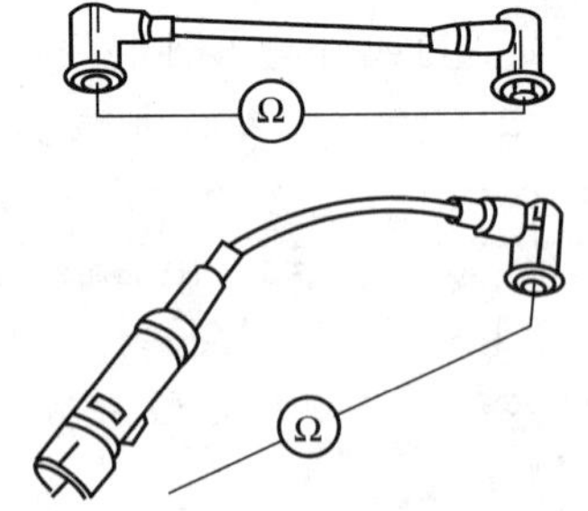


图 3-37　高压导线电阻的检测

4. 高压导线的检测

① 高压导线电阻的检测。如图 3-37 所示，中央高压导线电阻标准值一般均不相同，如桑塔纳轿车的中央高压导线电阻标准值不大于 2.8kΩ，奥迪轿车中央高压导线电阻标准值不

大于 2kΩ；分缸高压导线电阻标准值一般也不相同，如桑塔纳轿车分缸高压导线电阻标准值小大于 7.4kΩ，奥迪轿车分缸高压导线电阻标准值不大于 6kΩ。

② 火花塞插头电阻的检测。如图 3-38 所示，用万用表测量火花塞插头的电阻值，一般为（1±0.4)kΩ（无屏蔽）和（5±1.0)kΩ（有屏蔽）。

③ 防干扰接头电阻的检测。如图 3-39 所示，用万用表测量防干扰接头的电阻值，一般为（1±0.4)kΩ。

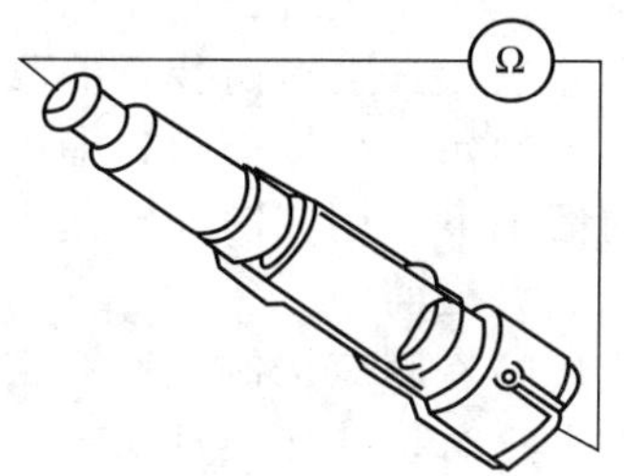


图 3-38　火花塞插头电阻的检测

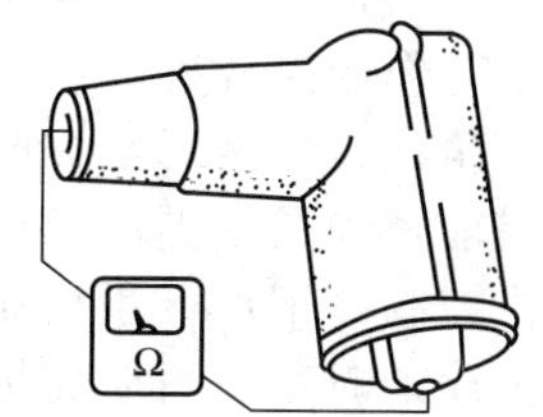


图 3-39　防干扰接头电阻的检测

## 五、点火正时检测

点火正时指最佳的点火时间，一般用点火提前角来表示，即用点火开始至活塞到达上止点时曲轴所转过的角度来表示。该角度对发动机的动力性、经济性和排放性有很大影响。凭经验可对发动机的点火正时进行粗略检查并校正，但点火提前角的精确检测必须借助于仪器。常用的检测方法有频闪法和缸压法。

1. 频闪法

用频闪法检测点火提前角使用的点火正时仪又称正时灯，如图 3-40 所示。该仪器由闪光灯、传感器、整形装置、延时触发装置和显示装置构成。其基本工作原理建立在频闪原理的基础上，即如果在精确的确定时刻，用一束短暂（约 1/5000s）的且频率与旋转零件转动频率相同的光脉冲照射相对转动的零件，由于人们视力的生理惯性，似乎觉得零件是不转动的。

点火正时仪工作原理：在发动机飞轮或曲轴带轮上，一般都刻有正时标记，在与之相邻的固定机壳上也刻有标记，曲轴旋转至活动标记与固定标记对齐时，第 1 缸活塞刚好到达上止点，如果用第 1 缸的点火信号触发闪光灯，并使之发出短暂光脉冲，当用闪光灯照射刻有活动定时标记的飞轮或曲轴带轮时，若发动机转速稳定，则活动标记与闪光灯闪光在光学上是相对静止的，活动标记似乎不动，当闪光灯在第 1 缸点火信号发生的同时闪光时，第 1 缸活塞尚未到达上止点，活动标记与固定标记尚未对齐，此时两标记之间所对应的发动机曲轴转角即为点火提前角，如图 3-41 所示。

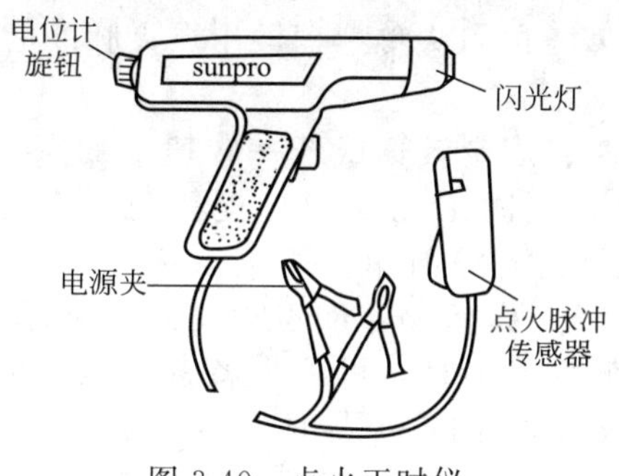


图 3-40　点火正时仪

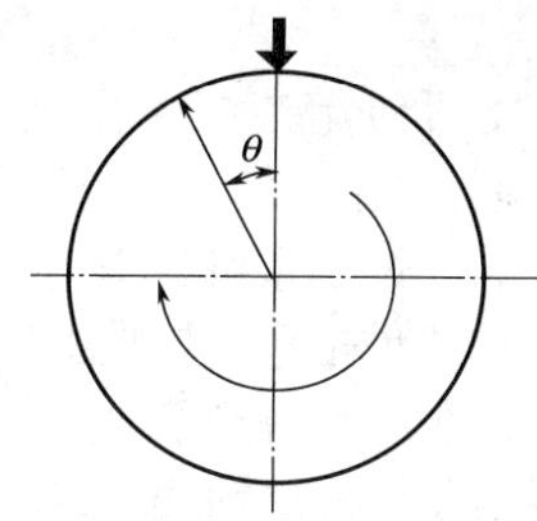


图 3-41　飞轮及壳上的标记和点火提前角

检测时，先接上正时灯，再把点火脉冲传感器串接在第 1 缸火花塞与高压线间或外卡在第 1 缸高压导线上（感应式传感器），擦拭飞轮或曲轴带轮使正时标记显露。发动机于怠速工况下运转，打开正时灯并使之对准正时标记，调整电位计旋钮，使活动标记与固定标记对齐，此时所显示的读数即为怠速工况下的点火提前角。

发动机怠速运转时，离心式和真空式点火提前装置未起作用或作用很小，此时测得的点火提前角为初始提前角。测出的各工况下的点火提前角若符合规定，说明初始点火提前角调整正确，同时说明离心点火提前装置和真空点火提前装置工作正常。利用频闪法，也可对各种工况下的离心提前角和真空提前角进行测试。拆下分电器真空提前装置的真空软管，用在真空提前装置不起作用时各种转速下的点火提前角减去初始点火提前角，即可得到在各种转速下的离心提前角；在连接真空提前装置真空软管的情况下，用在同样转速下测得的点火提前角减去离心提前角和初始提前角，则又可得到真空点火提前角。

对于计算机控制电子点火系统而言，其点火提前角的检测应按制造厂规定的校准点火正时的步骤进行。检测时，一般应先把发动机罩下的点火正时检验接线柱搭铁，使计算机控制点火提前装置不起作用。首先检测基本提前角（即发动机自动控制点火提前装置不起作用时的点火提前角），检测完后再把搭铁导线拆除，具体检测方法和步骤应查阅说明书。

2. 缸压法

当某缸活塞到达压缩行程上止点时，气缸内压缩压力最高。用缸压传感器检测出这一时刻，同时用点火传感器检测出同一缸的点火时刻，两者间所对应的曲轴转角即为点火提前角。用缸压法制成的点火正时仪，由缸压传感器、点火传感器、处理装置和指示装置等构成。如果正时仪带有油压传感器，还可用来检测柴油机的供油提前角。图 3-42 所示为缸压法检测发动机点火、供油提前角原理。

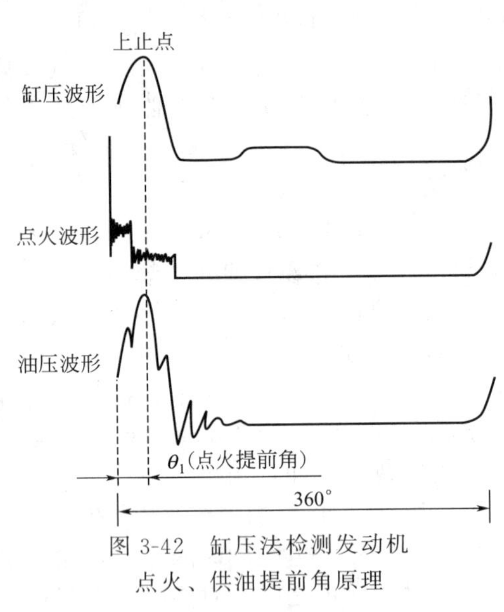


图 3-42　缸压法检测发动机点火、供油提前角原理

发动机点火提前角的检测步骤如下。

① 运转发动机使其达到正常工作温度后停机。

② 拆下某一缸的火花塞，把缸压传感器装在火花塞孔内。

③ 把拆下的火花塞固定在机体上使之搭铁（注意中心电极不能与机体相碰），并把点火传感器插接在火花塞上，连接好该缸的高压线。此时，该缸火花塞可缸外点火。

④ 启动发动机运转，由于被测缸不工作，该缸压信号反映气缸压缩压力大小，其最大值产生于活塞压缩终了上止点，连接在该缸火花塞上的点火传感器输出点火脉冲信号或点火电压波形信号。

⑤ 按仪器使用说明书的要求操作，测得怠速、规定转速或任一转速下的点火提前角。缸压法与频闪法一样，可测得初始点火提前角和不同工况下的总提前角、离心提前角、真空提前角以及计算机控制电子点火系统的基本点火提前角。检测点火正时时，一般只测一个缸（如 1 缸），其他缸的点火提前角决定于点火间隔，而点火间隔可从示波器屏幕上显示的并列波上得到。当各缸点火波形的重叠角很小时，可认为各缸的点火间隔相等，因而其他缸的点火提前角与被测缸相同，此时被测缸的点火提前角即是整台发动机的点火提前角。

# 第五节
# 汽油机燃料供给系统检测

## 一、燃油压力检测

1. 燃油压力检测条件

油泵继电器正常工作，燃油泵正常工作，燃油滤清器正常，蓄电池电压正常，且必须在怠速及发动机高转速下进行。

2. 燃油系统油压不足或油压过高原因

油压不足的原因有管接头或管子渗漏，燃油滤清器过脏，燃油泵不良，蓄电池电压不足，燃油压力调节器损坏。

油压过高的原因是燃油压力调节器损坏。

3. 燃油系统燃油压力的检测方法

桑塔纳 2000GSi 实车一辆或 AJR 发动机试验台一台，以及常用拆装工具、燃油压力表(V. A. G1318 及接头 V. A. G1318/10)、实训手册，具体检测方法见表 3-10。

表 3-10　燃油系统燃油压力的检测方法

| 检测项目 | 检 测 方 法 | 操作示意图 |
| --- | --- | --- |
| 关闭发动机，拧开油箱盖 | 关闭点火开关，使点火钥匙处于"ACC"位置，打开油箱盖 | 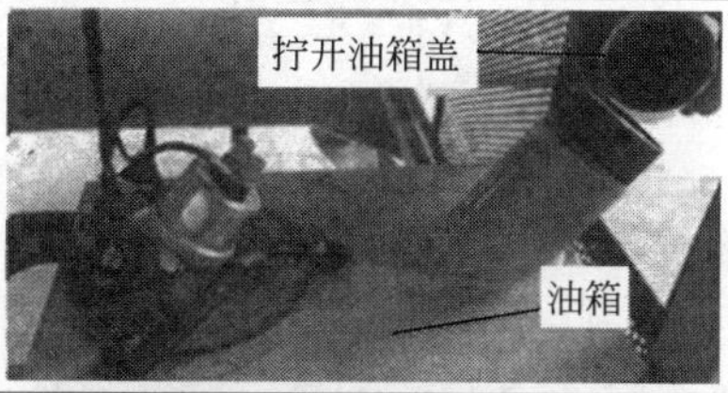 拧开油箱盖<br>油箱 |
| 启动发动机，维持运转 | 在发动机运转时，拔下油泵继电器或油泵的电源接线，使整个燃油系统不能工作，使发动机自行熄火 | 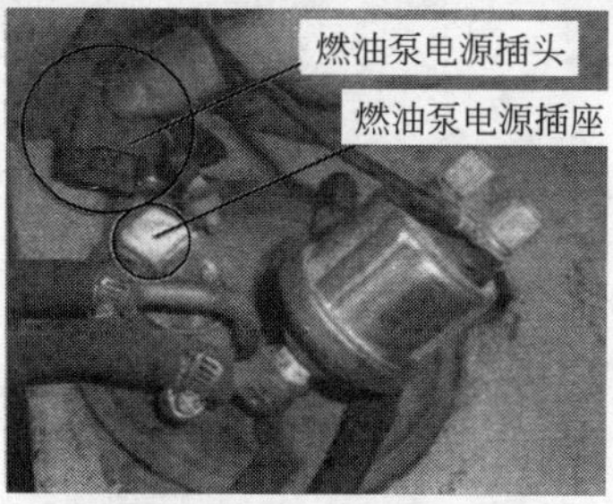 燃油泵电源插头<br>燃油泵电源插座 |
| 再次启动发动机 | 再启动发动机 2～3 次，即可完全释放系统压力 |  启动位置<br>LOCK ACC ON START<br>启动2～3次，以释放系统油压 |

续表

| 检测项目 | 检测方法 | 操作示意图 |
| --- | --- | --- |
| 关闭点火开关，接线 | 关闭点火开关，装上油泵继电器、燃油泵电源接线 | 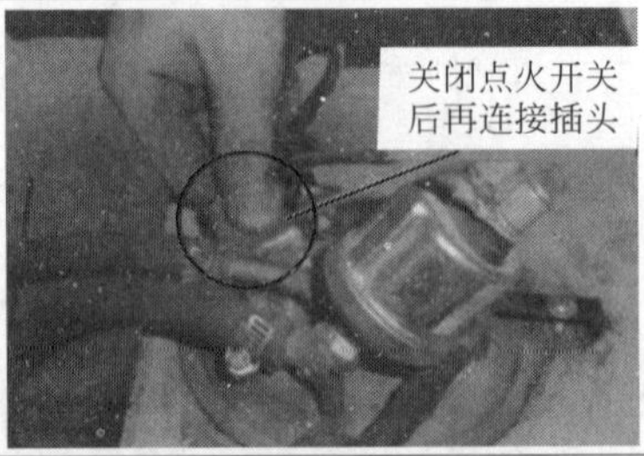  |
| 连接燃油压力表 | 将压力表安装在燃油分配管的供油管上，打开燃油压力表开关，需要用专用接头（压力表 V. A. G1318 及接头 V. A. G1318/10） | 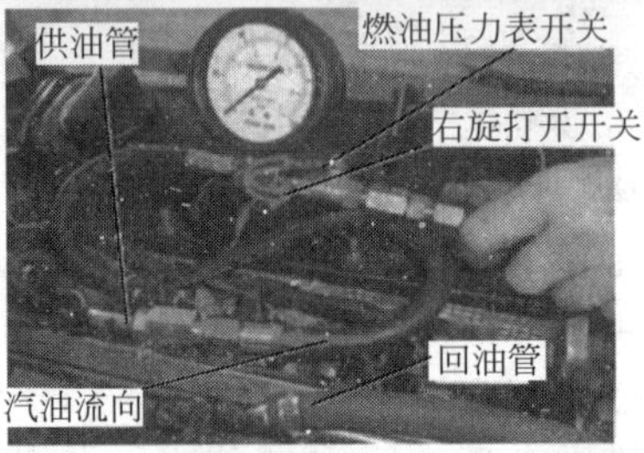  |
| 启动发动机，怠速运转，检测油压 | 怠速时，AJR 发动机系统标准压力，拔下油压调节器真空管为（300±20）kPa，不拔真空管为（250±20）kPa | 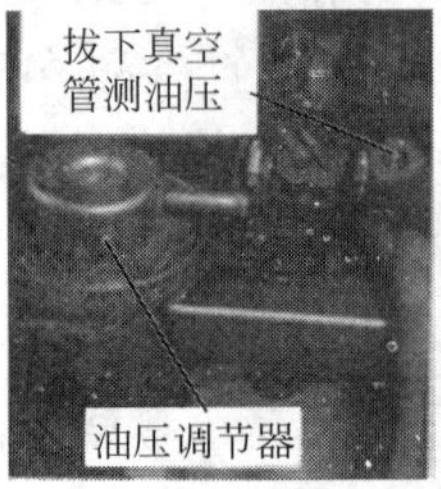   |
| 加油，看油压变化 | 接上真空管，加油，燃油压力表指针应在 280～300kPa 范围内跳动 | 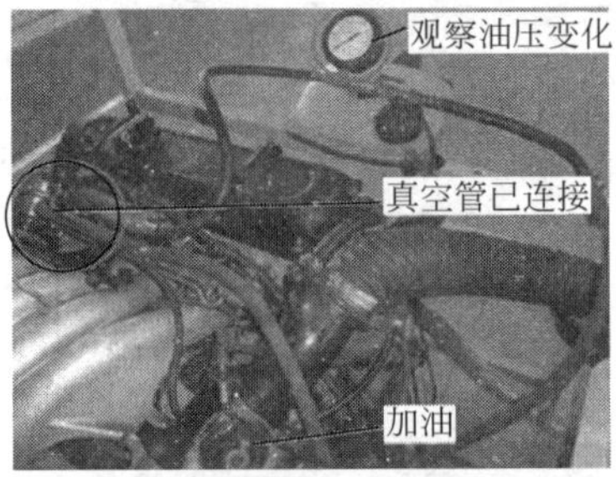  |
| 关闭点火开关，保压测试 | 关闭点火开关，10min 后，燃油保持压力应大于 150kPa。如保持压力小于 150kPa，启动发动机，怠速运转。当燃油压力建立起来后，关闭点火开关，同时关闭燃油压力表开关，继续观察压力表指针是否下降 | 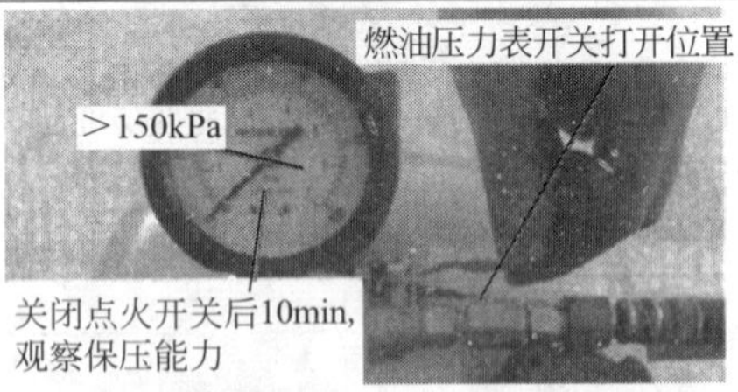   |

续表

| 检测项目 | 检 测 方 法 | 操作示意图 |
| --- | --- | --- |
| 拆下燃油压力表，连接好原燃油管道 | 释放燃油压力，用抹布包裹连接接头，缓慢松开放压，拆开燃油压力表检测系统，重新接回原来的燃油管道 | 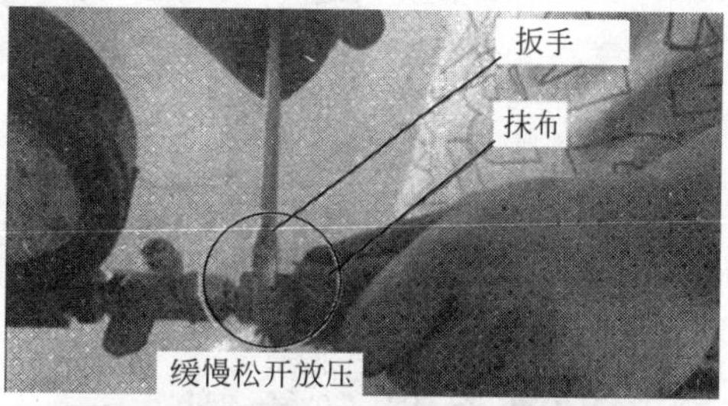  |
| 检测泄漏 | 启动发动机，测试各连接管有无渗漏 |  |
| 整理燃油压力表 | 将燃油压力表检测系统内的汽油放出擦干，结束操作 |   |

## 二、燃油泵供电电压检测

桑塔纳2000GSi实车一辆或AJR发机试验台一台，以及常用拆装工具、KT600诊断仪、数字万用表、实训手册，具体检测方法见表3-11。

**表3-11 燃油泵供电电压的检测方法**

| 检测项目 | 检 测 方 法 | 操作示意图 |
| --- | --- | --- |
| 检测供电电压 | 将万用表置于直流20V挡，将点火开关置于"ON"位置，启动发动机时，检测G6/4与车身搭铁之间的电压，应为9～12V | 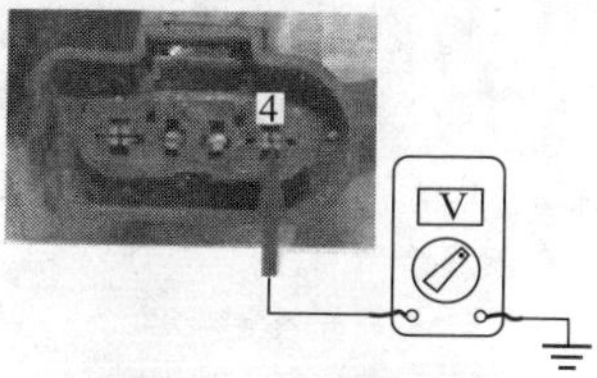  <br>燃油泵供电电压的检测 |

续表

| 检测项目 | 检测方法 | 操作示意图 |
| --- | --- | --- |
| 断开燃油泵插接器 | 关闭点火开关，断开燃油泵插接器 | 1 2 3 4<br>拔下插头 |

## 三、燃油泵熔丝检测

桑塔纳2000GSi实车一辆或AJR发机试验台一台，以及常用拆装工具、KT600诊断仪、数字万用表、实训手册，具体检测方法见表3-12。

表3-12 燃油泵熔丝的检测方法

| 检测项目 | 检测方法 | 操作示意图 |
| --- | --- | --- |
| 外观检查 | 用熔丝拉拔器拔下S5熔丝，观察是否被烧断、熔化等 | S5熔丝 |
| 熔丝电阻的检测 | 将万用表置于200Ω挡，检测熔丝两端子之间的电阻值，应小于1Ω | |
| 熔丝供电的检测 | 将万用表置于直流20V挡，点火开关置于"ON"位置的同时，检测熔丝供电电压，即测量熔丝S5插座与搭铁之间的电压值，应为12V左右 | |
| 燃油泵供电线导通性的检测 | 关闭点火开关，拔下熔丝和燃油泵插接器。将万用表置于200Ω挡，检测熔丝S5插座与燃油泵插接器插头端子4之间线束的电阻值，应小于1Ω | 4 5 6<br>Ω<br>4<br>G6供电线电阻的检测 |

# 四、油泵继电器检测

桑塔纳 2000GSi 实车一辆或 AJR 发机试验台一台，以及常用拆装工具、KT600 诊断仪、数字万用表、实训手册，具体检测方法见表 3-13。

**表 3-13　燃油泵继电器的检测方法**

| 检测项目 | 检 测 方 法 | 操作示意图 |
| --- | --- | --- |
| 测量油泵继电器常相线是否有供电 | 蓄电池连接良好，点火开关置于“ON”位置，万用表置于直流 20V 挡，检测油泵继电器插座 J17/2 端子对地的电压值，应为 12V 以上 |  油泵继电器插座 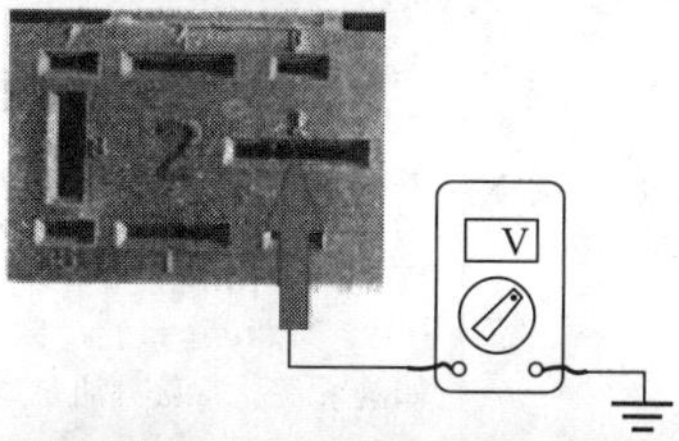 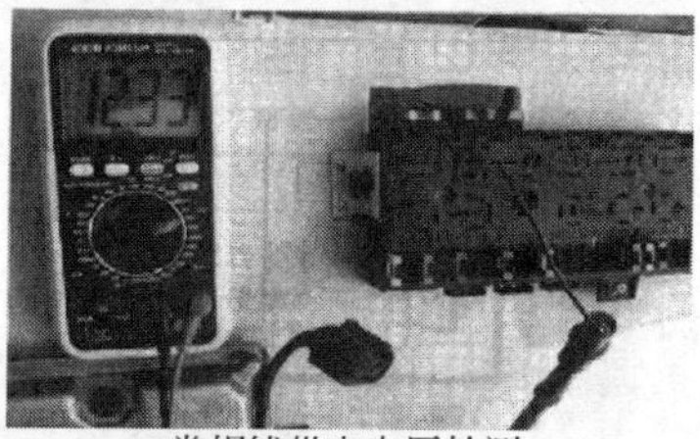<br>常相线供电电压检测 |
| 油泵继电器吸引线圈供电检测 | 打开点火开关，万用表置于直流 20V 挡，检测油泵继电器插座端子 J17/4 与搭铁之间的电压值，应为 12V 以上 | 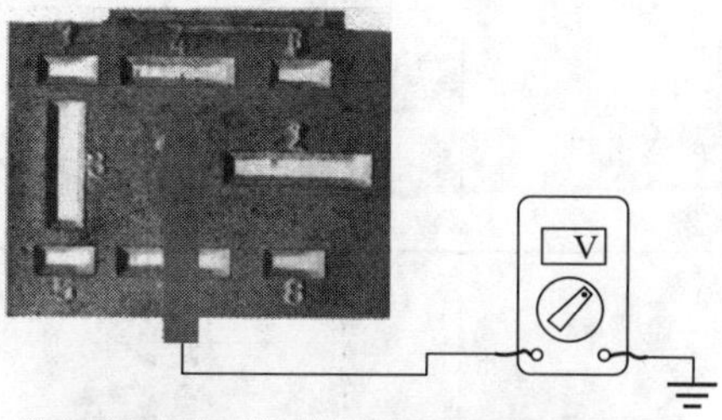 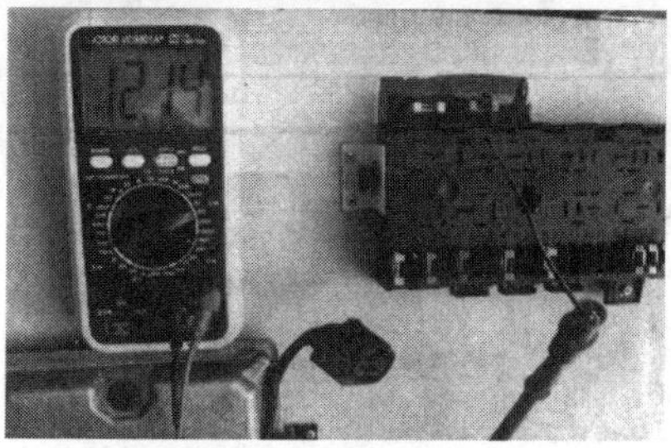 吸引线圈供电电压检测 |

续表

| 检测项目 | 检测方法 | 操作示意图 |
|---|---|---|
| 油泵继电器本身好坏的检测 | 点火开关置于“ON”的瞬间，应能听到继电器内部“啪”的响声 | 油泵继电器<br>开始工作时有“啪”的响声<br>J17<br>1 2 3 4 5 6 7 8 9 10 11 12 13 14 15 16 17 18 19 20 21 22<br>方法一：开始工作时听声响 |
| | 关闭点火开关，取下油泵继电器。端子86和85分别接蓄电池正极和负极。万用表置于200Ω挡，检测端子87与30之间的电阻值，应接近0。如为无穷大，说明油泵继电器有故障 | +<br>−<br>Ω<br>方法二：通电检测电阻法 |
| | 关闭点火开关，拔下油泵继电器。万用表置于200Ω挡，检测油泵继电器端子85与86之间的电阻值，应为70～90Ω | Ω<br>+<br>−<br>方法三：线圈电阻检测法 |
| 油泵继电器控制线的检测 | 断开蓄电池负极，断开ECM插接器，拔下油泵继电器。万用表置于200Ω挡，检测ECM插接器端子T80/4与油泵继电器插座端子J17/6之间的电阻值，应接近0 | 控制线电阻的检测 |

## 五、电动燃油泵检测

1. 就车检测条件

就车检测燃油泵工作状态和供油量，应保证蓄电池电压正常，燃油泵熔丝正常，燃油滤清器正常。

2. 电动燃油泵的组成及工作情况

（1）组成　电动燃油泵由永磁式直流电动机、燃油泵、限压阀、单向阀和壳体等组成，如图 3-43 所示。

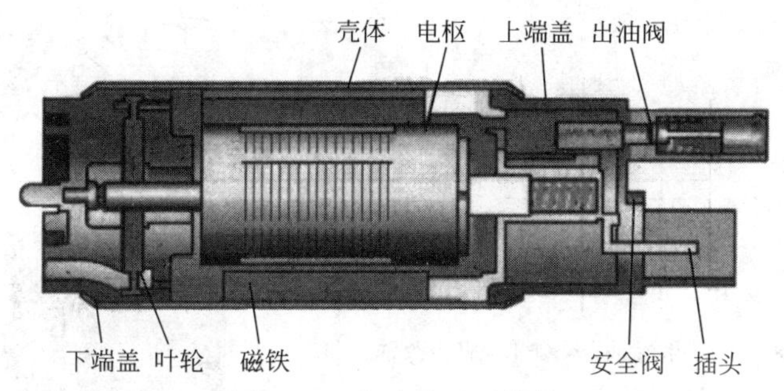


图 3-43　电动燃油泵结构

（2）工作情况　点火开关一旦接通，电动燃油泵就会工作 1～2s。此时，如果发动机转速高于 30r/min，电动燃油泵连续运转；如果发动机转速低于 30r/min，那么即使点火开关接通，电动燃油泵也会停止运转。当点火开关接通时，直流电动机电路接通，电枢受电磁力的作用而开始转动，燃油泵转子便随电动机一同转动，将燃油从油箱经输油管和进油口泵入燃油泵。当燃油泵内的油压超过单向阀处的弹簧压力时，燃油便从出油口经输油管泵入供油总管，再分配给各个喷油器；当燃油泵停止工作时，在燃油泵出口单向阀处弹簧压力的作用下，单向阀将阻止燃油回流，使供油系统中保存的燃油具有一定压力，以便于发动机再次启动；当燃油泵中的燃油压力超过规定值（一般为 320kPa）时，油压克服泵体上限压阀弹簧的压力将限压阀顶开，部分燃油返回到进油口一侧，使油压不至于过高而损坏燃油泵。

3. 电动燃油泵的检测方法

桑塔纳 2000GSi 实车一辆或 AJR 发机试验台一台，以及常用拆装工具、燃油压力表（V. A. G1318 及接头 V. A. G1318/10）、接口（V. A. G1318/11）、软管（V. A. G1318/1）、插头导线（V. A. G1348/3-2）、遥控器（V. A. G1348/3A）、测试线、万用表、量杯、实训手册，具体检测方法见表 3-14。

**表 3-14　电动燃油泵的检测方法**

| 检测项目 | | 检测方法 | 操作示意图 |
|---|---|---|---|
| 电动燃油泵工作状况的检测 | 接通点火开关，听燃油泵声响 | 应该能够听到燃油泵启动的声音 | 接通点火开关时，应能听到安装在油箱内的电动燃油泵“吱吱”的工作声音，延续2～3s |

续表

| | 检测项目 | 检测方法 | 操作示意图 |
|---|---|---|---|
| 电动燃油泵工作状况的检测 | 如燃油泵没有启动，则关闭点火开关，连接线路 | 此时从中央接线板上拔下油泵继电器，使用插头导线 V. A. G1348/3-2 将遥控器 V. A. G1348/3A 接到油泵继电器的触点和蓄电池正极端子上 | 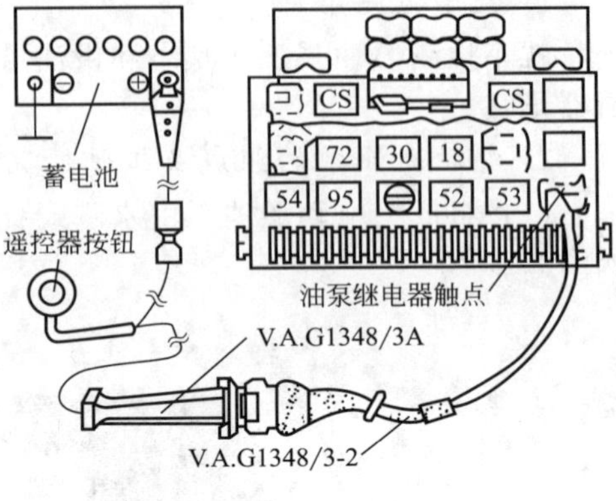  |
| | 启动发动机，观察燃油泵的工作情况 | 如果燃油泵不工作，应检查油泵继电器 | 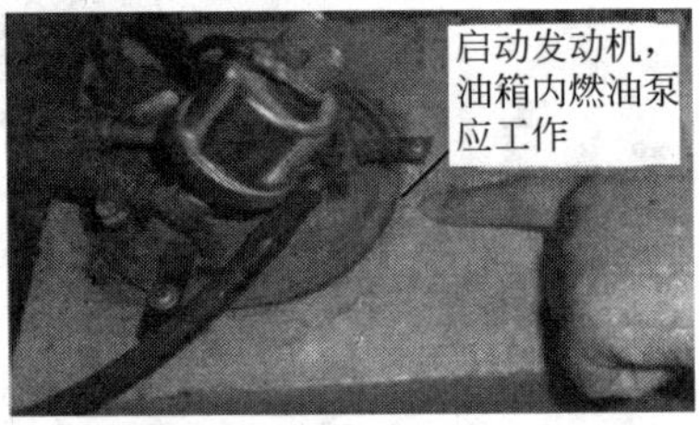  |
| | 检测油泵继电器 | 检查前应确保蓄电池电压正常、燃油泵熔丝正常。用测试线短接测试盒上的端子 2 和 4，接通点火开关，油泵继电器应有动作声。否则检查油泵继电器线路，如果线路正常，更换油泵继电器 | 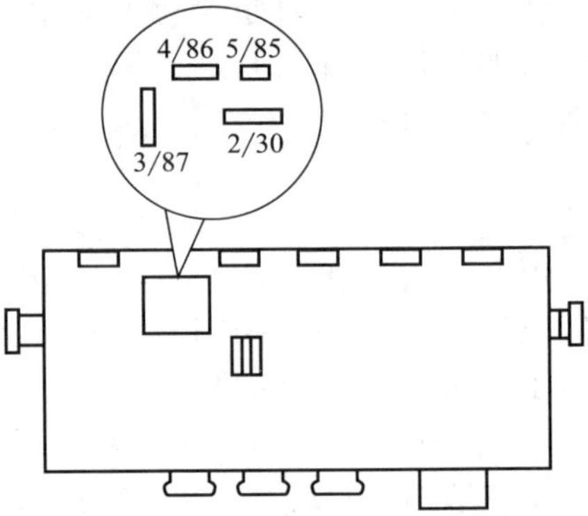  |
| | 如继电器良好，但燃油泵仍不工作，测量燃油泵导线端子电压 | 打开后备厢饰板，从密封凸缘上拔下 3 个端子的导线插头。启动发动机，用万用表测量导线端子 1 和 3 之间的电压。电压额定值约为蓄电池电压(12V 左右) | 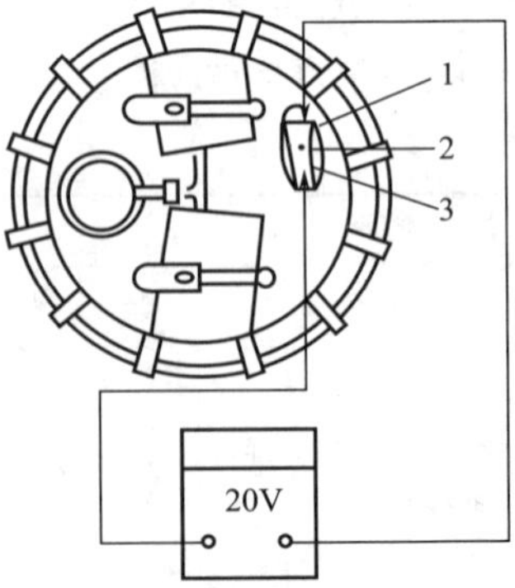  |

续表

| 检测项目 | | 检测方法 | 操作示意图 |
| --- | --- | --- | --- |
| 电动燃油泵工作状况的检测 | 若电压额定值没有达到，则检查测量点前的电路故障 | 根据电路图查找并消除电路中的电路故障 | 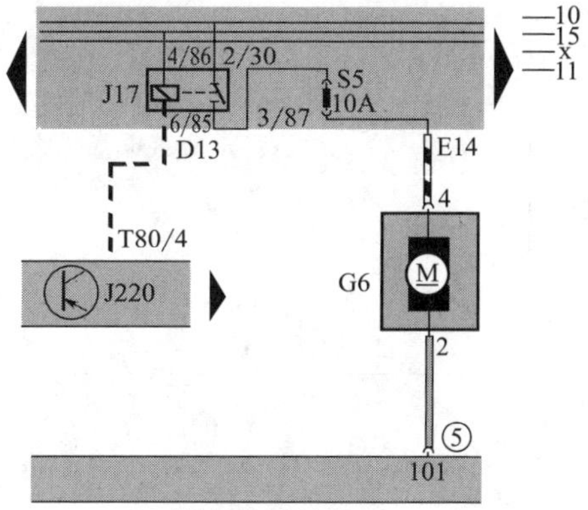 燃油泵控制电路 |
| | 如达到额定电压值，检测密封凸缘和燃油泵之间的导线 | 旋下密封凸缘紧固大螺母，检测密封凸缘和燃油泵之间的导线是否有断路故障 | 燃油泵 |
| | 如无断路故障，检测燃油泵本体 | 拆下燃油泵，测量燃油泵两端子之间的电阻，应为2～3Ω | 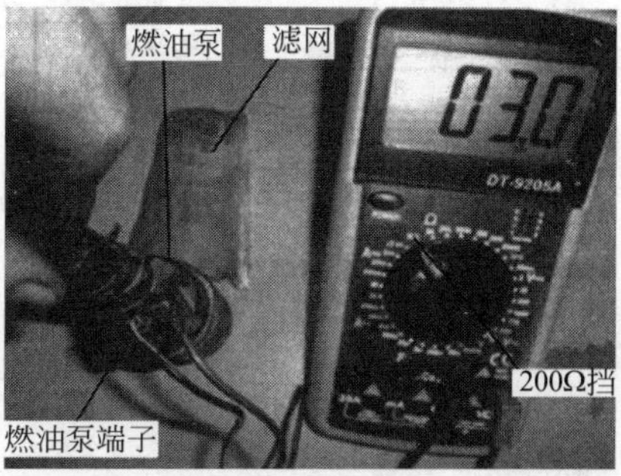 燃油泵　滤网　200Ω挡　燃油泵端子 |
| | 直接用蓄电池给燃油泵通电检测 | 应能听到燃油泵电动机高速旋转的声音（注意通电时间不能过长），否则更换燃油泵 | 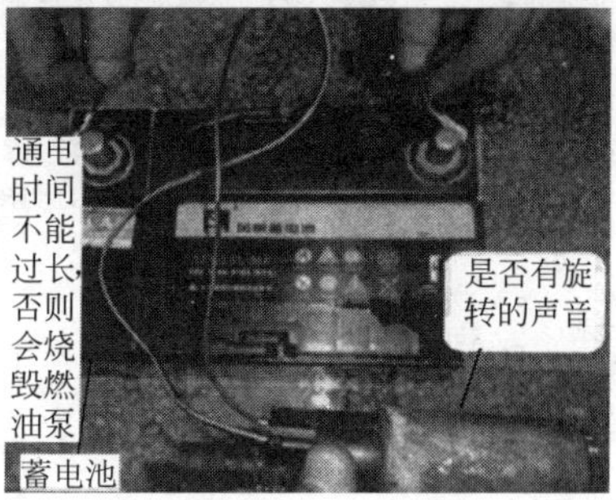 通电时间不能过长，否则会烧毁燃油泵　是否有旋转的声音　蓄电池 |

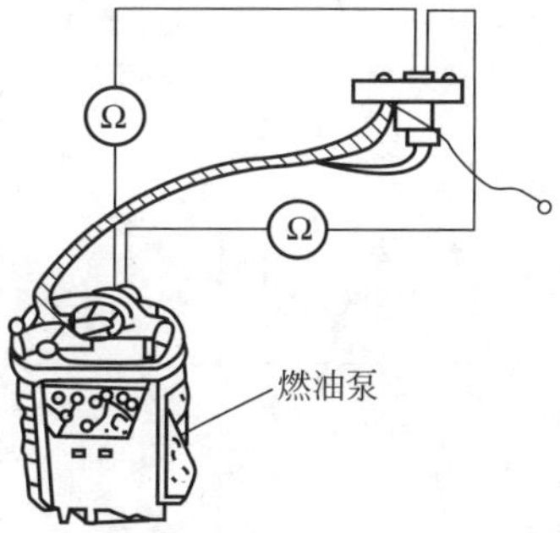

续表

| 检测项目 | | 检测方法 | 操作示意图 |
|---|---|---|---|
| 电动燃油泵供油量的检测 | 关闭点火开关 | 连接电气线路时，不能带电操作，否则可能会损坏用电设备 | |
| | 接线 | 使用插头导线 V. A. G1348/3-2 将遥控器 V. A. G1348/3A 接到油泵继电器的触点和蓄电池正极端子上 | |
| | 从燃油分配管上拔下输油管 | 供油系统是有压力的，在拔下输油管之前，先在开口处放置抹布，然后小心地松开接头，以释放压力 | |
| | 连接燃油压力表，打开压力表截止阀 | 将压力表 V. A. G1318 及插头 V. A. G1318/10 连接到输油管上；将软管 V. A. G1318/1 接到压力表的接口 V. A. G1318/11 上，并伸到量杯内，使输油管与量杯接通 | A—压力表截止阀打开位置；<br>B—压力表截止阀关闭位置 |

续表

<table>
<tr><th colspan="2">检测项目</th><th>检 测 方 法</th><th>操作示意图</th></tr>
<tr><td rowspan="3">电动燃油泵供油量的检测</td><td>缓慢关闭截止阀，积蓄油压</td><td></td><td>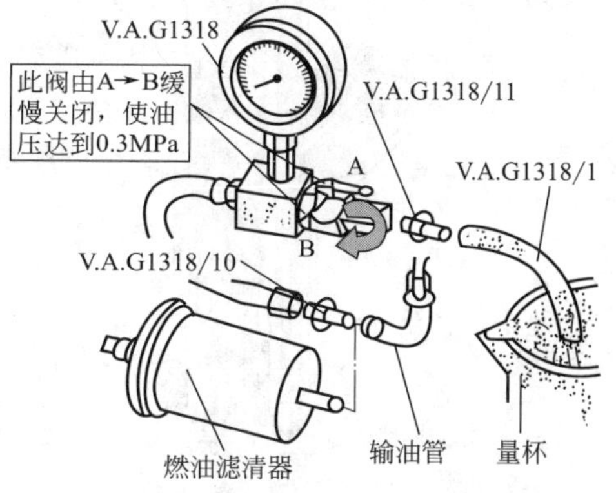</td></tr>
<tr><td>排出油量与额定值比较</td><td></td><td>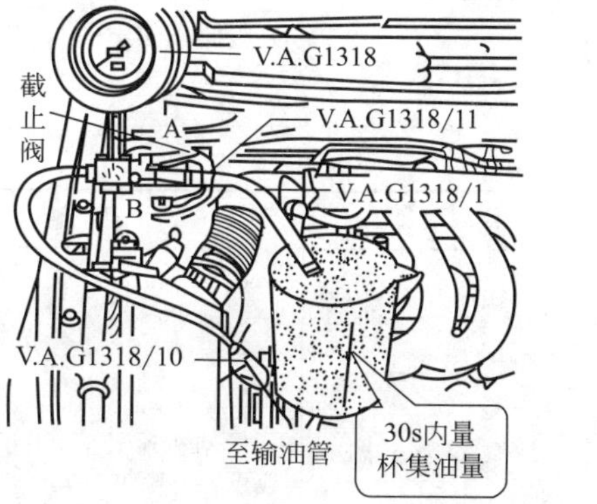</td></tr>
<tr><td>连接原油路，试车检漏</td><td></td><td></td></tr>
</table>

## 六、喷油器检测

喷油器接收发动机控制单元送来的喷油脉冲信号，将计算精确的燃油喷入进气歧管内。喷油量的多少只与喷油时间的长短有关，与其他因素无关。而喷油时间的长短只取决于喷油脉冲信号的宽度。当喷油器发生阻塞、滴漏等故障时，发动机控制单元不能检测，必须人工检查及排除。

喷油器的结构与连接电路如图 3-44 所示。ECU 控制 4 个喷油器顺序开启（与点火顺序 1-3-4-2 相对应）。喷油器的供电来自油泵继电器，当 ECU 接通喷油器的搭铁线后，喷油器开启喷油。

桑塔纳 2000GSi 实车一辆或 AJR 发机试验台一台，以及常用拆装工具、插头导线（V. A. G1348/3-2）、遥控器（V. A. G1348/3A）、测试线、万用表、量杯、二极管测试灯、实训手册，具体检测方法见表 3-15。

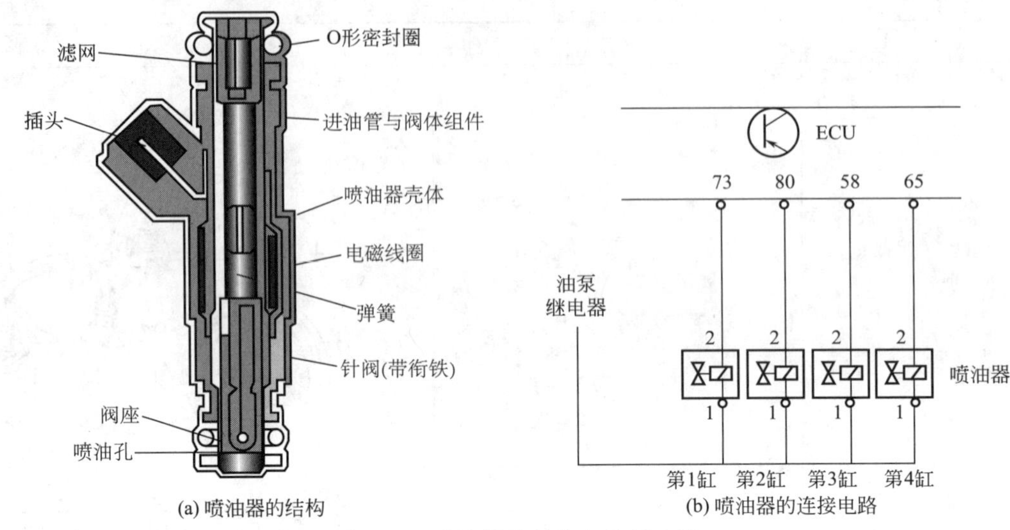


图 3-44 喷油器的结构与连接电路

**表 3-15 喷油器的检测方法**

| 检测项目 | 检测方法 | 操作示意图 |
|---|---|---|
| 接触检测 | 发动机运转时,用手指接触喷油器,应可察觉喷油脉动 | 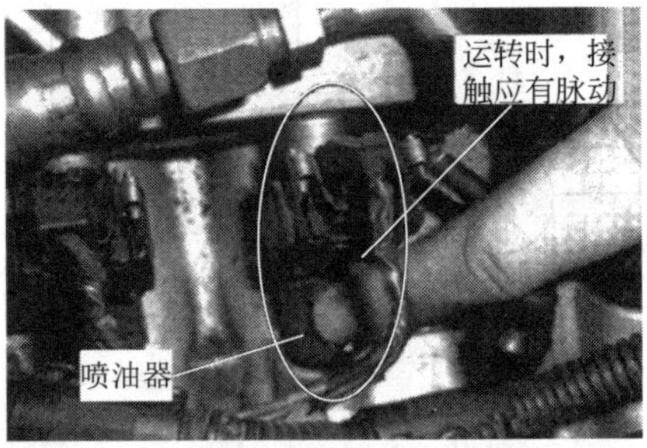 运转时,接触应有脉动<br>喷油器 |
| 听觉检测 | 将喷油器两个接线端子通 12V 电压时,应可听到接通和断开的声音。注意通电时间不能超过 4s,再次试验应间隔 30s,以防烧坏喷油器 | 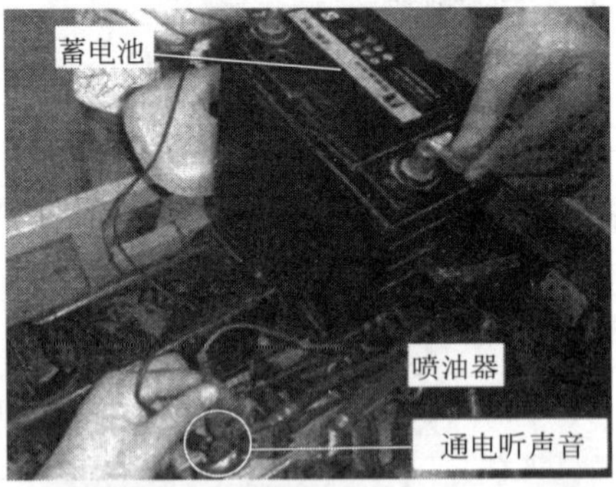 蓄电池<br>喷油器<br>通电听声音 |
| 检测喷油器电阻值 | 拔下喷油器导线插接器,将万用表调至 200Ω 挡,测量喷油器两个接线端子间的电阻,阻值应为 13～18Ω,发动机处于正常工作温度时,电阻值会增加 4～6Ω。如果阻值不符,应更换喷油器 | 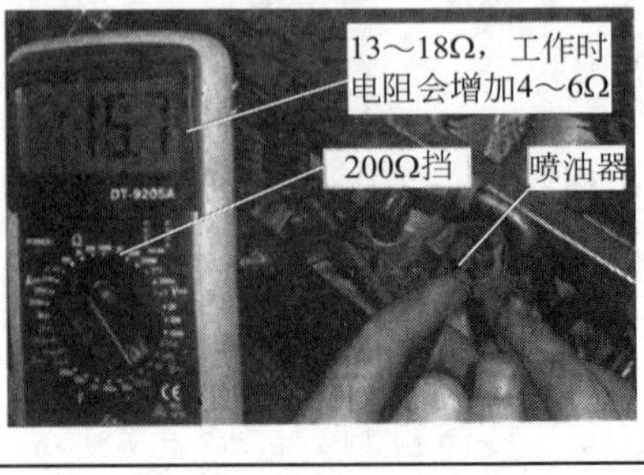 13～18Ω,工作时电阻会增加4～6Ω<br>200Ω挡<br>喷油器 |

续表

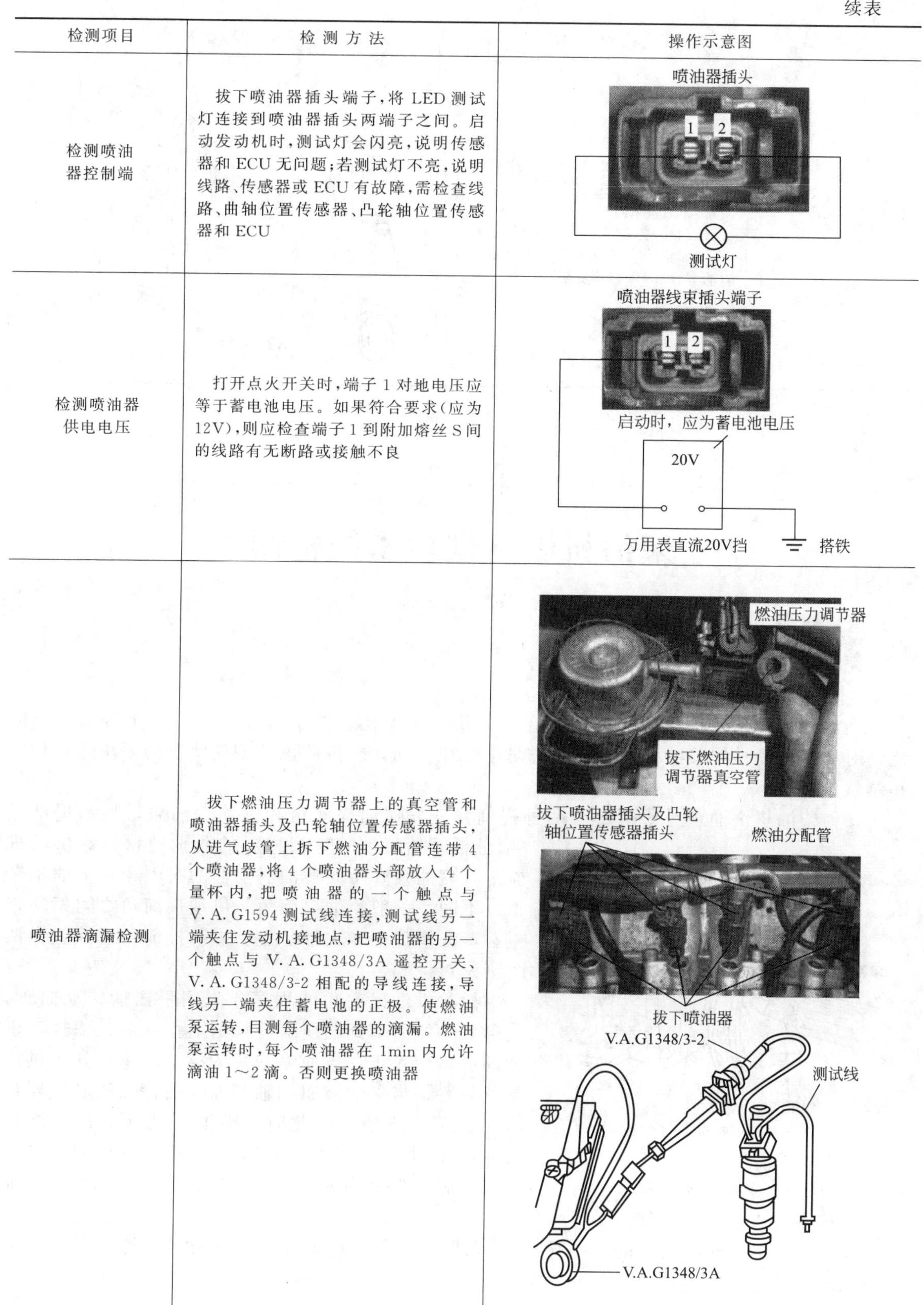

| 检测项目 | 检测方法 | 操作示意图 |
| --- | --- | --- |
| 检测喷油器控制端 | 拔下喷油器插头端子，将LED测试灯连接到喷油器插头两端子之间。启动发动机时，测试灯会闪亮，说明传感器和ECU无问题；若测试灯不亮，说明线路、传感器或ECU有故障，需检查线路、曲轴位置传感器、凸轮轴位置传感器和ECU | 喷油器插头<br>1 2<br>测试灯 |
| 检测喷油器供电电压 | 打开点火开关时，端子1对地电压应等于蓄电池电压。如果符合要求(应为12V)，则应检查端子1到附加熔丝S间的线路有无断路或接触不良 | 喷油器线束插头端子<br>1 2<br>启动时，应为蓄电池电压<br>20V<br>万用表直流20V挡<br>搭铁 |
| 喷油器滴漏检测 | 拔下燃油压力调节器上的真空管和喷油器插头及凸轮轴位置传感器插头，从进气歧管上拆下燃油分配管连带4个喷油器，将4个喷油器头部放入4个量杯内，把喷油器的一个触点与V. A. G1594测试线连接，测试线另一端夹住发动机接地点，把喷油器的另一个触点与V. A. G1348/3A遥控开关、V. A. G1348/3-2相配的导线连接，导线另一端夹住蓄电池的正极。使燃油泵运转，目测每个喷油器的滴漏。燃油泵运转时，每个喷油器在1min内允许滴油1～2滴。否则更换喷油器 | 燃油压力调节器<br>拔下燃油压力调节器真空管<br>拔下喷油器插头及凸轮轴位置传感器插头<br>燃油分配管<br>拔下喷油器<br>V.A.G1348/3-2<br>测试线<br>V.A.G1348/3A |

续表

| 检测项目 | 检 测 方 法 | 操作示意图 |
| --- | --- | --- |
| 喷油量检测 | 关闭点火开关 2s 后再打开。按 V. A. G1348/3A 遥控开关的按钮 30s，测量喷油器喷油量，规定值为 70～80mL/30s，各喷油器喷油量误差为 5mL，如不符合要求，检查燃油压力或喷油器，同时可以观察喷射形状 | V.A.G1348/3-2<br>测试线<br>按按钮30s<br>测喷油量<br>V.A.G1348/3A |

# 第六节 柴油机燃料供给系统检测

## 一、供油正时检测与调整

1. 人工方法检查和调整供油正时

柴油机供油正时与喷油质量、燃烧室形状、压缩比、曲轴转速、燃油质量等有关。因此，对于不同型号的柴油机，其供油正时也往往不同，应按照该机型说明书的要求进行检验和调整。

任何柴油机供油正时通常都有两种提前角——喷油提前角和供油提前角，喷油提前角（喷油器开始喷油的时刻相对的曲轴转角）和供油提前角（喷油泵开始向喷油器供油的时刻相对的曲轴转角）不同，一般喷油提前角与供油提前角之间相差 8°左右，在修理中，大都是检验供油提前角以检查供油时刻是否正确。

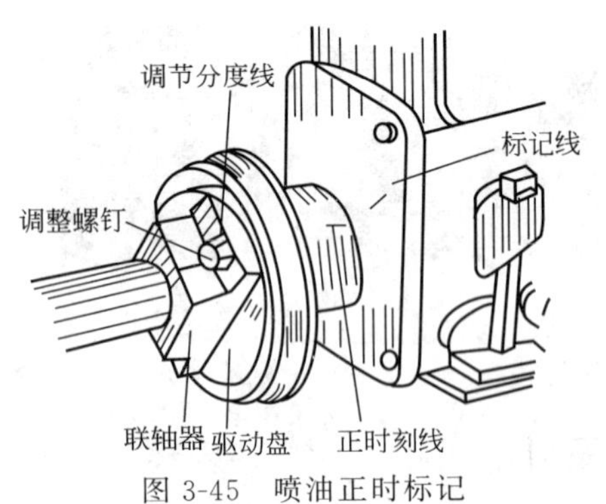

图 3-45　喷油正时标记

检验供油提前角的程序：先用手摇柄转动曲轴，使第 1 缸的活塞到达压缩行程的上止点前某一规定供油提前角处停止，再使喷油泵的第 1 缸单泵处于供油始点位置，将喷油泵驱动轴与油泵凸轮轴的联轴器接好，如图 3-45 所示。此时，喷油泵轴承盖板上标记线应与正时刻线相重合。转动曲轴，再重复检验 1 次。如供油提前角与规定要求稍有出入，可拧松联轴器上两个调整螺钉，变动驱动盘与联轴器相互位置，进行适当调整。

调整时，注意驱动盘上的每一调节分度线并不等于喷油泵凸轮轴的 1°。通常相当于喷油泵凸轮轴的 3°。

2. 利用发动机分析仪检测喷油提前角

用元征 EA-1000 型发动机综合分析仪检测柴油机喷油提前角的操作过程与汽油机点火提前角的检测相似。必须在 1 缸高压油管上安装喷油压力传感器，以提取 1 缸信号，使正时灯闪亮。选定柴油机喷油提前角功能，将正时灯对准 1 缸上止点标志，通过调整电位器，可改变频闪相位，当看到标志不动时，即可确定喷油提前角。

## 二、喷油器检测与调整

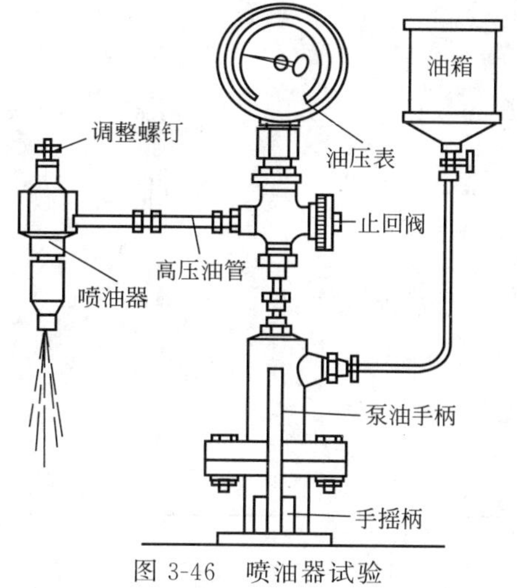

图 3-46　喷油器试验

喷油器在工作过程中，针阀偶件磨损、针阀卡死、喷油孔堵塞、调压弹簧失效等损伤，都会影响喷油器的正常喷油。为了保证柴油机的正常工作，必须对喷油器进行及时检测。

按图 3-46 所示将喷油器安装到喷油器试验器上进行检测和调整。

喷油器试验器的油杯内应加注用滤纸滤过的柴油，并放净空气。同时保证有良好的密封性，将油压增至 25MPa 后，每分钟油压的下降速度应不大于 2.0MPa。喷油器检验前应用柴油仔细清洗，并检查针阀与喷油嘴的灵活性，拧动针阀应均匀而无咬卡现象。

喷油器检测和调整方法见表 3-16。

**表 3-16　喷油器检测和调整方法**

| 项目 | 检测和调整方法 |
|---|---|
| 喷油压力的检验和调整 | 将喷油器接装在试验器高压油管上。用手泵检查喷油压力，压力表应与原厂规定数值相符，如 6120 柴油机喷油泵压力为(17.5＋0.3)MPa 时应开始喷油。如压力过高或过低，可拧松喷油器上端固定螺母，然后拧动调整螺钉或在弹簧两端增减垫片进行调整，以改变调压弹簧对顶杆的压力，达到正常的喷油压力。如压力不够，可旋入调整螺钉(加垫片)；若压力过高，则旋出调整螺钉(减垫片)。调好后，应拧紧固定螺母 |
| 喷油器针阀密封性试验 | 拧动调整螺钉使调压弹簧的压力略高于喷油器标准喷油压力。压动试验器泵油手柄，使油压升至 20MPa，测量油压从 20MPa 下降到 18MPa 所用的时间，应不少于 9～12s。否则表明针阀偶件密封性不好；此时若喷油嘴周围出现明显油滴，表明针阀锥面密封性不好；否则是针阀圆柱形部分密封不好 |
| 喷油器喷油质量的检验 | 喷油压力在标准范围内，以每分钟 60～70 次的速度摇动手柄，喷射出来的柴油必须呈均匀的雾状，如图 3-47(a)所示，没有肉眼可见的油流或油滴，发出清脆的响声为正常。停止喷油后立刻检查喷油嘴，应无成滴油珠<br>单孔喷射的角度一般为 45°±3°，喷射角度的偏差不大于 3°。检查方法是将纸屏放在喷油嘴下面 200mm 处，经过一次喷射后，纸屏上圆形油渍的直径应为 165mm，这个尺寸与标准的喷射角度(45°)相符合。多孔喷射则应注意各个喷孔喷油的均匀情况，油渍应和喷孔数相符，各个油渍的形状和范围应相似 |

## 三、喷油泵检测与调整

喷油泵的检测与调整方法见表 3-17。

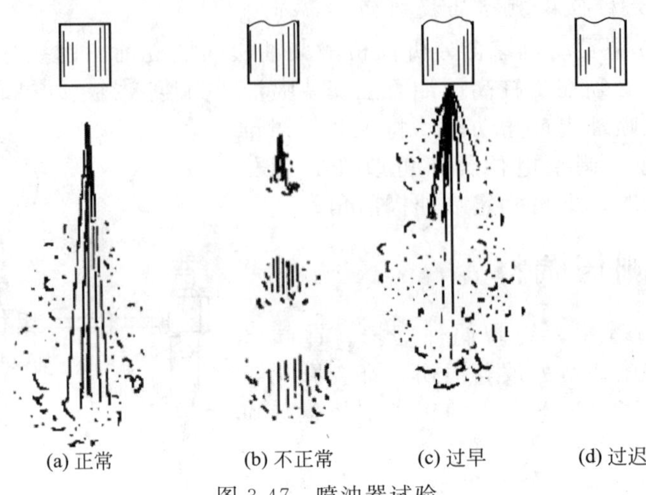


图 3-47 喷油器试验

**表 3-17 喷油泵的检测与调整方法**

| 项目 | 喷油泵的检测与调整方法 |
| --- | --- |
| 调试准备 | ①给喷油泵和调速器加入润滑油<br>②拆下泵前端的冒烟限制器，装上齿条行程量具，并将齿条行程对在零点上<br>③把喷油泵装到试验台上，将试验台的传动头接到喷油泵凸轮轴上<br>④连接好输油管，以便让试验台为喷油泵供油，接上通向试验台喷油器的高压油管，以便量油<br>⑤打开喷油泵侧面的检查窗口<br>⑥按照喷油泵供油量调整参数，计算各试验工况下的选定供油次数，计算供油量和允许的各缸供油量最大差值 |
| 预行程的调整 | 将负荷操纵杆置于额定工况位置，拆下各缸的高压油管及出油阀座、弹簧和出油阀，装上专用测量工具百分表。转动凸轮轴到下止点，使百分表指针位于零位置，调节喷油泵低压油腔油压为156kPa。按照规定方向转动凸轮轴，直到试验油不再从溢流管流出时，百分表的指针所指的数值即为预行程(应为3.3mm)。若不符合要求，用两把扳手调整正时螺钉，逆时针转动时预行程减小，如图3-48所示 |
| 喷油正时的调整 | 喷油泵供油时间常用的调试方法有溢油校验法、测时管法及接触压力法等，现仅对溢油校验法进行介绍。利用溢油校验法调试喷油泵供油时间时，首先将油路转换阀控制杆移到接通高压油的位置，旋松喷油器上的放气螺钉，打开电动机，使柴油自喷油器回油管连续流出。然后将供油齿杆推到全负荷位置，并沿凸轮轴的工作旋转方向慢慢转动刻度盘，此时即为第1缸开始供油的时刻。随即检查联轴器上的刻线与喷油泵前轴承盖上的刻线是否对正，如超过轴承盖上的刻线，说明供油过晚，应向外旋出挺柱调整螺钉，反之则应将螺钉向里旋入。第1缸喷油正时调好后，再以第1缸为基准，按照喷油泵的供油顺序，依次调整各缸的供油间隔角，使各缸供油间隔角误差不大于±0.5° |
| 供油提前角的检测与调整 | 见本章第六节“一、供油正时检测与调整”有关内容 |
| 供油量及供油不均匀度的检查与调整 | 检测喷油泵的供油量，主要是检测各单泵向气缸内供油量的不均匀度是否在允许的范围内<br>①供油量的检测。在一定转速下，检测不同油量控制杆行程位置时，各柱塞每喷100次或200次的供油量。一般在200r/min和600r/min时，检测油量控制杆在最大行程、50%行程和怠速时三种情况下的油量。在油量控制杆最大行程下，检测各种不同转速时柱塞每压油100次或200次的油量，也有规定为400次油量的，一般检查时额定的转速常常采用200r/min、600r/min和1000r/min<br>②在发动机上直接检测供油量。检测时，先把各个喷油器都从发动机上拆下，把喷口转向发动机外方，再紧好高压油管，将油量控制杆放在供油量最大位置，然后转动曲轴。当各个喷油器喷出的油雾都夹杂气泡时，再在每个喷油器喷口下面放一个有刻度的玻璃容器。以150～200r/min的速度转动曲轴，到一定转速后(如100r/min)，查看各量杯内的油量及其供油的不均匀度 |

续表

| 项目 | 喷油泵的检测与调整方法 |
| --- | --- |
| 供油量及供油不均匀度的检查与调整 | ③供油不均匀度的检测。多缸柴油机各缸的供油量应尽量取得一致，但由于各单泵零件磨损程度不可能相同，故很难一致，因此将使各缸工作压力不同，而使发动机功率降低，运转不匀。其供油不均匀度控制得越小越好。供油不均匀度可用下式计算：<br>供油不均匀度=(最大供油量-最小供油量)/平均供油量×100%<br>平均供油量=(最大供油量+最小供油量)/2<br>各缸供油不均匀度的差别：高速最大供油时的差别不超过3%；中速供油时的差别不超过5%；低速供油时的差别不超过7%；各分泵平均供油量的差别不超过5%。检测应进行3次，若3次供油不均匀度超过规定，则应进行调整<br>④供油量的调整。一般供油量的调整通过变更喷油泵柱塞的供油时间来进行。<br>工艺程序：先将喷油泵齿条向停止供油方向拉出，以便松开扇形齿轮上的紧固螺钉[图3-49(a)]。转动油量调节套筒，根据需要向左或向右转动一个不大的角度，改变了柱塞与柱塞套的相对位置，因而也改变了供油量。调整适当后，拧紧紧固螺钉。转动油量调节套筒调整供油量大小时，应根据柱塞结构形式确定其转动方向 |
| 喷油正时自动调节器自动供油角度提前装置的调整 | 某些柴油机在喷油泵的驱动端装有机械飞锤离心式供油角度自动提前装置。提前装置前端喷油泵传动凸缘上有2个长圆孔，松开喷油泵传动凸缘上的2个紧固螺栓，可调整喷油泵的开始供油提前角，自动提前角为0°～5°30′<br>调整时，调速装置控制油量齿条拉杆应放在最大转速位置(最高瞬时转速小于2200r/min，最低空车转速小于400r/min)。否则，供油提前角会偏大，使燃烧恶化，影响发动机功率。调整发动机功率，调整后应紧固螺栓，以防松动<br>调整时，还可通过飞轮壳上的小方孔使孔凹槽对准飞轮上的刻度线，在长刻线处刻有-25°的标记 |
| 冒烟限制器的调整 | 冒烟限制器的调整，通常是放在所有调整的后面，因为它需要拆除齿条行程量具后才能进行这项调整。可以按下述步骤进行调整<br>①拆下齿条行程量具，把油量控制齿条端头的垫片和螺钉装好并锁紧，装上冒烟限制器<br>②把负荷控制杆靠在全负荷限位螺钉上<br>③使喷油泵转速为700r/min<br>④应使冒烟限制器的前端触头与油量控制齿条端头螺钉之间的距离为0.1～0.2mm。可以把冒烟限制器旋进至与齿条端头螺钉接触，然后再旋退30°<br>⑤锁紧螺母，拧紧护套，打好铅封 |

## 四、喷油压力检测

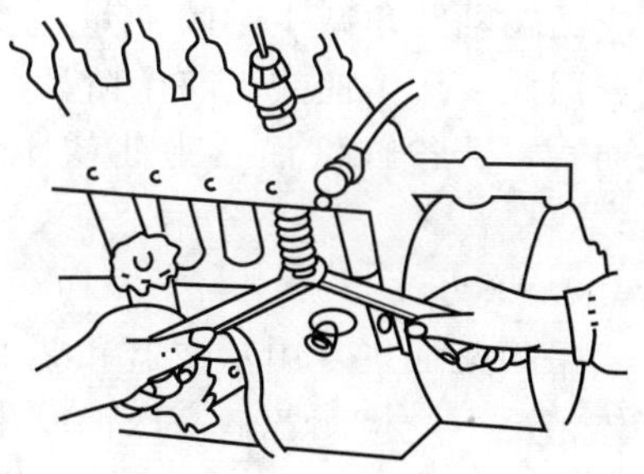

图3-48 调整预行程

柴油机喷油泵和喷油器的技术状况决定了燃油的喷射质量，从而对柴油机的工作性能有很大影响，在不解体情况下，可以通过燃油喷射过程中高压油管中的压力变化来检测柴油机燃油供给系统的技术状况。因为当燃油供给系统某一主要零部件工作不良时，必然会对燃油喷射过程产生影响，其喷油压力波形也就会发生变化。因此，根据测得的喷油压力波形的特征并与标准波形进行比较，就可以判断燃油供给系统的故障原因。

1. 燃油喷射过程

图3-50所示为在有负荷情况下实测得到的高压油管内压力 $p$ 和喷油器针阀升程 $s$ 随凸轮轴转角 $\theta$ 变化的关系曲线。由于在高压油管内靠近喷油泵端和靠近喷油器端的压力并不完全相同，因此分别给出了燃油喷射过程中这两端的压力变化曲线。

图3-50中高压油管中的压力 $p_o$、$p_{max}$、$p_b$、$p_r$ 分别表示针阀开启压力、最高压力、针阀关闭压力和油管中的残余压力。整个燃油喷射过程中，高压油管中的压力变化可分为三个

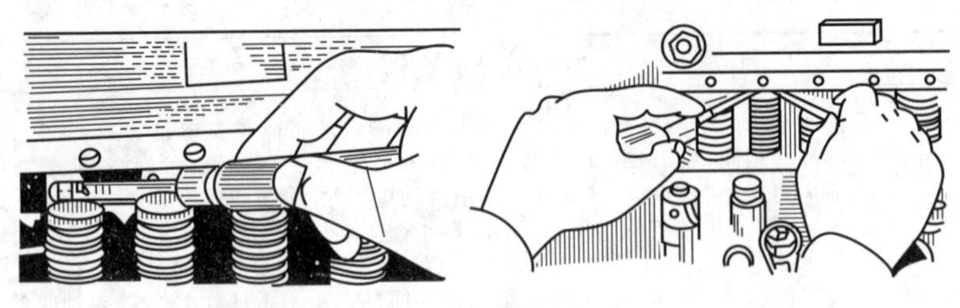

(a) 松开齿扇螺钉　　(b) 调整供油量

图 3-49　供油量的调整

阶段。第Ⅰ阶段为喷油延时阶段，对应于从喷油泵泵油压力上升，超过高压油管内的残余压力 $p_r$，燃油进入油管使油压升高到针阀开启压力 $p_o$ 的一段时间，即喷油泵供油始点至喷油器喷油始点的一段时间。若针阀开启压力 $p_o$ 过高，高压油管渗漏，出油阀偶件或喷油器针阀偶件不密封而使残余压力 $p_r$ 下降，以及增加油管长度或增加高压油系统的总容积，均会使喷油延时阶段延长。第Ⅱ阶段为主喷油阶段，其长短取决于喷油泵柱塞的有效供油行程，并随发动机负荷大小而变化，负荷越大，则该阶段越长。第Ⅲ阶段为自由膨胀阶段，当柱塞有效行程结束，出油阀关闭后，尽管燃油不再进入油管，但由于油管中的压力仍高于针阀关闭压力 $p_b$，燃油会继续从喷孔中喷出。若油管中最大压力 $p_{max}$ 不足，该阶段缩短，反之则该阶段延长。

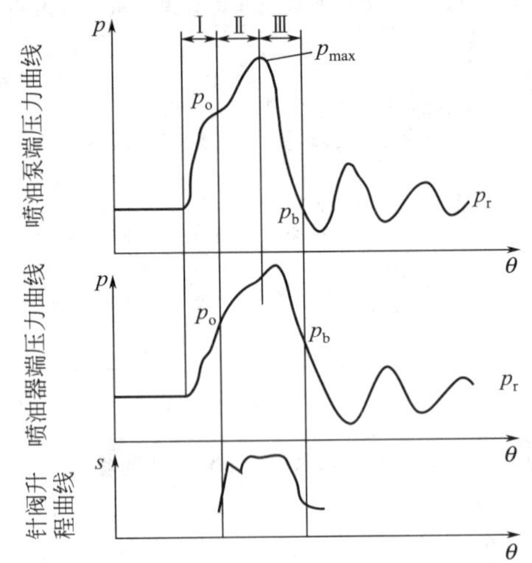


图 3-50　高压油管内压力曲线和针阀升程曲线

由图 3-50 可知，喷油泵的实际供油阶段为第Ⅰ、Ⅱ阶段，喷油器的实际喷油阶段为Ⅱ、Ⅲ阶段。若循环供油量即柱塞有效行程一定，则第Ⅰ阶段延长和第Ⅲ阶段缩短时，喷油器针阀开启所对应凸轮轴转角减少，喷油量减少；反之，若第Ⅰ阶段缩短、第Ⅲ阶段延长，则喷油量增大。因此，压力曲线上三个阶段的长短，对发动机工作状况的好坏会产生影响。对多缸发动机而言，若各缸供油压力曲线上的Ⅰ、Ⅱ、Ⅲ段不一致，则对发动机工作性能的影响会更大。

2. 压力波形检测

采用柴油机专用示波器和柴油机综合测试仪、汽柴油机综合测试仪等，均能在柴油机不解体情况下，检测各缸高压油管中的压力波形和喷油器针阀升程波形。通过波形分析，不但可以得到最高压力 $p_{max}$、针阀开启压力 $p_o$、针阀关闭压力 $p_b$ 以及残余压力 $p_r$，还可判断喷油泵、喷油器故障和各缸喷油过程的一致性。

常用的检测仪器有 CFC-1 型柴油发动机测试仪、QFC-4 型发动机综合测试仪和 WFJ-1 型微电脑发动机检测仪等。

检测时，检测仪经预热、自校、调试后，把串接式油压传感器按使用要求安装在高压油管与喷油器之间或把外卡式油压传感器按要求卡在高压油管上，将发动机转速稳定在 800～1000r/min。

高压油管内的压力波形，可通过按键选择用全周期单缸波、多缸平列波、多缸并列波和多缸重叠波四种方式进行观测。

① 全周期单缸波如图 3-51 所示，指喷油泵凸轮轴旋转 360°时某单缸高压油管中的压力变化波形。

② 6 缸平列波如图 3-52 所示，是以各缸高压油管中的残余压力 $p_r$ 为基线，按发火次序把各缸压力波形从左到右首尾相接所形成的波形，利用该波形可比较各缸的 $p_o$、$p_b$ 和 $p_{max}$ 的大小是否一致。

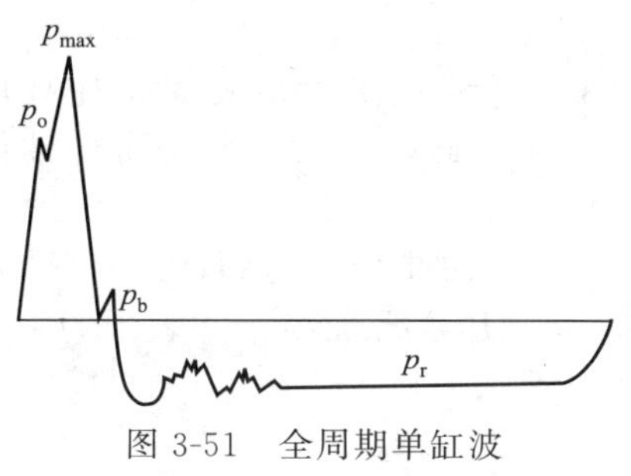

图 3-51 全周期单缸波

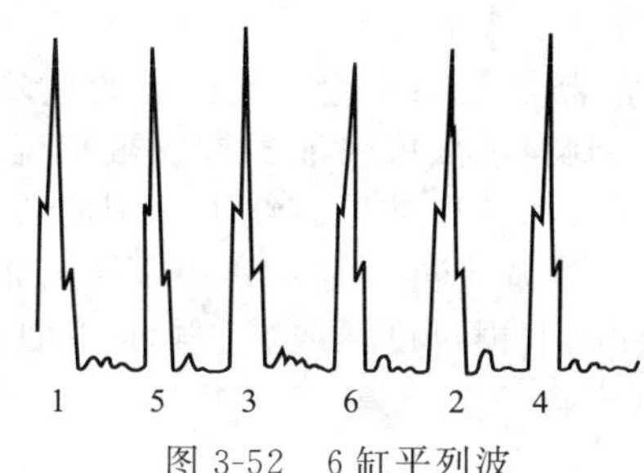

图 3-52 6 缸平列波

③ 6 缸并列波如图 3-53 所示，指把各缸压力波形首部对齐，按发火次序在垂直方向自下而上排列所形成的波形，通过比较各缸压力波形三个阶段面积的大小，可判断各缸喷油量的一致性。

④ 6 缸重叠波如图 3-54 所示，是将各缸压力波形首部对齐重叠在一起所形成的波形，利用重叠波可比较各缸压力波形的高度、长度、面积和各缸 $p_o$、$p_{max}$、$p_b$、$p_r$ 的一致性。

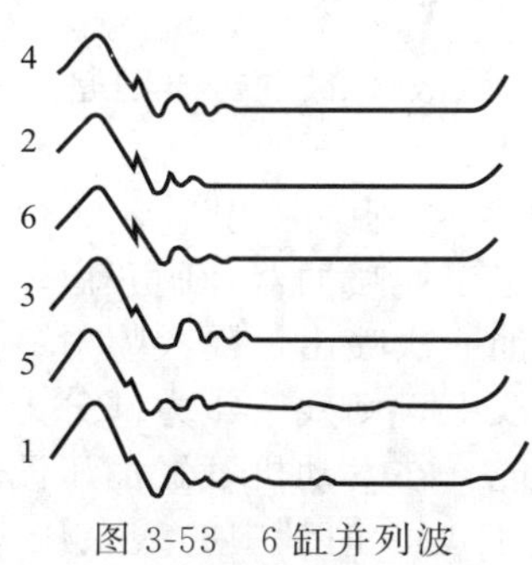

图 3-53 6 缸并列波

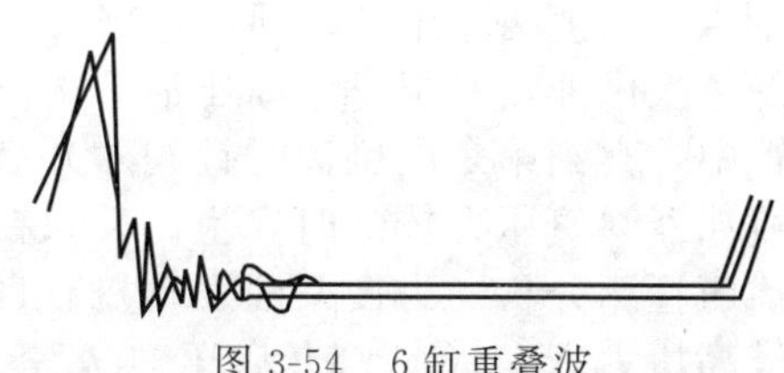
图 3-54 6 缸重叠波

⑤ 观测针阀升程波形时，应拆下所测喷油器的回油管，并旋入针阀传感器。当传感器触杆被顶起时，把传感器锁紧，按使用要求通过按键选择，被测缸的针阀升程波形则会显示在屏幕上。必要时，可把该缸针阀升程波形和压力波形同时显示在屏幕上，以便对照观测。

3. *压力波形分析*

压力波形分析主要包括典型故障波形分析、油压检测分析、各缸供油量一致性分析和针阀升程波形分析等。

(1) 典型故障波形分析　这是把所测压力波形与典型供油压力波形比较的分析方法，可判断喷油泵或喷油器故障。使用 WFJ-1 型微电脑发动机检测仪测得的常见故障波形如下。

① 喷油泵不泵油或喷油器针阀在开启位置“咬死”而不能关闭的故障波形如图 3-55 所示。产生该故障的主要原因是喷油泵柱塞弹簧折断或因其他原因而使喷油泵不泵油或泵油很少，高压油管内的压力很低，喷油器针阀在开启位置“咬死”不能落座关闭时，高压油管内同样不能建立起足够高的喷油压力。

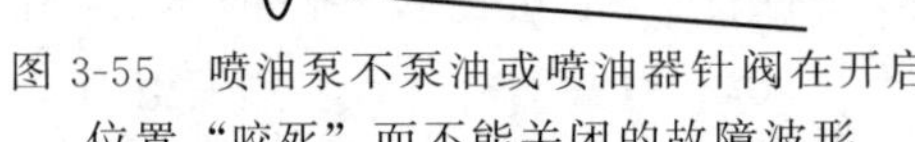

图 3-55 喷油泵不泵油或喷油器针阀在开启位置"咬死"而不能关闭的故障波形

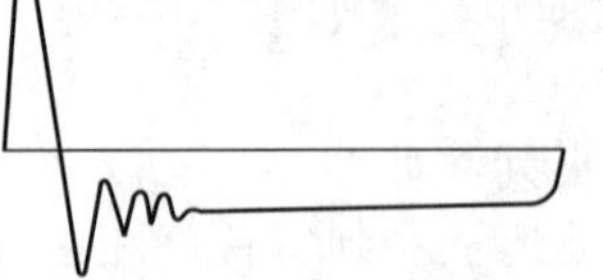

图 3-56 喷油器在关闭位置不能开启的故障波形

② 喷油器在关闭位置不能开启的故障波形如图 3-56 所示。产生该故障的主要原因是针阀开启压力调整过高或喷油器针阀被高温烧结而"咬死"。此时，喷油泵正常供油但喷油器不喷油，反映在油压波形曲线上，则曲线光滑无抖动。

③ 喷油器喷前滴漏的故障波形如图 3-57 所示。产生该故障的主要原因是喷油器针阀密封不严或针阀磨损过度，或者脏物粘在针阀密封面，在油压波形曲线上，表现为上升阶段有两个抖动点。

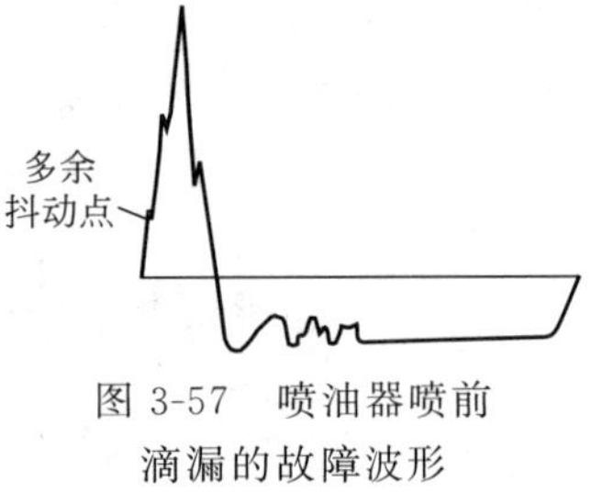


图 3-57 喷油器喷前滴漏的故障波形

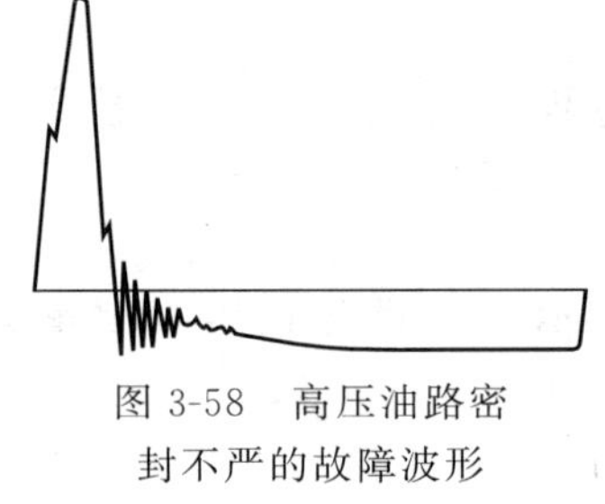

图 3-58 高压油路密封不严的故障波形

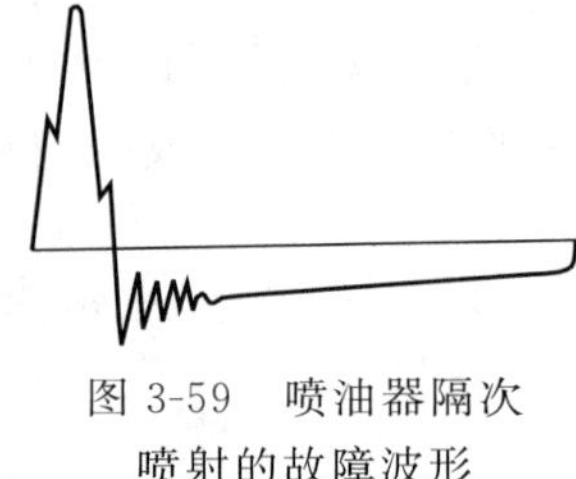

图 3-59 喷油器隔次喷射的故障波形

④ 高压油路密封不严的故障波形如图 3-58 所示。产生该故障的主要原因是高压油路密封不严，油压波形曲线残余压力部分呈窄幅波动并逐渐降低。

⑤ 喷油器隔次喷射的故障波形如图 3-59 所示。隔次喷射指某次喷射后，油管内残余压力低，而下一次供油量又很小，高压油管中产生的油压不足以使喷油器针阀开启，于是燃油储存在油管中，直到第二次供油时针阀才开启，使 2 次供油一次喷出。隔次喷射一般在供油量较小、喷油器弹簧压力较高时发生。反映在油压波形曲线上，则残余压力部分上下抖动。

（2）油压检测分析　为使柴油发动机有良好的工作性能，在发动机各缸油压波形曲线上观测到的最高压力 $p_{max}$、针阀开启压力 $p_o$、针阀关闭压力 $p_b$、油管中的残余压力 $p_r$ 应基本相等，并符合规定。表 3-18 列出了常见车型的喷油器喷油压力（喷油器针阀开启压力）。若喷油压力低于规定值时，应在专用喷油器试验台上对喷油器进行调试。

**表 3-18　常见柴油汽车的喷油器喷油压力**

| 车型或发动机型号 | 喷油压力/MPa | 车型或发动机型号 | 喷油压力/MPa |
|---|---|---|---|
| 东风 EQ6110 | 22 | 五十铃 TXD50、TD72LD、TD50A-D | 9.8 |
| 东风 EQ6105 | 18.5 | 日野 KL 系列、KM400 | 11.8 |
| 东风 6102QB | 19.5 | 三菱扶桑 T653BL | 11.8 |
| 黄河 JN162 | 21 | 日产 CWL50P | 19.6 |
| 太脱拉 T138、T148、T815 | 16.66 | 沃尔沃 GB-88 | 18.1 |
| 斯太尔 91 系列 | 22.5 | 沃尔沃 N86-44S | 15.4 |
| 红岩 6140 | 21.5 | 斯康尼亚 L1105 | 19.6 |
| 斯柯达 706、706R | 13.7 | 斯柯达 RT | 17.2 |

(3) 各缸供油量一致性分析　在各缸压力 $p_o$、$p_{max}$、$p_b$、$p_r$ 基本一致的前提下，可通过波形比较来检测各缸供油量的一致性。波形比较时，先把发动机转速调整至中、高速，然后利用并列波或重叠波比较各缸油压波形的一致性。若波形三阶段的重叠均较好，则说明各缸供油量比较一致；若某一缸波形窄，则说明该缸供油量小；若波形宽，则说明该缸供油量大。

(4) 针阀升程波形分析　针阀升程波形的观测和分析可对针阀开启、关闭时刻及针阀跳动和不正常喷射现象进行正确判断，喷油器隔次喷射、针阀“咬死”不喷射或喷油泵不供油引起的不喷射、针阀抖动等都会反映在针阀升程波形中。其中，隔次喷射或不喷射在喷油量较小的怠速或低速情况下发生较为频繁。此时，压力波形峰值 $p_{max}$ 和残余压力 $p_r$ 均发生改变。

# 第七节 发动机润滑系统检测

发动机润滑系统的功能是对发动机运动部件的摩擦副进行润滑、清洗、冷却和密封。发动机润滑系统技术状况，直接影响整机的工作性能和使用寿命。在使用过程中，润滑系统有时会产生机油消耗量过快、机油压力变化、机油品质变化等异常现象。

## 一、发动机润滑系统评价指标

为了减少机件磨损、保证发动机正常工作，延长使用寿命，发动机润滑系统可从机油消耗量、润滑系统压力、机油品质等几个方面进行评价和检测。

1. 机油消耗量

根据相关技术标准，机油与燃油的消耗比应小于 1.0%。按此推算，发动机排量为 1.6～2.0L，而 100km 燃油消耗约为 10L 的轿车，其机油消耗量应小于 1L/1000km。国外对轿车发动机机油消耗量并未进行法规性强制规定，一般认为在最初行驶的 10000km 磨合期内，机油消耗量将维持在 0.2L/1000km 之内。维修手册中则标明，只要机油消耗量小于 1L/1000km 均为正常。

2. 润滑系统压力

发动机正常工作温度时，润滑系统压力应符合表 3-19 中的规定。

表 3-19　润滑系统压力的正常值

| 车 型 | 发动机转速/($r/min^{-1}$) | 润滑系统压力/kPa | 发动机怠速时润滑系统压力/kPa |
|---|---|---|---|
| 解放 CA15 | 1100 | 147 | 49 |
| 东风 EQ140 | 700～1800 | 147 | 98 |
| 跃进 NJ130 | 2000 | 196～392 | 49 |
| 北京 BJ212 | 1800 | 196～392 | 49 |
| 夏利 TJ7131U | 3000 | 294～539 | 49 |
| 帕萨特 B5 | 2000 | 200 | 120～160 |
| 富康 | 4000 | 400 | 100 |

续表

| 车型 | 发动机转速/($r/min^{-1}$) | 润滑系统压力/kPa | 发动机怠速时润滑系统压力/kPa |
|---|---|---|---|
| 雪铁龙毕加索 | 2000～4000 | 300～400 | 110 |
| 雪铁龙爱丽舍 | 1000～4000 | 200～400 | 110 |
| 奥迪 A6 118L | 2000 | 250～450 | 150 |
| 奥迪 A6 214L | 2000 | 200 | 120～160 |
| 广州本田 210L | 3000 | 300 | 70 |
| 广州本田 310L | 3000 | 490 | 70 |
| 威驰 DLX | 3000 | 294～539 | 49 |
| 东风日产阳光 | 3200 | 314～392 | 78 |
| 奇瑞 | 2000 | 280 | 100 |
| 北京现代索纳塔 | — | — | 80 |

3. 机油品质

机油品质在发动机使用过程中会逐渐变化，表现在颜色变黑，黏度下降或上升，添加剂性能丧失等。机油品质变化的主要原因，是机械杂质对其污染和机油自身理化性能指标降低。

污染机油的机械杂质包括通过气缸进入发动机油底壳的道路尘埃，运动机件表面因摩擦剥落下来的金属微粒，以及未完全燃烧的重质燃料、胶质和积炭等。这些杂质在机油中或处于悬浮状态，或沉积到油泥中去。除上述固体杂质外，从气缸漏入发动机油底壳内的未燃燃油蒸气和水蒸气也会影响机油品质。其中未燃燃油蒸气会稀释机油，而微小的水滴则与机油构成乳浊液。

机油在发动机工作过程中的高温和氧化作用下，能生成氧化产物和氧化聚合物。这些物质对机件有一定腐蚀作用。机油中氧化产物和氧化聚合物逐渐增多的质量变化，通常称为机油老化。

综上所述，机油品质变化引发润滑性能下降会导致严重后果，因而加强对在用机油的定期检测与分析，实行按质换油，具有极为重要的意义。

## 二、润滑系统压力检测

润滑系统压力是发动机润滑系统技术状况的重要指标。检测时可采用指示灯法和油压表测量法进行。

1. 指示灯法

机油压力的大小，一般可直接通过汽车仪表板上的机油压力信号指示灯显示或机油压力表而测得，虽然精度不太高，但能满足使用中的一般检测要求。常用的检测方法是，当闭合点火开关时，机油压力表指针指示为“0”，如装有油压指示灯则灯亮。发动机启动后，油压指示灯在数秒内熄灭。机油压力表则表示为某一较高的数值，并随发动机热机逐渐指示正常。

2. 油压表测量法

采用油压表测量时，可在发动机主油道油堵螺钉孔或安装机油压力传感器的螺钉孔处接一油压表。启动发动机，测量发动机怠速和规定转速时的机油压力是否符合要求。

机油压力不正常有两种情况，一种是机油压力过低，另一种是机油压力过高。

机油压力过低的原因有很多，主要有以下几个方面：机油压力表失准；机油压力传感器效能不佳；机油黏度降低；燃油泵膜片破裂使燃油漏入油底壳或未燃气体漏入油底壳，将机油稀释；油底壳油面太低；机油泵齿轮磨损、泵盖磨损或泵盖衬垫太厚造成供油能力降低；机油集滤器滤网堵塞；机油限压阀调整不当、关闭不严或弹簧折断；内外管路有泄漏之处；曲轴主轴承、连杆轴承或凸轮轴轴承磨损松旷，轴承盖松动，轴瓦减摩合金脱落或烧损。

机油压力过高的原因有机油压力表失准；机油变稠或新换机油黏度太大；主油道及分油道内积垢太多或曲轴主轴承、连杆轴承、凸轮轴轴承间隙太小；限压阀调整不当等。

## 三、机油消耗量检测

机油消耗量的检测，可按一定的行驶里程定期进行。测定前，发动机预热至正常工作温度，待机油的温度稳定后，停机测定机油消耗量。而且，每一次测定的条件应相同。

对于机油消耗量的检测，目前实际使用的是油标尺测定法和质量测定法两种。

1. 油标尺测定法

测试前，汽车置于水平地面上，预热后停机，将机油加至规定的油底壳液面高度，然后在油尺上清楚地画上刻线，以记住这一油面位置。其后汽车实际运行，使机油消耗至油尺下限或行驶一定里程时，停止运行，仍置汽车于原地点，按原测试条件，向油底壳内加入已知量（质量或体积）的机油，使油面仍升至油尺上的刻线，所加油量为机油消耗量。

这种测定方法比较简单，但由于油底壳内机油截面积太大，机油标尺上较小的高度误差就会导致测量误差较大。

2. 质量测定法

预热发动机至正常温度，按测试条件打开油底壳的放油螺塞，放出油底壳内的机油，至机油由流变成滴时，拧上油底壳的放油螺塞，记下放油时间，然后将已知质量的机油加入油底壳至规定的液面，使汽车实际运行。汽车行驶一段路程后，当需要测试机油消耗量时，只要按同样的测试条件和放油时间，放出油底壳内的在用机油，并称量出其质量就可以了。放入和放出的质量之差即为机油消耗量。这种方法费力、费时，但测量精度比油标尺测定法高。

机油消耗过多的主要原因有两方面，一是漏油，二是烧机油。如机油消耗量明显增加，外部检视也无渗漏，说明是由于气缸活塞配合副间隙太大、活塞环密封性能降低等原因造成气缸烧机油严重。如有必要，可结合发动机行驶里程、排气烟色和火花塞油污情况等进行确诊。

## 四、机油品质检测

1. 滤纸斑点分析法

用机油尺取一滴发动机内的机油滴在专用滤纸上，油内的污染物便随油向滤纸四周扩散。2～3h 后，滤纸上便形成颜色深浅不同的晕环，一般在 3 个或 3 个以上，如图 3-60 所示。中心有黑色的圆核，外围有一条色度很深的圆带，这就是中心沉淀区。油内粗颗粒的杂质都集中在该区。所以，中心沉淀区的色度可表示出油的污染程度。如果发动机磨损异常，这里便可偶然发现金属微粒。中心沉淀区以外是油中细小、分散的悬浮物向外扩散的痕迹，越向外颜色越浅。向外扩散的宽度代表着机油残余清净分散性的好坏。如果扩散的环很宽，甚至中心沉淀区和扩散区无明显界限，说明油的清净性还好，油内的清净分散剂性能尚佳。反之，滤纸中只有中心沉淀区而无扩散区，则表明油的清净分散剂已消耗殆尽。把油样加热到 200℃保持 5min，再滴一个油斑与未加热的油斑进行比较，更能说明油的清净分散剂性

能。不含添加剂的机油即使污染很轻，也没有扩散区。如果油内有2%以上的水分，油滴扩散受到阻碍，从中可以看出油中水的含量。最外层是机油及油内可溶性氧化物的扩散环，颜色从淡黄到深褐，表示出油的氧化程度。

2. 润滑油质量检测仪检测法

快速测定在用机油质量的仪器已在油质监测中得以广泛应用，这类仪器一般不是直接测定油品指标，而是选择有变化规律且能反映油品质量的某一参数作为测定参数。用于快速检测润滑油质量，确定在用润滑油被污染的程度，从而决定是否更换；同时从油质变化状况可判断发动机工况，有助于及时发现隐患和排除故障。该类检测仪器很多，主要有美国产NI-2B型润滑油质量检测仪和国产RZJ-2A型润滑油质量微电脑检测仪及AOL1-RZ型润滑油质量分析仪等。

RZJ-2A型润滑油质量微电脑检测仪的外形如图3-61所示，该仪器是国产检测仪中较常用的一种。

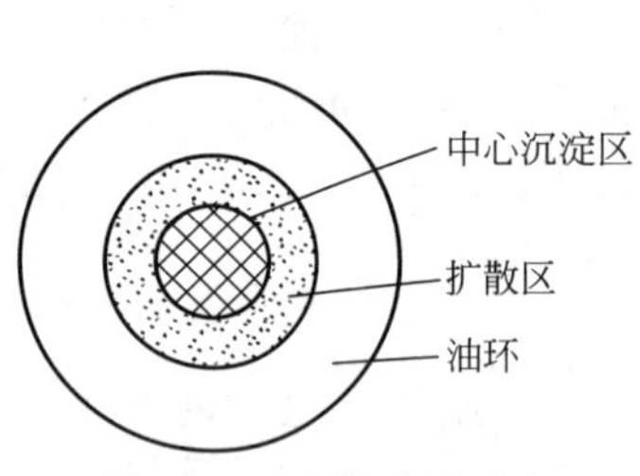


图3-60 滤纸油斑示意

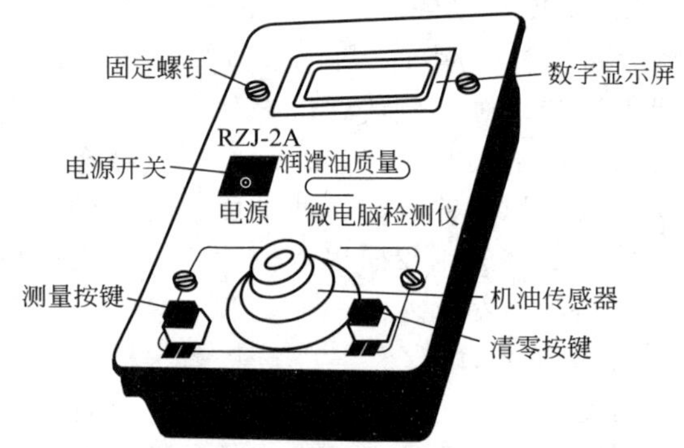


图3-61 RZJ-2A型润滑油质量微电脑检测仪

（1）仪器工作原理 检测仪通过检测标准油和在用油的介电常数的相对变化量，来测定润滑油的质量；介电常数的增或减与被测润滑油中杂质的相对浓度成比例。检测仪配用对污染物有较大灵敏度的平面电容器作为传感器，通过专用数字电路，将检测信号变为数字信号，再送入微电脑处理并与参考数字信号比较。当显示为零时，说明所测数字信号与参考信号相等；当显示不为零时，说明所测数字信号大于或小于参考信号，表示油的介电常数发生改变（变化量越大，机油污染程度越严重），从而达到检测润滑油质量的目的。

（2）仪器主要特点

① 采用微电脑技术，数字显示，操作简单，测量快速准确，便于携带。

② 配有自检功能，可判断CPU、程序片、按键和传感器两条螺旋线短路等故障。

③ 有交、直流两套供电电源可供选择，若直流供电的电压低于7.5V时，显不屏左上方有LOBAT字符显示。

3. 光谱分析法

发动机工作时，由于润滑系统的机油具有一定的清洗作用，因而将各摩擦表面的磨损微粒带至机油池内，并悬浮在机油中。这些磨损微粒主要成分是铁、铬、铜、锡、铅、铝、硅等元素，其在机油中的含量往往是机件磨损的函数。因此，检测机油中金属微粒的含量，不仅能表明机油被机械杂质污染的程度，而且可用来确定机件磨损的程度。同时，机油中金属微粒含量的变化速度也可反映机件的磨损速度。因而定期进行这一检测工作，可以表征发动机的技术状况。

复色光通过三棱镜或光栅后分解成的单色光所排成的光带称为光谱。各种元素都有它自己独特的光谱。用光谱法分析在用机油，可以确知机油中金属微粒的成分和含量，并能实现对发动机不解体诊断。根据资料介绍，光谱分析法对于机油分析应用较早。美国于 1942 年首先运用，英国于 1959 年开始运用，我国于 1976 年开始运用。

光谱分析法可分为分光光度分析法、原子发射光谱分析法和原子吸收光谱分析法三种，其说明见表 3-20。

**表 3-20　光谱分析法的类型**

| 类　别 | 说　明 |
| --- | --- |
| 分光光度分析法 | 分光光度分析法是利用在用机油中金属微粒对光的吸收作用而建立的分析方法。其基本方法是，采用分光光度计测定经过配制的含有某种金属微粒的溶液的吸光度，再与事先已制成的这种金属元素各种不同含量的标准谱或标准吸光度曲线进行比较，即可确定此溶液的金属微粒含量。例如，分析机油中的含铁量时，应先把含铁油样放在坩埚中燃烧到只剩下金属微粒，加酸溶解制成含铁溶液，然后按上述方法即可分析出机油中的含铁量<br>这种分析方法随分光光度计使用光源的不同，又可分为可见光源分光光度分析法、红外线光源分光光度分析法和紫外线光源分光光度分析法三种类型<br>分光光度分析法具有灵敏度高、准确度和稳定性较好、对微量元素分析效果好等优点；但也有分析速度慢、程序繁琐等缺点 |
| 原子发射光谱分析法 | 原子发射光谱分析法是利用机油中金属微粒受电能或热能激发后发射出特性光谱的性质而建立的分析方法。它能激发机油中诸金属元素，并根据这些金属元素发射出不同的光谱线强度对各元素进行定性分析 |
| 原子吸收光谱分析法 | 原子吸收光谱分析法是利用原子蒸气吸光度与原子浓度成正比的原理建立的分析方法。它能将机油中金属微粒热解原子化，并根据原子蒸气对各种不同波长的单色光光源发出的特征光谱线吸收作用的不同，来确定各种金属元素的含量 |

上述三种光谱分析方法都有一个共同的缺点，就是仅能给出油样中金属元素的成分和含量，不能反映金属微粒产生的原因、部位和有关摩擦面的磨损程度等，因此还需进一步分析才能实现对发动机不解体诊断。

试验表明，发动机气缸与活塞环配合副的磨损产物，约占机油中全部金属微粒的 85%。首先，当机油中含铁量过高时，可诊断为气缸与活塞环磨损严重。其次，当曲轴、凸轮轴的各道轴颈和挺杆与凸轮配合副磨损时，也使机油中含铁量增加。如果缸套镀铬或活塞环镀铬，当机油中含铬量增加时也表明气缸与活塞环的磨损情况，但含铬量远比含铁量小。有些进口汽车，在冷却水中加入含铬离子的防腐蚀剂，若冷却剂渗漏到机油池，则机油内的含铬量也会增加。因此要注意辨别，以免误诊。活塞磨损，使机油中含铝量增多。

使用含铅的汽油，当气缸漏窜气体增多或机械式汽油泵膜片渗漏时，机油不仅受到稀释，而且含铅量增加。

发动机曲轴和凸轮轴使用的滑动轴承多为锡基、铅基、铜基或铝基减摩合金，当机油中锡、铅、铜、铝和锑等金属元素增多时，只要预先知道被检发动机轴承的材料配方，即可对滑动轴承的磨损情况做出诊断。

机油内某金属元素含量突然增加时，说明发动机内有关摩擦副异常磨损，应视为紧急情况进行处理。待排除故障后，发动机才能继续投入使用。

机油内含硅量增多时，表明发动机空气滤清器和曲轴箱强制通风滤清器工作性能欠佳。

定期用机油内金属微粒含量多少，评价发动机磨损速度和磨损程度是有效的。因而，国外一些大型运输企业把该法作为监测发动机技术状况的常规分析方法之一。但是，该法对磨损程度的评价，只能表明摩擦面磨损量的总值，而无法确知磨损量在具体部位的分布情况和具体部位尺寸、形状及强度等方面的变化情况。

Chapter 4 第四章

# 汽车底盘性能检测

## 第一节 底盘输出功率检测

底盘输出功率检测又称底盘测功，指对汽车驱动轮输出功率的检测。底盘测功的主要目的是为了获得驱动轮的输出功率或驱动力，以便评价汽车的动力性；同时，可以用驱动轮输出功率与发动机输出功率进行对比，求出传动效率以评价汽车传动系统的技术状况。底盘输出功率的检测在底盘测功试验台上进行。

汽车底盘测功试验台是一种不解体检验汽车性能的检测设备，它是通过在室内台架上汽车模拟道路行驶工况的方法来检测汽车的动力性，而且还可以测量多工况排放指标及油耗。同时能方便地进行汽车的加载调试和诊断汽车在负载条件下出现的故障等。由于汽车底盘测功机在试验时能通过控制试验条件，使周围环境影响减至最小，同时通过功率吸收加载装置来模拟道路行驶阻力，控制行驶状况，故能进行符合实际的复杂循环试验，因而得到广泛应用。

按照不同的方法，底盘测功试验台分类如下：按测功装置的形式不同，底盘测功试验台可分为水力式、电力式、电涡流式三种；按冷却方式不同，底盘测功试验台可分为风冷式、水冷式、油冷式三种；按滚筒装置承载能力不同，底盘测功试验台可分为小型、中型、大型、特大型四种。

### 一、汽车底盘测功试验台的结构与工作原理

1. 汽车底盘测功试验台的结构

底盘测功试验台一般由滚筒装置、测功装置、飞轮机构、测速装置、控制与指示装置等构成。其机械部分的结构如图 4-1 所示，故障现象、故障分析、故障诊断及排除见表 4-1。

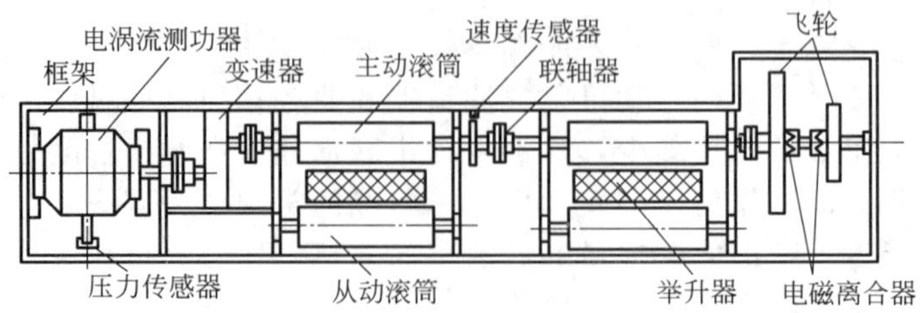


图 4-1　底盘测功试验台机械部分结构

表 4-1　故障现象、故障分析、故障诊断及排除

| 项目 | 说明 |
|---|---|
| 滚筒装置 | 测功试验时，汽车驱动轮在滚筒上滚动，驱动滚筒旋转。因此，滚筒装置的作用相当于能够连续移动的路面。底盘测功机的滚筒装置有单滚筒和双滚筒两种类型，如图 4-2 所示<br>单滚筒试验台指支承两边驱动车轮的滚筒各为单个的试验台，它的滚筒直径较大，多在 1500～2500mm 之间，有的可达 4000mm。滚筒直径愈大，滚筒表面曲率愈小，车轮在滚筒上滚动时就像在平路上行驶，轮胎与滚筒表面间的滑转率小，行驶阻力小，因而测试精度高。但大滚筒试验台制造成本大，占地面积大，同时对车轮在滚筒上的安放定位要求严格，而车轮中心与滚筒中心在垂直平面内的对中又比较困难，故使用不方便。因此，单滚筒底盘测功机一般用于科研单位、大专院校和汽车制造部门，较少用于汽车维修企业、汽车检测站等生产单位<br>双滚筒试验台指支承两边驱动车轮的滚筒各为两个的试验台，其中与测功器相连的是主滚筒，左右两个主滚筒之间装有联轴器，左右两边的从动滚筒处于自由状态。双滚筒试验台的滚筒直径一般在 185～400mm 之间，由于曲率半径小，滚筒表面曲率大，因而轮胎与滚筒表面的接触面积较在平路上行驶时小得多。接触面间比压和变形大，滑转率大，从而使滚动阻力增大，测试精度低。据有关资料介绍，在较高试验车速下，轮胎的滚动功率损失可达到所传递功率的 15%～20%。但双滚筒底盘测功机具有车轮在滚筒上安放定位方便和制造成本低等优点，因而适用于汽车维修企业、汽车检测站等生产单位，尤其是单轮双滚筒式试验台应用广泛<br>单滚筒试验台的滚筒多采用硬质木料或钢板制成，并采用空心结构。双滚筒试验台的滚筒多采用钢质材料制成，也是采用空心结构。双滚筒试验台的滚筒按其表面形状不同，可分为光滑式、滚花式、沟槽式和涂覆层式多种形式，其中涂覆层式是在滚筒表面涂覆摩擦因数与道路实际情况接近的材料制成的，是比较理想的一种形式 |
| 测功装置 | 测功装置用于吸收和测量汽车驱动轮的输出功率，通常称为测功器。测功装置由加载装置和测力装置组成，加载装置可模拟汽车在道路上行驶时所受的各种阻力，使车辆受力情况如同在道路上行驶时一样<br>底盘测功机常用的测功器有水力测功器、电力测功器和电涡流测功器三类。由于一般水力测功器的可控性比较差，电力测功器的成本比较高，而电涡流测功器具有测量精度高、振动小、结构简单、易于调控及测量的转速范围和功率范围大等优点，因此国内生产的汽车底盘测功机大多数采用电涡流测功器。图 4-3 所示为水冷电涡流测功器的结构示意。<br>电涡流测功器加载装置主要由定子和转子构成，转子与滚筒相连，定子可绕其主轴线摆动。定子内部沿圆周布置有励磁线圈和涡流环，转子的外圆上加工有或镶有均匀分布的齿与槽，齿顶与涡流环间留有一定的空气隙<br>当励磁线圈通以直流电时，在其周围形成磁场，磁场产生的磁力线通过转子、空气隙、涡流环，和定子形成闭合磁路，通过转子齿顶处的磁通密度大，而通过转子齿槽处的磁通密度小。当转子旋转时，这些疏密相间的磁力线也同步旋转，造成通过涡流环任一点的磁通密度呈周期性变化，因而在涡流环上感生涡电流。该涡电流与产生它的磁场相互作用而产生了对转子的制动力矩，因而测功器吸收了驱动车轮的输出功率，同时也对滚筒加载。通过改变励磁电流，可以控制测功器产生的制动力矩<br>测力装置能测出驱动车轮产生的驱动力。在定子外壳上装有一定长度的测力杠杆，并与安装在杠杆下方的测力传感器构成测力装置。驱动车轮对滚筒施加的驱动力所形成的转矩，由定子与转子间的制动作用而传给可摆动的定子，定子则通过测力杠杆传给测力传感器，测力传感器将测力杠杆传来的力变成电信号，经微机处理后得出汽车驱动轮的驱动力 |
| 控制装置 | 底盘测功机的控制装置和指示装置常做成一体，构成控制柜，安放在机械部分的左前方易于操作和观察的位置。如果测力装置和测速装置均为电测式，指示装置可直接显示驱动车轮的输出功率；测力装置为机械式时，指示装置仅能显示驱动车轮的驱动力，驱动轮输出功率需根据所测出的驱动力和试验车速换算才能得到<br>图 4-4 所示为底盘测功机电测控制部分原理框图，图 4-5 所示为控制柜面板。控制柜上的按键、显示窗、旋钮、功能灯、警告灯、指示灯等，用来控制试验过程，显示试验结果。带有打印机的底盘测功机，还可打印出所测数据或曲线 |
| 测速装置 | 底盘测功机在进行测功、加速试验、等速试验、滑行试验和燃油经济性试验时，都必须对试验车速进行测试。测速装置多为电测式，测速装置一般由测速传感器、中间处理装置和指示装置构成。常用测速传感器有光电式、磁电式和测速发电机等类型，通常安装在从动滚筒一端，随从动滚筒一起转动，把滚筒的转速转变为电信号。该电信号经放大后送入处理装置，换算为车速并在指示装置上显示出来 |
| 飞轮机构 | 飞轮机构用于模拟汽车在道路上行驶时的动能，常采用离合器以实现与滚筒的自由接合。飞轮机构通常具有一组多个飞轮，飞轮机构的转动惯量及其在各个飞轮上的分配应与所测车型进行加速能力试验和滑行能力试验的要求相适应 |

续表

| 项目 | 说明 |
|---|---|
| 其他装置 | ①为了方便汽车进出底盘测功试验台，在主、副滚筒之间设有举升装置。举升装置由举升器和举升平板组成。举升器有气动式、液动式和电动式三种形式，以气动式最为常见<br>②汽车在底盘测功试验台上试验时，为了防止汽车前后位移，应设置必要的纵向约束装置。双滚筒试验台必要时在从动车轮前后加三角铁就可以保证试验顺利进行。单滚筒试验台还必须在汽车前后设置能拉住汽车的钢索<br>③汽车在底盘测功试验台上模拟道路行驶时，由于汽车不发生位移，缺少迎面风，因此发动机冷却系统的散热强度相对不足。特别是长时间处于大负荷试验时，发动机易过热、轮胎温度易过高，需要在汽车前面、驱动桥两侧设置移动式冷风机 |

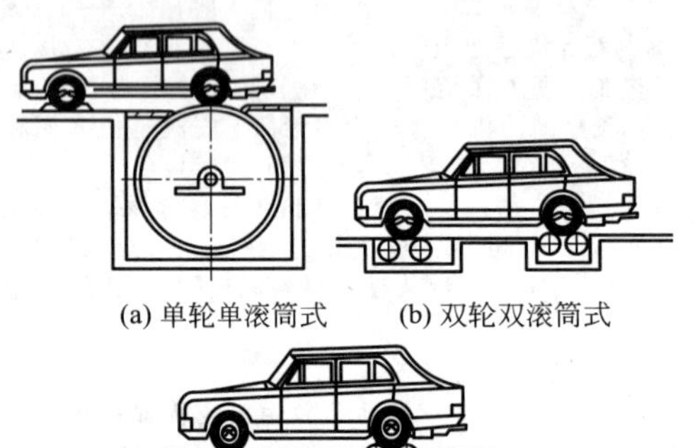


图 4-2 滚筒装置的结构类型

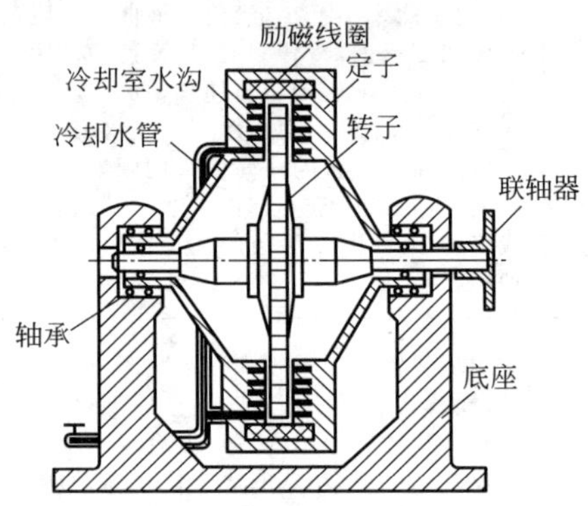


图 4-3 水冷电涡流测功器的结构示意

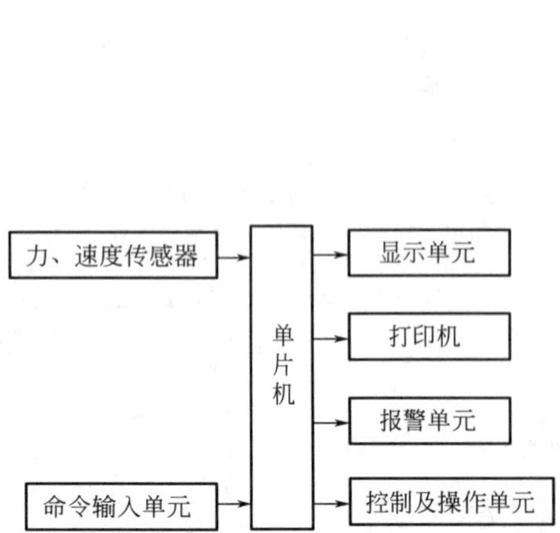


图 4-4 底盘测功机电测控制部分原理框图

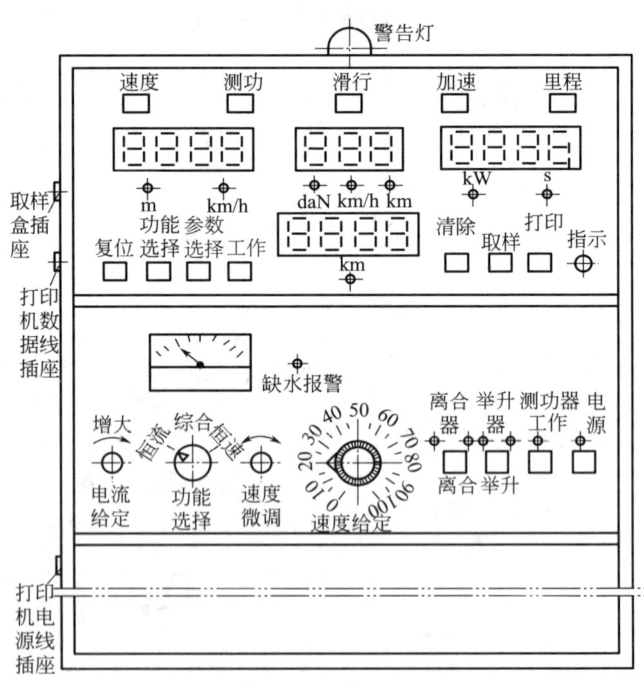


图 4-5 控制柜面板

2. 汽车底盘测功试验台的工作原理

测功试验时，汽车驱动轮置于滚筒装置上，驱动滚筒旋转并经滚筒带动测功器的转子旋转。当定子上的励磁线圈没有电流通过时，转子不受制动力矩作用；而励磁线圈通以直流电时，所产生磁场的磁力线通过转子、空气隙、涡流环和定子构成闭合磁路，由于通过齿顶和凹槽的磁通量不同，因而当转子在滚筒带动下旋转时，通过涡流环任一点的磁通量呈周期性变化而产生了涡电流，涡电流产生的磁场与励磁磁场相互作用，产生了与转子旋转方向相反的转矩，从而对滚筒起到了加载作用。测出该转矩和转子转速，便可得到由滚筒传递给测功器转子的驱动功率。

作用力和反作用力是成对出现的。对转子施加制动力矩的同时，定子受到与制动力矩大小相等但方向相反的力矩作用，力图使可绕主轴摆动的定子顺着转子旋转方向摆动。在测功器定子上安装有一定长度的测力杠杆，并在其端部下方安装有压力传感器，压力传感器便会受压力作用而产生与此成正比的电信号。显然，该压力与杠杆长度（压力传感器至测功器主轴的距离）之积便是定子（或转子）所受力矩的数值。在滚筒稳定旋转时，该力矩与驱动轮驱动力对滚筒的驱动力矩相等。据此，可求出车轮作用在滚筒（其半径为已知常数）上的驱动力的大小。

底盘测功机进行测功试验，以及进行加速试验、车速表检测、滑行试验、燃油经济性试验时，都需要测得试验车速，因此必须配备测速装置。测速装置通常安装在从动滚筒一端，随从动滚筒一起转动，把滚筒的转速转变为电信号。

由压力传感器和测速传感器传来的电信号输入到控制装置，经计算机处理后，在指示装置上显示出功率、驱动力和车速的数值。显然，三者间具有如下关系。

$$P_K=\frac{Fv}{3600}$$

式中　$P_K$——驱动轮输出功率，kW；

$F$——驱动轮驱动力，N；

$v$——试验车速，km/h。

## 二、底盘测功试验台的测功方法

型号不同的底盘测功试验台，其使用方法也有区别，下面介绍的是一般的操作方法（表 4-2）。

**表 4-2　底盘测功试验台的测功方法**

| 项目 | | 说明 |
|---|---|---|
| 准备工作 | 被测车辆的准备 | ①调整发动机供油系统、点火系统至最佳工作状态<br>②检查传动系统、车轮的连接情况并紧固<br>③清洁轮胎，检查轮胎气压是否符合规定<br>④运行走热全车 |
| | 底盘测功机的准备 | ①对于水冷测功机，将冷却水阀打开<br>②接通电源，根据被测车型选择测试功率的挡位<br>③用三角铁抵在停在地面上的车轮前方，进行必要的纵向约束<br>④将冷却风扇置于被测汽车前方 0.5m 处，对发动机吹风，防止发动机过热 |
| 测试方法 | 测试点的选择 | 测功试验时，常选择三个有代表性的工况测试汽车驱动轮的输出功率：一是发动机额定转速所对应的车速；二是发动机最大转矩转速所对应的车速；三是汽车常用车速（如经济车速） |
| | 功率测试方法 | ①设定试验车速或力矩<br>②启动发动机，由低速挡逐级换入最高挡，同时逐渐踏下加速踏板，使节气门全开<br>③待发动机转速稳定后，读取和记录功率值<br>④重复测试 3 次，取平均值 |
| 注意事项 | | ①走合期的新车或大修车不宜进行底盘测功<br>②测功时，应注意各种异响和发动机水温及轮胎表面温度<br>③被测汽车前严禁站人，以确保安全 |

在底盘测功机上测得的驱动轮输出功率取决于发动机输出功率、传动系统传动效率、滚动阻力损失功率和试验台传动效率等因素。由于受滚筒表面曲率的影响，驱动轮在底盘测功机滚筒上的滚动阻力比在良好路面上行驶时的滚动阻力大，由滚动阻力所消耗的功率可达所传递功率的15%～20%；在汽车传动系统技术状况良好的情况下，传动系统的功率损失约占发动机输出功率的10%～20%，其具体数值取决于传动系统的类型。底盘测功机驱动轮功率检测标准，可根据在用汽车发动机功率检测标准（不低于原额定功率的75%）、传动系统传动效率和滚动阻力损失功率和试验台传动效率的试验结果合理确定。

## 三、影响底盘测功机测试精度的因素

为了确定底盘测功机的测试精度，必须分析在汽车检测过程中影响汽车底盘输出功率测定值的因素（表4-3）。

**表4-3　影响底盘测功机测试精度的因素**

| 项目 | 说明 |
|---|---|
| 机械阻力对汽车底盘输出功率测定值的影响 | 汽车底盘测功机的台架机械损失主要包括支承轴承、联轴器等，这些部件在车轮带动滚筒旋转过程中，由于摩擦力的存在将消耗一定的功率，为此采用倒拖方法可以测出不同车速下底盘测功机台架的机械阻力所消耗的功率，机械阻力所消耗的功率随着车速的提高而不断提高<br>由于台架阻力消耗了汽车部分驱动功率，因此在检测汽车底盘输出功率时，必须计入机械阻力所消耗的功率 |
| 风冷式电涡流加载装置的冷却风扇对汽车底盘输出功率测定值的影响 | 风冷式电涡流加载装置采用冷却风扇给励磁线圈进行散热，由于冷却风扇与转子为一体，当转子转动时，冷却风扇自身将消耗一定的驱动功率，且与转子转速的三次方成正比，因此当底盘测功机安装有风冷式电涡流加载装置时，必须给出风扇消耗功率与转子转速(或车速)的数学模型，以便计入底盘输出功率中 |
| 滚动阻力对汽车底盘输出功率测定值的影响 | 车轮滚动时，轮胎与路面的接触区域产生法向、切向的相互作用力以及相应的轮胎和支承路面的相对刚度决定了变形的特点。当弹性轮胎在硬质的钢制光滚筒上滚动时，轮胎的变形是主要的，此时由于轮胎内部摩擦产生弹性迟滞损失，使轮胎变形时对它做的功不能全部收回，此能量消耗于轮胎各组成部分相互间的摩擦以及橡胶、帘线等物质的分子间的摩擦，最后转化为热能而消失在大气中。这种损失即为弹性物质的迟滞损失<br>因为滚动阻力系数与模拟路面的滚筒种类、行驶车速以及轮胎的构造、材料、气压等有关，所以，对其影响因素分析是非常必要的，具体分析如下<br>(1)滚筒对滚动阻力系数的影响<br>①滚筒的半径越大，在车轮滚动时轮胎的变形量就越小，也就是说弹性迟滞损失就越小，故滚动阻力系数随滚筒半径的增大而减小<br>②在加工过程中滚筒的圆度误差、同轴度误差越小，轮胎在滚筒上的运转就越平稳，当车速一定时滚动阻力系数的波动范围就越小，所以说，滚动阻力系数随滚筒加工精度的提高而减小<br>③常见的光滚筒即表面未经处理的滚筒由于滚筒表面较光滑，其附着系数约为0.5，试验用的东风车在50km/h工况下检测最大底盘输出功率时与其滑移率约为8%，也就是说，汽车车轮在行走时，除滚动阻力外还有滑拖，致使被检测车轮发热，增大了滚动阻力损失，同时由于速度的误差，引起了所测功率的误差。滚筒表面喷涂有耐磨硬质合金的滚筒由于采用表面喷涂技术，将滚筒表面的附着系数提高到0.8左右，接近于一般水泥路面的附着系数，则可避免滑拖现象<br>④滚筒中心距是指底盘测功机前、后两排滚筒支承轴线之间的距离。随着滚筒中心距的增加，汽车车轮的安置角随之增大，前、后滚筒对车轮支承力也随之增大，这样将导致车辆在测功机台架上的运行滚动阻力增加<br>综上所述，滚筒直径、安置角、滚筒表面质量、滚筒中心距对滚动阻力有很大的影响，由于部分底盘测功机仅显示功率吸收装置的吸收功率，所以同一辆车在不同台架上测得的数值不同。因此如果以底盘测功机作为法定计量设备，其滚筒直径、中心距、表面处理以及加载方式必须标准化<br>(2)轮胎气压对滚动阻力系数的影响　轮胎气压对滚动阻力系数影响很大，气压低时在硬路面上轮胎变形大，滚动时迟滞损失增加。为了减少该项所引起的检测误差，要求在动力性检测前必须将轮胎气压充至标准气压 |

# 第二节
# 传动系统检测

## 一、传动系统检测评价指标

传动系统是汽车底盘的主要组成部分，一般由离合器、变速器、传动轴、主传动器、差速器和半轴等构成，其作用是把发动机输出的动力传给驱动轮。传动系统的技术状况不良将使汽车的动力性和燃油经济性变差；同时，起步能力变坏和超车能力不足，易于造成安全行车隐患；离合器、变速器等主要部件性能不良对汽车的操纵方便性也有很大影响。

根据 GB 7258—2004《机动车运行安全技术条件》，汽车传动系统应满足如下要求。

① 机动车的离合器应接合平稳、分离彻底，工作时不得有异响、抖动和不正常打滑等现象。踏板自由行程应符合整车技术条件的有关规定。踏板力应不大于 300N，手握力应不大于 200N。

② 换挡时齿轮啮合灵便，互锁和自锁装置有效，不得有乱挡和自行跳挡现象；运行中无异响；换挡时，变速杆不得与其他部件干涉。在变速杆上必须有驾驶员在驾驶座位上容易识别变速器挡位的标志。若变速杆上难以布置，则应布置在变速杆附近的易见部位。

③ 传动轴在运转时不得发生振抖和异响，中间轴承和万向节不得有裂纹和松旷现象。

传动系统的技术状况检测有经验检测法和仪器检测法两类。经验检测法是从上述规定和所测车型的有关技术数据出发，通过观察和实际操作，按一定步骤凭经验检测传动系统的技术状况，如离合器踏板自由行程，变速器漏油、异响、跳挡、乱挡等。某些检测项目也可采用仪器检测。以下主要介绍利用仪器对传动系统技术状况进行检测的方法。

## 二、汽车传动系统功率损失和传动效率检测

汽车传动系统功率损失可在具有储能飞轮的底盘测功机上或惯性式底盘测功机上对传动系统进行反拖试验而测得，根据所测得的驱动轮输出功率和传动系统功率损失，可换算出汽车传动系统的传动效率。在具有储能飞轮的底盘测功机滚筒上进行滑行试验，可测得汽车的滑行距离，可反映汽车传动系统传动阻力的大小。

利用试验台反拖可测得传动系统所消耗的功率。在惯性式底盘测功机或带有储能飞轮可模拟汽车在相应车速下行驶动能的底盘测功机上，若在测得汽车驱动车轮的输出功率后，立即踩下离合器踏板，储存在飞轮系统中的汽车行驶动能会反过来拖动汽车驱动轮和传动系统运转，运转阻力作用于滚筒，因此底盘测功机可测得反拖驱动轮和传动系统所消耗的功率。如果将同一车速下驱动轮输出功率与反拖驱动轮和传动系统所消耗的功率相加，可求得该车速所对应的发动机转速下发动机的输出功率，把汽车驱动轮输出功率与发动机输出功率进行比较，可按下式求出传动系统的传动效率。

$$\eta_k=\frac{P_k}{P_e}$$

式中　$\eta_k$——传动系统的机械传动效率；

$P_k$——汽车驱动轮输出功率；

$P_e$——发动机输出功率。

正常情况下，汽车传动系统中的传动效率正常值见表4-4。需说明的是，在底盘测功机上试验时，车轮在滚筒上的滚动损失功率可达所传递功率的15%～20%，所测驱动轮功率仅占发动机输出功率的60%～70%（一般小轿车为70%，装用双级主传动器或单级主传动器的载货汽车和客车分别为60%或65%）。当传动效率过低时，说明消耗于离合器、变速器、分动器、主减速器、差速器的功率增加，汽车传动系统的技术状况不良。

**表4-4 汽车传动系统的传动效率**

| 汽车类型 | | 传动效率/% |
|---|---|---|
| 小轿车 | | 0.90～0.92 |
| 载货汽车大客车 | 单级主传动 | 0.90 |
| | 双级主传动 | 0.84 |
| 4×4越野汽车 | | 0.85 |
| 6×4载货汽车 | | 0.80 |

为了检验汽车大修竣工后的质量，GB/T 15746.1—1995《汽车修理质量检查评定标准 整车大修》规定：汽车空载以初速度30km/h摘挡滑行时，其滑行距离应满足表4-5的要求。汽车在底盘测功机滚筒上进行滑行试验时，滚动阻力与道路试验时的滚动阻力有一定差别，因此应参照道路试验时对滑行距离的有关规定，通过对比试验确定其滑行距离的测试标准。底盘测功机对汽车滑行距离的测试精度，首先取决于飞轮机构、滚筒装置及其他旋转部件的旋转动能是否与道路试验时汽车在相应车速下的动能相一致。汽车以某一车速在滚筒上进行滑行试验时，汽车驱动轮首先带动滚筒装置、飞轮机构以相应转速旋转，此时滚筒装置和飞轮机构具有的动能与汽车道路试验时具有的动能相等。摘挡滑行后，储存在滚筒装置、飞轮机构中的动能释放出来驱动汽车驱动轮和传动系统旋转，滚筒继续转过的圆周长与汽车路试时的滑行距离相对应。滑行距离长短可反映汽车传动系统传动阻力的大小，据此可判断汽车传动系统的技术状况。

**表4-5 汽车的滑行距离**

| 汽车的整备质量/t | 滑行距离/m | 试验方法 |
|---|---|---|
| ≤4 | ≥160$f$ | 路试，用五轮仪按GB/T 12536—1990中的规定测量 |
| >4～5 | ≥180$f$ | |
| >5～8 | ≥220$f$ | |
| >8～11 | ≥250$f$ | |
| >11 | ≥270$f$ | |

注：双轴驱动车辆，取$f=0.8$；单轴驱动车辆，取$f=1.0$。

传动功率损失、传动效率和滑行距离可反映汽车传动系统的综合技术状况，但不能评价传动系统各组成部分的技术状况。

## 三、离合器打滑检测

离合器打滑使发动机动力不能有效地传递至驱动轮，汽车动力性下降，摩擦片磨损严重，同时也影响汽车的正常行驶，造成汽车起步困难；加速时，车速不能随发动机转速的提高而迅速上升；负载上坡传递大转矩时，打滑更为明显，严重时会烧坏摩擦片。

采用离合器打滑测定仪可对离合器打滑进行检测。该仪器由闪光灯、高压电极、电容、电阻等构成，如图 4-6 所示。

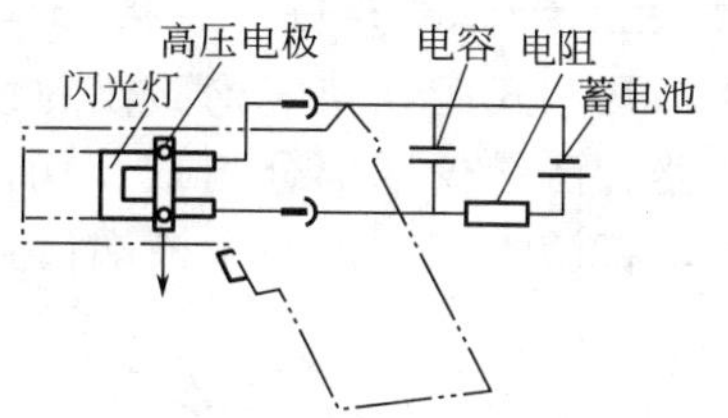

图 4-6　离合器打滑测定仪

离合器打滑测定仪的基本工作原理是频闪原理，即如果在确定时刻，照射一束光脉冲（约 1/5000s）于转动零件的某一转角位置，转动零件的旋转频率与光脉冲的频率相同或成整数倍时，由于人们的视觉暂留现象，似乎觉得零件静止不动。

检测时，可把驱动轮置于底盘测功机或车速表试验台滚筒上，无条件者可支起驱动桥，汽车变速器挂直接挡，此时若离合器不打滑，发动机转速与传动轴转速相同。必要时，可用行车制动器或驻车制动器增加传动系统负荷和离合器所传递的转矩。测定仪以汽车蓄电池作为电源，由发动机火花塞或 1 缸点火高压线通过电磁感应给测定仪的高压电极输入信号脉冲，控制闪光灯的闪光时间，因此闪光灯的闪光频率与发动机转速成整数倍。若把闪光灯发出的光脉冲投射到传动轴某一点，传动轴与发动机转速相同时，光脉冲每次照射该点，使人感到传动轴并不旋转；离合器打滑时，传动轴转速比发动机转速慢，光脉冲每次照射点均位于上次照射点的前部，使人感觉传动轴慢慢向相反的方向转动，显然其转动的快慢即可反映离合器打滑的严重程度。

由于基本测试原理相同，发动机点火正时灯也可用于离合器打滑的检测。

## 四、传动系统游隙检测

当传动系统各部分因零件变形、磨损松旷或调整不当而产生振抖和异响时，常用的诊断方法是用手转动或晃动，凭经验进行判断，但这样很难明确故障部位、损坏情况，因此有时不得不拆卸进行检查。传动系统机件磨损松旷是由于各部分间隙（游动角度）超过允许值的结果，因而传动系统游动角度可以作为评价汽车传动系统技术状况的一般性综合诊断参数。利用传动系统游动角度检验仪可对各传动部分的游动角度进行检验。

传动系统游动角度检测所用仪器有指针式游动角度检验仪和数字式游动角度检验仪两种。

1. *指针式游动角度检验仪*

指针式游动角度检验仪如图 4-7 所示，由指针、刻度盘和测量扳手组成。指针固定在驱动桥主动轴上，刻度盘则固定在主传动器壳上。测量扳手一端带有 U 形卡嘴，以便卡在十字万向节上。卡嘴上带有可更换的钳口，以适应多车型。

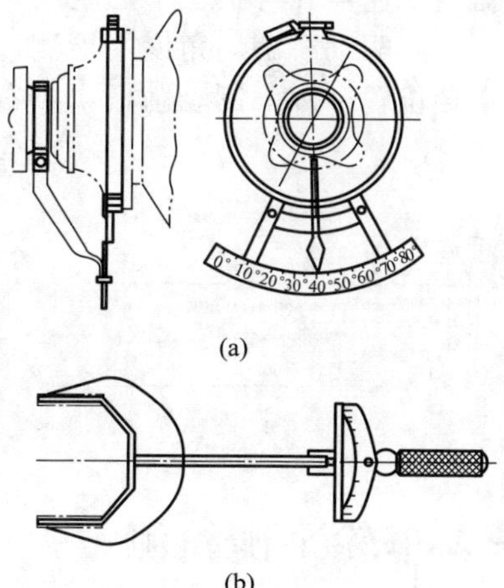

图 4-7　指针式游动角度检验仪

检测游动角度时，测量扳手应从一个极端位置转动到另一个极端位置，游动角度值从检验仪指针所处位置的刻度盘上读取。

传动系统游动角度的检测应分段进行。可在变速器挂空挡和车轮制动的情况下，用测量扳手卡在驱动桥主动轴万向节的从动叉上，先测取驱动桥的游动角度，再移动测量扳手卡在变速器后端万向节的主动叉上，测取万向传动和驱动桥的游动角度，该角度减去驱动桥的游动角度即为万向传动的游动角度。然后放松制动，变速器挂在要测的挡位上，离合器处于接合状态，如必要可支起驱动桥，测量扳手仍卡在变速器后端万向节的主动叉上，即可测得在不同挡位下从离合器到变速器的游动角度。对上述三段游动角度求和，即可获得传动系统游动角度。

2. 数字式游动角度检验仪

数字式游动角度检验仪的检验范围为 0°～30°。使用的电源为直流 12V。仪器由倾角传感器和测量仪两部分组成，构成一台专用的数字式频率计，直接显示传感器的倾角。使用中，将游动范围内两个极端位置的倾角读出，其差值即为游动角度。

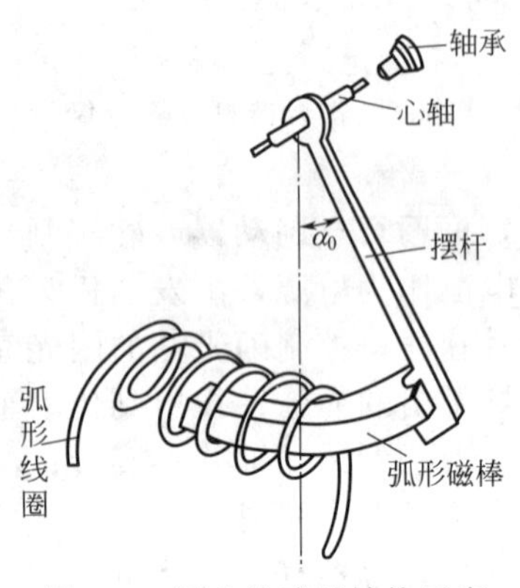


图 4-8 倾角传感器结构示意

倾角传感器的作用是将传感器感受到的倾角变化转变为线圈电感量的变化，从而改变测量仪电路的振荡频率。因此，传感器实际上是一个倾角-频率转换器。传感器外壳是一个上部带有 V 形缺口，并配有带卡扣尼龙带的长方形壳体，可固定在传动轴上，因此可随传动轴摆动；传感器内部结构是一个中心插有弧形磁棒的线圈，如图 4-8 所示。弧形磁棒由摆杆和心轴支承在外壳中夹板的两盘轴承上。在重心作用下，摆杆始终偏离垂线某一固定角度。弧形线圈则固定在外壳中的夹板上，当外壳随传动轴摆动时，线圈也随之摆动，因而线圈与磁棒的相互位置发生变化，从而改变了线圈电感值，电感的变化量则反映了传动轴的摆动量。

（1）万向传动装置游动角度的检测　把传动轴置于驱动桥游动范围的中间或将驱动桥支起，拉紧驻车制动，左右旋转传动轴至极端位置，测量仪便直接显示出固定在传动轴上的传感器的倾斜角度。将两个位置的倾斜角度记下，其差值即为万向传动装置的游动角度。

（2）离合器和变速器各挡位游动角度的检测　放松驻车制动，变速器挂入选定挡位，离合器处于接合状态，在传动轴置于驱动桥游动范围的中间或将驱动桥支起的情况下，左右旋转传动轴至极端位置，测量仪便显示出传感器的倾斜角度，求出两位置倾斜角度的差值，便得到该挡位下的游动角度。该游动角度减去已测得的万向传动装置的游动角度，即为离合器与变速器在该挡位下的游动角度之和。按同样的方法，依次挂入变速器各挡位，便可测得离合器与变速器在各挡位下的游动角度。

（3）驱动桥游动角度的检测　传感器固定在驱动桥输入凸缘上，放松驻车制动，变速器置空挡位置。踩下制动踏板，左右旋转传动轴至极端位量，即可测得驱动桥的游动角度。

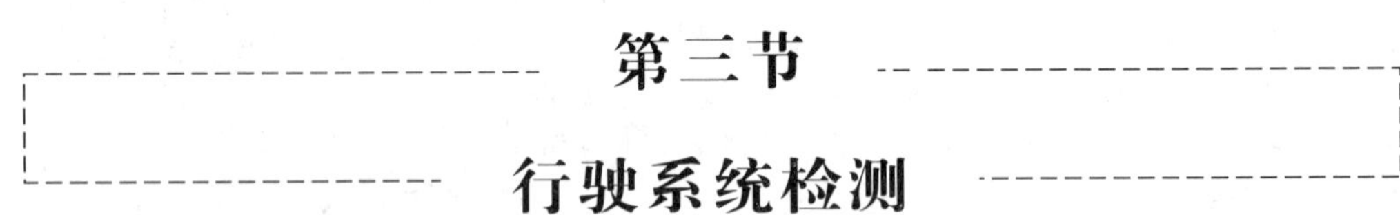

# 第三节 行驶系统检测

## 一、车轮平衡检测

随着道路条件改善和汽车技术的进步，汽车行驶速度越来越快。高速时车轮不平衡引起的车轮跳动和摆振，对汽车行驶平顺性和安全行车有很大影响，并且加剧轮胎和其他机件的磨损、冲击损伤，使故障率上升。因此，目前汽车维修中普遍使用车轮平衡机来检测和校正车轮不平衡量。

1. 车轮不平衡的原因与危害

（1）车轮不平衡的原因

① 由于车轮定位不当而造成轮胎胎冠的偏磨，出现车轮不平衡。

② 轮胎、轮辋及挡圈等因几何形状失准或密度不均匀而形成的重心偏离。

③ 因轮毂和轮辋定位误差使安装中心与旋转中心不重合。

④ 维修过程的拆装改变了整体综合质心，破坏了原有的良好平衡状态。

⑤ 轮辋直径过小，运行中轮胎相对于轮辋在圆周方面滑移，从而发生波状不均匀磨损。

⑥ 车轮碰撞造成的变形引起的质心位移。

⑦ 轮胎翻新中因定位精度不高而造成新胎冠厚度不均匀而使质心改变。

⑧ 高速行驶中制动抱死而引起的纵向和横向滑移，造成的轮胎多边形磨损。

(2) 车轮不平衡的危害　由于车轮不平衡质量产生的不平衡力的大小和方向在不断变化，一方面使整车有上下跳动的趋势，引起垂直方向的振动，影响汽车行驶平顺性；另一方面引起转向轮横向摆动，影响汽车操纵稳定性和行驶安全性。车轮不平衡还会加剧轮胎、转向机构、行驶系统及传动系统零部件的冲击和磨损，缩短其使用寿命。因此，在汽车正常使用一定时间后，尤其是在对轮胎、轮辋进行了修补、修复或更换新轮胎后，一定要对轮胎进行动平衡检测和校正。

2. 车轮平衡检测原理和设备

(1) 车轮静平衡检测　支起车轴，调整好轮毂轴承的松紧度，用手轻转车轮，使其旋转直至自然停转，此时在车轮离地最低点做一记号。重复上述试验多次，如果每次离地最低点相同，说明车轮存在静不平衡。若上述试验每次自然停转位置各不相同，则说明车轮是静平衡的。

车轮静平衡是指车轮质心与其旋转中心重合。静不平衡的车轮，其质心与旋转中心不重合，车轮转动中会产生离心力，该离心力可分解为一个水平分力和一个垂直分力，在车轮转动一周中，这些力分别交替地向各个方向作用于车轮上，引起车轮上下跳动、前后窜动和车身横向摆振，影响汽车行驶稳定性。如果作用于转向轮，还会引起转向轮摆振。

车轮静平衡可以用就车式车轮平衡机进行检测，如图 4-9 所示。传感器安装在车桥支架内，其他部分如显示仪表板和摩擦轮驱动电机等均安装在一个驱动小车上。

支离地面的车轮如果不平衡，转动时必然引起车轮上下振动，该振动通过转向节和车桥传给支架内的传感器，传感器将诊断信号变为电信号后，经控制系统整理而变为车轮不平衡量在显示仪表上显示出来。显示数值最大时，车轮最下部的点即为不平衡点。

(2) 车轮动平衡检测　静平衡的车轮在高速旋转时可能产生不平衡力矩，出现动不平衡，使车轮产生摆振。如图 4-10(a) 所示，在车轮的两平面内，有作用半径相同、质量相等、但相位相反的两质点 $m_1$、$m_2$，该车轮是静平衡的。但是在车轮旋转时，两质点产生的离心力形成力偶，使车轮处于动不平衡状态，如图 4-10(b) 所示。如果该车轮是转向轮，在力偶作用下转向轮就会绕主销左右摆动。如果在 $m_1$、$m_2$ 同一作用半径的相反方向上配置相同质量的 $m_1'=m_1$、$m_2'=m_2$，则车轮处于动平衡，如图 4-10(c) 所示。

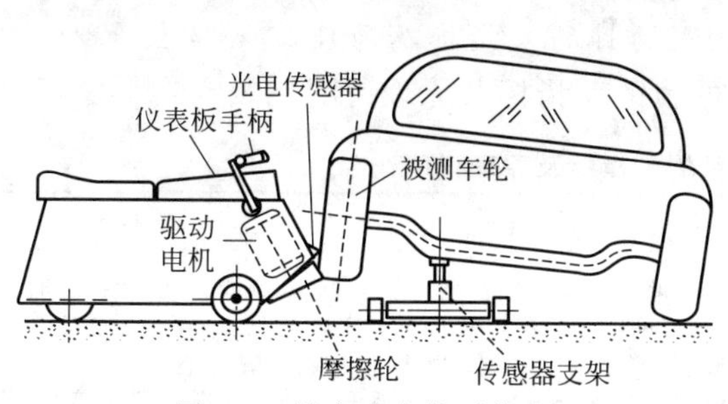

图 4-9　就车式车轮平衡机

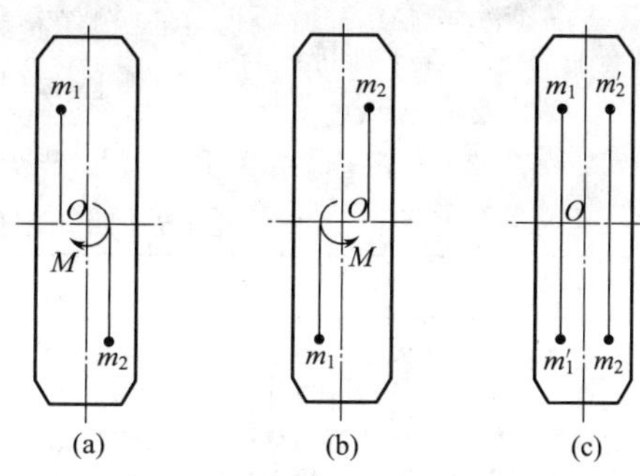

图 4-10　车轮动不平衡原理

由此可见，静平衡的车轮不一定是动平衡的，但动平衡的车轮一定是静平衡的。因此，对车轮一般应进行动平衡检测。

在实际中应用最多的是硬式两面测定车轮动平衡机，该平衡机主要由内部的驱动机构和制动装置、转轴、机箱、显示与控制装置和车轮防护罩构成。

使用时，电机驱动转轴旋转，使安装在其上的车轮达到所要求的平衡转速。转轴由两盘滚动轴承支承，两盘轴承内分别组装有检测动反力的传感器，传感器产生的电信号输送至控制装置。显示与控制装置多采用电脑式，能将传感器传来的电信号通过电脑运算、分析、判断后，显示出不平衡量及相位。

3. 车轮动平衡的检测方法

车轮动平衡的一般检测方法见表 4-6。

**表 4-6　车轮动平衡的一般检测方法**

| 项　目 | 说　明 |
|---|---|
| 准备工作 | ①拆除轮辋上的旧平衡块<br>②清除胎面泥土和嵌在花纹中的泥土、石子等<br>③调整轮胎气压，达到规定值<br>④检查车轮动平衡机并预热 5min 左右<br>⑤提起车轮定位尺，以便使被测车轮定位<br>⑥根据轮辋中心孔大小选择锥体，并把车轮装在转轴上 |
| 检测步骤 | ①测量轮辋宽度 $b$、轮辋直径 $d$ 和轮辋边缘至机箱距离 $a$（图 4-11），并输入到显示与控制装置<br>②按下车轮定位尺并放下车轮防护罩<br>③按启动按钮，转轴带动车轮旋转，开始自动测试<br>④显示出测量结果后，按停止按钮或踩制动踏板使车轮停转（有的平衡机会自动停转并显示结果）<br>⑤根据显示装置的提示轻轻转动车轮，至显示装置显示平衡位置时，观察车轮上与机体上的标记对准的位置即为车轮不平衡位置，然后在显示装置上读取车轮内、外侧不平衡量<br>⑥根据检测结果，分别在轮辋内外两侧不平衡位置安装平衡块<br>⑦检查平衡结果，直至车轮不平衡量小于 5g，指示装置显示“00”，车轮处于平衡状态<br>⑧测试结束，切断电源，从转轴上取下车轮总成 |

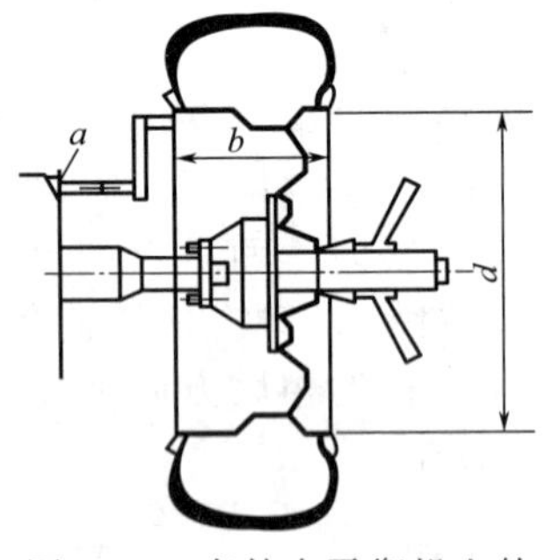


图 4-11　车轮在平衡机上的安装及定位尺寸

## 二、四轮定位检测

随着汽车运行速度的不断提高和人们对高速状态下的稳定性、舒适性要求，现代汽车广泛采用四轮独立悬架。为使汽车具有良好的转向特性，除转向轮定位外，许多轿车还具有后轮外倾角和前束等参数，称为四轮定位。四轮定位检测就是检测四个车轮所处的位置、姿势是否正确，以便将其调整、维修到技术标准所要求的参数范围，从而保证汽车能够正常、平稳地行驶。

1. 四轮定位检测的目的、指标及原理

四轮定位检测的目的、指标及原理说明见表 4-7。

**表 4-7　四轮定位检测的目的、指标及原理说明**

| 项　目 | 说　明 |
|---|---|
| 检测的目的 | 四轮定位的前、后轮定位参数依赖于悬架机构有关部件的相互位置在一个统一基准（线或面）上的合理匹配，以实现转向行驶系统的稳定效应，使汽车具有良好的行驶平顺性和操纵稳定性。只有当前、后轮定位参数均按标准值调整得当时，才能保证汽车转向精确、运行平稳、行驶安全、降低油耗并减轻轮胎磨损。四轮定位检测的目的就是要检测前、后车轮定位参数值并对其进行分析，从而发现悬架机构有关部件的变形、松动、磨损所引起的位置变化和形态变化，为正确地维修汽车行驶系统提供准确依据 |

续表

<table>
<tr><th>项　目</th><th>说　明</th></tr>
<tr><td>检测的目的</td><td>在汽车行驶中出现下列情况时，必须进行四轮定位的检测和调整<br>①直线行驶困难<br>②前轮摇摆不定，行驶方向漂移<br>③轮胎出现不正常磨损<br>④汽车更换悬架系统、转向系统有关部件<br>⑤车架、车身经碰撞事故维修后</td></tr>
<tr><td>检测指标</td><td>四轮定位的检测项目如图 4-12 所示，包括（前、后）车轮前束值（角）及前张角、（前、后）车轮外倾角、主销后倾角、主销内倾角、转向 20°时的前张角、推力角、左右轴距差和轮距、轴距等，其中包含转向轮定位参数的检测<br>车型不同，四轮定位值也不同。汽车的四轮定位合格与否，需要把检测结果与标准值进行比较才能确定，下面分别为上海通用别克轿车和东风日产天籁轿车的四轮定位标准值<br>上海通用别克轿车车轮定位参数
<table>
<tr><th rowspan="3">参数</th><th colspan="4">数值/(°)</th></tr>
<tr><th colspan="2">前悬架</th><th colspan="2">后悬架</th></tr>
<tr><th>标准值</th><th>维修允许值</th><th>标准值</th><th>维修允许值</th></tr>
<tr><td>前束</td><td>0.10</td><td>−0.10～0.30</td><td>0</td><td>−0.40～0.20</td></tr>
<tr><td>外倾角</td><td>−0.90</td><td>−1.40～−0.40</td><td>−0.90</td><td>−1.40～0.40</td></tr>
<tr><td>主销内倾角</td><td>3.00</td><td>2.50～3.50</td><td>—</td><td>—</td></tr>
<tr><td>前张角</td><td>0</td><td>−3.50～3.50</td><td>—</td><td>—</td></tr>
<tr><td>止推角</td><td>—</td><td>—</td><td>0</td><td>−0.15～0.15</td></tr>
</table>
东风日产天籁轿车车轮定位参数
<table>
<tr><th rowspan="4">参数</th><th colspan="6">数值/(°)</th></tr>
<tr><th colspan="2" rowspan="2">前悬架</th><th colspan="4">后悬架</th></tr>
<tr><th colspan="2">轮胎规格 215/55R17</th><th colspan="2">轮胎规格 205/65R16</th></tr>
<tr><th>标准值</th><th>维修允许值</th><th>标准值</th><th>维修允许值</th><th>标准值</th><th>维修允许值</th></tr>
<tr><td>前束</td><td>0.03</td><td>0～0.06</td><td>2.8mm</td><td>1.2～4.4mm</td><td>2.8mm</td><td>1.2～4.4mm</td></tr>
<tr><td>外倾角</td><td>0.25</td><td>0.20～1.00</td><td>0.67</td><td>0.17～1.17</td><td>0.62</td><td>0.12～1.12</td></tr>
<tr><td>主销内倾角</td><td>14.58</td><td>13.83～15.33</td><td>—</td><td>—</td><td>—</td><td>—</td></tr>
<tr><td>主销后倾角</td><td>2.83</td><td>2.08～3.58</td><td>—</td><td>—</td><td>—</td><td>—</td></tr>
</table></td></tr>
<tr><td>检测原理</td><td>四轮定位仪按信号传输方式不同分为拉线式和无线式两种，目前的四轮定位仪普遍采用无线式。无线式光束及信号传输方式有红外线式、激光式，另外还有图像（电荷耦合器件）式（Charge Coupled Device，CCD）等。不同类型四轮定位仪所采用的检测方法、数据记录与传输方式有所不同，但基本检测原理一致，即光束发射器→车轮传感器→无线式信号传输→接收器→电脑→显示和打印的检测方式。四轮定位检测原理见表 4-8</td></tr>
</table>

**表 4-8　四轮定位检测原理**

<table>
<tr><th>项　目</th><th>说　明</th></tr>
<tr><td>前束和左右轴距差检测</td><td>检测四轮定位的基本原理是通过拉线或光线照射及反射的方式形成一封闭的直角四边形，并将被测车辆置于该四边形中，如图 4-13 所示。安装在车轮上的发射器不仅向另外一个车轮发射光束，将本车轮的定位值传送给另外一个车轮上的传感器，而且本车轮的传感器可感应检测到另外一个车轮传来的光束，从而判断出另外一个车轮的定位值<br>传感器的受光平面上等距离地排列有一排光敏三极管，当不同位置上的光敏三极管受到光束照射时，被照的三极管所发出的电信号即可代表前束值/角或左右轴距差</td></tr>
</table>

续表

| 项　目 | 说　明 |
|---|---|
| 前束和左右轴距差检测 | 也就是说，当左右两侧车轮存在前束时，左侧车轮传感器上接收到的光束位置相对于原来的零点有一偏差值，该偏差值表示右侧车轮的前束值/角；同理，在右侧车轮传感器上接收到的光束位置相对于原来零点的偏差值，则表示左侧车轮的前束值/角。转向轮和后轮前束的检测原理相同<br>当前束为零时，同一轴左右两侧车轮上发射（或反射）出的光束应重合。当检测出上述两条光束互相平行但不重合时，说明车轮发生了错位，左右两侧车轮不同轴，依据光敏三极管发出的信息可测量出左右轴距差 |
| 车轮外倾角检测 | 在车轮处于直线行驶位置时，可直接测得车轮外倾角。方法是在四轮定位仪的传感器（定位校正头）内安装角度测量仪（如电子倾斜仪），把传感器装在车轮上，可直接测出车轮外倾角。当左右两侧车轮传感器中铅垂排列光敏三极管时，左右两侧车轮发射器互相发射光束，也可以互相检测出车轮外倾角 |
| 主销后倾角和主销内倾角检测 | 主销后倾角和主销内倾角不能直接测出，只能采用建立在几何关系上的间接测量<br>若存在主销后倾角时，则在车轮向外转20°和向内转20°两个位置时，车轮平面会发生倾角变化，该倾角变化可由传感器内的角度测量仪测出。同理，若存在主销内倾角，则在车轮向外转20°和向内转20°两个位置时，垂直于车轮旋转平面的平面内将发生倾角变化，该倾角变化也可由传感器内的角度测量仪测出 |
| 推力角检测 | 汽车长期使用或发生交通事故后，其后轴、后悬架发生变形或安装松动，致使后轴中心线（即推力线）发生偏斜，后轴中心线与汽车纵向对称线的夹角称为推力角。推力角并非设计参数，而是一种故障状态参数。推力角过大会导致轮胎的异常磨损，汽车易偏离其直线行驶方向，严重时将出现后轴侧滑、甩尾等危险现象<br>推力角的检测原理如图4-14所示。当推力角为零时，前轴和后轴同侧车轮上的传感器发射或接收的光束应重合，当两条光束出现夹角而不重合时，即说明推力角不为零。因此，可以通过安装在汽车前轮上的传感器接收到的后轮传感器所发射光束相对于零点位置的偏差值而得到汽车推力角 |
| 转向20°时前张角检测 | 如果转向轮长期在凹凸不平的路面上行驶，以及汽车经常使用紧急制动等，会使转向轮受到碰撞和冲击而引起汽车转向梯形变化，因此造成汽车在转向行驶过程中转向轮的异常磨损、操纵性变差，并影响汽车的安全行驶。为了检测汽车的转向梯形臂与各连杆是否发生变形，在四轮定位检测中设置了转向20°时前张角的检测项目<br>检测方法是使被检车辆转向轮停在转盘中心，转动转向盘使右转向轮向左转20°后，读取左转向轮下转盘上的刻度值 $\phi_1$，$20°-\phi_1$ 即为向右转向20°时的前张角；使左转向轮沿直线行驶方向向左转20°后，读取右转向轮下转盘上的刻度值 $\phi_2$，$20°-\phi_2$ 即为向左转向20°时的前张角<br>一般汽车在出厂时，使用说明书上均给出了前张角的合格范围，将测量值与规定值进行比较即可检测出汽车转向轮的转向梯形臂和各连杆是否发生了变形。若其超出规定值或左右转向前张角不一致，则需要校正、调整或更换转向梯形臂和各相关连杆 |

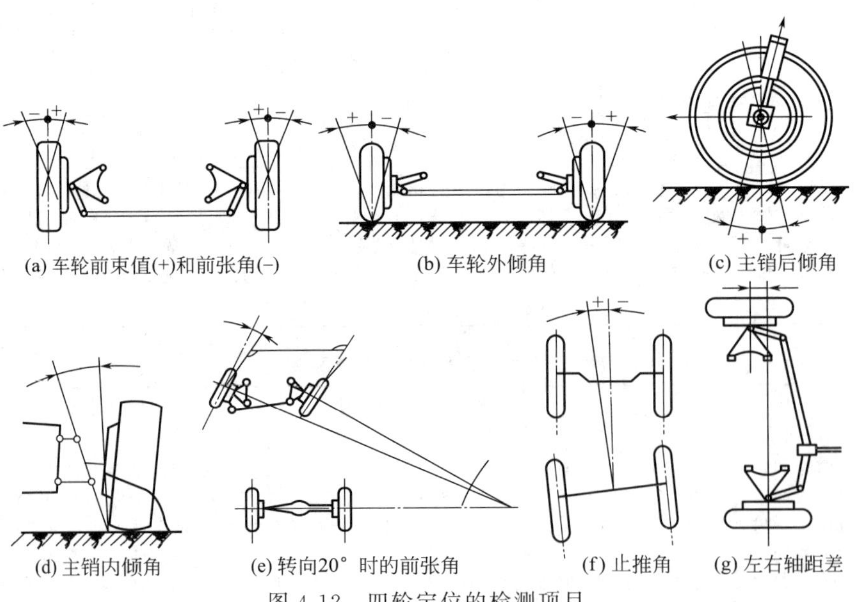


图4-12　四轮定位的检测项目

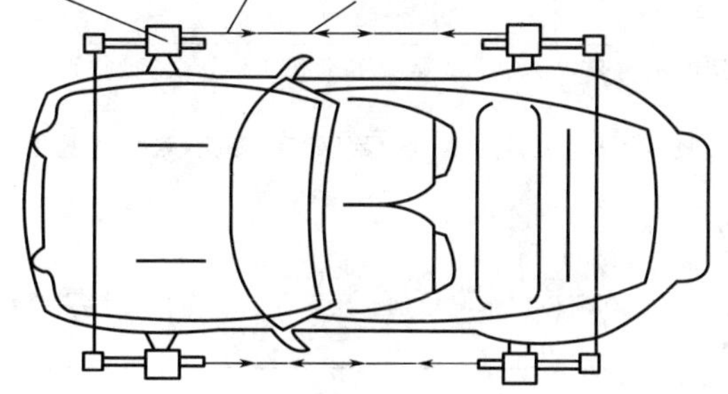


图 4-13 四轮定位检测的基本原理

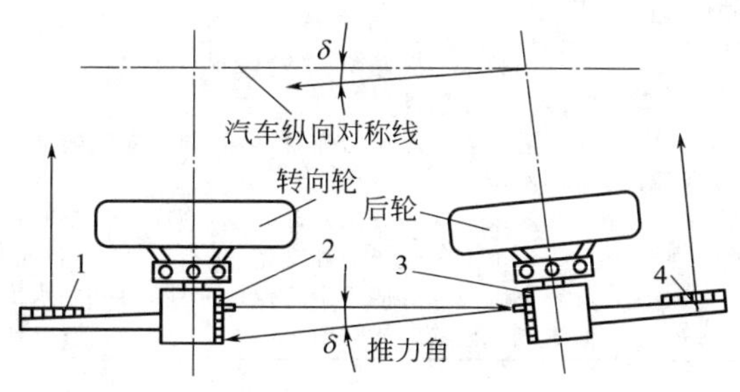


图 4-14 推力角的检测原理
1～4—光线接收器

2. 四轮定位仪及使用方法

四轮定位仪的构成、对车辆的基本要求及检测步骤见表 4-9。

**表 4-9 四轮定位仪的构成、对车辆的基本要求及检测步骤**

| 项目 | 说明 |
| --- | --- |
| 四轮定位仪的构成 | 现代的电脑四轮定位仪不仅采用了先进的测量系统和科学的检测方法，而且存储了大量常见车型的四轮定位标准数据。在检测过程中，可随时把实测数据与标准数据进行比较，并通过屏幕用图形和数字显示出需要调整的部位、调整方法，以及在调整过程中数值的变化，把复杂的四轮定位检测调整简化成“看图操作”。目前常用的四轮定位仪虽然基本检测原理相同，但使用方法有很大差异，因此在使用前应认真阅读四轮定位仪的使用说明书。以下以电脑图像式四轮定位仪为例介绍其检测步骤和注意事项<br>电脑图像式四轮定位仪由主机、前后车轮检测传感器、传感器支架、转盘、刹车锁、转向盘锁及导线等零部件构成。为便于检测和调整，被检汽车需放在地沟上或举升平台上（以下以汽车放在举升平台上为例），地沟或举升平台应处于水平状态，四轮定位仪则安装在地沟或举升平台两旁 |
| 对被检车辆的基本要求 | 在检测汽车的四轮定位时，被检车辆应满足以下要求<br>①前后轮胎气压及胎面磨损基本一致<br>②前后悬架系统的零部件完好、不松旷<br>③转向系统调整适当，不松旷<br>④前后减振器性能良好，不漏油<br>⑤汽车前后高度与标准值的差不大于 5mm<br>⑥制动系统正常 |
| 检测步骤 | (1)检测前准备<br>①把汽车开上举升平台，托起四个车轮，把汽车举升 0.5m(第 1 次举升)<br>②托起车身适当部位，把汽车举升至车轮能够自由转动(第 2 次举升)<br>③拆下各车轮，检查轮胎磨损情况<br>④检查轮胎气压，不符合标准时应充气或放气<br>⑤进行车轮动平衡，动平衡完成后，把车轮装好<br>⑥检查车身高度，检查车身四个角的高度和减振器技术状况，如车身不平应先调平；同时检查转向系统和悬架是否松旷，如松旷则应先紧固或更换零件<br>(2)检测步骤<br>①把传感器支架安装在轮辋上，再把传感器(定位校正头)安装到支架上，并按使用说明书的规定调整<br>②开机进入测试程序，输入被检汽车的车型和生产年份<br>③轮辋变形补偿。转向盘位于直行位置，使每个车轮旋转一周，即可把轮辋变形误差输入电脑<br>④降下第 2 次举升器，使车轮落到平台上，把汽车前部和后部向下压动 4～5 次，使其做压力弹跳<br>⑤用刹车锁压下制动踏板，使汽车处于制动状态<br>⑥把转向盘向左转至电脑发出“OK”声，输入左转角度；然后把转向盘向右转至电脑发出“OK”声，输入右转角度<br>⑦把转向盘回正，电脑屏幕上显示出后轮的前束及外倾角数值<br>⑧调正转向盘，并用转向盘锁锁住转向盘使之不能转动<br>⑨把安装在四个车轮上的定位校正头的水平仪调到水平线上，此时电脑屏幕上显示出转向轮的主销后倾角、主销内倾角、转向轮外倾角和前束的数值 |

续表

| 项 目 | 说 明 |
| --- | --- |
| 检测步骤 | ⑩调整主销后倾角、车轮外倾角及前束，调整方法可按电脑屏幕提示进行。若调整后仍不能解决问题，则应更换有关零部件<br>⑪进行第2次压力弹跳，将转向轮左右转动，把车身反复压下后，观察屏幕上的数值有无变化，若数值变化应再次调整<br>⑫若第2次检查未发现问题，则应将调整时松开的部位紧固<br>⑬拆下定位校正头和支架，进行路试，检查四轮定位检测调整效果<br>没有电脑图像式四轮定位仪的企业，可采用水准式车轮定位仪和前束尺来测量前轮定位角。也可以在检测线上用侧滑试验台检测前束与车轮外倾角的配合情况 |

## 三、转向轮定位参数检测

转向轮定位一般指转向轮在汽车上安装时形成的相对于车身的一组几何角度和尺寸数值，也就是转向轮在车身上安装的位置和姿态。转向轮定位参数包括前束（或前张）、车轮外倾角、主销后倾角、主销内倾角，统称为前轮定位。

在汽车使用过程中，随着转向机构、车轴、车架和车身的磨损与变形，转向轮定位会逐渐失准，使汽车的操纵性能变差、轮胎异常磨损，从而引起汽车动力性、经济性、安全性的下降。因此，要适时、正确地进行车轮定位检测和调整，以保证车辆良好的操纵稳定性、直线行驶性能和自动回正能力等，减少轮胎异常磨损及转向机构零部件磨损，降低燃油消耗。

1. 车轮前束的测量

车轮前束的测量方法见表4-10。

**表 4-10 车轮前束的测量方法**

| 类 别 | 检测方法 |
| --- | --- |
| 直接测量法 | 根据前束的定义直接用卷尺或前束尺测量。如图4-15所示，在车轮最前端和最后端(在车轮内侧面上或车轮中心平面上对应点)分别测量 $B$、$A$ 值，$A-B$ 即得前束值<br>测量前束时，必须使车在平整场地停于直线行驶状态，最好用锁紧机构把转向盘固定。为了保证测量精度，在测量完左轮和右轮前端标记点获得尺寸 $B$ 后，一般将车向后推行使这两个标记点处于后部等高位置，再测量标记点间的尺寸 $A$ |
| 间接测量法 | 主要是利用光束发射器和刻度板(标尺)测量车轮前束，如图4-16所示。把光束发射器分别安装到左右两侧车轮上，光束照射方向与车轮平面平行，把两个刻度板分别放置在轮轴前后方距离轮轴5倍于轮胎直径处，左右移动刻度板使其两端标尺上指示值相同，则前后刻度板读数之差可以用来换算车轮前束值，总前束为左轮和右轮前束之和 |

注：另外，利用四轮定位仪检测车轮定位时，采用光学传感器测量车轮前束。

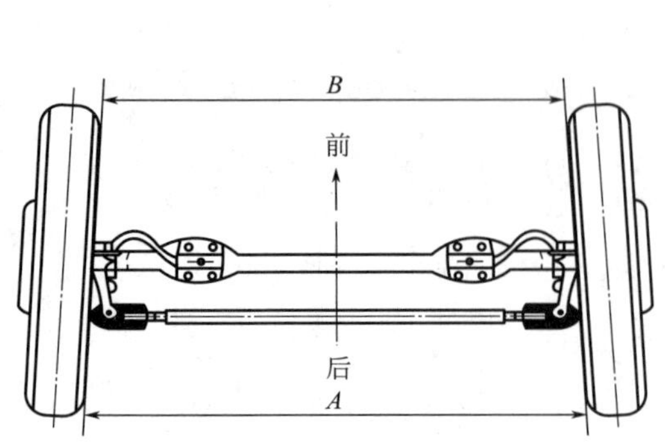


图 4-15 车轮前束示意

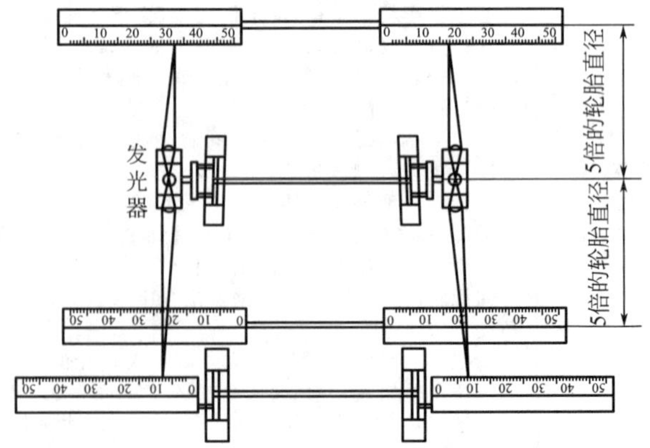


图 4-16 利用光束发射器和刻度板（标尺）测量车轮前束

2. 其他转向轮定位角的检测

车轮外倾角 $\alpha$、主销内倾角 $\beta$ 和主销后倾角 $\gamma$ 一般用气泡水准式车轮定位仪测量。气泡水准式车轮定位仪如图 4-17 所示，它由支架（或磁铁）、水准仪、转盘组成。为了把水准仪安装到车轮上，支架制成可调式以适应不同类型的车轮（如果不用支架而改用磁铁式，则可方便地将水准仪吸到车轮上），转盘放在车轮下，其上的刻度可反映车轮转过的角度。

图 4-18 所示为磁铁式水准仪，它带有永久磁铁和定位针，直接吸附在轮毂端面并保持水准仪的壳体与轮毂端面垂直且在轮毂中心。水准仪的上面有四个气泡管，分别用来对仪器进行水平校正及测量主销后倾角 $\gamma$、车轮外倾角 $\alpha$、主销内倾角 $\beta$。

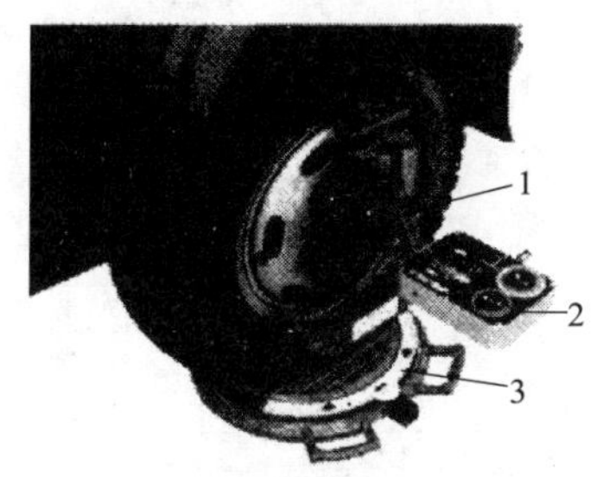


图 4-17　气泡水准式车轮定位仪
1—支架；2—水准仪；3—转盘

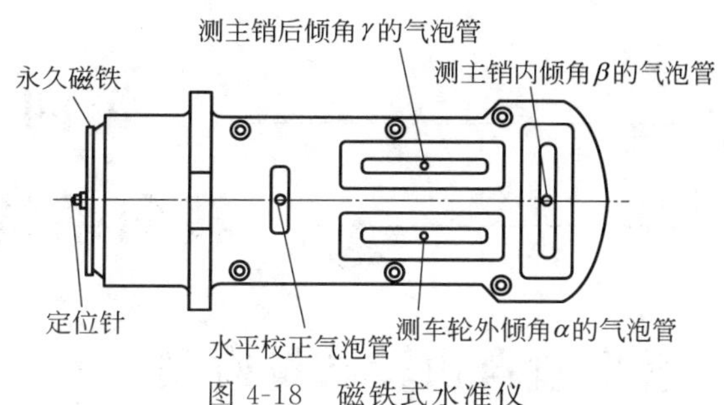


图 4-18　磁铁式水准仪

（1）用气泡水准仪测量车轮外倾角　由于水准仪上测量车轮外倾角的气泡管与车轮旋转平面垂直，如图 4-19 所示，所以气泡管与水平方向的夹角与车轮外倾角相等。气泡管中的水泡偏移量与倾角大小成比例，气泡管可按倾角刻度。气泡管相对于水平位置的气泡位移量或角度调节量即反映了车轮外倾角的大小。

（2）用气泡水准仪测量主销后倾角和主销内倾角　主销后倾角和主销内倾角均不能直接测出，而是利用转向轮绕主销转动一定角度时的几何关系间接测量。测量时需将转向轮分别向左、向右转动一定角度，由于主销后倾角、主销内倾角的存在，气泡管与水平面的夹角都会随之改变，该变化值可以换算为主销后倾角、主销内倾角的大小。

如图 4-20 所示，利用气泡水准仪测量主销后倾角。测量时先将转向轮处于正直状态[图 4-20(a)]，这时水准仪处于水平状态，然后使转向轮向外转 90°，如图 4-20(b) 所示。由于主销后倾角 $\gamma$ 的存在，转向轮外转 90°后车轮倾斜，安装在轮毂端部的水准仪也随之倾斜，这一倾斜角度正好等于主销后倾角 $\gamma$。水准仪倾斜后气泡向内侧移动 [图 4-20(b)]，将气泡移动的距离换算为角度值，就可读出主销后倾角 $\gamma$ 值。

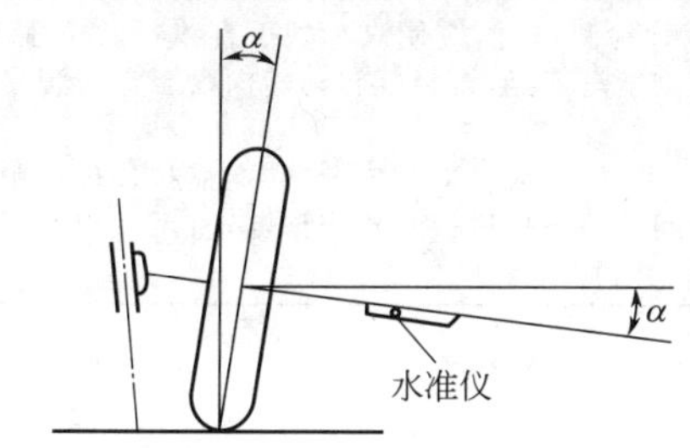


图 4-19　用气泡水准仪测量车轮外倾角

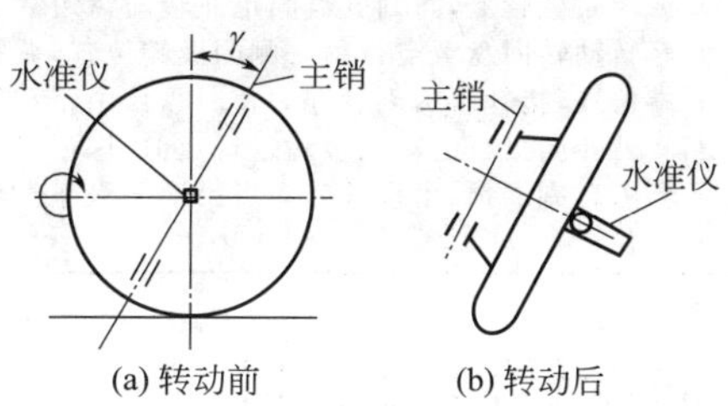


图 4-20　用气泡水准仪测量主销后倾角

如图 4-21 所示，利用气泡水准仪测量主销内倾角。图 4-21(a) 所示转向轮处于正直状态，水准仪处于水平状态。当转向轮向外转 90° [图 4-21(b)] 后，由于主销内倾角 $\beta$ 的存

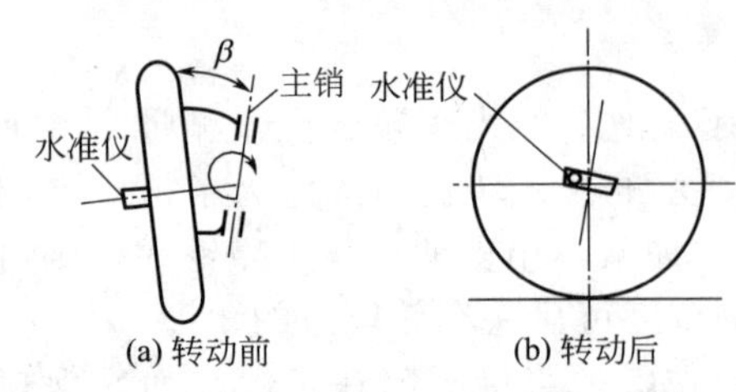

图 4-21 利用气泡水准仪测量主销内倾角

在，转向轮会向左下方偏斜，安装在轮毂端部的水准仪也随之倾斜，这一倾斜角度正好等于主销内倾角 $\beta$。同样，水准仪倾斜后气泡向上方移动［图 4-21 (b)］，将气泡移动的距离换算为角度值，就可读出主销内倾角 $\beta$ 值。

在实际测量时，由于转向轮不可能转动 90°，因此通常先把转向轮向外转 20°，回正后再向内转 20°，对测量结果进行适当的换算即可。

# 第四节 转向系统检测

## 一、转向盘自由转动量检测

转向盘自由转动量是指汽车保持直线行驶位置不动时，左右轻轻转动转向盘而转向轮未偏转时的自由转动量（游动角度）。转向盘自由转动量是一个综合诊断参数，当其超过规定值时，会使转向操纵灵敏度降低，影响汽车的安全行驶。

国家标准《机动车运行安全技术条件》（GB 7258）规定：汽车转向盘的最大自由转动量从中间位置向左或向右均应小于或等于 10°（最大设计车速大于或等于 100km/h 的汽车）或 15°（最大设计车速小于 100km/h 的汽车）。

转向盘自由转动量的检测有多种方法，一般都比较简便易行。具体见表 4-11。

**表 4-11 转向盘自由转动量的检测方法**

| 项 目 | 说 明 |
|---|---|
| 经验判断法 | 将车停于直行状态，用手指的力量左右转动转向盘，观察车轮没有转动的转向盘行程，要求向左和向右转动各不超过规定角度 |
| 用游标卡尺检测 | 如图 4-22 所示，将车辆放在水平、干燥的水泥路面上，并让车轮处于直行位置，在车轮不动的条件下，用卡尺检查转向盘的转动量，转向盘的空行程量应不大于 20mm |
| 用简易的转向盘自由转动量检测仪检测 | 制作一个刻度盘和一个指针，形成简易的转向盘自由转动量检测仪。将刻度盘通过磁力座吸附在驾驶室仪表板或转向柱管上，指针则固定在转向盘的边缘上。也可以反过来，即指针通过磁力座固定在仪表板或转向柱管上，而刻度盘固定在转向盘边缘上。使用该种检测仪时，应使汽车处于直线行驶位置不动，轻轻转动转向盘至空行程一侧的极端位置，调整指针指向刻度盘零点，再轻轻转动转向盘至空行程另一侧极端位置，指针所示刻度即为转向盘自由转动量<br>若转向盘自由转动量超过规定值时，可能是有的螺栓（母）松动或转向万向节、转向横拉杆球头销或转向器啮合副磨损、出现故障。可借助于汽车悬架转向系统间隙检查仪进一步检查诊断，直至查出磨损松旷的部位 |

## 二、转向盘转向力检测

转向盘转向力是驾驶员施加在转向盘上的操纵力，一般汽车应具有适度的转向操纵力。如果转向沉重，不仅增加驾驶员的劳动强度，而且会因不能及时正确转向而影响行车安全。转向太轻则驾驶员路感太弱，方向漂移，同样不利于行车安全。

采用转向参数测量仪或转向测力仪等仪器，可以测得转向力及对应转角。下面以国产ZC-2型转向参数测量仪为例，介绍其组成、工作原理及检测方法，具体见表4-12。

表4-12 国产ZC-2型转向参数测量仪的组成、工作原理及检测方法

| 项 目 | 说 明 |
| --- | --- |
| 仪器组成 | ZC-2型转向参数测量仪主要由主机箱、操纵盘、连接叉和定位杆四部分组成，如图4-23所示。操纵盘由螺栓固定在三爪底板上，底板经力矩传感器与连接叉相接，每个连接叉上都有一只可伸缩长度的活动卡爪，以便与被测转向盘相接。主机箱为一圆形结构固定在底板中央，其内装有接口板、微机板、转角编码器、打印机和电池等，力矩传感器也装在其内。定位杆从底板下伸出，用磁力座吸附在驾驶室内的仪表盘上。定位杆的内端接有光电装置 |
| 工作原理 | 当把转向参数测量仪对准被测转向盘中心，调整好3只活动卡爪长度并与转向盘连接牢固后，转动操纵盘的转向力通过底板、力矩传感器、连接叉传递到被测转向盘上，使转向盘转动以实现汽车转向。此时，力矩传感器将转向力矩转变成电信号，而定位杆内端连接的光电装置则将转角的变化转变为电信号。这两种电信号由微机自动完成数据采集、转角编码、运算、分析、存储、显示和打印，可得到转向力、转向盘转角和转向盘自由转动量3种检测结果 |
| 检测方法 | 转向力的检测可按转向轻便性试验规范，以大转角（"8"字形行驶）转向力试验、原地转向力试验、弯道转向力试验等进行检测。按照国家标准《机动车运行安全技术条件》(GB 7258)对转向系统的要求，汽车应在平坦、硬实、干燥和清洁的水泥或沥青路面上，以10km/h的速度从直线行驶过渡到直径为24m的圆周行驶，施加于转向盘外缘的最大圆周力应小于或等于245N |

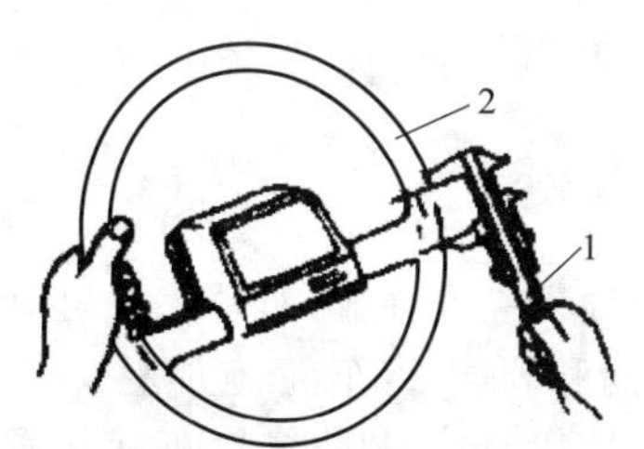

图4-22 检查转向盘自由行程（捷达轿车）
1—卡尺；2—转向盘

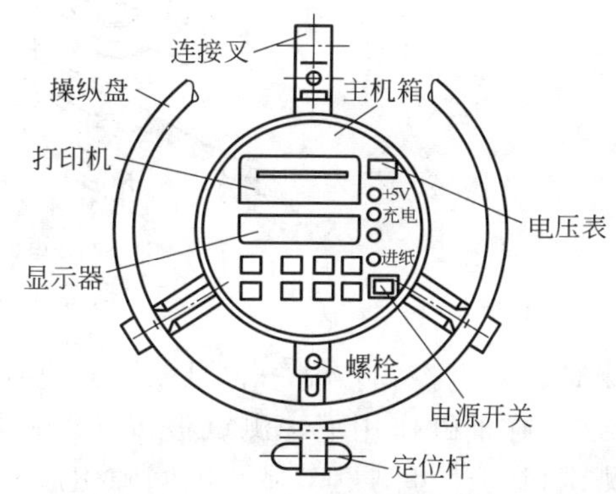

图4-23 ZC-2型转向参数测量仪

## 三、转向轮转向角检测

一般通过检测和调整转向轮的最大转角，使汽车最小转弯半径和内轮差得到保证。转向轮的最大转角可以用图4-24所示的带刻度的转盘来测量。将汽车转向轮行驶到转盘上，向左和向右分别将转向盘转到底，车轮就会带动转盘转动，其上的指针就在刻度盘上指出车轮所转过的角度。

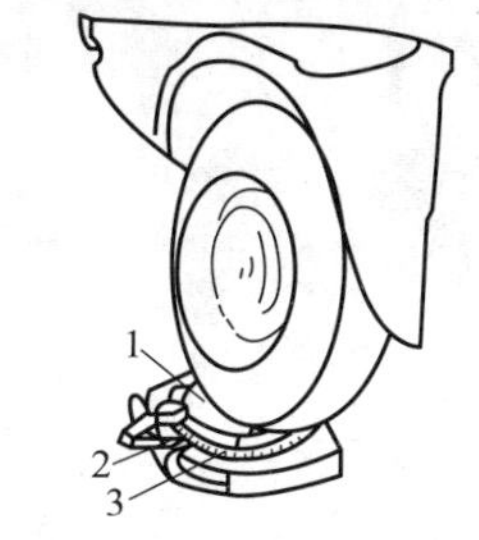

图4-24 用转盘检测转向轮的最大转角
1—转盘；2—指针；3—刻度盘

若转向轮最大转角不足，会使汽车的最小转弯半径过小；但若转向轮最大转角过大，又会使汽车的转向内轮差增加。因此，应将转向轮限位螺钉适当调整，使左右两方向的最大转角符合汽车制造厂规定。

另外，汽车在平坦、硬实、干燥和清洁的道路上行驶，其转向盘不得有摆振、路感不良、跑偏或其他异常现象。汽车的转向

盘应转动灵活、操纵轻便、无阻滞现象。转到极限位置时，不得与其他部件有干涉现象。汽车转向轮转向后应有自动回正能力，以保持汽车稳定的直线行驶。转向节及臂、转向横拉杆和直拉杆及球头销应无裂纹和损伤，并且球头销不得松旷。横拉杆和直拉杆不得拼焊。

## 四、悬架和转向系统间隙检测

如果汽车悬架和转向系统间隙过大，可能引起汽车转向盘抖振、行驶跑偏、乘坐舒适性不良、轮胎异常磨损和行驶噪声等故障，这些故障现象只有在汽车行驶中才会出现，汽车停止时进行检查会费时费力，而且不易觉察。如将汽车车轮置于检测平板上，通过平板前、后、左、右等方向的强制移动，给车轮施加各个方向的作用力，模拟汽车在颠簸路面上运动时车轮的受力，就可充分暴露悬架和转向系统各零部件的技术状态和各连接处松紧程度，从而可快捷、准确地判断故障部位。

悬架和转向系统间隙检测仪组成如图 4-25 所示。该检测仪主要由测试板、手提灯、泵站及电控箱组成。

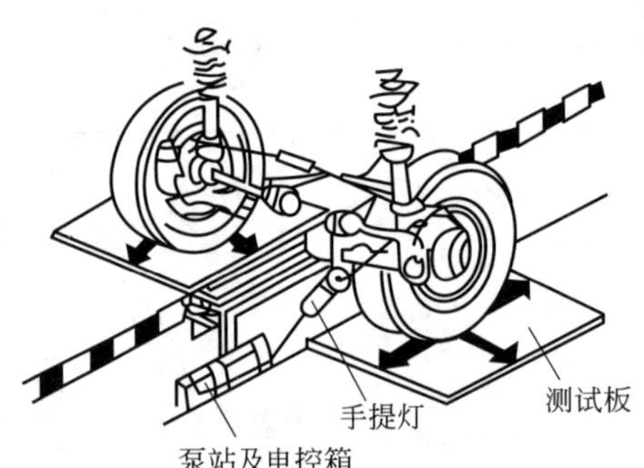


图 4-25　悬架和转向系统间隙检测仪

检测时，在电控箱控制下，泵站油泵高压油经电磁阀输入一个油缸（另一油缸处于卸荷状态）。这样在油缸作用下，测试板按导向机构规定的方向移动，给车轮施加移动方向的作用力。测试机构即可测量、显示因间隙引起的移动距离。其检查方法是将汽车前轮置于检测仪的两块测试板上，用手提灯上的开关操纵两测试板作纵向、横向运动，即可检查出汽车横拉杆、球头销、转向支臂、悬架、车轮轴承等部件的间隙。

# 汽车常见故障诊断与案例分析

## 第一节 汽车发动机常见故障诊断与案例分析

### 一、发动机无法启动故障诊断

发动机启动不良的现象主要有以下几种：启动机带不动发动机，或能带动，但转动缓慢；启动机能带动发动机正常转动，但不能启动，且无着车征兆；有着车征兆，但发动机不能启动。造成发动机不能启动的原因很多，有启动系统、点火系统、汽油喷射系统及发动机机械故障等。其中因启动系统故障而造成的发动机不能启动的故障不在电控系统检查范围内。发动机机械故障应在排除汽油喷射系统和电子点火系统的故障之后再进一步检查。

在设计排除发动机启动困难的故障程序时，要注意以下两点：启动发动机重要的因素是充分的启动转速和发动机三要素，因此，应针对重点进行系统性检查以找出故障原因；有效地使用发动机 ECU 的诊断功能，进行故障排除。

#### （一）发动机无法启动故障诊断流程

1. 检查启动情况

① 启动发动机需要一定的转速。检查过程中要判断是否能够保持发动机启动所需要的速度。

② 达到足够的转速时，继续检查点火、燃油和压缩系统，这三项就是人们所说的发动机三要素。

③ 如果由于启动系统的故障导致无法达到足够的转速，即使发动机正常也无法启动。

检查方法：用一辆同型号车检查发动机的正常转速，然后与用户的车辆进行比较。

提示：发动机启动所需的最低转速，汽油机为 60～120r/min，柴油机为 50～150r/min。

2. 检查更换蓄电池后的启动情况

在一些情况下，由于出现如下恶性循环使故障原因无法找到：发动机不启动→用户启动车辆时需要很长时间→蓄电池无电（放电）→车速不够。

在这种情况下首先更换蓄电池，然后检查转速和启动性能。

如果更换蓄电池后仍然不正常，无法达到足够的转速，则检查启动系统和发动机的转动

阻力。

3. 检查发动机旋转阻力

如果发动机旋转不正常，可能是由两个原因造成的：启动系统故障以及发动机旋转阻力过大。如果发动机的旋转阻力正常，启动系统发生故障，启动系统的启动能力下降，则发动机无法获得足够的转速；如果发动机旋转阻力不正常，则发动机旋转阻力将过大，启动系统正常，但发动机旋转阻力过大使发动机无法获得足够的转速。

检查方法：检查发动机旋转阻力。

4. 检查 DTC 与问题症状之间的关系

尽管 DTC 输出结果显示异常，然而 DTC 所显示的故障与用户所指出的故障并不相同（图 5-1），在这种情况下就要检查 DTC 和问题症状之间的关系。

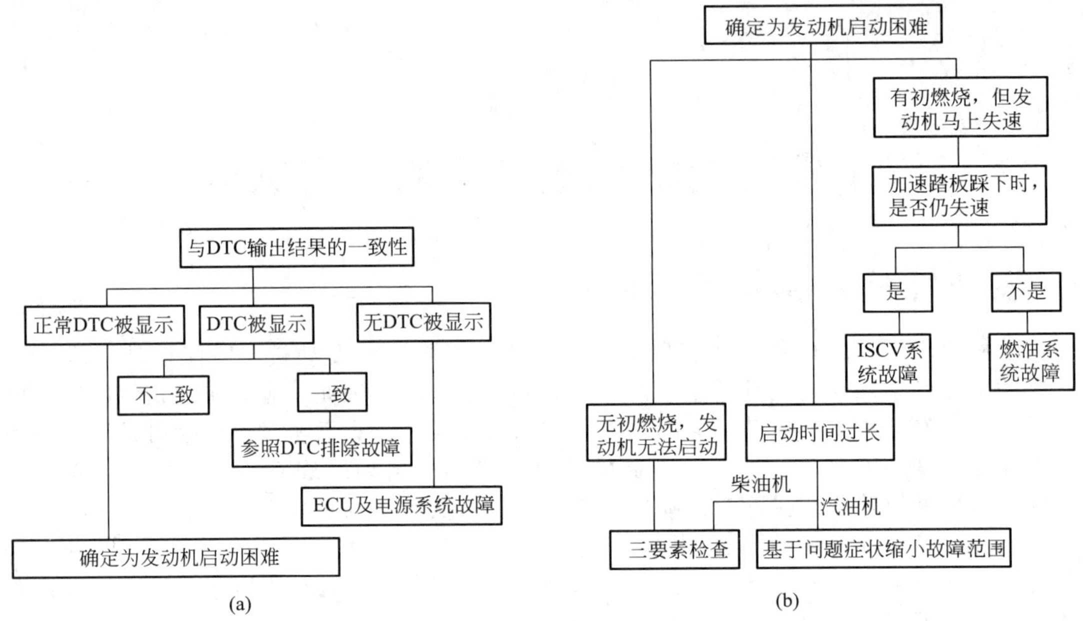


图 5-1　检查 DTC 和问题症状之间的关系

显示正常的 DTC，可以判断故障出现在无法有 DTC 显示的部位。显示 DTC，检查 DTC 输出结果与问题症状是否一致。当无 DTC 显示时，可以考虑 ECU 自身不良。在这种情况下可以判定在电源或相关部位出了故障。

检查方法：检查 ECU 数据。

5. 确认“发动机启动困难”的症状

“发动机启动困难”的表达并没有说出故障的原因。是否有初燃烧，或者发动机启动时间长等不同情况造成发动机启动困难的原因是不同的。在此步骤要清楚“发动机启动困难”的具体症状，只有这样才能缩小故障范围。

检查方法：检查发动机启动情况。

6. 检查三要素

如果未显示 DTC，也未出现初燃烧，可以认定故障出在三要素上。检查三要素可以将故障原因范围缩小到点火、燃油或压缩系统。

（1）汽油机故障

① 点火及预热系统：如果点火火花很弱或者根本没有火花，就不会显示与点火信号或

相关部位有关的DTC数据，因此，可以判断是点火次级系统而不是点火初级系统出现了故障。

检查方法：检查点火及预热系统。

② 燃油系统：检查燃油是否有压力，喷油器是否工作，如果燃油没压力，可以判定故障出在喷油泵或其相关部位。

检查方法：检查燃油系统。

③ 压缩系统：压缩压力下降可导致发动机启动困难，如果压缩压力下降，在出现发动机启动困难之前就会出现由于怠速不良或动力不足造成的故障。

检查方法：检查压缩系统。

（2）柴油机故障

① 点火及预热系统：如果点火及预热系统出现故障，进入气缸的空气就不会升到足够的温度，在这种情况下，发动机就会出现无法启动或者启动时间过长的问题。

检查方法：检查点火及预热系统。

② 燃油系统：如果由于供油不足造成发动机启动困难，一般不会是两个以上气缸同时发生故障，这是因为故障很可能出现在燃油流经的零件，如喷油嘴或输油管，这些零件并不是导致故障的主要原因，在这种情况下就要系统地检查与喷油泵相通的零件以缩小故障原因范围。

检查方法：检查燃油系统。

③ 压缩系统：对于柴油机而言，如果压缩压力不够，柴油是不会燃烧的，柴油不燃烧，发动机就无法启动，在检查三要素时，要检查压缩压力以判断喷入气缸的燃油是否经过充分的压缩，如果只有一个气缸不工作是不会出现导致发动机启动困难的压缩系统的故障的，也就是说，只有当一个以上的气缸同时出现故障时，才会出现导致发动机启动困难的压缩系统的故障的，了解到这一点是非常重要的。

检查方法：检查压缩系统。

7. 根据故障症状缩小故障检查的范围

根据“发动机启动时间长”和“发动机启动困难”的症状缩小故障原因范围，如图5-2所示。合适的空燃比对于启动发动机是非常重要的。空燃比对发动机稳定性的影响非常大，所以在查找故障原因时要根据故障出现时的情况首先查找那些影响空燃比的因素。

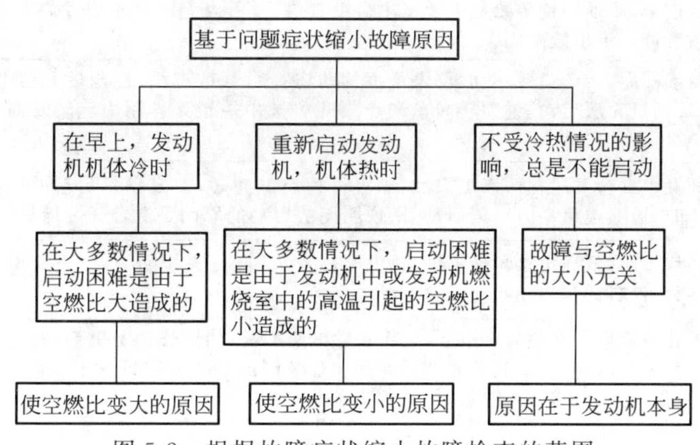

图5-2　根据故障症状缩小故障检查的范围

8. 根据火花塞的潮湿情况判断空燃比的大小

火花塞清洗之后，在发动机启动之前检查火花塞的潮湿情况。如果火花塞变湿，则可判

定空燃比过小。在清洗火花塞之前，实施这种判断会在很大程度上受到发动机情况的影响。即使空燃比大，火花塞仍然会由于发动机转动时间较长或失火而变湿，可能据此错误地判断为空燃比小。因此，维修人员有必要做出判断。

## (二) 点火系统引起的发动机无法启动或启动困难故障诊断

1. 发动机无法启动的故障分析

点火系统的故障有三大来源，一是高压电路有问题，二是低压电路有问题，三是点火正时失调。经常碰到的现象是火花塞没有火花跳出或者火花太弱，因而无法引爆气缸内的油气，使发动机不能启动。

发动机无法启动的故障分析见表 5-1。

表 5-1 发动机无法启动的故障分析

| 项 目 | 说 明 |
|---|---|
| 蓄电池电压过低 | 蓄电池电压是否过低的检测方法如下<br>①在发动机不启动的情况下，把点火开关转到“ON”位置，并在发动机不启动的情况下打开刮水器，如果刮水器动作比平时慢很多，那么蓄电池很可能是亏电了<br>②用万用表连接蓄电池正、负极，电压应不低于 12.5V<br>③启动时起动机发出“嗒嗒”声 |
| 蓄电池存不住电 | 车辆停放 1 天就没有电了，除了蓄电池自身极板硫化外(电机无法充电)，可能是车内线束漏电。在蓄电池负极和车身接地点之间连接电流表，然后逐个拔下熔丝，若拔下某个熔丝后不再放电，则说明该熔丝负责的电路有插头松动或接地线不实，造成拉弧放电 |
| 冷却液温度传感器短路 | 发动机经多次启动后仍无法启动，而火花塞电极又非常干净，则可能是冷却液温度传感器短路，造成混合气过稀 |
| 点火或燃油泵继电器触点烧蚀或焊点接触不良 | 在继电器触点烧蚀后，控制系统必须加大电流才能保证继电器继续工作，而加大电流会造成继电器工作温度过高，到一定程度后会导致磁性丢失，开关触点不能吸合，或因电流过大而使继电器触点自动断开，造成该继电器负责的电路没有电。通过外观检查继电器触点，可以看见烧蚀的痕迹，此时必须更换继电器 |
| 燃油滤清器堵塞 | 汽车行驶中车速突然降低，而且越来越低，最后熄火。熄火后重新启动，可以着车，但车速更低，而且着不住车，最后熄火后无法启动 |
| 曲轴位置传感器失效退出 | 如果同时匹配有凸轮轴位置传感器，有启动征兆，但是无法启动，曲轴位置传感器失效退出，控制单元不能接收到速度信号和曲轴位置信号，就无法正确地控制燃油喷射和点火正时，会出现喷油器不工作的现象。由于凸轮轴位置传感器负责第 1 次点火，所以有启动征兆，但启动 1.5s 后改由曲轴位置传感器提供信号，曲轴位置传感器失效退出后没有信号，所以无法真正完成启动。出现上述故障时，一般自诊断系统可显示出故障码 |
| 防盗器锁死 | 防盗器锁死后，转向盘转不动，仪表板上的防盗指示灯被点亮，控制单元会中断供油控制，但不会中断点火，发动机无法启动，说明转向盘和点火开关被中控锁死。用力旋转转向盘，待旋转后，防盗系统自动解锁，可正常启动 |
| 混合气过稀 | 如果怀疑因混合气过稀而无法启动，则可拆掉空气滤芯，在发动机启动的同时将化油器清洗剂往进气道喷，如果边喷边启动时可以启动，则说明无法启动的原因是混合气过稀 |
| 点火模块短路 | 点火模块短路(低压电路导通不截止，没有高压火)或点火线圈短路(击穿电压过低)，燃油泵继电器触点不闭合(没有油)，发动机也无法启动 |
| 正时带错齿在两个以上 | 橡胶的正时带应在车辆每行驶 48000km 后更换 1 次，如果长期不更换，在冷天长时间停放后启动时机油黏度较高，或车辆重载爬坡时使用时间明显超限的正时带容易发生错齿，如果错齿在 2 个以上，则气门杆有可能撞击活塞顶，使发动机无法启动 |
| 多根高压阻尼线短路 | 开始时运转不平稳，次级绕组击穿电压过低，混合气燃烧不好，动力不足，严重时无法启动 |

2. 发动机启动困难的故障分析

(1) 启动困难的故障表现　发动机启动困难是指发动机无法保证一次启动成功，有别于连续多次启动也无法着车的无法启动故障。启动困难的故障表现见表 5-2。

**表 5-2　启动困难的故障表现**

| 故障表现 | 说　明 |
| --- | --- |
| 冷车启动困难 | 冷车启动时要在启动几次后才能着车，而热车启动时能立即着车。冷车启动困难的原因是混合气过稀或点火能量偏低。具体原因有残余燃油压力过低、进气系统密封不良(漏真空)、冷启动喷油器不喷油、进气温度传感器断路或接地线接触不良、喷油器雾化不良、燃烧室积炭过多、点火能量不够、火花塞电极被污染、炭罐电磁阀卡滞在开启部位、EGR 阀密封不良、PCV 阀卡滞在开启较大部位、空气流量传感器信号电压过低、点火线圈次级绕组击穿电压过低、节气门和怠速控制阀处积炭过多等 |
| 热车启动困难 | 热车难启动是指冷车启动正常，热车启动困难，甚至不能启动。热车启动困难的原因有混合气过浓、燃油压力低(产生气阻)、部分喷油器漏油或严重雾化不良、进气歧管绝对压力传感器软管堵塞、冷却液温度传感器断路或接地线接触不良、炭罐空气滤清器堵塞。其中最常见的原因是混合气过浓 |
| 冷车和热车均启动困难 | 原因是缸压不足，进气系统严重密封不良(伴有加速熄火、怠速不稳的故障现象)，活塞环密封不良，进气门积炭过多或排气门烧蚀而导致密封不良、动力不足、烧机油、加速不良；点火正时或喷油正时不当，导致动力不足、加速放炮、怠速不稳；空气滤清器滤网过密而导致进气不畅；三元催化转化器堵塞或消声器内部隔音板开焊，导致排气不畅 |

(2) 启动困难的故障原因　造成启动困难的具体因素如下。

① 传感器部分：冷却液温度传感器短路或曲轴位置传感器等有故障，冷却液温度传感器短路，曲轴位置传感器失效退出。

② 执行器部分：点火继电器、点火模块、点火线圈故障，电动燃油泵或喷油器严重漏油。

③ 其他部分：燃油油路压力过低，电源或点火系统有故障，空气滤清器堵塞或进气管漏气严重，发动机气缸压力过低。

启动困难的故障原因见表 5-3。

**表 5-3　启动困难的故障原因**

| 故障原因 | 说　明 |
| --- | --- |
| 混合气过浓 | 如果热机启动困难，而将加速踏板踩到底(踩到底后不喷油)时可正常启动，则说明混合气过浓。此时可拆下空气滤清器滤芯，释放出一部分积聚在进气道内的浓混合气。另外，拆下滤芯后进气阻力变小，进气阻力越小混合气就越稀，可正常启动。应重点检查炭罐电磁阀是否卡滞在开启位置 |
| 节气门系统和旁通空气道上有过多的积炭 | 每天初次踩加速踏板时感到比以前重多了，而且发动机启动困难，但略微踩下加速踏板时可正常启动，说明节气门处积炭过多，过多的积炭堵塞了节气门，造成启动困难。启动时略微踩下加速踏板，使进气量有了保障，所以可以正常启动，但行驶中放松加速踏板就会立即熄火。应及时清洗节气门系统和旁通空气道，清洗后重新匹配，可恢复正常 |
| 进气温度传感器断路或接地线接触不良 | 会出现异常低温信号，造成混合气过稀，启动困难，但不会造成无法启动。检查进气温度传感器，除了检查常温下的电阻值外，还要利用车的前照灯加热后检查其电阻值是否随其降低。通常断路的负温度系数热敏电阻在常温下的电阻值基本正常，但加热后电阻值却不发生变化 |
| 冷天蓄电池极柱接触不良 | 使用较久后蓄电池极柱头产生白色结晶颗粒，会使蓄电池漏电，冷天停车后发动机无法启动。用开水浇极柱头上的结晶颗粒后，可正常启动。维修时用砂纸清除极柱头上的白色结晶颗粒，涂抹润滑脂，可排除故障 |
| 接地线不良 | 冷车启动困难，热车启动正常，急加速时发动机转速漂移，最常见的故障是发动机接地线、变速器接地线、蓄电池接地线或控制单元接地线中至少有一处接触不良，重新紧固后，故障即可排除。如果发动机控制单元供电或接地线接触不良，会引发其间歇性中断，中断时控制单元停止工作，燃油和点火控制将同时中断，即没有油和火，使车辆无法启动<br>热车后启动正常，道理很简单，即热胀冷缩。发动机启动后如果某根接地线接触不良，其温度会很高，热胀后原有的间隙消除了，接地线接触不良的故障暂时没有了 |
| 燃烧室积炭过多 | 每天初次启动时，需要连续启动 2～3 次(刚开始启动的燃油被积炭吸收)才行，严重时会产生突发性剧烈抖动，甚至带动车身一起抖动。清洗燃烧室积炭，清洗后高速行驶 20min 可排除故障。清洗后直接熄火，第 2 天可能因气门被清洗后残留的发黏的积炭粘连，无法启动 |

续表

| 故障原因 | 说明 |
| --- | --- |
| 点火线圈短路 | 会造成发动机启动困难，加速无力，排气管冒黑烟，同时油耗急剧增加。更换有问题的点火线圈可排除故障 |
| 进气歧管绝对压力传感器软管堵塞或电路不良 | 冷车启动正常，热车启动困难，怠速时抖动、容易熄火，动力不足，加速时发动机喘振，油耗明显增加，排气管冒黑烟，这是典型的进气歧管绝对压力传感器真空管堵塞的故障现象。控制单元接收不到空气流量信号，进入应急保护程序，在怠速时控制单元会反复调整怠速步进电机，造成怠速转速漂移。更换堵塞的真空管可排除故障<br>进气歧管绝对压力传感器或电路不良，会造成发动机怠速不稳，怠速不正确，启动困难或启动后又熄火等。当出现上述现象时，应检测压力传感器及电路 |
| 炭罐空气滤清器堵塞 | 发动机冷车启动正常，热车熄火后15min之内重新启动困难，停留较长时间后可以正常启动。热车时在打开油箱盖的瞬间有真空吸气声，但打开油箱盖后可正常启动，说明炭罐空气滤清器堵塞。炭罐空气滤清器堵塞后使油箱唯一的空气通道被关闭，随着油箱内油位的降低，箱内真空度提高，油箱底部被吸起，汽油集滤器的进油口大部分被油箱底部堵塞，使进油量减少，热车熄火后15min之内需要连续2～3次启动方可着车。更换炭罐即可排除故障。停留时间较长后油箱底部离开，可以正常启动 |
| 燃烧室积炭过多造成每天初次启动困难 | 每天初次启动时需要连续启动3次（前2次喷的油被积炭吸收，第3次启动时积炭中的油已经饱和），随后1天内一次即可完成启动，但行驶中加速和收加速踏板时发动机发抖。这有可能是燃烧室积炭过多，造成进气门密封不良，清洗燃烧室后即可排除故障。燃烧室积炭过多还会造成加速不良及最高车速下降 |
| 炭罐电磁阀卡滞在开启位置 | 会导致启动困难，冷车时最少要启动3次才能着车，而热车启动正常。炭罐电磁阀开启条件是发动机冷却液温度在75℃以上，转速在1500r/min以上，每次开启时间不超过90s，开启时控制单元要根据进气温度传感器信号对喷油脉宽进行重新调节，以保证理想的空燃比。当炭罐电磁阀卡滞在开启位置时，控制单元是无法知道的，也就不可能为其重新调节喷油脉宽，每天初次启动时，发动机只有连续启动以将整整一夜积攒下来的过浓混合气从气缸中驱赶出去才能完成启动。热车时因间隔时间有限，从炭罐电磁阀过来的混合气有限，所以基本可以保证正常启动。如果启动时先将加速踏板完全踩到底，或先拆下空气滤清器滤芯，稍停片刻可正常启动 |
| EGR阀卡滞在开启位置 | 会导致启动困难（连续启动3次以上才能着车）、怠速不稳、加速发抖 |
| 进气歧管绝对压力传感器输入信号线断路 | 会造成启动后立即熄火。进气压力传感器输入信号线电压应为5V，如果实际检测为0V，则说明传感器断路 |
| 燃油泵及燃油滤清器故障 | 一般燃油泵是能正常工作的，其问题多是因燃油泵滤网堵塞致使燃油泵不能吸入足量燃油，或燃油滤清器不畅通引起燃油流量不足。燃油泵滤网堵塞时必须清洗油箱，然后更换滤网 |
| 喷油器堵塞 | 会使喷油节流并且雾化不好，造成冷车启动困难，需要启动2～3次才能着车。清洗喷油器可恢复正常 |
| 冷却液温度传感器短路、断路或接地线接触不良 | 冷却液温度传感器短路，会造成混合气过稀，车辆根本无法启动；传感器断路或接地线接触不良，会造成混合气过浓，冷车可以正常启动，热车会出现启动困难，启动后怠速抖动，甚至熄火。检查接地线，如果接地线正常，则进一步检查冷却液温度传感器 |

## （三）发动机无法启动且无着车征兆故障诊断

1. 故障现象与原因

（1）故障现象　接通启动开关时，启动机能带动发动机正常转动，但不能启动发动机，且无着车征兆。

（2）故障原因　油箱中无油；熔丝熔断；启动时节气门全开；电动燃油泵不工作；喷油器不工作；油路压力过低；点火系统故障：无高压火或点火正时与标准相差较大；正时带过松或断裂，发生跳齿故障；发动机气缸压缩压力过低；三元催化转化器堵塞；ECU或发动机搭铁不良；曲轴或凸轮轴位置传感器故障；防盗系统故障。

2. 故障诊断与排除

电控燃油喷射式发动机在设计上具有很好的启动性能。电控燃油喷射系统的一般故障通常不会导致发动机不能启动。如果出现发动机不能启动且无着车征兆的故障，其原因一定是发动机的点火系统、燃油系统、控制系统或机械系统四者之中的一个或一个以上完全丧失了功能。因此，发动机不能启动的故障诊断与排除应重点集中在上述四个系统中。

发动机无法启动且无着车征兆故障诊断与排除方法见表 5-4。

**表 5-4　发动机无法启动且无着车征兆故障诊断与排除方法**

| 项　目 | 故障诊断与排除方法 |
| --- | --- |
| 正确的启动操作方法 | 通常电控燃油喷射式发动机的控制系统要求启动时不踩加速踏板。如果在启动时将加速踏板完全踩下或反复踩加速踏板以求增加供油量,则往往会使控制系统的溢油消除功能起作用,从而导致喷油器不喷油或少喷油,造成发动机不能启动 |
| 检查油箱的存油情况 | 燃油不足是发动机不能启动的直接原因,故首先检查油箱存油。常规做法是打开点火开关,若燃油表指针不动或油量警告灯点亮,则说明油箱内无油,应加足燃油后再启动。值得注意的是有的发动机前置后轮驱动的车辆,为便于传动轴布置和保证车辆重心位置,其油箱设计成马鞍形,这样可使传动轴穿过油箱底部中央,油箱的形状如图 5-3 所示。此时,采用喷射泵可将燃油从无燃油泵的油箱侧传输至有燃油泵的油箱侧。喷射泵的结构及运作如图 5-3、图 5-4 所示。喷射泵位于油箱内,油箱的马鞍形状将导致燃油被分为 A 室和 B 室两个部分,当燃油液面下降时,B 室的燃油被停止泵出,为防止此现象的发生,喷射泵将 B 室的燃油送往 A 室。这是利用燃油的流动来实现的。通过燃油的流动产生负压,负压作用于喷管时就将燃油从 B 室吸入,送至 A 室。由上述原理可知,当燃油泵的泵油量减少回油量不够时,B 室的燃油将不能到达 A 室,这就需要更换燃油泵了。一般来说,这种油箱上装有两个燃油计量器,一个主计量器,一个副计量器。两个燃油计量器信号分别输入仪表 ECU,然后由仪表 ECU 计算出总的剩余燃油量信号,并将其传送至组合仪表,以提高燃油计量的准确性。主计量器与喷射泵、压力调节器、燃油泵、燃油滤清器装配在一起 |
| 检查点火系统 | 导致发动机不能启动的最常见原因是点火系统不能点火。因此,在做进一步检查之前,应先排除点火系统的故障。在检查电控燃油喷射式发动机的电控点火系统有无高压火花时,应采用正确的方法,不可沿用检查传统触点式点火系统高压火花的方法,以防损坏点火系统中的电子元件<br>正确的检查方法是,从分电器上拔下高压总线,使高压总线末端距离缸体 7～10mm,或从缸盖上拔下高压分线,将一个火花塞接在高压分线上,将火花塞接地,接通启动开关,用起动机带动发动机运转,同时观察高压总线末端或火花塞电极处有无强烈的蓝色高压火花(图 5-5)<br>如果没有高压火花或火花很弱,则说明点火系统有故障。在查找故障部位之前,可先进行发动机故障自诊断,检查有无故障码。电控燃油喷射式发动机的故障自诊断系统通常能检测出点火系统中的曲轴位置传感器及点火器的故障。如有故障码,则可按显示的故障码查找故障部位;如无故障码,则应分别检查点火系统中的高压线、分电器盖、高压线圈、各缸火花塞、点火器、分电器、曲轴位置传感器及点火控制系统的 ECU。点火系统最容易损坏的部件是点火器,故应重点检查点火器 |
| 检查点火正时 | 如果点火提前角与标准相差太大,也会出现启动时毫无启动征兆的故障现象,所以应检查、调整点火正时 |
| 检查电动燃油泵工作是否正常 | 电动燃油泵不工作也是造成发动机不能启动的最常见原因之一。用一根导线将电动燃油泵的两个检测插孔(如丰田车系是+B 和 FP)短接,或拔下电动燃油泵继电器,将继电器插座上连接继电器触点的两端子(30 和 87)用一根导线短接,然后打开点火开关,此时应能从油箱口处听到燃油泵运转的声音,或用手捏住进油管时能感觉到进油管的油压脉动,或拆下油压调节器上的回油管,应有燃油流出<br>如果电动燃油泵不工作,应检查熔丝、继电器及电动燃油泵控制电路等。如果电路正常,则说明电动燃油泵有故障,应更换。在拆装燃油泵时,应注意某些车上增加了防静电措施(如本田车系),即将电动燃油泵电源连接器(在油箱上)的搭铁端子、电动燃油泵连接器(在电动燃油泵上)的搭铁端子、燃油滤清器静电输出接线端子和燃油压力调节器静电输出接线端子用黑色导线连接后与车身连接。由于燃油在油箱、电动燃油泵、燃油滤清器和燃油压力调节器内高速流动,与壳体的剧烈摩擦会产生静电荷,并且在各壳体材料不同(铝合金、薄钢板和塑料等)的情况下所产生静电荷的极性和电位也不同,所以在静电荷量大时会产生“火花放电”,很不安全。对此类车,可将上述各壳体上的搭铁端子用导线连接后与车身连接,可使各壳体上的静电荷互相中和,并通过车身接地,因此提高了燃油供给系统的安全性。注意:在更换电动燃油泵或燃油滤清器时,务必先将上述各壳体用黑色导线可靠连接,然后再将它与车身连接,以确保安全 |

续表

| 项　目 | 故障诊断与排除方法 |
|---|---|
| 检查电动燃油泵工作是否正常 | 如果在检查中电动燃油泵工作，可尝试在这种状态下启动发动机。若可以启动发动机，则说明电动燃油泵控制电路有故障，使燃油泵在发动机启动时不工作。在这种情况下，应检查电动燃油泵控制电路 |
| 检查喷油器是否喷油 | 如果点火系统和电动燃油泵工作正常，则应进一步检查喷油控制系统。在启动发动机时，检查各喷油器有无工作声音。如果喷油器不工作，则可用一个大阻抗的测试灯或双向发光二极管测试灯接在喷油器的线束插头上，如果在启动发动机时测试灯能闪亮，则说明喷油控制系统正常，喷油器有故障，应更换喷油器<br>如果测试灯不闪亮，则说明喷油控制系统或控制线路有故障。此时应检查喷油器电源熔丝有无烧断，喷油器降压电阻(如果有)有无烧断，喷油器与电源之间的接线是否良好，喷油器与 ECU 之间的接线是否良好，ECU 的电源继电器与 ECU 之间的接线是否良好。如果外部电路均正常，则可能是 ECU 内部有故障。可用 ECU 检测仪或采用测量 ECU 各端子电压的方法来检测 ECU 有无故障；也可以换用一个好的 ECU 进行试验。如能启动发动机，即可确定为 ECU 故障，应更换 ECU |
| 检查发动机正时带和轮齿状况 | 没有高压火花的另一个原因是发动机正时带断裂或轮齿滑脱，导致由凸轮轴驱动的分电器轴不转动，使分电器内的曲轴位置传感器无输出信号。检查时可打开分电器盖或机油加注口盖、上正时带罩，然后摇转曲轴，同时检查分电器轴有无转动。如分电器轴不转动，则说明正时带断裂或轮齿滑脱，应拆检正时机构和气门机构，查找导致正时带断裂的原因，排除故障后，再更换新的正时带 |
| 检查燃油系统压力 | 燃油系统油压过低会造成喷油量太少，也会导致发动机不能启动。在电动燃油泵运转时检查燃油系统油压。在发动机未运转的状态下，正常燃油压力应为 300kPa 左右。如果燃油压力过低，则可用钳子包上软布，将油压调节器的回油管夹住，阻断回油通路。此时，若燃油压力迅速上升，即可说明油压调节器漏油造成油压过低，应更换油压调节器；若燃油压力上升缓慢或基本不上升，则说明油路堵塞或电动燃油泵有故障，应先拆检燃油滤清器；如有堵塞，应更换燃油滤清器；如滤清器良好，则应更换电动燃油泵 |
| 检查气缸压缩压力 | 若上述检查均正常，则应检查气缸压缩压力。若气缸压缩压力低于 0.8MPa，则说明发动机机械部分有故障，应拆检发动机 |

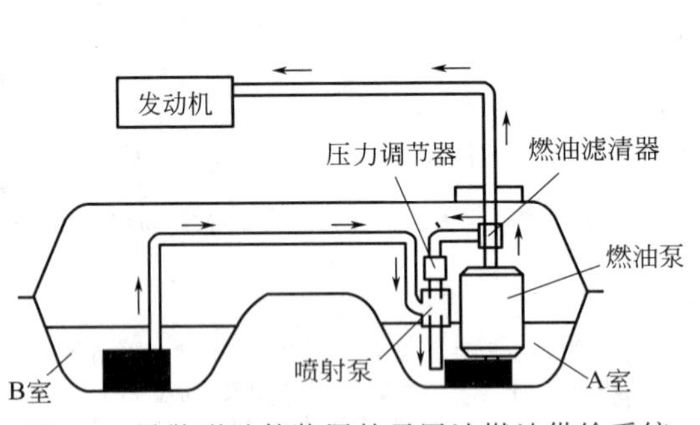


图 5-3　马鞍形油箱装用的无回油燃油供给系统

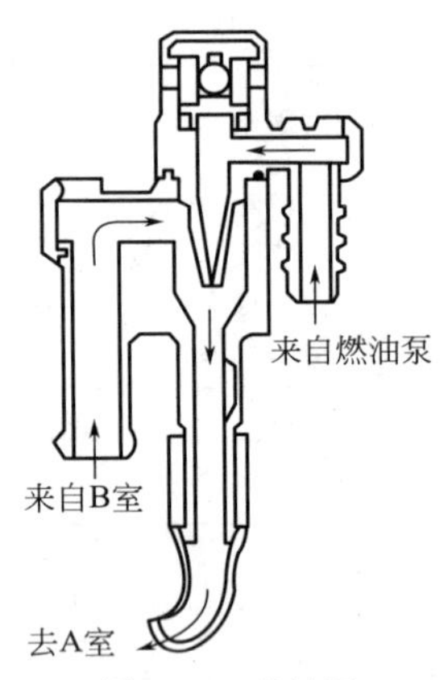


图 5-4　喷射泵

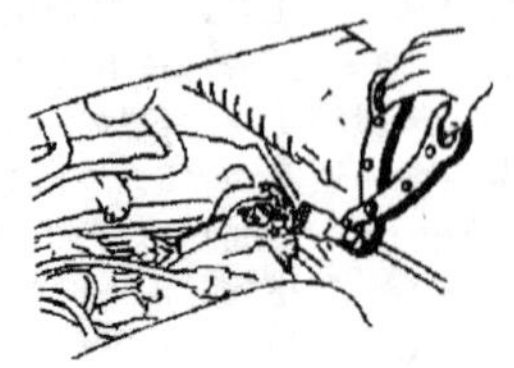

(a) 检查点火线圈高压总线火花

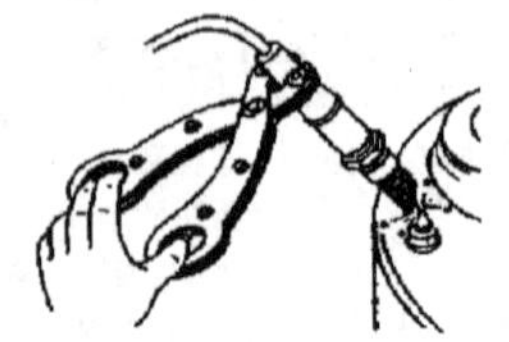

(b) 检查各缸高压分线火花

图 5-5　高压跳火试验

## (四)有着车征兆但不能启动发动机故障诊断

1. 故障现象与原因

(1) 故障现象 启动发动机时,起动机能带动发动机正常转动,有轻微着车征兆,但不能启动发动机。

(2) 故障原因 进气管漏气;点火提前角不正确;高压火花太弱;冷启动喷油器不工作;电动燃油泵或油压调节器工作不良,燃油滤清器堵塞,导致燃油压力太低;冷却液温度传感器有故障;空气滤清器堵塞;空气流量计有故障;进气管压力传感器有故障或真空管脱落;喷油器漏油或堵塞;喷油控制系统有故障;排气管堵塞;发动机气缸压力过低。

2. 故障诊断与排除

有着车征兆而不能启动,说明点火系统、燃油系统和控制系统虽然工作失常,但并没有完全丧失功能。这种不能启动故障的原因不外乎是高压火花太弱、点火正时不正确、混合气太稀、混合气太浓、气缸压力太低等。一般应先检查点火系统,然后再检查进气系统、燃油系统、控制系统,之后检查排气管是否堵塞,最后检查发动机气缸压力。

有着车征兆但不能启动发动机故障诊断与排除方法见表 5-5。

**表 5-5 有着车征兆但不能启动发动机故障诊断与排除方法**

| 项 目 | 故障诊断与排除方法 |
|---|---|
| 先进行故障自诊断,检查有无故障码 | 如有故障码,则可按显示的故障码查找相应的故障原因。必须指出的是,显示出的故障码不一定都与发动机不能启动有关,有些故障码是发动机在以往的运行过程中留下的偶发性故障,有些故障码所表示的故障则不会影响发动机的启动性能。会影响发动机启动性能的部件有曲轴位置传感器、凸轮轴位置传感器、冷却液温度传感器、空气流量计等<br>理论上说,发动机启动期间,其喷油量不由空气流量计信号或进气歧管绝对压力传感器信号来决定,但启动后便立即转为由空气流量计信号或进气歧管绝对压力传感器信号和发动机转速信号来决定基本喷油量,再加上一些修正。如果空气流量计信号或进气歧管绝对压力传感器信号出现异常时,可能引起发动机在启动后瞬间不能平稳运转而导致启动失败,看起来就像有启动征兆,但不能启动。而当发动机 ECU 判断空气流量计或进气歧管绝对压力传感器失效而记录故障码时,一般均会启用故障失效保护功能或备用系统,这时发动机一般都可以启动 |
| 检查高压火花 | 除了检查分电器高压总线上的高压火花是否正常外,还要进一步检查各缸高压分线上的高压火花是否正常。若总线火花太弱,则应更换点火线圈等;若总线火花正常而分线火花较弱或断火,则说明分电器盖或分火头漏电,应更换分电器盖或分火头 |
| 检查空气滤清器 | 如果滤芯堵塞,可拆掉滤芯后再启动发动机。如此时发动机能正常启动,则应更换滤芯 |
| 检查进气系统有无漏气 | 对于采用空气流量计测量进气量的电控燃油喷射式发动机,在空气流量计之后的进气管道有漏气就会影响进气量计量的准确性,从而使混合气变稀。严重的漏气会导致发动机不能启动。检查中应仔细查看空气流量计之后的进气软管有无破裂,各处接头卡箍有无松脱,谐振腔有无破裂,曲轴箱强制通风软管是否接好<br>此外,燃油蒸发回收系统和废气再循环系统在启动及怠速运转中是不工作的。如因某种原因而使它们在启动时就进入工作状态,也会影响启动性能。将燃油蒸发回收软管或废气再循环管道堵住,再启动发动机,如发动机能正常启动,则说明该系统有故障,应认真检查 |
| 检查火花塞间隙 | 火花塞电极间隙太大也会影响启动性能。火花塞的正常间隙一般为 0.8mm,有些高能量的电子点火系统火花塞间隙较大,可达 1.2mm。如火花塞间隙太大,应按维修手册所列标准值进行调整 |
| 检查火花塞表面 | 如果发现火花塞表面只有少量潮湿的燃油,则说明喷油器喷油量太少。此时,应先检查启动时电动燃油泵有无工作。可用一根导线将电动燃油泵的两个检测插孔短接,再启动发动机。如能启动,则说明电动燃油泵在启动时不工作,应检查控制电路。如果电动燃油泵工作而不能启动,应进一步检查燃油压力。如果燃油压力太低,应检查燃油滤清器、油压调节器及燃油泵有无故障。如果火花塞表面有大量潮湿的燃油,则说明气缸中已出现"呛油"现象,这也会造成发动机不能启动。这种情况下,可拆下所有火花塞,将其烤干,再让气缸中的燃油全部挥发掉,然后装上火花塞,重新启动。如果仍会出现"呛油"现象,则应拆卸喷油器,检查喷油器有无漏油 |

续表

| 项　目 | 故障诊断与排除方法 |
| --- | --- |
| 检查喷油量 | 喷油量太大或太小也可能是由空气流量计或冷却液温度传感器故障所引起的。如出现这种情况，应对照维修手册中的有关数据测量这两个传感器 |
| 调整点火正时 | 如果将点火提前角调大或调小后，发动机就能启动，则说明点火正时不正确，应将点火正时调整准确 |
| 检查冷启动喷油器有无工作 | 拔下冷启动喷油器线束插头，用测试灯或电压表测量。在启动时，线束插头内应有电压，若无电压，则应检查冷启动喷油器控制电路 |
| 检查排气管是否堵塞 | 拆下某一缸或两缸火花塞，同时将这一缸或两缸的喷油器插头拔下，不让其喷油，再启动发动机，如能启动，则说明排气管堵塞。也可直接拆下排气管，然后启动，如能启动，则说明排气管堵塞 |
| 检查气缸压缩压力是否正常 | 若压缩压力低于0.8MPa，则说明气缸压力过低，应拆检发动机 |

### （五）发动机启动困难的故障诊断

1. 故障现象与原因

（1）故障现象　发动机启动困难是指启动机能带动发动机按正常转速转动，有明显的着车征兆，但很难启动；或需要连续多次启动，或长时间转动起动机才能启动发动机。

（2）故障原因　进气系统中有漏气；燃油压力太低或保持压力不正常；油路中有大量空气而产生气阻；回油管或燃油滤清器滤芯堵塞；空气滤清器滤芯堵塞；冷却液温度传感器故障；空气流量计或进气歧管绝对压力传感器故障；怠速控制阀或附加空气阀故障；废气再循环阀工作不良；冷启动喷油器不工作；喷油器工作不良（漏油、积炭、胶质堵塞等）；点火正时不准确（如正时带轮连接键磨损）；启动开关至ECU的接线断路；气缸压缩压力太低；进气管和进、排气门积炭过多（气门关闭不严）；点火线圈、火花塞工作不良或高压线有破损之处等。

2. 故障诊断与排除

对于启动困难的故障，应分清是在冷车时出现还是在热车时出现，或者在冷车和热车时均出现。这一故障的原因一般是在燃油系统，可按表5-6检查。

**表5-6　发动机启动困难故障诊断与排除方法**

| 项　目 | 故障诊断与排除方法 |
| --- | --- |
| 进行故障自诊断 | 如有故障码，则按故障码查找相应的故障原因。如有条件，可读取启动时的数据流，根据数据流分析故障原因 |
| 检查怠速时进气管的真空度 | 若真空度小于66.7kPa，或怠速运转时进气管附近有漏气的“嘶嘶”声，则说明进气系统中有空气泄漏，应检查进气管各管接头、衬垫、真空软管等处，以及废气再循环系统、燃油蒸发回收系统 |
| 检查空气滤清器 | 如果滤芯堵塞，则应进行清洁或更换 |
| 检查节气门 | 如果节气门在1/4开度左右时发动机能正常启动，而节气门全关时启动困难，则应检查怠速控制阀及附加空气阀工作是否正常。在冷车怠速运转中，拔下怠速控制阀线束插头，或在冷车怠速运转时将附加空气阀进气软管用钳子夹住，如果发动机转速没有下降，则说明怠速控制阀工作不正常，应检查怠速控制阀及其控制电路 |

续表

| 项　目 | 故障诊断与排除方法 |
| --- | --- |
| 检查燃油压力 | 用一根导线将电动燃油泵的两个检测插孔短接，然后打开点火开关，让电动燃油泵运转。在这种状态下，燃油压力应为300kPa左右。如果压力太低，则应检查油压调节器有无漏油。将回油管包上软布，用钳子夹死，此时若油压上升至400kPa以上，说明燃油泵工作正常，油压过低的原因是油压调节器漏油；若夹住回油管后油压仍太低，则说明燃油泵有故障，或燃油滤清器严重堵塞。发动机熄火后，多点喷射系统管路中应保持一定的残余油压，便于再次启动。如果发动机熄火后，残余油压很低或等于零，将造成难启动或不能启动的故障。系统残余油压过低的原因有燃油泵单向阀关闭不严；油压调节器阀门关闭不严；喷油器漏油或燃油系统管路漏油 |
| 检查冷却液温度传感器和进气温度传感器 | 如果阻值不符合标准，则应更换。在线检测其信号电压，看是否与标准相同，否则检查线路。拔下温度传感器线束插头，用万用表测量温度传感器各接线端之间的电阻 |
| 检查空气流量计或进气歧管绝对压力传感器 | 用万用表或专用检测仪检测空气流量计或进气歧管绝对压力传感器的信号电压。如不符要求，则应更换 |
| 其他检查 | ①如果是在冷车时不易启动，而热车时启动正常，则应检查冷启动喷油器工作是否正常。先检查在启动时冷启动喷油器线束插头处有无12V左右的电压。如果没有电压，则说明控制电路有故障，应检查冷启动温度开关及其控制电路。如果启动时线束插头处有电压，则应检查冷启动喷油器电磁线圈电阻是否正常及喷孔有无堵塞<br>②若冷车启动正常，而热车不易启动，则应检查点火线圈、点火器、高压线圈。如无异常，则应检查燃油压力。若燃油压力过高，则说明油压调节器回油管堵塞，导致热车熄火后油管内的燃油因温度过高而产生气阻。排除热车启动困难故障时，还应检查活性炭罐电磁阀的工作情况。若电磁阀内部有卡滞现象，会使阀芯断电时不能正常回位，造成混合气过浓<br>③在怠速运转时检查点火正时，如不符合标准，应予以调整<br>④检查启动开关至ECU的启动信号是否正常。如果ECU接收不到启动开关的启动信号，就不能进行启动加浓控制，也会导致启动困难。对此，应使用ECU检测仪对发动机ECU进行数据分析，或从ECU线束插头处检查启动时有无启动开关信号传至ECU。如无信号，则应检查启动开关和线路<br>⑤ 拆检喷油器，检查喷油器是否脏堵、泄漏以及喷油雾化情况等，经清洗后若不符合要求，应予以更换<br>⑥检查进气管和进、排气门积炭，如积炭严重应予清除<br>⑦检查气缸压缩压力，如压力过低，则应拆检发动机<br>⑧如果上述检查均正常，则可换一个新的ECU进行试验，如有好转，则说明原ECU有故障，应更换ECU |

发动机启动困难的故障诊断与排除流程如图5-6所示。启动困难的检查方法与发动机不能启动的检查方法有很多相同之处，有时启动困难最终可能发展为不能启动。

## 二、发动机怠速控制系统常见故障诊断与案例分析

### （一）发动机怠速不良的故障诊断流程

由于怠速不良造成的问题症状分为两种：一是发动机转动不稳，振动大；二是怠速异常（速度高低不稳定）。

在制定怠速不良的故障检修程序时要注意的是，如果怠速出现问题，故障检修方法或故障部位视故障出现情况的不同存在很大差异。对故障发生情况进行全面的确认以及确定故障范围是属于怠速不良还是怠速故障是非常重要的。

1. 核实怠速不良

如图5-7所示，对怠速不良的症状进行核实，怠速不良的原因视“怠速不稳”或“怠速异常”而异。所以，只有了解怠速不良的情况才能缩小故障原因的范围。

怠速不稳的症状就是发动机转动不稳，有振动。怠速异常的症状就是发动机转速不在规

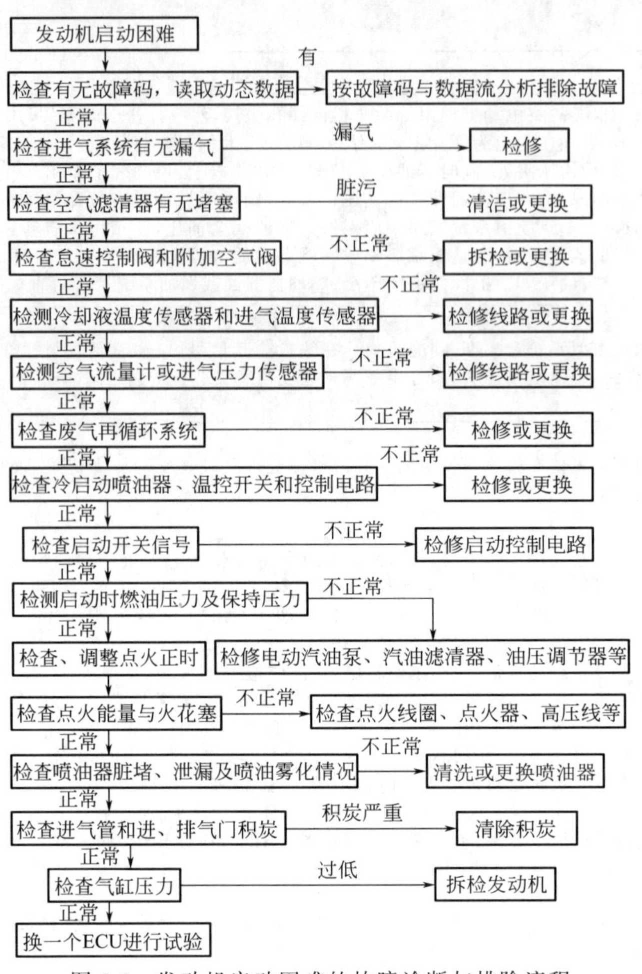

图 5-6　发动机启动困难的故障诊断与排除流程

定范围内，如怠速过高、怠速过低、转速波动、第一怠速过低、发动机负荷变化时转速下降等。

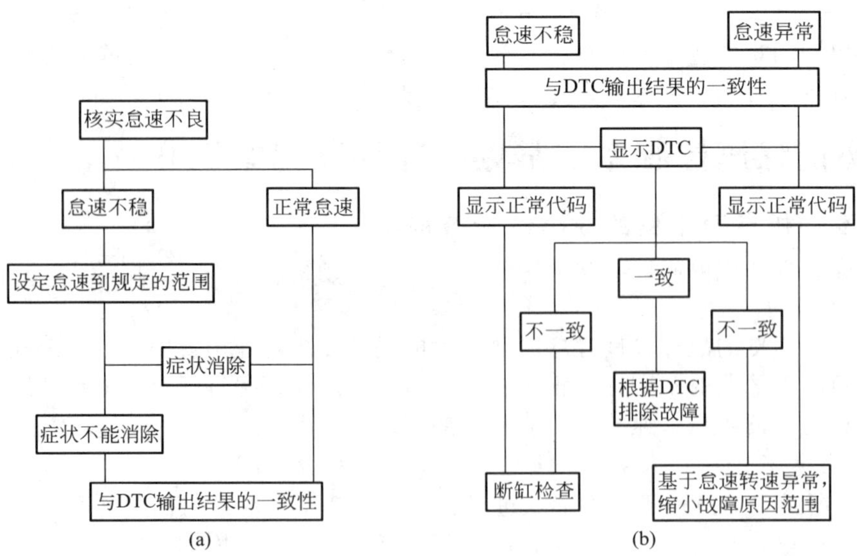

图 5-7　核实怠速不良

柴油机的振动高于汽油机的振动。发动机怠速转动时，如果维修人员无法找到故障原因，可以将故障车与同车型的另一辆车进行比较，然后根据比较结果判断。

2. 检查问题症状与DTC输出结果的一致性

尽管DTC显示异常，然而DTC所显示的故障与用户所述的故障并不一样，因此要检查DTC与问题症状之间的关系。

① 显示正常的DTC，可以判断故障出现在无法有DTC显示的部位。

② 显示DTC，检查DTC输出结果与问题症状是否一致。

检查方法：检查ECU数据。

3. 断缸检查

判断这种故障是影响某个气缸还是对所有气缸都有影响。

检查方法：断缸检查（图5-8）。

① 汽油机：如果这种故障只影响某个气缸，则检查这个气缸的发动机三要素。如果这种故障对所有气缸都有影响，则检查空燃比。

② 柴油机：如果这种故障只影响某个气缸，在断缸检查中根据这个气缸中的功率强弱与否缩小故障原因范围在三要素内。如果这种故障对所有气缸都有影响，检查柴油机的空燃比。

4. 检查汽油机的三要素

如图5-9所示，如果这种故障只影响某个气缸，可以认定发动机的三要素之一发生了故障，也就是说点火、燃油或压缩系统发生了故障。

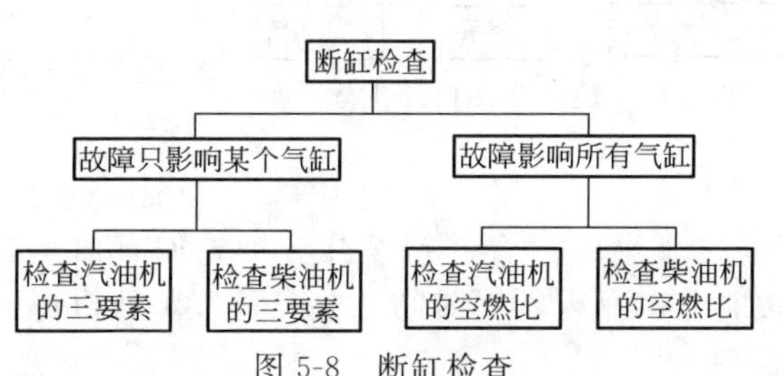


图5-8　断缸检查

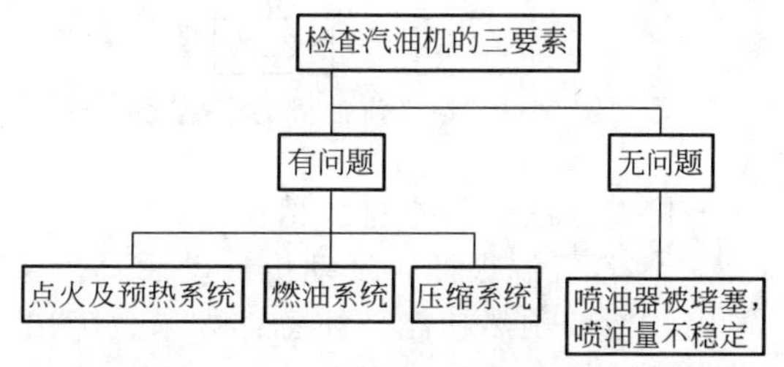


图5-9　检查汽油机的三要素

① 点火及预热系统：如果点火时火花小或根本没有火花，就不会显示点火信号或相关部位的诊断码，可以判断是点火次级系统而不是点火初级系统出现了故障。

检查方法：检查点火及预热系统。

② 燃油系统：检查喷油器是否工作。

检查方法：检查燃油系统。

③ 压缩系统：使用缸压表测量压缩压力。

检查方法：检查压缩系统。

5. 检查柴油机的三要素

如图5-10所示，当故障影响某个气缸时，根据气缸的动力情况缩小故障原因查找范围，也就是说，通过断缸检查根据各气缸动力的强弱来查找故障原因。

① 如果某个气缸的功率不足，可根据发动机的排烟浓度缩小故障原因范围。

检查方法：检查排放情况。

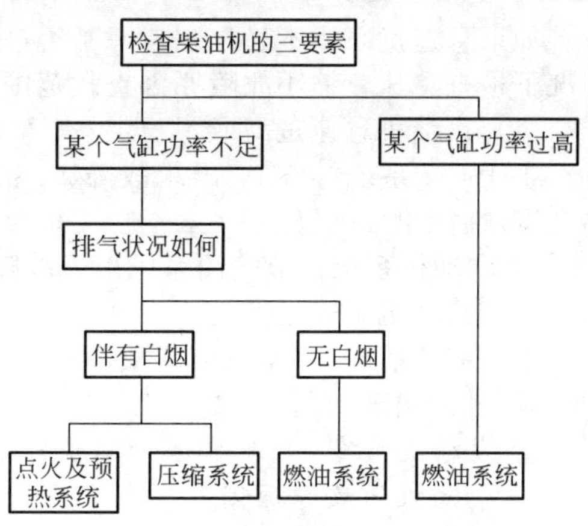


图5-10　检查柴油机的三要素

如果排放情况正常，可认为燃烧是正常的，这时检查燃油系统以判断是喷油嘴的喷油量不足还是喷油嘴根本没有喷出油来。例如，喷油管等零件漏油；喷油嘴故障；喷油泵故障。

如果排气管冒白烟，分析是不是发动机缺火，检查压缩和燃油系统，因为这两个系统可导致发动机燃烧异常。

② 如果某个气缸的功率过高，可考虑是不是由于过强的爆燃压力使发动机出现故障。这时可判断是由于燃油系统的故障使喷油量增加。例如，喷油嘴故障；喷油泵故障。注意：如果喷油量增加，在没有负荷的情况下突然加速就可能导致排气管排出的黑烟量增加，并导致柴油机爆燃。

6. 检查汽油机的空燃比

如图 5-11 所示，如果故障影响所有气缸，在检修故障时检查空燃比是非常重要的。检查空燃比缩小故障原因范围。

检查方法：检查空燃比（A/F）。

7. 检查柴油机的排气

如果这种故障对所有气缸都有影响，检查发动机的排气情况（图 5-12），将故障原因范围缩小在三要素内。

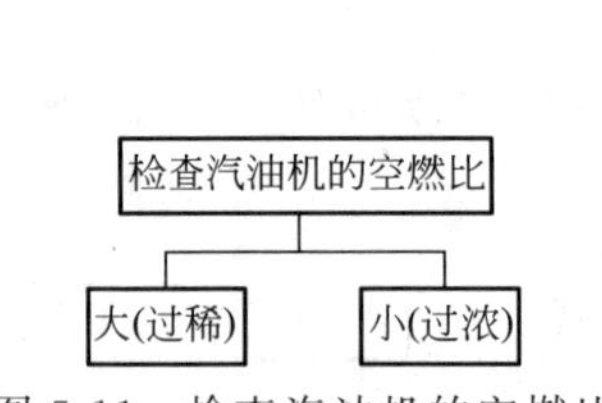

图 5-11 检查汽油机的空燃比

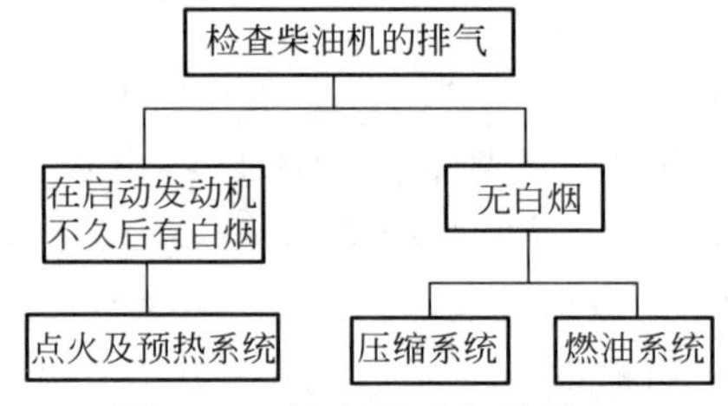

图 5-12 检查柴油机的排气

检查方法：检查排放情况。

① 若气温很低，发动机启动后马上会发出柴油机爆燃的声音并持续几分钟。如有白烟冒出，检查预热功能。注意：如果故障出在预热功能上，点火延迟时间就会变长，柴油机爆燃声音增加，然后排出白烟。

② 若空气混入燃油，喷油量就会变得不恒定。压力分布的不平均也会造成怠速不稳，在这种情况下检查燃油和压缩系统。这种情况下没有白烟排出。

检查方法：检查点火及预热系统、燃油系统、压缩系统。

8. 根据怠速异常情况缩小故障原因范围

如果怠速过高或不稳，则考虑是否进气量过大；如果怠速过低，则进气量太小。在这种情况下检查怠速，缩小故障原因查找范围。

（1）汽油机怠速过高或不稳定

① ISCV 系统：ISCV 出现故障；ISCV 控制系统（ECU、线束）出现故障；水温传感器范围/性能出现问题。

② 发动机系统：节气门系统出现故障（节气门未完全关闭）；进气系统吸气故障。

（2）汽油机怠速过低

① ISCV 系统：ISCV 出现故障；ISCV 控制系统（ECU、线束）出现故障；水温传感器范围/性能出现问题。

② 发动机系统：节气门系统出现故障；进气系统堵塞；发动机转动阻力提高。

9. 柴油机的故障原因

（1）怠速高的原因　将怠速过高的原因范围缩小到油门拉索或喷油泵上。

检查喷油泵的调整杆是否复位到正确的位置。如果喷油泵的调整杆复位到正确的位置，则调整怠速。如果调整怠速后仍然不能消除故障，则考虑故障是否出在喷油泵上。如果喷油泵的调整杆未复位到正确的位置，则调整油门拉索。如果调整油门拉索后仍然不能消除故障，可以判断造成故障的原因是油门拉索拖滞或怠速提升装置出现故障。

（2）怠速低的原因　将怠速过低的原因缩小到可导致怠速提升装置、发动机本身或喷油泵上。

检查空调开关或动力转向等可导致怠速提升装置是否工作。喷油泵出现故障时，所有气缸的喷油量将同时减少，这将导致发动机转速变慢。

### （二）发动机怠速控制系统常见故障诊断

发动机怠速控制系统常见故障诊断见表5-7。

**表5-7　发动机怠速控制系统常见故障诊断**

| 常见故障 | 故障诊断 |
|---|---|
| 交流发电机怠速发电量不足导致电磁干扰 | 怠速发电量不足会导致交流发电机非线性信号失真，产生的电磁干扰会影响喷油器，导致怠速时发动机有轻微抖动，起步后恢复正常 |
| 发动机转速在1500r/min以下时动力不足 | 发电机非线性信号失真有时会影响爆燃传感器，使爆燃传感器错误地发出爆燃信号，导致发动机点火提前角推迟过多，造成发动机在怠速和小负荷时明显功率不足，引发怠速抖动和小负荷时加速不良 |
| 每天初次踩加速踏板时感觉发沉，发动机过载及汽车低速行驶时熄火 | ①如果怠速步进电动机和怠速控制阀过脏卡滞，则每天初次踩加速踏板时会感觉发沉，严重时需要略踩下加速踏板才能完成启动<br>②行驶中完全放松加速踏板，发动机停止喷油，发动机转速降到1500r/min时应启动步进电动机恢复喷油，而由于直通式怠速控制系统的节气门因积炭过多而卡滞以及旁通式怠速控制系统的怠速控制阀因过脏而卡滞造成步进电动机启动不及时，使发动机过载熄火，严重时会造成汽车低速行驶时熄火<br>怠速控制系统负荷变化控制是否正常的简易检测方法是，在发动机怠速状态下如果使用空调、自动变速器挂挡或助力转向打方向，发动机怠速转速应略有上升，若发动机转速下降超过50r/min，则应检查怠速控制系统 |
| 怠速不稳 | 造成怠速不稳的原因有怠速步进电动机过脏或者喷油器堵塞。导致喷油器早期堵塞的主要原因是燃油标号过低，低标号燃油中烯烃的含量高 |
| 怠速步进电动机机件磨损时的失效保护 | 当控制单元控制的步进电动机步进数达不到控制效果时，控制单元会根据曲轴转速传感器的信号反馈进行控制 |
| 配置电子节气门的发动机出现怠速不稳 | (1)必须定期清洗电子节气门的原因　配置有电子节气门的车辆怠速不稳，绝大多数是由电子节气门污染造成的。电子节气门一旦被灰尘严重污染，就会导致发动机怠速不稳、车辆加速不良、加速踏板发沉、燃油消耗量增加、尾气排放超标，严重时还会出现怠速熄火，但中高速时运转平稳。电子节气门一般在车辆每行驶40000km后清洗1次<br>(2)电子节气门初始化的通用方法<br>①清洗前先断开蓄电池负极<br>②清洗后连接好蓄电池负极<br>③对于本田车系，将点火开关打开30s，然后关闭15s，即可完成电子节气门的初始化<br>④对于丰田车系，关闭点火开关，拔下发动机舱内熔丝盒中的EFI和ETCS熔丝，1min后装上即可完成电子节气门的初始化<br>⑤对于克莱斯勒车系，将点火开关打到ON位置，接通电源，但不启动，点火开关在ON位置应至少保持10s，PGM将利用这段时间进行和完成电子节气门的自适应<br>⑥对于三菱车系，将点火开关打开1s，然后关闭15s，即可完成电子节气门的初始化<br>⑦对于雪铁龙车系，将点火开关置于M位置并保持30s(注意不要踩加速踏板)，断开点火开关15s，即可完成电子节气门的初始化<br>(3)进气系统外漏的检测方法　进气系统外漏主要集中在真空软管、波纹管与节气门之间的连接处。用真空表检查发动机进气系统怠速时的真空度，当怠速时进气道的真空度在17.8kPa以下时，应重点检查进气系统有无外漏。发动机前悬软垫破裂时，会造成1500r/min怠速时发动机抖动，严重时会影响爆燃传感器，致使小负荷时动力不足 |

续表

| 常见故障 | 故障诊断 |
|---|---|
| V缸发动机两侧空气流量传感器端子接错 | 此时有可能造成发动机怠速发抖，尾气呛人，一侧排气管烧红，如果不及时重新安装，则有可能造成三元催化转化器烧蚀 |
| 使用空气流量传感器的发动机进气系统密封不良 | 使用空气流量传感器的发动机冷车时怠速稳定，热车后（温控风扇开始旋转）怠速抖动，说明有未计量的空气进入进气软管，导致混合气过稀。读取氧传感器数据流，输出电压只有0.03V，最大可能是进气系统发生泄漏，应重点检查真空软管进气歧管一侧的接头是否有裂口，波纹管节气门一侧卡子是否卡紧 |
| 发动机怠速时严重抖动，高怠速后运转平稳 | 应重点检查24X曲轴位置传感器是否发生故障。24X曲轴位置传感器负责发动机在转速为1200r/min以下时运转平稳 |

## （三）发动机怠速控制系统典型案例

怠速游车是指发动机在怠速时转速变化规律在100r/min以上，是一种有规律的怠速转速忽高忽低的故障。发动机缺缸、正时带错位、氧传感器自适应值严重超标、进气压力传感器真空软管堵塞、发动机进气系统内漏或外漏等故障导致怠速转速偏离正常值，控制单元根据氧传感器反馈的信号不断调节怠速步进电动机、怠速空气阀或节气门的开度，使怠速转速回到正常值。回到正常怠速的瞬间，系统退出控制，于是怠速转速再次偏离额定转速，控制单元再次进行调节，于是就出现有规律的怠速转速忽高忽低的故障。

**案例1** 发动机缺缸造成怠速游车。

发动机缺缸造成怠速游车的故障现象、故障分析、故障诊断及排除见表5-8。

**表5-8 发动机缺缸造成怠速游车的故障现象、故障分析、故障诊断及排除**

| | |
|---|---|
| 故障现象 | 一辆马自达6轿车的四缸发动机怠速转速出现500～800r/min间的怠速游车 |
| 故障分析 | 经检查发现，该发动机有一个缸缺缸，导致怠速转速降至500r/min，随后怠速控制系统开启怠速步进电动机，使怠速转速升至四缸发动机正常怠速转速的下限800r/min，怠速控制系统退出，怠速转速再次降至500r/min，怠速控制系统再次开启怠速步进电动机，如此反复，于是就出现500～800r/min间的怠速游车 |
| 故障诊断 | 该发动机为每个缸一个点火线圈，点火线圈短路、断路或火花塞故障都可能造成缺缸<br>(1)缸外跳火检测　采用缸外跳火的方法判断火花塞是否工作不良。如果怀疑某个缸火花塞无火或工作不良，则拆下该缸的点火线圈，连接一个新的火花塞，在缸外距缸体6～8mm处跳火。如果跳火正常，则说明故障在原装的火花塞。为保护三元催化转化器，跳火时间不得超过10s<br>经检测，缸外跳火为红火，说明该缸点火线圈短路<br>(2)单缸独立点火线圈的检测　单缸独立点火线圈的结构如图5-13所示<br>①检测点火线圈的前提条件。检测点火线圈时，要求蓄电池电压必须高于11.5V，发动机曲轴位置传感器和凸轮轴位置传感器工作正常<br>②检测点火线圈的电源电压。从点火线圈上拔下插头，打开点火开关，用万用表电压挡测量电源端子C与车身接地间的电源电压，正常值应为高于11.5V的蓄电池电压。如果电源电压过低或为零，应检查点火线圈到电源间的电路有无断路，并应逐段进行检测，导线电阻值应小于1.5Ω<br>③检测发动机控制单元对点火线圈的控制功能。<br>a. 拔下中央电路板上的燃油继电器，使燃油泵停止工作<br>b. 从点火线圈上拔下插头，打开点火开关，用万用表电压挡测量点火线圈控制信号端子A与车身接地间的电压，正常值约为5V。如果检测电压过低或为零，则应检查点火线圈到控制单元间的电路有无断路。如果检测电压过高，则应对发动机控制单元进行相关检测，如有必要应进行更换<br>c. 测量点火线圈线束的地线接地情况。选择万用表的蜂鸣挡，测量点火线圈的端子B与车身接地间的电阻及接地状态。当接地良好时，应有蜂鸣声，显示的电阻值应低于1Ω。如果接地不良，则应检查相关线束<br>d. 检测发动机控制单元能否发出初级绕组的断电信号。拔下点火线圈的插头，用试灯的一端接触信号端子A，另一端接地，启动发动机。如果发光二极管闪烁，则说明发动机控制单元的点火控制功能正常，检测完毕，关闭点火开关。如果发光二极管不闪烁，则检查发动机控制单元到点火线圈的电路和发动机控制单元。如果电源正常，发光二极管又能正常闪烁，则需要继续检测点火线圈的电阻，如果不符合要求，则应更换点火线圈 |

续表

| | |
|---|---|
| 故障诊断 | ④检测点火线圈的电阻。用万用表欧姆挡检测三端子式每缸一个点火线圈，如果 A 为电源，B 为信号电压，C 为接地，则用红表笔连接 A，黑表笔连接 B 时应导通；用红表笔连接 B，黑表笔连接 C 时应导通；用红表笔连接 C，黑表笔连接 A 时应不导通；用红表笔连接 C，黑表笔连接 B 时应不导通。检测时发现 2 缸点火线圈实际检测为导通，说明 2 缸点火线圈短路 |
| 故障排除 | 更换 2 缸点火线圈，试车，发动机怠速运转平稳，故障排除 |
| 案例拓展 | 两缸共用一个点火线圈的某根高压阻尼线短路也会造成缺缸 |

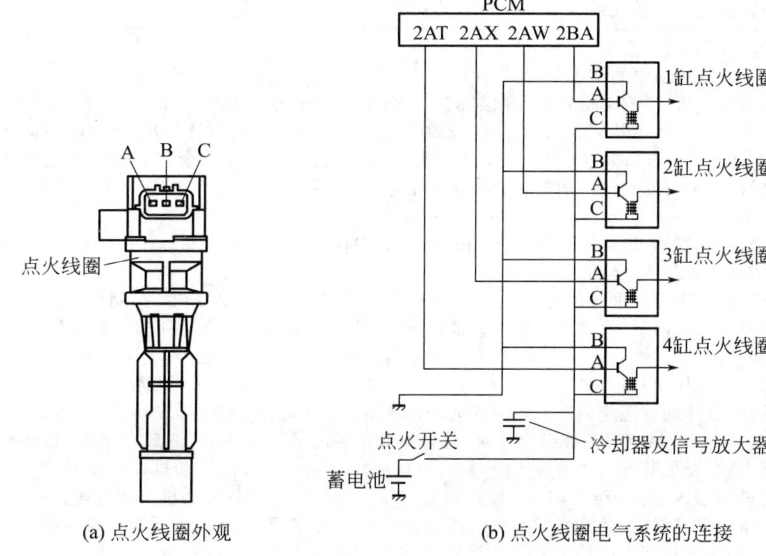


图 5-13　单缸独立点火线圈的结构

A—点火线圈控制信号端子；B—接地端子；C—电源端子

**案例 2**　进气系统密封不良造成怠速转速从过高向正常值间怠速游车。

进气系统密封不良造成怠速转速从过高向正常值间怠速游车的故障现象、故障分析、故障诊断及排除见表 5-9。

**表 5-9　进气系统密封不良造成怠速转速从过高向正常值间怠速游车的故障现象、故障分析、故障诊断及排除**

| | |
|---|---|
| 故障现象 | 发动机怠速转速在额定怠速转速上限和高于该转速 100～200r/min 间有规律地变化，如四缸发动机怠速转速在 900～1100r/min 间有规律地变化。除此之外还有一种现象为在清洗节气门前怠速没有出现过高，而在清洗节气门后怠速转速明显过高，并且高于转速不止 100～200r/min |
| 故障分析与诊断 | 使用空气流量传感器的进气系统出现内漏或外漏，如主进气道的节气门、旁通空气道关闭不严会造成内漏，空气流量传感器后边的橡胶软管、节气门体处密封不良或真空软管破裂会造成外漏。进气系统的内漏和外漏导致充气系数增加，从而引发怠速转速高于正常值。怠速控制系统发现怠速转速高于正常值，便会限制怠速时步进电动机的开度，待怠速转速降至怠速转速上限时，系统退出控制，于是在内漏或外漏的作用下，怠速转速再次高于正常值，怠速控制系统为维持目标转速便再次进行干预，如此反复，便出现怠速转速在额定怠速转速上限和高于该转速 100～200r/min 间有规律地变化<br>如果怠速转速在 900～1100r/min 间有规律地变化，行驶中放松加速踏板也不熄火，则说明是空气流量传感器后边的橡胶软管、节气门体处密封不良或真空软管破裂造成外漏。使用进气歧管的绝对压力传感器的进气系统出现外漏，会造成混合气过浓。如果漏气较严重，在怠速时会出现自加速，并一直加速到发动机自动断油时为止，所以会出现怠速转速在 1500～2000r/min 间有规律地变化。这是因为怠速控制系统在怠速转速上升到 2000r/min 时会自动断油，当怠速转速降到 1500r/min 时，为了防止转速过低熄火，会重新恢复供油。于是怠速转速就始终在 1500～2000r/min 间有规律地变化。电喷发动机在以下情况会自动进行断油控制 |

续表

| | |
|---|---|
| 故障分析与诊断 | ①发动机怠速转速达到 2000r/min 时会自动进行断油控制<br>②发动机达到最高转速时会自动进行断油控制，使其控制在发动机最高转速范围内<br>③汽车达到最高车速时会自动进行断油控制，使其控制在最高车速范围内<br>④急减速时会自动进行断油控制<br>⑤制动时会自动进行断油控制<br>怠速转速过高断油、急减速时断油、制动时断油后，待发动机转速降到 1500r/min 时，为了防止转速过低熄火，会重新恢复供油<br>每天初次踩加速踏板时感觉发沉，随后一天之内正常；车辆怠速游车，但不会造成怠速抖动；行驶基本正常，但放松加速踏板后熄火。如果出现这一系列故障现象，则说明进气系统出现内漏。这是由于废气返流引发的积炭造成怠速步进电动机、怠速空气阀和节气门卡滞进而导致关闭不严。节气门卡滞，使每天初次踩加速踏板时会略感沉重 |
| 故障排除 | (1)节气门的清洗方法<br>①拆下节气门前端的波纹管<br>②启动发动机，将发动机转速控制在 1200～2000r/min，按动节气门拉索，使节气门处于全开位置，将节气门清洗罐轻轻摇晃几下，使节气门清洗罐的导管伸入进气管对节气门及进气管进行喷射清洗，喷射清洗后等待 10～20min，如果感觉还不够清洁，可再喷射清洗 1 次。将剩余的节气门清洗剂喷洒在节气门体和回位弹簧上，关闭发动机。用棉布将杂质擦干净，并用压缩空气吹干，或打开节气门停留几分钟，让清洗剂挥发干净<br>③重新启动发动机，怠速运转 3～5min，然后急加速 2～3 次，将最高转速控制在 3000r/min<br>(2)清洗节气门后，必须重新进行节气门的匹配<br>节气门是用来控制进气量的，加速踏板实际控制的就是节气门的开度，控制单元再根据节气门的开度和开启速率调节喷油量(大负荷时增加喷油次数)。节气门脏了以后效率下降，开启角度加大，控制单元会进行一定的调整和匹配。在正常情况下，怠速的自适应调节值为 1.00。随着发动机工况的变化(如车辆长期行驶及节气门体变脏)，会使空气流经节气门时截面积变小。这时为了稳定怠速，节气门开度就会适当开大。这样，怠速的自适应调节值就会相应增加一点，变为大于 1.00，如 1.05、1.10 等，但是调节值最大只能调节到 1.15。如果节气门体继续变脏，就会使怠速时的进气量不够，造成怠速不稳，甚至出现熄火。在这种情况下，只要把节气门体清洗干净，就可以解决熄火的问题。但发动机控制单元中存储的自适应调节值并没有进行修改，仍旧为 1.15，这样节气门开度会依然较大，导致发动机出现怠速过高的现象<br>所以清洗节气门后，要重新对节气门进行初始化设定，恢复原始状态下的控制程序和参数。如果不进行匹配，控制单元长期学习使用中已经设定的启动时的节气门开度，在清洗后节气门开度还设在原来的位置，会造成发动机动力下降、抖动甚至报警。不重新匹配时最直接的表现就是出现怠速高、怠速自提速<br>(3)节气门的匹配方法<br>美国和日本产的发动机清洗节气门后，不需要重新匹配，只需要将蓄电池负极断开 1min，使控制单元失去残存记忆，即可恢复正常。菲亚特系列轿车在完成节气门的清洗或更换后，把点火开关旋转到 ON 位置，停留 10s，关闭点火开关，再重新打开点火开关，并启动发动机，即可完成节气门位置传感器的自适应，怠速转速恢复到正常。大众系列轿车进行节气门匹配时，在采用故障诊断仪执行基本设定、匹配、编码等功能时需要输入通道号 |

**案例 3** 点火线圈短路导致出现 300～800r/min 间怠速游车。

点火线圈短路导致出现 300～800r/min 间怠速游车的故障现象、故障分析、故障诊断及排除见表 5-10。

**表 5-10 点火线圈短路导致出现 300～800r/min 间怠速游车的故障现象、故障分析、故障诊断及排除**

| | |
|---|---|
| 故障现象 | 发动机启动后怠速时严重抖动，在任何转速下都抖动得非常厉害，排气管有“突突”声。急加速时提速慢，发动机发闯，出现 300～800r/min 间怠速游车，有时会自动熄火，发动机故障灯被点亮，尾气有难闻的硫黄气味 |
| 故障分析 | 四缸发动机缺两缸时就会出现 500～800r/min 间的怠速游车。如果四缸发动机缺两缸时转速降到 300r/min 左右，控制单元会通过不断调节怠速步进电动机、怠速空气阀或节气门的开度进行调节。这时发动机转速表显示为怠速转速在 300～800r/min 间有规律地变化。如果是直动式怠速控制系统(怠速步进电动机装在节气门上)，在怠速时可以看见节气门不停地变换开启角度，说明怠速步进电动机在不断调节，从低怠速不停地调整到标准怠速转速下限<br>对于同时缺两缸，最常见的是某个点火线圈短路或断路。两缸共用一个点火线圈，采用串联点火形式，如果一个点火线圈出现问题，将影响两个缸的工作 |

续表

| | |
|---|---|
| 故障检测 | ①最快捷有效的方法是检查点火线圈次级绕组的电阻值。用万用表的电阻挡，量程选择在10kΩ以上，分别拔下各缸的高压线，在环境温度为20℃时用万用表的两个表笔分别检查点火线圈两个同步缸高压阻尼线插座之间的电阻值。用万用表表笔分别连接点火线圈1、4缸之间高压阻尼线插座和2、3缸之间高压阻尼线插座，如果同步缸间电阻值明显超出厂家规定值，则应更换点火线圈组件<br>②用红外线测温仪分别检测各个排气歧管的工作温度，哪个排气歧管的温度低，就说明哪个缸燃烧不好。如果两个同位缸温度过低，则应更换点火线圈<br>③用红外线测温仪检测点火线圈外壳的温度。点火线圈过热：如果点火线圈表面温度大于95℃，则说明点火线圈内部短路，会造成高压火弱，还可能造成热车时突然熄火，但不会造成缺缸。点火线圈过冷：启动时点火线圈表面温度和环境温度相等，说明点火线圈内部断路。点火线圈过热或过冷都必须更换<br>④两个同步缸共用一个点火线圈时电阻值的检测：拔下点火线圈的插头，用万用表红表笔接A，黑表笔接B，电阻值为0或无穷大时不正常；用红表笔接B，黑表笔接C，电阻值为0或无穷大时不正常；用红表笔接C，黑表笔接A，电阻值为0～9999Ω时不正常。经检测发现，2/4缸初级绕组短路 |
| 故障排除 | 更换2/4缸点火线圈即可将故障排除 |
| 案例拓展 | 装有OBDⅡ系统的发动机在启动和转速为1000r/min时，失火率达到2%～3%时控制单元会自动关闭该缸的喷油器和火花塞(每两个同位缸可以关闭一个)，但在大负荷时会重新开启。所以，装有OBDⅡ系统的发动机在怠速和小负荷时缺缸，大负荷时不缺缸，说明该缸有失火现象 |

**案例4** 氧传感器超过自适应值造成怠速游车。

氧传感器超过自适应值造成怠速游车的故障现象、故障分析、故障诊断及排除见表5-11。

**表5-11 氧传感器超过自适应值造成怠速游车的故障现象、故障分析、故障诊断及排除**

| | |
|---|---|
| 故障现象 | 一辆帕萨特轿车发动机出现800～1000r/min之间的怠速游车，加速无力，有时有闯车现象 |
| 故障分析 | 许多发动机设计有怠速补偿值。上述现象通常是由怠速补偿值明显高于正常值造成的，用专用诊断仪将怠速补偿值调整到规定范围内即可 |
| 故障诊断 | 大众车系在怠速时正常的喷油脉宽为2～3ms，而实际检测为3.05ms，说明尽管上游氧传感器自适应值达到极限，但是喷油脉宽调整还是超出上限，使加速时喷油脉宽再次加大的量减少，所以会出现加速无力和有时有闯车的现象<br>大众车系氧传感器自适应值的正常值为－25%，数据流显示为78～178，相当于－10%～＋10%。－25%已经明显超过自适应值，达到自适应值的极限，如果点火正常、喷油器正常，则应检测空气流量传感器。经检测，进气量为4.58g/s，而正常值为2.0～4.0g/s，即略微超出规定范围，并明显高于正常条件下2.70～2.80g/s。进气量超出上限，造成混合气过浓<br>氧传感器自适应值达到极限，输出电压在0.869～0.960V之间缓慢变化。氧传感器输入电压始终在上限，也说明混合气过浓 |
| 故障排除 | 更换空气流量传感器，用专用诊断仪将过高的怠速补偿值调整到规定范围内，消除故障码，故障排除 |
| 案例拓展 | ①如果氧传感器输出电压始终在上限，则故障通常在空气流量传感器；如果输出电压始终在下限，则说明故障在氧传感器自身<br>②如果节气门开度超过正常值(如大众车系怠速时节气门开度的正常值为0°～5°，而实际检测为6°)，则说明被废气返流污染，需要清洗节气门。数据流显示空气流量传感器的进气流量在规定范围内，而节气门开度明显高于正常值，喷油脉宽调整也已经超出上限，说明节气门处和喷油器处过脏，应同时清洗节气门和喷油器。喷油器过脏，会使喷油量减少1/2，进而使混合气过稀，氧传感器输出信号电压过低，于是控制单元就加大喷油脉宽，直至喷油脉宽调整也超出上限<br>③数据流显示的混合气自适应正常值应为－10%～＋10%。如果混合气自适应值低于－10%或达到25%，则说明热膜式空气流量传感器老化，必须更换。更换空气流量传感器的型号如果和厂家规定不符，则会出现怠速不稳和油耗过高等故障<br>④蓄电池电压过低，会造成发动机控制单元怠速学习值丢失数据，进而造成怠速不稳，需要人工辅助学习才能使怠速恢复正常 |

**案例5** 进气歧管绝对压力传感器真空通道堵塞导致怠速游车。

进气歧管绝对压力传感器真空通道堵塞导致怠速游车的故障现象、故障分析、故障诊断及排除见表5-12。

表 5-12　进气歧管绝对压力传感器真空通道堵塞导致怠速游车的故障现象、故障分析、故障诊断及排除

| 故障现象 | 四缸发动机出现 500～900r/min 怠速游车 |
|---|---|
| 故障分析 | D 型发动机使用进气歧管绝对压力传感器，通过进气系统真空度的变化来判断进气量。由于大部分发动机的进气歧管绝对压力传感器并没有装在进气道上，而是通过一个真空软管和进气道相通，一旦废气返流造成积炭而堵塞真空软管，进气歧管绝对压力传感器就会因无法同步收到进气系统真空度的变化而对进气量的反馈明显滞后，控制单元就会反复调整怠速步进电动机，使发动机出现 500～900r/min 怠速游车。进气歧管绝对压力传感器的真空通道堵塞还会造成急加速和急减速滞后 |
| 故障诊断与排除 | 用故障诊断仪读取数据流，急加速时如果进气歧管绝对压力传感器输出的电压值变化明显滞后，则说明进气歧管绝对压力传感器真空软管被积炭堵塞 |
| 案例拓展 | 进气歧管绝对压力传感器自身故障，会造成发动机在 800～1200r/min 间游车 |

**案例 6**　四缸发动机中 3 缸的高压阻尼线断路，怠速不稳、易熄火、加速不良。

四缸发动机中 3 缸的高压阻尼线断路，怠速不稳、易熄火、加速不良的故障现象、故障分析、故障诊断及排除见表 5-13。

表 5-13　四缸发动机中 3 缸的高压阻尼线断路，怠速不稳、易熄火、加速不良的故障现象、故障分析、故障诊断及排除

| 故障现象 | 一辆马自达福美来轿车，启动后怠速不稳，而且易熄火，行驶中故障指示灯点亮。车主反映该车加速性能不好，急加速时有座车的感觉，松抬加速踏板时发动机熄火 |
|---|---|
| 故障分析 | 造成怠速不稳，加速有座车的感觉，松抬加速踏板时发动机熄火的主要原因有以下两个方面<br>①混合气过稀，此时应主要检查空气流量传感器输出信号电压是否过低，喷油器是否堵塞，以及燃油压力是否过低。空气流量传感器输出信号电压过低和燃油压力过低会造成怠速不稳，加速时有座车的感觉，但不会造成松抬加速踏板时发动机熄火。行驶正常，松抬加速踏板时发动机熄火的原因，最常见的是节气门和旁通空气道过脏和喷油器堵塞<br>②点火系统击穿电压过低，点火能量不足，致使混合气不能充分燃烧，造成怠速不稳，加速时有座车的感觉，但也不会造成松抬加速踏板时发动机熄火，所以这可能属于复合型故障 |
| 故障诊断 | 一般行程超过 80000km 的车出现怠速不稳、加速座车时，应首先检查火花塞和高压阻尼线。该车行程已经在 100000km 以上，所以先拆下四个火花塞，目测第 1、第 2、第 4 三个气缸的火花塞电极间隙，虽然因烧蚀已经过大，但外观呈浅铁锈色，证明这三个气缸工作基本正常，第 3 缸的火花塞上有黑色积炭，证明该缸燃烧不好，所以应进一步检查。用万用表欧姆挡测量第 3 缸的高压阻尼线，正常的电阻为 10kΩ，但第 3 缸阻尼线电阻为 30kΩ，说明已经不能使用了。考虑到该车有松抬加速踏板时熄火的故障，所以拆下节气门前端的波纹管，结果发现节气门体已经很脏了。随后拆下喷油器，发现喷油器发黑，说明喷油器堵塞 |
| 故障排除 | 更换所有缸的火花塞。只要选择同一型号的火花塞即可，因为同一型号的火花塞电阻值相同，可以减少电磁干扰。更换第 3 缸的高压阻尼线，电阻值符合厂家规定即可。将节气门完全打开，用节气门清洗剂进行彻底清洗，然后用棉纱擦净。将所有喷油器拆下来，用专用设备进行彻底清洗。随后试车，发动机恢复正常，故障排除 |

**案例 7**　高压阻尼线短路导致怠速不稳、加速发抖并伴有回火现象。

高压阻尼线短路导致怠速不稳、加速发抖并伴有回火现象的故障现象、故障分析、故障诊断及排除见表 5-14。

表 5-14　高压阻尼线短路导致怠速不稳、加速发抖并伴有回火现象的故障现象、故障分析、故障诊断及排除

| 故障现象 | 一辆奔驰 S320 型轿车，发动机怠速不稳、加速发抖并伴有回火现象，没有故障码显示 |
|---|---|
| 故障分析 | 造成怠速不稳、加速发抖并伴有回火现象的原因主要如下<br>①混合气过稀，此时主要检查空气流量传感器输出信号电压是否过低以及燃油压力是否过低<br>②点火能量不足，主要原因有点火线圈中初级绕组或次级绕组短路，造成点火能量不足，奔驰 S320 型轿车的发动机属于两个同位缸共用一个点火线圈，所以任何一个点火线圈短路都会造成两个同位缸点火能量不足；高压阻尼线短路造成点火能量不足，同时由此产生的电磁干扰还会造成喷油器工作不稳定；火花塞短路或电极被污染造成点火能量不足 |

续表

| | |
|---|---|
| 故障诊断 | 经检查发现,空气流量传感器信号电压和燃油压力正常,由此排除混合气过稀的可能性。检测点火线圈中初级绕组和次级绕组均没有短路和断路故障,由此排除点火线圈短路造成点火能量不足的可能性。检查高压阻尼线:断路的检测,拽紧高压阻尼线,用万用表表笔连接阻尼线两端,检查其电阻值,结果与厂家规定相符;短路的检测,启动后,将发光二极管负极接地,使万用表正极表笔在高压阻尼线附近晃动,发现分别在两个阻尼线附近晃动时发光二极管闪亮,说明这两根阻尼线漏电(短路) |
| 故障排除 | 为了保险起见,另外考虑到高压阻尼线已经超过了维护期,于是更换了全部高压阻尼线,试车,怠速稳定,加速强劲,没有回火现象,故障排除 |
| 案例拓展 | 因为高压阻尼线和火花塞故障不在发动机自诊断范围内,所以没有故障码显示。由于高压阻尼线短路造成点火能量不足,使进入燃烧室的混合气不能充分燃烧,进而使燃烧时间延长,到了下一个进气环节时,缸内残存的HC还在燃烧,点燃了新进的混合气,于是就出现了回火现象<br>普通的火花塞在车辆每行驶25000～30000km后应更换1次;白金的火花塞,在车辆每行驶60000km应更换1次。在更换火花塞的同时,应同步更换高压阻尼线。所以汽车在行驶80000～90000km以上时,如果出现发动机怠速抖动,则应更换全部高压阻尼线和火花塞,以保证发动机性能可靠<br>另外,火花塞短路或电极被污染也会造成上述故障。火花塞断路会造成大负荷动力不足。应用缸外跳火的方法可判断火花塞是否工作不良。如果怀疑某个缸火花塞无火或工作不良,则拔下该缸高压分线,连接一个新的火花塞,在缸外距缸体6～8mm处跳火,如果正常,则说明故障在原装的火花塞 |

**案例8**　EGR阀卡滞在开启部位造成怠速不稳、游车、加速座车。

EGR阀卡滞在开启部位造成怠速不稳、游车、加速座车的故障现象、故障分析、故障诊断及排除见表5-15。

**表5-15　EGR阀卡滞在开启部位造成怠速不稳、游车、加速座车的故障现象、故障分析、故障诊断及排除**

| | |
|---|---|
| 故障现象 | 一辆LEGEND本田轿车怠速不稳,忽高忽低,怠速游车严重,而且加速座车 |
| 故障分析 | 导致怠速不稳的原因较多,如进气系统漏气、缺缸、混合气过稀等。清洗节气门体及怠速阀,更换火花塞及汽油滤清器滤芯和空气滤清器滤芯,然后检查各缸缸压,发现各缸缸压均正常;检查各个真空管有无漏气,发现有一根真空管在接口处开裂,更换后故障依旧;检查点火正时,正常;最后检查EGR阀,启动发动机,并以怠速(冷车)运转,将手指伸入废气再循环阀,按在膜片上,怠速时应感觉膜片无动作,预热发动机至正常温度,再将发动机转速上升至2000r/min,手指应能感觉到废气再循阀开启时膜片的动作,但检测时没有感觉,说明EGR阀的柱塞卡住,引起漏气。在转速为1500r/min以下和4500r/min以上时,EGR阀应处于关闭状态,但因为卡滞而始终处于开启状态,所以导致发动机怠速不稳,加速座车<br>配备EGR阀的车,行驶50000km后EGR阀出问题的机会比较多。因为EGR阀工作的温度比较高,行驶一定里程后润滑条件变差,引起发卡 |
| 故障排除 | 更换EGR阀,故障排除 |
| 案例拓展 | 一辆本田雅阁2.2L轿车,发动机怠速时抖动得厉害,有时甚至熄火,中、高速运行时正常。采用跨接法读取故障码,无故障码显示;检查火花塞及点火电路,未发现问题;清洗节气门体、怠速步进电动机后,怠速依然抖动;测量系统油压也正常,清洗喷油器后,故障没有排除;检查真空管路,未发现漏气现象,用真空表检查活性炭罐系统的真空度,也正常;最后检查EGR位置传感器和EGR电磁阀,发现EGR位置传感器电阻值正常,而电磁阀卡死在全开的位置。更换电磁阀后试车,故障排除 |

**案例9**　接错了EGR阀的真空管路造成冷车怠速正常、热车抖动、起步熄火。

接错了EGR阀的真空管路造成冷车怠速正常、热车抖动、起步熄火的故障现象、故障分析、故障诊断及排除见表5-16。

**表5-16　接错了EGR阀的真空管路造成冷车怠速正常、热车抖动、起步熄火的故障现象、故障分析、故障诊断及排除**

| | |
|---|---|
| 故障现象 | 一辆1999款雅阁本田轿车冷车怠速正常,热车抖动,起步时熄火,加速回到怠速时熄火,故障灯显示节气门故障 |

续表

| | |
|---|---|
| 故障诊断 | 更换新的节气门位置传感器、怠速步进电动机后，未能解决问题，检查快怠速系统正常。该车配备有EGR阀，EGR阀可能会出问题。拔掉EGR阀上的真空控制管后，怠速立即变稳，由此说明故障在EGR阀的真空控制部分，而拔掉真空控制管后怠速立即变稳，说明与EGR阀本身无关。检查真空管路，发现在前减振座上装有控制EGR阀真空管路的电磁阀和真空控制修正阀（VCV），这两个控制阀的真空软管前后端都连接在位于减振器座上的两只接口排在一起的铁真空管上，经仔细检查后发现，EGR阀上的真空管和VCV阀的真空管接反了 |
| 故障分析 | 当废气再循环系统正常工作时，由于上气室与下气室之间只有很小的孔相通，这样在工作时真空流通受到很大的阻尼作用，上气室总是比下气室的真空压力大。随着真空度的增大，真空控制膜片连同阀头一起向下运动，使真空通道减小，到EGR阀上的真空通道也随之减小。在怠速时，由于进气管处的真空度特别大，这时VCV阀就相当于一个单向阀，关闭了到EGR阀上的真空通道，从而阻止了废气再循环。如果真空管被接反后，情况与上面恰好相反。VCV阀基本上起不到修正作用，这时EGR阀的真空控制主要取决于EGR控制电磁阀，而EGR控制电磁阀受控制单元信号的控制，当控制单元检测到冷却液温度高于50℃时，就发出信号，将此电磁阀接通，此时就有大量的废气参与循环。由于该车的EGR阀位于4缸进气歧管处，其废气通道与4缸排气歧管相通，导致发动机热车时怠速不稳<br>早期车型的电控系统功能没有后期车型的全面，相应的真空与机械控制方面的内容和项目就较多。在维修此类车型时，要注意真空管路比较多，很容易插错，插错后就会出现故障 |
| 故障排除 | 将两个真空软管调换后故障排除 |
| 案例拓展 | 发生碰撞事故的本田雅阁轿车在进行完全的修复后，有时还会出现上述怠速发抖故障。在完成碰撞车辆的修复工作之前，需要将发动机悬架的全部紧固螺栓拧松，然后将变速挡按照驻车挡、驱动挡、倒车挡、空挡最后再返回到驻车挡的顺序进行切换，并且在每个挡位上都要停留一段时间，再彻底拧紧发动机悬架的全部紧固螺栓，并查看怠速发抖故障是否已彻底排除 |

**案例 10** 怠速步进电动机积炭过多、怠速游车、高速运转时工作正常。

怠速步进电动机积炭过多、怠速游车、高速运转时工作正常的故障现象、故障分析、故障诊断及排除见表5-17。

**表5-17 怠速步进电动机积炭过多、怠速游车、高速运转时工作正常的故障现象、故障分析、故障诊断及排除**

| | |
|---|---|
| 故障现象 | 一辆本田雅阁CD5型轿车怠速不稳，发动机在1000～1500r/min之间怠速游车，高速运转时发动机工作正常 |
| 故障分析 | 导致低怠速向高怠速一侧游车故障的常见原因有怠速时节气门开启角度过大或进气系统漏气以及快怠速阀故障 |
| 故障诊断 | 从节气门体后方拆下快怠速进气管，在发动机冷却状态下向管内吹气，空气流通不畅，说明快怠速阀小水管堵塞<br>发动机冷车时，快怠速阀打开，实现高怠速，加快发动机热车，但是因为快怠速水管堵塞，冷却液不能循环，导致快怠速阀无法关闭，ECM从ECT传感器得到信号，减小喷油脉宽，发动机转速降低，但是进气量大于怠速发动机侧的进气量，引起空燃比过大，控制单元又试图增加喷油量来改变空燃比，发动机转速又升高，反复循环，导致游车 |
| 故障排除 | 更换怠速阀小水管，故障排除 |

## 三、发动机加速不良故障诊断与案例分析

### （一）发动机加速不良的常见原因

发动机加速不良通常是由混合气过稀或过浓、点火系统故障、发动机机械系统故障等原因引起的。

造成上述故障的具体原因有燃油系统油压过高或过低、喷油器喷油不良、传感器信号错误、点火高压低能量小、点火正时不正确、气缸压缩压力低、排气管堵塞等。

发动机加速不良一般有两种现象：一种是踩下加速踏板，发动机加速迟缓；另一种是踩

下加速踏板，发动机转速不但不上升反而下降。踩下加速踏板，节气门开度增加，进气量增加，发动机 ECU 根据进气量和节气门位置传感器信号和信号变化率，修正增加喷油量。如果踩下加速踏板，进气量增加少，修正增加喷油量也少，或喷油器喷油量增加迟缓或量少，加速就迟缓；如果踩下加速踏板，进气量急剧增加，但由于传感器信号出错，喷油器喷油量不增加或增加量少，或点火高压弱，就会使发动机转速下降。

如果发动机在加速过程中，转速只是发生一下波动，然后马上可以加速到高速，且能较长时间维持高速运转，这一般是在加速过程的瞬间出现了断火现象，应重点检查点火系统。

如果踩下加速踏板，发动机转速不升反降且有熄火征兆，很难加速到高速，这一般为混合气过稀及高压火花弱，也可能是排气管堵塞，其中以混合气过稀最为常见。此时，可在进气系统合适的地方（空气滤清器处、节气门处、真空管处，视机型而定）一边喷点化油器清洗剂，一边迅速开启节气门。若此时发动机转速可迅速提高则说明混合气过稀。如果提高转速易熄火，且有时进气管回火，有时排气管放炮，则很可能为高压火花弱、加速断火，也可能为点火错乱。点火错乱引起加速时回火、放炮，同时怠速时发动机发抖，排气管有“突突”声，甚至怠速时可放炮，这在不同发动机上有不同程度的体现。如果怠速运转平稳，加速时回火、放炮，这一般是由高压火花弱或断火引起的。可简单记住：提高转速易熄火，过稀高压火花弱；化清剂来喷一喷，变好过稀莫放过；回火、放炮均存在，高压火弱或断火。

如果用喷化油器清洗剂的方法确认故障原因为混合气过稀，则应从燃油压力低和导致喷油量减小的可能原因入手检查。

### （二）发动机加速不良的故障分析

发动机加速性能的好坏是由空燃比、点火能量、点火正时、进气和排气是否通畅、燃烧室密封性决定的。如果出现汽车中低速行驶基本正常但急加速时座车，发动机转速不升反降的现象，对于发动机进气系统，则应重点检测空气流量传感器、氧传感器、节气门位置传感器和空气滤清器是否正常。

发动机加速不良的故障分析见表 5-18。

**表 5-18 发动机加速不良的故障分析**

| 故障原因 | 故障分析 |
| --- | --- |
| 热丝式或热膜式空气流量传感器输出信号电压过低 | 热丝式或热膜式空气流量传感器输出信号电压过低的原因有以下三种<br>①热丝或热膜被废气返流的积炭覆盖形成隔热层，当空气流量增大时，积炭使热丝或热膜温度降低缓慢，其电阻值的变化量也相应减少，因而电压和流过热丝或热膜的电流不能相应地增加，以致传给控制单元的信号电压偏低，造成混合气过稀<br>②热丝或热膜被杂物覆盖时，只有流经热丝或热膜的空气才能得以计量，而热丝或热膜周边流过的空气则不参与计量，所以当杂质覆盖住热丝或热膜后会使热丝或热膜温度降低缓慢，信号电压过低<br>③空气流量传感器和控制单元之间的信号传输电路与正极短路，使电阻值异常减小，造成空气流量传感器信号电压过低 |
| 节气门位置传感器滑线电阻失效退出 | 控制单元改用怠速触点信号后，节气门开启后一律按开启 50%进行控制，急加速时不再增加喷油次数，这样就会出现怠速高和加速不良的现象 |
| 击穿电压过高或击穿电压过低 | ①击穿电压过高时，高压阻尼线断路，火花塞电极烧蚀，中低速时行驶正常，急加速时座车，高速时动力不足<br>②击穿电压过低时，点火线圈、高压阻尼线、火花塞短路，火花塞电极间隙过小，发动机动力不足 |
| 正时带错一个齿 | 发动机怠速在 700～1300r/min 之间游车，尾气排放超标，耗油量增加，动力性下降，行驶基本正常，但加速座车。如果正时带（图 5-14）错两个齿，气门杆就会撞击活塞顶 |

续表

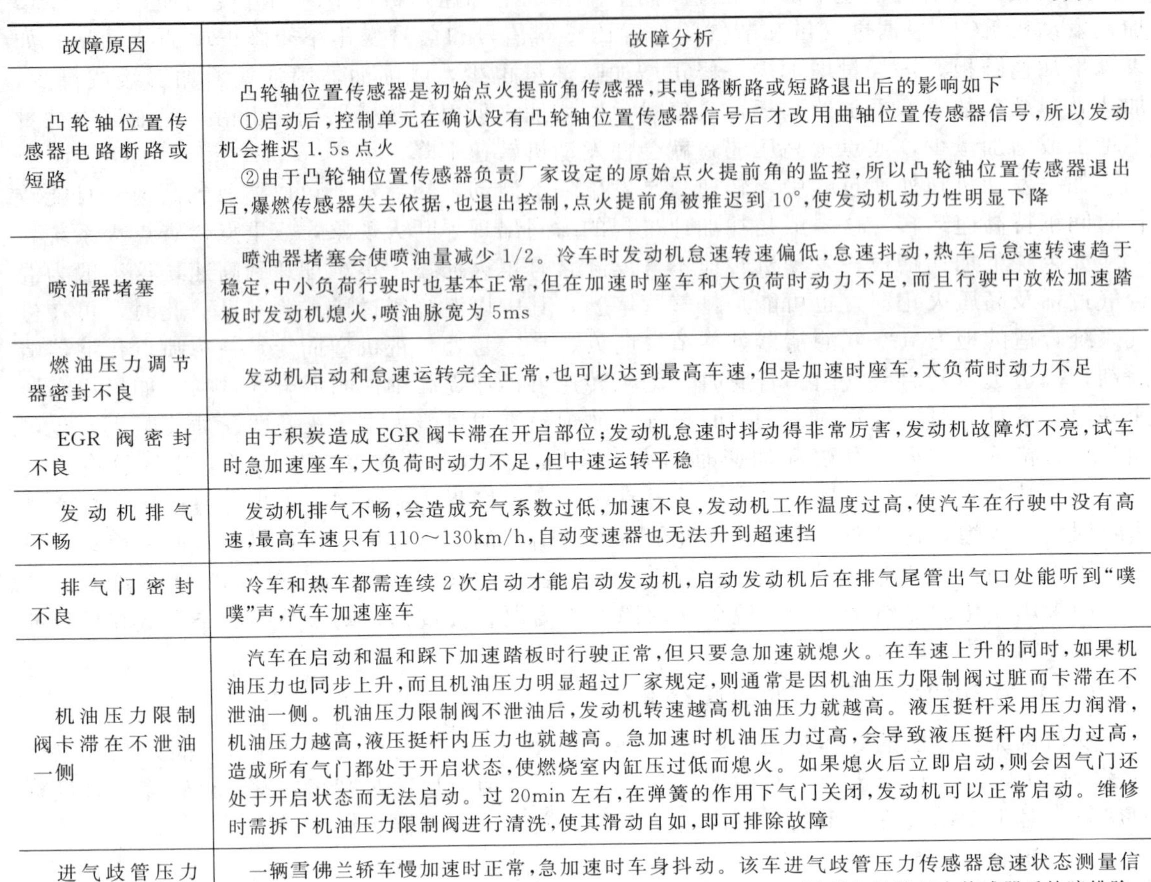

| 故障原因 | 故障分析 |
| --- | --- |
| 凸轮轴位置传感器电路断路或短路 | 凸轮轴位置传感器是初始点火提前角传感器，其电路断路或短路退出后的影响如下<br>①启动后，控制单元在确认没有凸轮轴位置传感器信号后才改用曲轴位置传感器信号，所以发动机会推迟1.5s点火<br>②由于凸轮轴位置传感器负责厂家设定的原始点火提前角的监控，所以凸轮轴位置传感器退出后，爆燃传感器失去依据，也退出控制，点火提前角被推迟到10°，使发动机动力性明显下降 |
| 喷油器堵塞 | 喷油器堵塞会使喷油量减少1/2。冷车时发动机怠速转速偏低，怠速抖动，热车后怠速转速趋于稳定，中小负荷行驶时也基本正常，但在加速时座车和大负荷时动力不足，而且行驶中放松加速踏板时发动机熄火，喷油脉宽为5ms |
| 燃油压力调节器密封不良 | 发动机启动和怠速运转完全正常，也可以达到最高车速，但是加速时座车，大负荷时动力不足 |
| EGR阀密封不良 | 由于积炭造成EGR阀卡滞在开启部位；发动机怠速时抖动得非常厉害，发动机故障灯不亮，试车时急加速座车，大负荷时动力不足，但中速运转平稳 |
| 发动机排气不畅 | 发动机排气不畅，会造成充气系数过低，加速不良，发动机工作温度过高，使汽车在行驶中没有高速，最高车速只有110～130km/h，自动变速器也无法升到超速挡 |
| 排气门密封不良 | 冷车和热车都需连续2次启动才能启动发动机，启动发动机后在排气尾管出气口处能听到"噗噗"声，汽车加速座车 |
| 机油压力限制阀卡滞在不泄油一侧 | 汽车在启动和温和踩下加速踏板时行驶正常，但只要急加速就熄火。在车速上升的同时，如果机油压力也同步上升，而且机油压力明显超过厂家规定，则通常是因机油压力限制阀过脏而卡滞在不泄油一侧。机油压力限制阀不泄油后，发动机转速越高机油压力就越高。液压挺杆采用压力润滑，机油压力越高，液压挺杆内压力也就越高。急加速时机油压力过高，会导致液压挺杆内压力过高，造成所有气门都处于开启状态，使燃烧室内缸压过低而熄火。如果熄火后立即启动，则会因气门还处于开启状态而无法启动。过20min左右，在弹簧的作用下气门关闭，发动机可以正常启动。维修时需拆下机油压力限制阀进行清洗，使其滑动自如，即可排除故障 |
| 进气歧管压力传感器断路 | 一辆雪佛兰轿车慢加速时正常，急加速时车身抖动。该车进气歧管压力传感器怠速状态测量信号端子b、c的电压为1.6V，急加速信号电压仍保持在1.6V，更换进气歧管压力传感器后故障排除 |

如果怠速时空气流量正常且发动机怠速良好，但加速不良，则应进行空气流量传感器的检测。空气流量传感器的检测必须具备以下条件：负责传感器的熔丝必须正常，发动机冷却液温度大于或等于85℃，所有的设备必须关闭。

① 用诊断仪读数据流，用吹风机冷风的不同挡位的风量代替空气流量的变化，检测空气流量传感器输出信号能否随着吹风机的风量变化而变化。如果能同步变化，则说明空气流量传感器该项检测合格。

② 进行特定高速空气流量检测。例如某些车系在车速为120km/h时的进气量为60g/s，低于60g/s时为混合气过稀，高于60g/s时为混合气过浓。

### (三) 发动机加速性能差、动力性下降的故障诊断

下面以宝来1.8T轿车为例说明其发动机加速性能差、动力性下降、急加速容易熄火、怠速不稳的故障现象、故障原因及故障诊断与排除方法。

(1) 故障现象　踩下加速踏板后发动机转速不能马上升高，有迟滞现象，加速反应迟缓，或在加速过程中发动机转速有轻微的波动，或出现回火、放炮现象。

(2) 故障原因

① 点火提前角不正确。

② 燃油压力过低。

③ 进气系统中有漏气。

④ 节气门位置传感器或空气流量计故障。

⑤ 喷油器工作不良。

⑥ 排气再循环系统工作不正常。

(3) 故障诊断与排除方法

① 进气故障自诊断，检查有无故障码。空气流量计、节气门位置传感器等故障都会影响汽车的加速性能。按显示的故障码查找故障原因。

② 检查点火正时。在发动机怠速时点火提前角应为10°～15°。如不正确，应调整发动机的初始点火提前角。加速时点火提前角应能自动地加大到20°～30°。如有异常，应检查点火控制系统或更换ECU。

③ 检查进气系统有无漏气。测量进气管真空度。怠速时真空度应大于66.7kPa。如真空度太小，说明进气系统漏气，应仔细检查各进气管接头处以及各软管、真空管的好坏等。

④ 检查空气滤清器。如有堵塞，应清洗或更换。

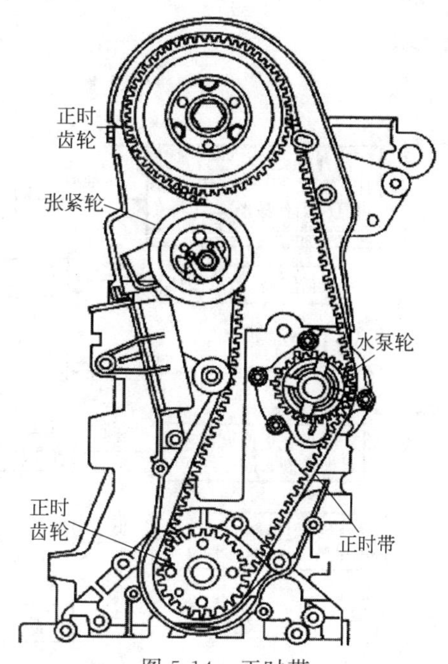

图 5-14　正时带

⑤ 检查节气门位置传感器。对于开关量输出型节气门位置传感器，在节气门全闭时，怠速开关触点应闭合；节气门打开时，怠速开关触点应断开；节气门接近全开时，全负荷开关触点应闭合。对线性输出型节气门位置传感器，节气门由全闭到全开变化时，其信号端子与接地端子间电阻值应连续增大，不应出现断续现象。如有异常，应按规定进行调整或更换。

⑥ 检查燃油压力。怠速时燃油压力应符合规定值，加速时燃油压力应能上升50kPa左右。如油压过低，应检查油压调节器、电动燃油泵等。

⑦ 拆卸、清洗各喷油器。检查喷油器在加速工况下的喷油量。如有异常，应更换喷油器。

⑧ 检测空气流量计。如有异常，应更换。

⑨ 对于设有废气再循环系统的电控发动机，可以拔下废气再循环阀上的真空软管，并将其塞住，然后再检查发动机的加速性能。如果此时加速性能恢复正常，则说明废气再循环系统工作不正常，再循环的排气量太大，影响了发动机的加速性能。对此，应检查废气调整阀、三通电磁阀工作是否正常。如有异常，应更换。

发动机加速不良的故障诊断流程如图5-15所示。

### (四) 发动机运行无力的故障诊断

下面以本田雅阁3.0L V6发动机为例说明其运行无力的故障现象、故障原因及故障诊断与排除方法。

(1) 故障现象　发动机运转时，踩下加速踏板后其转速不能立即升高，加速反应迟缓；或在加速过程中出现发动机抖动、转速波动现象，有时伴随有回火、放炮现象。

(2) 故障原因　主要是混合气过稀、点火过迟或火花较弱。具体原因如下。

① 进气管路漏气导致混合气过稀。

② 燃油压力低，喷油器、燃油滤清器堵塞导致喷油量少或油量增加迟缓。

③ 空气流量计、进气歧管绝对压力传感器、节气门位置传感器等信号失常，导致喷油量不增加或增加量少。

④ 传感器信号失常导致点火正时失准，点火过迟。

⑤ 火花塞、点火器或高压线不良导致高压火花弱。

⑥ 节气门体脏污。

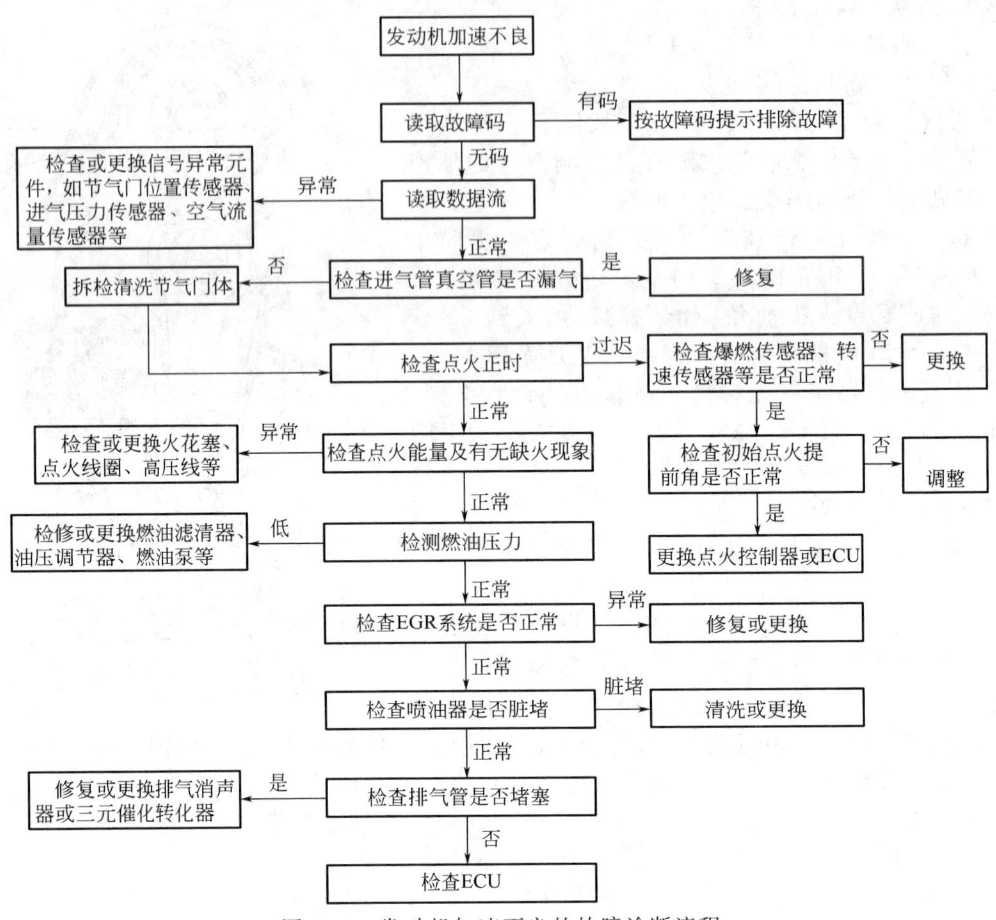


图 5-15　发动机加速不良的故障诊断流程

⑦ 废气再循环系统工作不良。

⑧ 排气管堵塞。

⑨ 气缸压力偏低。

⑩ 涡轮增压系统故障。

（3）故障诊断与排除方法　应结合发动机出现的具体症状进行初步判断。踩下加速踏板后，发动机转速略有波动然后立即上升，且能较长时间维持高速运转。这种情况通常是在加速瞬间出现了断火现象，故障在点火系统，应首先检查点火系统。踩下加速踏板后，发动机转速不能立即上升反而下降，并有熄火征兆，且很难提升到高速。这种情况多为混合气过稀及高压火花弱所致，也可能是排气管堵塞，其中以混合气过稀最为常见。此时，可在空气滤清器处或利用真空管向进气系统内喷入清洗剂（主要成分是汽油，起加浓作用），同时迅速开启节气门。若此时发动机转速可迅速提高则说明混合气过稀。如果提高转速易熄火，且有时进气管回火，有时排气管放炮，则很可能为高压火花弱、加速断火，也可能为点火错乱。点火错乱引起加速时回火、放炮，同时怠速时发动机发抖，排气管有“突突”声，甚至怠速时放炮。如果怠速运转平稳，加速时回火、放炮，通常是由高压火花弱或断火引起的。

如果发动机加速无力而又没有特别明显的症状特点，通常按下列程序进行诊断。

① 使用故障诊断仪读取故障码及相关数据流，按故障码提示和动态数据查找故障原因。重点检查发动机加速过程中，空气流量计、进气压力传感器、节气门位置传感器、加速踏板位置传感器以及喷油脉宽、点火提前角等参数的动态变化。

② 检查进气系统是否漏气，重点检查真空管及进气软管卡箍部位有无破损。可利用真空表检测进气歧管真空度，尤其是节气门开度增大时的真空度变化情况。

③ 检查节气门体，若有积炭及脏污，应进行清洗。注意：清洗、装复节气门体后，必须使用诊断仪进行匹配设定（自适应）。

④ 用正时仪或故障诊断仪检查点火正时，主要是检查发动机怠速时的点火提前角及在踩下加速踏板过程中的变化情况。怠速时点火提前角一般为 10°～15°，加速时应加大到 20°～30°。如有异常，应检查调整发动机的初始点火提前角及其控制系统。

⑤ 测量各缸高压线电阻，若阻值过大或有漏电痕迹，应更换。拆检各缸火花塞，检查其间隙及电极烧损情况，酌情调整间隙或更换火花塞。用火花塞搭铁试火，观察火花能量，必要时可用点火示波器检查点火波形和点火能量。

⑥ 检查燃油压力。通常怠速时燃油压力为 250kPa 左右，加速时应上升至 300kPa 左右（有些车型发动机燃油压力较高，具体数据参照原车维修手册）。如油压过低，需检查油压调节器、燃油滤清器、燃油泵等。

⑦ 用气缸压缩压力表检测气缸压缩压力，压力降低会导致发动机动力性下降。气缸压缩压力一般为 1.1～1.3MPa（参照维修手册数值），若实测值低于标准值，应检查并确定漏气部位，判断是否需要拆检发动机。

⑧ 检查喷油器的喷油量。可利用故障诊断仪检测喷油器的喷油脉宽或喷油量，尤其是加速时的喷油量（注意喷油器喷油量与各传感器信号的匹配情况）。拆卸各缸喷油器，检查有无堵塞或卡滞现象，酌情清洗或更换喷油器。

⑨ 检查废气再循环系统的工作情况。

⑩ 检查排气管是否有堵塞现象。

⑪ 带有涡轮增压系统的发动机，要检查增压装置工作是否正常。

⑫ 检查发动机控制单元。重点检查插接器及导线，若怀疑控制单元损坏，通常采用换件试验法进行故障确认。

### （五）发动机加速不良典型案例

**案例 1** 凸轮松脱导致发动机加速不良且怠速抖动。

凸轮松脱导致发动机加速不良且怠速抖动的故障现象、故障分析、故障诊断及排除见表 5-19。

**表 5-19 凸轮松脱导致发动机加速不良且怠速抖动的故障现象、故障分析、故障诊断及排除**

| 故障现象 | 一辆 1.6L 宝来轿车，行驶里程约 15000km，高速行驶时加速不良，提速困难 |
|---|---|
| 故障分析与诊断 | 试车，发动机怠速抖动，加速不良。用 V.A.S6150A 读取故障码，仪器显示：00768——发动机失火，静态；00772——气缸 4 失火，静态。读取数据流，输入组号 16，仪器显示 4 缸在检测周期内失火 237 次<br>询问车主得知，出现故障后，更换了 4 缸的喷油器、火花塞和点火线圈，并检查了线路，但故障没有排除<br>4 缸的点火线圈、喷油器和控制线路没有异常。将 4 缸的喷油器、点火线圈、火花塞与其他缸调换，仍然出现相同的症状。更换发动机控制单元，试车，故障依旧<br>检测气缸压力，各缸缸压分别为 1 缸 1.4MPa、2 缸 1.4MPa、3 缸 1.4MPa、4 缸 1.3MPa。4 缸比其他缸压力略低，但相差不大，对发动机动力不会有太大影响。由于找不到其他故障点，于是决定拆卸缸盖，查看 4 缸气门的密封情况。拆下缸盖后检查，各缸气门和燃烧室基本正常，重点检查了 4 缸，气门密封良好。清洗气门和燃烧室，装复，再次检测缸压，其他缸压力不变，而 4 缸的缸压变成了 0.75MPa 左右<br>使用诊断仪，输入组号 93，数据显示凸轮轴相位正常。至此，怀疑凸轮轴有问题。拆下凸轮轴，发现排气凸轮轴的 4 缸凸轮已经与轴体脱开。由于 4 缸排气凸轮不能随轴一起转动，排气门无法完全开启，缸压也会随着凸轮卡滞的位置而改变，4 缸的输出功率大大降低 |
| 故障排除 | 更换凸轮轴，装复试车，故障排除 |

**案例 2** 爆燃传感器故障导致发动机加速时放炮。

爆燃传感器故障导致发动机加速时放炮的故障现象、故障分析、故障诊断及排除

见表 5-20。

**表 5-20 爆燃传感器故障导致发动机加速时放炮的故障现象、故障分析、故障诊断及排除**

| | |
|---|---|
| 故障现象 | 一辆行驶 86000km 雪佛兰景程轿车，行驶过程中发动机动力略显不足，加速时放炮，故障灯常亮 |
| 故障分析与诊断 | 首先查阅故障码，仪器显示故障码 43——爆燃传感器故障。拔下爆燃传感器插接器，打开点火开关，测量其电压为 5V，正常；插上插接器，再测其电压仍为 5V（正常值为 2.5V 左右），不正常；在传感器旁轻轻敲击缸体，在信号端无交流电压（一般可产生 2～4V 交流电压）；测量传感器电阻为∞（应为 3.0～4.5kΩ），说明传感器开路<br>发动机的最佳工作状态是在临近爆燃时刻。当爆燃传感器故障，PCM 设立故障码，同时将点火正时向后推迟 10°，发动机动力有所下降，如果急加速，就会产生放炮现象 |
| 故障排除 | 更换传感器，故障排除，车辆加速有力，再没有发生放炮现象 |

**案例 3** 发动机冷车时正常，热车后突然怠速抖动、加速不良。随后故障又自动消失。

发动机冷车时正常，热车后突然怠速抖动、加速不良。随后故障又自动消失的故障现象、故障分析、故障诊断及排除见表 5-21。

**表 5-21 发动机冷车时正常，热车后突然怠速抖动、加速不良，随后故障又自动消失的故障现象、故障分析、故障诊断及排除**

| | |
|---|---|
| 故障现象 | 发动机在冷车时工作正常，热车后怠速时突然发出“突突”声，加速不良，回到怠速时仍然抖动，过一会故障又自动消失。故障出现时调取故障码，显示为混合气过浓，排气管冒黑烟 |
| 故障分析 | 故障和热车有关，并且出现得很突然，可以排除燃油系统故障的可能性；故障时有时无，则可以排除进气系统传感器故障的可能性；怠速时发出“突突”声，则说明发动机缺缸，故障应集中在点火系统的高压电路；由于故障没有持续性，可以排除高压阻尼线和火花塞故障的可能性。有可能是个别缸点火线圈热稳定性不好 |
| 故障诊断 | 故障出现时用红外线测温仪逐缸检查排气歧管工作温度，发现 3 缸排气歧管温度接近环境温度，说明故障出现时 3 缸击穿电压过低，无法点燃混合气或没有火。这样，故障码为混合气过浓就很好解释了。进入 3 缸的混合气直接进入排气管，氧传感器调节已经到了极限，但排气管还是冒黑烟。故障出现时，检查 3 缸的点火线圈：将万用表红表笔连接输入电压端，黑表笔连接输出电压端，导通（正常）；将黑表笔连接输入电压端，红表笔连接输出电压端，也导通，说明点火线圈在热车状态下发生短路 |
| 故障排除 | 更换 3 缸的点火线圈，消除故障码，试车，长时间热车行驶运行稳定，故障排除 |

**案例 4** 控制单元没有 1 缸和 4 缸点火信号、怠速不稳、加速无力。

控制单元没有 1 缸和 4 缸点火信号、怠速不稳、加速无力的故障现象、故障分析、故障诊断及排除见表 5-22。

**表 5-22 控制单元没有 1 缸和 4 缸点火信号、怠速不稳、加速无力的故障现象、故障分析、故障诊断及排除**

| | |
|---|---|
| 故障现象 | 宝来 1.8 手动舒适型轿车，只行驶了 1000 多公里就出现怠速不稳、发出“突突”声、加速无力现象 |
| 故障分析 | 发动机怠速时发出“突突”声，说明缺缸 |
| 故障诊断 | 用红外线测温仪检测各缸排气歧管的温度，发现 1、4 缸的排气歧管温度很低。1、4 缸是同位缸，共用一个点火线圈，所以应重点检查 1、4 缸点火线圈<br>在检测点火线圈前，要求蓄电池电压必须高于 11.5V，发动机曲轴位置传感器和凸轮轴位置传感器工作正常。大众车系检测时需要使用检测盒 V. A. G1598/22、万用表 V. A. G1526、成套辅助线 V. A. G1594、二极管测试笔 V. A. G1527<br>①检测点火线圈接地情况。选择万用表的电阻蜂鸣挡，将表笔分别接触端子的地线针脚和车身搭铁，有蜂鸣响声，说明点火线圈接地良好<br>②选择万用表的电压挡，将表笔分别接触端子的电源针脚和地线针脚，打开点火开关，测量出点火线圈的电源针脚的电源电压为 12.5V，说明电源电压电路正常<br>③检测控制单元对点火的控制是否正常。拔下燃油泵继电器，使点火线圈的信号端子 A 与车身搭铁端连接发光二极管的测针，启动发动机，发光二极管应闪烁。检测时发现发光二极管亮但不闪烁，说明发动机控制单元无 1、4 缸点火信号，控制单元对点火的控制不正常 |
| 故障排除 | 更换控制单元，匹配后试车，怠速运转平稳，加速良好，故障排除 |

**案例 5** 丰田佳美轿车无法加速。

丰田佳美轿车无法加速的故障现象、故障分析、故障诊断及排除见表 5-23。

**表 5-23 丰田佳美轿车无法加速的故障现象、故障分析、故障诊断及排除**

| | |
|---|---|
| 故障现象 | 一辆佳美 3.0 轿车，发动机型号是 IMZ - FE。该车在更换曲轴后油封和正时带后出现怠速不稳、无法加速(转速上升到 1000r/min 左右就会自动熄火)的故障。该车的发动机故障指示灯不亮 |
| 故障分析、诊断与排除 | 由于该车在更换曲轴后油封时，曾将发动机和自动变速器吊离发动机室，所以首先检查所有曾拆过的连接插头和发动机搭铁线是否连接好，结果发现所有连接正常。继续检查相关熔丝、继电器，没有烧坏现象。检查 ECU 也没有发现异常。考虑到该车刚换过正时带，因而接着检查正时记号是否对错。在没有正时灯的情况下，只有拆掉正时带前罩盖的上部分来对正时记号进行检查，结果是第 1 缸活塞在上止点时，曲轴带轮上的凹槽与正时带前罩盖下部分上的正时记号“0”刻度对准，凸轮轴正时带轮与正时带后盖板上正时记号对准，因此正时记号没有对错，而检查正时带的松紧度也正常。最值得怀疑的地方都检查过了，依然找不出故障原因。只好转回基本油路、电路检查，但无论燃油压力、回油量还是跳火火花都正常，而各缸独立点火线圈也没有漏电现象，除了发现火花塞有点发黑之外，其他一无所获<br>最后，怀疑新旧正时带齿数不相符。再次把正时带拆出来检查。拆正时带时发现，用来提供转速信号的曲轴转速传感器齿板断了一个齿，即原来 6 个齿变为 5 个齿。由此分析可知，因为少了一个齿，所以曲轴转速传感器输出一个错误转速信号给 ECU，而 ECU 根据转速信号控制基本喷油量，所以基本喷油量不正常而使车辆无法加速。更换一个完好的齿板后，故障排除 |

**案例 6** 点火线圈熔丝熔断、发动机怠速抖动、加速时发动机转速响应迟钝、最高车速只能达到 40km/h。

点火线圈熔丝熔断、发动机怠速抖动、加速时发动机转速响应迟钝、最高车速只能达到 40km/h 的故障现象、故障分析、故障诊断及排除见表 5-24。

**表 5-24 点火线圈熔丝熔断、发动机怠速抖动、加速时发动机转速响应迟钝、最高车速只能达到 40km/h 的故障现象、故障分析、故障诊断及排除**

| | |
|---|---|
| 故障现象 | 2006 款奥迪 A6 轿车，发动机怠速抖动，加速时发动机转速响应迟钝，行驶无力，最高车速只能达到 40km/h，根本无法正常使用 |
| 故障分析 | 国产 2006 款奥迪 A6L2.4L 豪华轿车的独立点火线圈只有唯一的一路供电电源，即经熔丝 SA12 的电源。如果点火线圈因意外情况而瞬间短路，熔断了 SA12 熔丝，由发动机控制单元通过接点 D102 临时向点火线圈提供电源，使发动机处于一种跛行状态，使车辆不至于抛锚。对于发动机控制单元所报的节气门控制单元 J338 故障，是因为发动机控制单元驱动节气门控制单元所用的主电源也是通过 SA12 熔丝提供的，在熔丝熔断不能提供主电源的情况下，发动机控制单元内部提供的电压在供给了点火线圈后，无法再给节气门控制单元 J338 提供足够的驱动电源，导致节气门控制单元 J338 在启动时无法完成基本设置，使发动机控制单元接收到节气门控制单元 J338 的错误运行信息 |
| 故障诊断 | 检查 SA12 熔丝，发现已经熔断 |
| 故障排除 | 更换 SA12 熔丝，试车，恢复正常，故障排除 |

# 四、发动机燃油消耗过高故障诊断与案例分析

## (一) 发动机燃油消耗过高的故障诊断流程

发动机燃油消耗过高的故障诊断流程如图 5-16 所示。

## (二) 发动机燃油消耗过高典型案例诊断分析

**案例 1** 发动机燃油消耗过大。

发动机燃油消耗过大的故障现象、故障分析、故障诊断及排除见表 5-25。

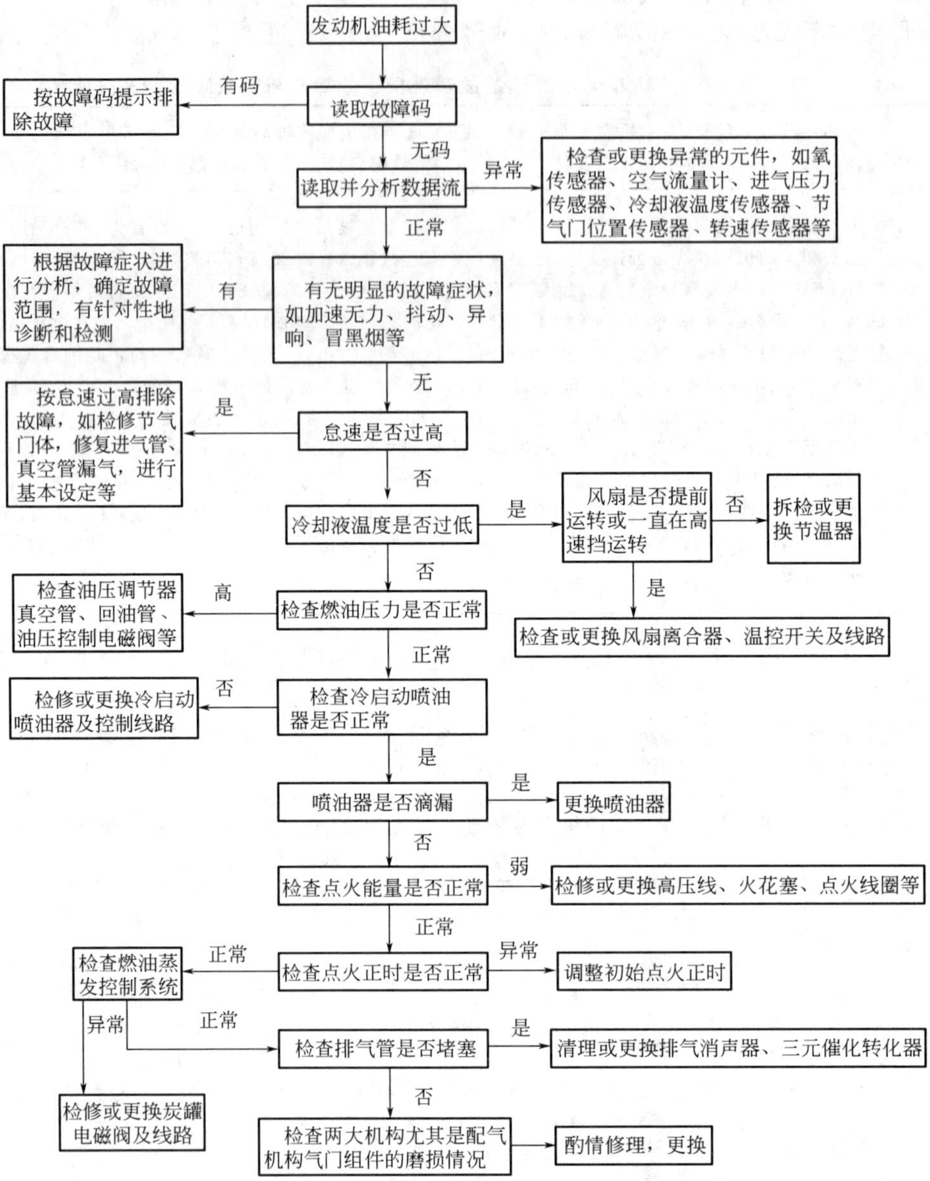

发动机油耗过大
读取故障码
有码 → 按故障码提示排除故障
无码 → 读取并分析数据流
异常 → 检查或更换异常的元件，如氧传感器、空气流量计、进气压力传感器、冷却液温度传感器、节气门位置传感器、转速传感器等
正常 → 有无明显的故障症状，如加速无力、抖动、异响、冒黑烟等
有 → 根据故障症状进行分析，确定故障范围，有针对性地诊断和检测
无 → 怠速是否过高
是 → 按怠速过高排除故障，如检修节气门体，修复进气管、真空管漏气，进行基本设定等
否 → 冷却液温度是否过低
是 → 风扇是否提前运转或一直在高速挡运转
否 → 拆检或更换节温器
是 → 检查或更换风扇离合器、温控开关及线路
否 → 检查燃油压力是否正常
高 → 检查油压调节器真空管、回油管、油压控制电磁阀等
正常 → 检查冷启动喷油器是否正常
否 → 检修或更换冷启动喷油器及控制线路
是 → 喷油器是否滴漏
是 → 更换喷油器
否 → 检查点火能量是否正常
弱 → 检修或更换高压线、火花塞、点火线圈等
正常 → 检查点火正时是否正常
异常 → 调整初始点火正时
正常 → 检查燃油蒸发控制系统
异常 → 检修或更换炭罐电磁阀及线路
正常 → 检查排气管是否堵塞
是 → 清理或更换排气消声器、三元催化转化器
否 → 检查两大机构尤其是配气机构气门组件的磨损情况 → 酌情修理，更换

图 5-16　发动机燃油消耗过高的故障诊断流程

**表 5-25　发动机燃油消耗过大的故障现象、故障分析、故障诊断及排除**

| | |
|---|---|
| 故障现象 | 汽车在运行过程中发动机耗油量过大，常常伴有加速或爬坡无力、运转不稳、排气管冒黑烟及放炮等现象 |
| 故障原因 | ①发动机怠速过高<br>②氧传感器或空燃比传感器失效，提供稀混合气信号，致使 ECU 进行加浓控制<br>③冷却液温度传感器失常，提供低温信号，致使 ECU 进行冷车加浓控制<br>④空气流量传感器、进气压力传感器失常，提供大进气量信号，ECU 进行加浓控制<br>⑤节气门位置传感器信号失常，提供大负荷、全负荷信号，ECU 进行大负荷加浓控制<br>⑥喷油器、冷启动喷油器滴漏导致混合气过浓<br>⑦冷启动温控开关及线路故障导致冷启动控制失常，使冷启动喷油器一直喷油<br>⑧燃油压力过高，致使喷油量过多<br>⑨点火能量弱、点火正时偏差较大导致燃烧状况变差 |

续表

| | |
|---|---|
| 故障原因 | ⑩气缸压力过低、机械零部件磨损导致发动机工作性能下降<br>⑪ 冷却风扇高速运转、节温器阀门常开造成冷却液温度偏低、升温缓慢<br>⑫ 涡轮增压系统工作不良<br>⑬ 燃油蒸发控制系统故障<br>⑭ 排气消声器、三元催化转化器堵塞<br>⑮ 空调常开、用电设备耗电过多<br>⑯ ECU 及插接器故障,导致其控制失常 |
| 故障分析 | 如果发动机具有明显的故障症状,首先根据故障现象确定大致的故障区域,以便有针对性地检测与诊断。如排气管冒黑烟、放炮或有排气"突突"声,可能混合气过浓或气缸缺火;排气管排蓝烟多为机件磨损过大;加速无力、抖动可能是进气管漏气、排气管堵塞、单缸缺火等<br>如果发动机没有明显的故障症状,应首先排除人为因素的影响。如经常超速超载、急加速、急制动,长时间开启空调和用电设备,换高挡不及时或自动换挡杆位置不当等。当汽车行驶一定里程后,其性能下降(没有明显故障症状),许多驾驶员没有及时维护、修理汽车,为保持相同的动力性,无意之中加大了节气门而导致油耗过大<br>在故障诊断过程中应注意混合气偏浓的情况。混合气偏浓会使发动机动力性略有增强。发动机通常没有症状表现,动态数据流多接近正常值,没有明显差异,因此容易被诊断人员忽略。检测时可借助尾气分析仪,通过检测、分析废气成分判断混合气浓度是否正常 |
| 故障诊断与排除 | ①使用故障诊断仪进行"读码──→消码──→再读码"操作,若存在永久故障码,则按故障码提示排除故障<br>②读取数据流,重点检查氧传感器、空气流量计、进气压力传感器、冷却液温度传感器、喷油量等参数,若参数异常,应检查相应元件及其控制线路<br>③观察发动机怠速转速,若怠速过高,则按怠速过高故障诊断的方法予以排除<br>④观察冷却风扇,若其提前运转或一直高速运转,则应检查其控制开关、控制线路及风扇离合器等<br>⑤对装有冷启动喷油器的发动机,应检查冷启动喷油器是否一直喷油,有无滴漏现象<br>⑥检查燃油压力。若油压偏高(如正常油压为 250kPa,实际油压达到 300kPa 左右),应重点检查燃油压力调节器真空管是否脱落或漏气。若油压过高(如正常油压为 250kPa,实际油压达到 400kPa 以上),说明油压调节器有故障或其回油管堵塞<br>⑦试火,观察高压火花强弱,检查火花塞及点火正时<br>⑧检查各缸喷油器有无滴漏症状,酌情清洗或更换喷油器<br>⑨带有涡轮增压系统的发动机,应检查增压系统工作是否正常<br>⑩检查 EGR 系统和燃油蒸气回收系统工作是否正常<br>⑪ 检查三元催化转化器,若损坏堵塞排气管,应进行更换<br>⑫ 若怀疑 ECU 有故障,应先检查其插接器是否松动、锈蚀,其控制线路有无短路、断路,最后采用换件法确认其内部控制线路是否正常<br>⑬ 检查发动机机械零部件的磨损情况,主要检查曲柄连杆机构、配气机构及正时机构 |

**案例 2** 油压调节器真空软管破裂导致汽车油耗过大。

油压调节器真空软管破裂导致汽车油耗过大的故障现象、故障分析、故障诊断及排除见表 5-26。

**表 5-26 油压调节器真空软管破裂导致汽车油耗过大的故障现象、故障分析、故障诊断及排除**

| | |
|---|---|
| 故障现象 | 一辆行驶里程近 100000km 的通用别克 CLX 型轿车,发动机运转不平稳,热车状态下有时冒黑烟,油耗过高 |
| 故障分析与诊断 | 首先利用 TECH 2 故障诊断仪检查,没有故障码输出;读取数据流,发现氧传感器信号电压偏高,说明混合气偏浓<br>车主反映,该车排气管冒黑烟,于是利用尾气分析仪检测尾气。仪器显示:CO 值约为 3.5%,HC 值为 $(300\sim400)\times10^{-6}$;$A$ 值为 0.8~0.9。检测结果显示排放严重超标,这 3 个指标也反映出混合气太浓。但此值并不稳定,待运行 2km 后又都恢复正常,而且高速时尾气合格,只是偶尔在急加速时冒出一些黑烟。因此可以认为此车故障为偶发性故障,用户也反映不是总冒黑烟<br>根据汽车的症状和检测结果分析,怀疑喷油器有滴漏现象。对喷油器进行平衡测试,发现 2 缸和 4 缸喷油器不合格,拆下后发现内部较脏。换上新的喷油器后发动机工作平稳,但尾气成分仍偏高。这时突然听到一种"呲呲"声,再次用 TECH2 读取数据流,发动机真空度略有上升,转速有所提高,而且排气管有少量黑烟排出。仔细检查,发现油压调节器的真空软管破裂漏气<br>由于油压调节器有时不能受真空控制,从而使燃油压力升高,导致费油和冒黑烟。考虑到混合气长期过浓,可能火花塞有积炭。于是,拆检各缸火花塞,果然积炭严重 |
| 故障排除 | 更换真空软管和火花塞后,试车,故障排除 |

**案例 3** 氧传感器信号线故障导致轿车油耗增加。

氧传感器信号线故障导致轿车油耗增加的故障现象、故障分析、故障诊断及排除见表 5-27。

**表 5-27 氧传感器信号线故障导致轿车油耗增加的故障现象、故障分析、故障诊断及排除**

| | |
|---|---|
| 故障现象 | 行驶 1126km 的 1.6L 新日产轩逸轿车，发动机故障灯点亮，虽不影响行驶，但油耗较高 |
| 故障分析与诊断 | 用仪器进行检测，故障码为 P0171——混合汽偏稀，而且为现存故障。数据流：815r/min，MAS 1.16V，B\FUEL 2.0ms，A\F 146%，89℃，APP 0.77V，TPS 0.68V，3.0ms，1.BTDC。检测结果显示喷油量一直很大。清除故障码，启动后故障灯不亮，此时数据流显示的喷油量数值还是 3.0ms，氧传感器的电压一直是零没有变化，加大节气门开度最大只能变到 0.4V。显然，氧传感器存在故障<br>首先测量氧传感器线路电压，4 根线中只有一根 12V，其余均为零，而且与正极之间也有 12V 左右的电压差；线路没问题，可能是氧传感器自身故障。更换氧传感器后故障依旧，其供电电压基本正常。随后试着更换发动机控制单元，测试数据一切正常，初步确定是发动机 ECU 的问题。因 ECU 插接器凸凹端子都没有明显的问题，换回原来的 ECU 后数据也显示正常。再次装回原车的氧传感器，数据也显示正常。至此问题初步解决<br>使用 2 天后，故障灯又亮，而且排气管的油味特别大。用诊断仪进行检测，故障码依然为 P0171。初步判断是 ECU 的问题，但更换发动机 ECU 后问题没有解决。推断可能是氧传感器由于混合气过浓而中毒，用正常氧传感器更换后故障依旧<br>在本案例中，实际混合气浓，而故障码却提示混合气稀，可能原因有漏气、空气流量传感器故障、油压不够、汽油品质问题等。经检测无漏气部位，更换空气流量计后故障依旧，检测油压，为 380kPa，正常，随后又更换了优质汽油，故障仍未排除<br>该车维修资料提示，产生 P0171 故障码的可能原因有进气泄漏、氧传感器、喷油器、油压、空气流量计和废气再循环阀等方面的问题。结合多年的维修经验和该车的行驶情况，以上并未包含导致该车故障的原因。最后推断该车可能是间歇性故障，故障原因有两个：氧传感器的信号线路间歇性搭铁和发动机 ECU 内部故障<br>查看线路图发现，氧传感器共 4 根线：红色电源线、蓝色信号线、灰色搭铁线和绿黄色预热负极控制线。首先测量氧传感器的 4 根线，发现信号线与搭铁线之间有 2Ω 的阻值，由于该车是新车，线路的问题应该不是很大。但当动了一下线束又拔掉 ECU 插头后，发现线路又不搭铁了。至此分不清到底是 ECU 内部故障还是线路故障了<br>本着先外部后内部的原则，应先检查线路。从氧传感器插头到 ECM 之间的线束并不多，但其余地方都有外皮包裹，只有上水管附近的线束仅仅缠了一些胶带。将这部分线束剥开，起初没有发现问题，后来仔细检查，发现一根线有不到 1mm 的 2 个口子，而这根线正是氧传感器的蓝色信号线。这根线与第 4 缸进气道螺栓发生摩擦才导致了该车的特殊故障 |
| 故障排除 | 将线束包好，并用一根橡胶软管将螺栓套住，试车，故障彻底排除。交车后追踪服务，故障不再出现 |

# 五、发动机尾气超标排放故障诊断与案例分析

## （一）发动机尾气超标排放的故障现象、原因及诊断

（1）故障现象　汽车排放的 CO、HC、$NO_x$ 等有害气体的量超过设计时的要求或尾气中 $O_2$ 和 $CO_2$ 的含量与标准值相差较大。排放不合格时可能只有一种尾气超标，也可能是两种或两种以上的尾气排放量超标。

（2）故障原因　发动机尾气超标排放的故障原因见表 5-28。

**表 5-28 发动机尾气超标排放的故障原因**

| 超标尾气 | 原　因 |
|---|---|
| HC | ①点火系统缺火或点火能量不足，造成混合气燃烧不充分，应检查点火系统<br>②点火时间不准确，检查或调整点火正时<br>③混合气过浓或过稀，用 CO 和 $O_2$ 的含量来判定混合气过浓还是过稀；电控系统的传感器有故障或 PCM 有故障均可能导致混合气过浓或过稀<br>④气缸密封性不良，检查气缸的压缩压力是否正常<br>⑤配气相位不正确，检查并调整配气相位 |

续表

<table>
<tr><th colspan="2">超标尾气</th><th>原 因</th></tr>
<tr><td colspan="2">HC</td><td>⑥三元催化转化器有故障,必要时进行修理或更换<br>⑦二次空气喷射控制系统存在故障<br>⑧燃油蒸发控制系统不能正常工作,造成混合气过浓</td></tr>
<tr><td colspan="2">CO</td><td>①混合气过浓,检查空气滤清器是否过脏,检查燃油系统的压力、喷油器的工作性能,测试输入传感器数据,检查喷油控制系统的运行状况<br>②喷油器有漏油的地方,应测试喷油器的密封性<br>③三元催化转化器存在故障,必要时进行更换<br>④二次空气喷射控制系统存在故障(如总是逆流泵入空气)<br>⑤燃油蒸发控制系统不能正常工作,造成混合气过浓<br>⑥PCV 系统有故障,窜缸混合气过多,或机油受燃油污染</td></tr>
<tr><td colspan="2">$NO_x$</td><td>①EGR 系统不能正常工作,酌情进行修理<br>②检查点火提前角及点火正时控制系统<br>③输入传感器有故障导致混合气过稀,检查各传感器的输入信号<br>④燃烧室内有积炭,检查发动机压缩情况,看结果是否高于规定数值<br>⑤发动机工作温度过高,观察故障诊断仪上的发动机温度是否正常<br>⑥进气温度过高,应检查进气空气调温系统、增压中冷系统等<br>⑦检查配气正时记号、气门间隙、可变配气正时系统等<br>⑧增压发动机进气增压过大(如废气旁通阀卡在关闭位置等)</td></tr>
<tr><td rowspan="2">$O_2$、CO</td><td>$O_2$ 读数比正常值低,而 CO 读数比正常值高</td><td>这种情况一般是由于混合气过浓引起的,应主要检查混合气过浓的原因<br>①喷油器有故障,检查是否喷油器密封不严,造成燃油泄漏<br>②燃油压力比正常值高,检查造成燃油压力过高的原因(如燃油压力调节器是否损坏)<br>③燃油喷射系统存在故障,检查相关的传感器和发动机控制模块<br>④曲轴箱强制通风系统存在故障,使过多的曲轴箱窜气参与燃烧<br>⑤燃油蒸发控制系统不能正常工作,造成混合气过浓。检查相关元件的工作性能</td></tr>
<tr><td>$O_2$ 读数比正常值高,而 CO 读数比正常值低</td><td>这种情况一般是由于混合气过稀引起的,应主要检查混合气过稀的原因<br>①检查是否有真空泄漏、燃油压力是否过低、喷油器是否堵塞、控制系统是否存在故障<br>②二次空气喷射控制系统常喷入不正常的空气,检查二次空气喷射控制系统的工作情况<br>③排气系统是否有泄漏的地方,检查排气系统的密封性</td></tr>
</table>

(3) 一般诊断步骤

① 用五气体废气分析仪检测发动机尾气排放。初步分析排放超标的大的方面的故障原因，如混合气浓、混合气稀、气缸缺火等。

② 读取故障码，检查 ECU 是否存储有与排放超标相关的故障码。如有，按故障提示进行检查。

③ 用专用诊断仪读取动态数据流，进一步分析故障原因。

④ 评定氧传感器好坏，结合观察氧传感器信号波形，与尾气排放分析结果对比，分析故障原因。

⑤ 对各执行器进行动作试验，并对其性能进行进一步检查，如检查喷油器的喷油量、密封性等。

⑥ 检查发动机机械部分的可能原因，如积炭、气缸密封性能等。

### (二) 发动机尾气超标排放典型案例分析

**案例 1** 雷克萨斯 LS400 排气管冒黑烟。

雷克萨斯 LS400 排气管冒黑烟的故障现象、故障分析、故障诊断及排除见表 5-29。

表 5-29　雷克萨斯 LS400 排气管冒黑烟的故障现象、故障分析、故障诊断及排除

| 故障现象 | 一辆雷克萨斯 LS400 轿车发动机油耗过大，排气管冒黑烟，低速运转明显抖动 |
|---|---|
| 故障分析、诊断与排除 | (1)检查燃油系统压力是否过高　在冷启动喷嘴上安装压力表，测得发动机怠速、最高转速、5min 保压 3 种情况下燃油系统的压力，其结果均正常<br>(2)检查各缸喷嘴密封是否良好　喷油器结构是电压驱动型的，电阻较大(12～16Ω)。检查方法如下<br>①将喷油器连同燃油分配管一同拆下，接好燃油软管<br>②将喷油器放入量杯<br>③接通电子燃油泵电源(不要启动发动机)<br>④接通喷油器电源 15s，测得各喷油器的喷油量均为 45mL 左右(标准值为 40～50mL)，各缸喷油器油量差小于 5mL<br>⑤断开喷油器电源后，查看喷油嘴无滴漏燃油现象<br>由此可以断定各缸喷油器没有问题<br>(3)检查热车时附加空气阀阀门是否关闭　如图 5-17 所示发动机冷启动时，阀门应处于开启位置，旁通空气量大；发动机启动后，双金属片上的电热丝通电发热，双金属片受热变形，阀门逐渐关小，使旁通空气量逐渐减小，直至为零。附加空气阀在冷车时不能自动开启，会使发动机暖车过程中怠速不稳；在热车时不能自动关闭，会使怠速过高、混合气过浓<br>在发动机冷车时拆下附加空气阀，可见阀门是开启的，说明正常；在热车时拆下后，阀门还是开启的，说明其有故障。经进一步检查，发现其电热丝被烧断。更换该阀后，工作恢复正常 |

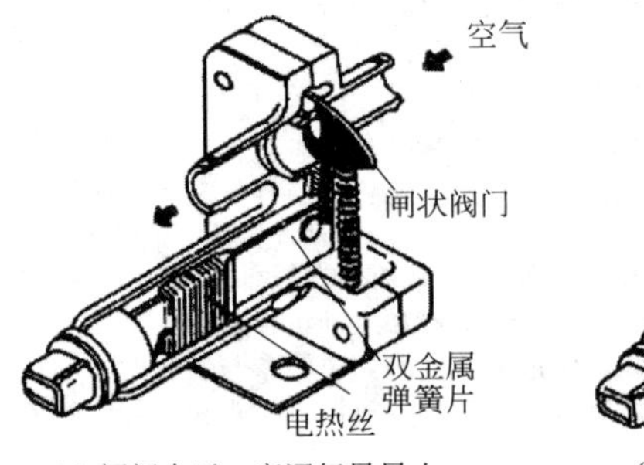


(a) 阀门全开，旁通气量最大　　(b) 阀门关闭，旁通气量为零

图 5-17　附加空气阀

**案例 2**　捷达前卫发动机尾气排放超标。

捷达前卫发动机尾气排放超标的故障现象、故障分析、故障诊断及排除见表 5-30。

表 5-30　捷达前卫发动机尾气排放超标的故障现象、故障分析、故障诊断及排除

| 故障现象 | 一辆捷达前卫 GIX 轿车，装备新 ATK 2V 发动机，且配有三元催化转化器。车主反映该车在测量尾气排放时，排放指数严重超标。捷达新 ATK 2V 发动机采用的是 SIMOS 3PW 电子控制多点顺序燃油喷射管理系统，该系统是一个集喷油、点火、怠速、爆燃、空调、自诊断以及“跛行回家”功能于一体的闭环集中控制系统 |
|---|---|
| 故障分析、诊断与排除 | 根据该车的故障现象，首先检查火花塞，发现火花塞间隙偏大，更换新件后，尾气排放情况略有好转，但未得到明显改善。然后连接故障诊断仪 V. A. G1552 对发动机电控系统进行检测，调出了一个氧传感器的故障码。按照故障码的提示检查氧传感器至发动机 ECU 的连接线束，但未发现短路、断路情况，于是更换氧传感器。随后试车继续测量尾气，然而尾气排放指数依然偏高，但发动机电控系统已无故障码显示<br>利用燃油压力表测量喷射系统压力，发动机怠速运行时油压值为 250kPa，急加速时则为 300kPa，系统保持压力为 200kPa，以上各项数据均正常。接下来拆下喷油器进行超声波清洗，测量其电阻值为 15Ω，也符合标准。连接压力机观察喷油器雾化状态，良好；检查喷油器连接线束，无短路、断路情况。继续检查点火系统，用万用表测量点火线圈、高压线电阻均正常。将发动机恢复后试车，故障依旧。用 V. A. G1552 查寻故障存储器，仍然没有故障码出现。在读取测量数据时观察到氧传感器信号电压在 0.2～0.8V 之间变动正常，氧传感器修正值在±10%之间调节正常。进气压力传感器的数据也符合标准，于是怀疑三元催化转化器有问题，将其更换后试车，尾气排放依然超标<br>在这种情况下，先考虑到了配气相位的准确性，但检查正时标记正确。又怀疑燃油质量有问题，于是清洗了油箱及管路系统并更换了优质燃油，可情况丝毫不见好转 |

续表

| | |
|---|---|
| 故障分析、诊断与排除 | 在故障查寻过程中经过仔细观察发现，如果启动发动机后怠速运转不进行路试，尾气排放基本合格。路试约 2km 后，尾气排放指数升高。若每次启动间歇时间超过 30min，怠速测量基本合格。根据上述情形，决定更换发动机 ECU，更换 ECU 后也无济于事。于是抱着试试看的想法，拆下排气歧管进行检查，并与新的排气歧管进行比较，发现该车装氧传感器的排气取样孔偏小。装上新的排气歧管进行尾气检测，可以明显看出各项指数显著降低。对该车进行路试后，尾气排放合格。然后恢复该车所替换下的其他配件，继续试车，尾气排放始终未超标<br>由此可以判定故障部位就是排气歧管上的氧传感器排气取样孔。由于从气缸内排出的废气处于高速流动状态，行至氧传感器取样孔处时形成涡流，导致排出的废气不能及时在此处更新，使氧传感器不能准确地向发动机 ECU 反馈同步信号，造成发动机 ECU 不能根据实际工况对喷油脉宽进行正确修正，最终出现了发动机工作异常，尾气排放严重超标的故障 |
| 案例拓展 | 三元催化转化器（TWC）的任务是降低排放中的 CO、HC 和 $NO_x$，但如果车辆的状况很差，例如排出的 CO 值高于 1%，再有效的 TWC 也无能为力。因此在检查 TWC 性能之前，必须首先用尾气分析仪测量汽车尾气中的 CO、HC 和 $O_2$ 的含量，以判断混合气的浓度是否合适，如果合适才能进行 TWC 的性能检测 |

**案例 3**　起亚轿车怠速不稳、加速不良且尾气排放严重超标。

起亚轿车怠速不稳、加速不良且尾气排放严重超标的故障现象、故障分析、故障诊断及排除见表 5-31。

**表 5-31　起亚轿车怠速不稳、加速不良且尾气排放严重超标的故障现象、故障分析、故障诊断及排除**

| | |
|---|---|
| 故障现象 | 一辆起亚轿车，装备了 1.6L 四缸电喷发动机，行驶里程为 90000km。该车的症状为怠速不稳、加速不良且尾气排放严重超标 |
| 故障分析与诊断 | 先通过四气体分析仪测量尾气排放来帮助判断故障部位是在油路还是在电路部分。实测数据 CO 为 0.1%，$CO_2$ 为 6%，$O_2$ 为 8%，HC 为 0.07%。从这 4 种排放气体的参数可以看出 $O_2$、HC 指数偏高，CO、$CO_2$ 指数偏低。发动机在最佳工况时 $O_2$ 排放指数应在 1% 以下，$CO_2$ 应在 14% 左右，HC 应为 0.001%～0.0099%。如果 HC、CO 氧化反应充足，就会生成较多的 $CO_2$ 和水<br>根据该车尾气排放的实测数据，既然 $O_2$ 指数这么高，说明混合气偏稀；而发动机怠速不稳、HC 指数偏高，则表明各缸的工作可能存在不良。在点火系统方面，点火能量及准确的点火正时直接影响着发动机的燃烧工况。HC 主要是没有完全燃烧的燃料。点火能量不足时，可能引起火焰传播不良甚至缺火，使气缸内的混合气不能正常燃烧，产生大量的 HC 化合物。另一方面，混合气浓度不合适也会导致气缸工作不良，当然还有气缸密封性等机械故障方面的原因。出现混合气偏稀的情况时，可能存在的原因包括进气真空系统漏气，氧传感器、喷油器工作不良，发动机控制故障及油压偏低等<br>按照这样的思路，先拆检各缸火花塞，发现第 4 缸火花塞间隙已被油和积炭堵死，可以判断其未参加工作。其他 3 个火花塞颜色灰白，为明显的混合气偏稀征兆。在更换了 4 个新火花塞后进行逐缸断火试验，点火能量在 14kV 左右。此时怠速基本恢复正常，但尾气排放依然超标。接下来检查氧传感器，其为四线式，两根白线为加热线，用万用表测量其供电电压为 12.7V，正常。灰线、黑线分别为信号线及搭铁线，信号线电压为 0.3V，且变化幅度不大。怀疑测量有误，遂用故障诊断仪"红盒子"读取故障码并观察氧传感器信号电压数据，结果没有故障码，观察氧传感器信号电压与测量值也相符。此时若人为控制混合气浓稀情况，氧传感器能够正确响应，看来氧传感器没有问题<br>这里向大家介绍一种判断氧传感器信号线与发动机 ECU 之间信号传输是否正常的简单方法。具体步骤是断开氧传感器的信号线，用一只手连接 ECU 一侧的信号端，另一只手去触摸蓄电池的正极，这时应该可以从仪器中清楚地看到氧传感器的信号电压变为 0.9V；利用同样的方法用手触摸蓄电池的负极，电压应变为 0.1V，出现这样的情况才是正常的 |
| 故障排除 | 鉴于上述的检测结果，认为该车是因某种原因导致空燃比超出了控制范围，使尾气排放超标。先连接真空表，测量进气歧管真空度为 56.6kPa 左右，比正常值稍低。检查真空管路是否漏气，未发现发动机外部有漏气的地方。因气缸密封性等机械故障方面也会影响进气歧管真空度，故拆下火花塞逐缸测量气缸压力，只是发现第 4 缸和第 2 缸压力略低于第 1 缸和第 3 缸，而压力均在 12MPa 左右。此刻怀疑配气正时有偏差，打开正时室盖时，发现正时带及张紧轮是新换的，查阅维修资料确认该车的故障部位的确在于配气正时部分，按照维修手册要求重新调整正时后，发动机尾气排放达标。具体测试数据为 CO 0.04%、$CO_2$ 14.3%、HC 0.0025%、$O_2$ 0.9% |

**案例 4**　信号电压明显偏低，排气管却冒黑烟。

信号电压明显偏低，排气管却冒黑烟的故障现象、故障分析、故障诊断及排除见

表 5-32。

**表 5-32　信号电压明显偏低，排气管却冒黑烟的故障现象、故障分析、故障诊断及排除**

| | |
|---|---|
| 故障现象 | 油耗高，数据流显示上游氧传感器信号电压只有 0.1～0.3V，而排气管却冒黑烟 |
| 故障分析 | 在正常情况下，上游氧传感器信号电压应为 0.1～0.9V，而该发动机排气管冒黑烟，油耗高，上游氧传感器信号电压却只有 0.1～0.3V，说明上游氧传感器有可能老化、加热器损坏、触头被积炭覆盖 |
| 故障诊断 | 氧传感器触头很干净，说明传感器自身损坏 |
| 故障排除 | 更换氧传感器后，重新读取数据流上游氧传感器的信号电压为 0.3～0.7V，排气管也不再冒黑烟，故障排除 |

**案例 5**　部分点火线圈短路，使发动机启动困难、加速无力、排气管冒黑烟。

部分点火线圈短路，使发动机启动困难、加速无力、排气管冒黑烟的故障现象、故障分析、故障诊断及排除见表 5-33。

**表 5-33　部分点火线圈短路，使发动机启动困难、加速无力、排气管冒黑烟的故障现象、故障分析、故障诊断及排除**

| | |
|---|---|
| 故障现象 | 一辆奔驰 300E 型轿车，发动机启动困难，加速无力，排气管冒黑烟，同时油耗急剧增加 |
| 故障分析 | 造成发动机启动困难的原因有混合气过稀或过浓、点火能量不足。混合气过稀会造成发动机启动困难，加速无力，但不会造成排气管冒黑烟，更不会造成油耗增加；混合气过浓会造成发动机启动困难，排气管冒黑烟，同时油耗急剧增加，但不会造成加速无力。所以基本上可排除混合气过稀或过浓的可能性，应重点检查点火系统。造成点火能量不足的原因有点火初级绕组或次级绕组短路、高压阻尼线短路或断路、火花塞短路或被污染 |
| 故障诊断 | 奔驰 300E 型轿车发动机的两个同位缸用同一个点火线圈，1 缸与 6 缸、2 缸与 5 缸、3 缸与 4 缸分别为同位缸。如果有一个点火线圈短路或断路，会造成两个同位缸不工作或点火能量不足。1 缸与 6 缸为同位缸，经检测发现点火线圈初级绕组短路，导致 1 缸与 6 缸点火能量严重不足，进而使两个气缸不能正常工作，这是造成上述故障的主要原因。同时，点火线圈短路还会导致点火电流过大，造成电磁干扰，破坏喷油器的正常喷油量，造成喷油量不稳定，进一步加剧故障 |
| 故障排除 | 更换短路的点火线圈，然后清除控制单元存储的故障码，最后启动发动机试车，可正常启动，并且加速强劲，燃油消耗恢复正常，故障排除 |
| 案例拓展 | 避免热车状态下洗车，因为在热车状态下洗车极易造成电气元件短路 |

**案例 6**　油箱加得过满，造成启动困难、加速发闯、急加速时排气管冒黑烟或发动机熄火。

油箱加得过满，造成启动困难、加速发闯、急加速时排气管冒黑烟或发动机熄火的故障现象、故障分析、故障诊断及排除见表 5-34。

**表 5-34　油箱加得过满，造成启动困难、加速发闯、急加速时排气管冒黑烟或发动机熄火的故障现象、故障分析、故障诊断及排除**

| | |
|---|---|
| 故障现象 | 个别汽车加完油后会启动困难，加速发闯，急加速时排气管冒黑烟或发动机熄火，使用一段时间后基本恢复正常。在维修实践中偶尔会遇到启动困难，急加速时排气管冒黑烟，尾气中有较浓的硫黄味（未燃烧的汽油味）的情况。车辆稍停片刻，在炭罐位置下方的地上会有油印 |
| 故障分析 | 该故障和加油有关，只要把油箱加满，故障就会出现，所以与点火系统、燃油系统没有关系。在炭罐位置下方有油印，说明燃油以液态的形式进入炭罐。加油时按规定应把油枪插到底，厂家规定的燃油箱的容量是以插到底的油枪能触到液面为准。油加得过满后，在行驶中一部分燃油就会晃到 EVAP 内。启动时因 CANP 没有开启，所以 EVAP 内的汽油不会进入进气系统，因此发动机启动正常。行驶中因 CANP 的开启时间和次数受控制单元的控制，而且每次开启时控制单元都要减少喷油脉宽，所以温和地踩加速踏板时 CANP 不开启，排气管并无异常；急加速时，CANP 混合气本身就较浓，再加上 CANP 开启，就会造成急加速熄火 |

续表

| | |
|---|---|
| 故障分析 | 个别汽车的油箱内 HC 蒸发管的高度设置得过低，炭罐在车身的位置设置得也过低，油枪能够着液面时蒸发管的进气口就已经非常接近液面了，行驶中一部分燃油就会晃到 EVAP 内，每次急加速时排气管都冒黑烟，严重时只要急加速就熄火<br>如果 CANP 因过脏而卡滞在开启位置，热天燃油蒸发量大，车辆停放一夜后整个进气道和发动机燃烧室内都充满了燃油蒸气，所以每天初次启动时，需要连续启动 3 次以上才能着车，即需要先将进气道和发动机燃烧室内过量的燃油蒸气驱赶出去才能着车 |
| 故障诊断 | 拆下火花塞检查，可以发现每个火花塞电极都发黑，说明上述故障的根源就是混合气过浓。炭罐电磁阀的工作条件：发动机冷却液温度在 75℃以上，发动机转速在 1500r/min 以上，每次开启时间不超过 90s。发动机冷却液温度在 75℃以上时，拔下炭罐电磁阀通往炭罐上方的真空软管，在怠速时用手指堵住，应感觉不到有真空吸力，在发动机转速为 2000r/min 时应感觉到有真空吸力。如果怠速时有真空吸力，则说明炭罐电磁阀因过脏而卡滞在开启位置；如果在发动机转速为 2000r/min 时没有真空吸力，则说明炭罐电磁阀因过脏而卡滞在关闭位置 |
| 故障排除 | 插到底的油枪能触到液面后会自动关闭，此时就不要再加油了。个别汽车在燃油箱蒸发系统设计上不合理，应积极改进设计，如把油箱内 HC 蒸发管的高度设置得高一些，使其接近油箱顶部，炭罐的位置必须高于 HC 蒸发管进气口的高度<br>炭罐电磁阀无论卡滞在关闭位置还是卡滞在开启位置，都必须更换 |

**案例 7** 别克轿车氧传感器信号电压高、排气管冒黑烟、温控风扇不转。

别克轿车氧传感器信号电压高、排气管冒黑烟、温控风扇不转的故障现象、故障分析、故障诊断及排除见表 5-35。

**表 5-35 别克轿车氧传感器信号电压高、排气管冒黑烟、温控风扇不转的故障现象、故障分析、故障诊断及排除**

| | |
|---|---|
| 故障现象 | 一辆别克轿车发动机工作不良，排气管冒黑烟，故障码显示氧传感器信号电压过高，可是氧传感器信号电压、电阻和工作频率均正常 |
| 故障分析 | 控制单元根据闭环控制氧传感器信号将喷油脉宽已经修正到极限，而闭环控制的氧传感器还继续要求修正，控制单元就会认为闭环控制传感器有问题。所以，遇到此类故障时，应先从那些会造成混合气过浓的因素入手。导致混合气过浓的主要原因有空气流量传感器信号过高、进气温度传感器短路、冷却液温度传感器断路或接地线接触不良、喷油器滴漏、空气滤清器滤芯过密 |
| 故障诊断 | ①空气滤清器滤芯过密时，汽车没有高速，自动变速器没有超速挡，而该车既有高速，又有超速挡，并且由进气阻力大造成的混合气过浓不会使排气管在氧传感器信号调整到上限时还冒黑烟，所以可以排除空气滤清器滤芯过密的可能性<br>②读取空气流量传感器怠速空气流量，数据流显示为 5g/s，而别克轿车设计的怠速空气流量为 4～6g/s，所以可以排除空气流量传感器信号过高的可能性<br>③拆下喷油器，外观检查喷油器不发黑，所以喷油器滴漏的可能性不大<br>④将进气温度传感器放在点亮的车前照灯旁边，用万用表检测电阻，随着温度的升高，传感器电阻值逐渐下降，所以进气温度传感器短路的可能性也被排除。进气温度传感器即使短路，造成的混合气过浓也不会使排气管在氧传感器信号调整到上限时还冒黑烟<br>⑤用万用表检测冷却液温度传感器的电阻值，常温下基本正常，但将其放在热水杯中加热后其电阻值不发生变化，说明冷却液温度传感器断路 |
| 故障排除 | 更换冷却液温度传感器，消除故障码，试车，一切恢复正常，故障排除 |
| 案例拓展 | 冷却液温度传感器断路或接地线接触不良时，数据流会显示异常低温，所以会造成混合气过浓。另外，数据流显示发动机异常低温也是该发动机温控风扇始终不转的原因 |

**案例 8** 排气管内积蓄大量的水、发动机启动困难、排气有臭鸡蛋味。

排气管内积蓄大量的水、发动机启动困难、排气有臭鸡蛋味的故障现象、故障分析、故障诊断及排除见表 5-36。

表 5-36　排气管内积蓄大量的水、发动机启动困难、排气有臭鸡蛋味的故障现象、故障分析、故障诊断及排除

| | |
|---|---|
| 故障现象 | 发动机开始时启动困难，勉强启动后，排气中有臭鸡蛋味，同时有大量的水从排气管出气口排出；怠速不稳定，四缸发动机怠速转速在860～900r/min间不断地漂移 |
| 故障分析与诊断 | 发动机长时间低速运转时，排气管内就容易产生大量积水，造成发动机排气不畅，引发启动困难、怠速不稳定。排气中有臭鸡蛋味是因为积水造成排气管内温度过低，不利于废气再燃烧，导致HC在排气管和TWC内转化困难，致使尾气中HC大量超标。臭鸡蛋味实际就是没有燃烧的HC的气味 |
| 故障排除 | 启动后使车辆高速行驶20min，或举升汽车，使之启动后大负荷运转20min，将排气管内的积水排干净，即可将故障排除 |

**案例9**　发动机排气不畅，引发EGR率过高，造成温和加速时车辆前后窜动。

发动机排气不畅，引发EGR率过高，造成温和加速时车辆前后窜动的故障现象、故障分析、故障诊断及排除见表5-37。

表 5-37　发动机排气不畅，引发EGR率过高，造成温和加速时车辆前后窜动的故障现象、故障分析、故障诊断及排除

| | |
|---|---|
| 故障现象 | 发动机启动正常，怠速运转平稳，汽车没有高速，自动变速器每次升到6挡后就立即掉到5挡，所以出现6挡和5挡间的频繁跳挡；急加速时基本正常，温和加速时车辆明显前后窜动；OBDⅡ故障灯被点亮，并留下EGR阀的故障码，即EGR流量异常 |
| 故障分析 | EGR阀本身最容易发生的故障是卡滞在开启部位。如果是EGR阀卡滞在开启部位，则应表现为怠速时车辆严重抖动，急加速时车辆明显窜动，温和加速时平顺，不会造成超速挡间连续跳挡，更不会造成没有高速。发动机排气不畅会造成汽车没有高速，6速自动变速器会出现6挡和5挡间的频繁跳挡，但通常排气不畅会造成急加速座车，温和加速时平顺 |
| 故障诊断 | 发动机工作时用手试排气气流，能明显感觉到排气节流；拆下空气滤清器的滤芯，急加速时可以明显感觉到废气返流，说明发动机排气不畅。由于急加速时听不见金属撞击声，所以初步判断为三元催化转化器堵塞。举升汽车，检查三元催化转化器下部的外壳，没有发现碰伤的痕迹；用手敲击其外壳，听不到三元催化转化器因拖底震碎的哗啦声；读取氧传感器数据流，发现氧传感器输出电压为0.1～0.9V，说明燃烧室严重污染，看来三元催化转化器前端已被积炭覆盖 |
| 故障排除 | 将三元催化转化器清洗罐挂在打开的发动机舱盖上，将针头插入进气软管，启动发动机，保持2000～2500r/min的转速运转，利用发动机工作时进气系统内的真空度将清洗剂逐渐吸入，持续20～25min，直至罐内清洗剂用完。新三元催化转化器的清洗方法是使三元催化转化器清洗剂在罐内直接转化为气态，然后打开空气滤清器盖，拆掉空气滤清器滤芯，雾状的清洗剂由管路经进气道直接输入。清洗完后，消除故障码后试车，热车怠速运转平稳，急加速时动力强劲，自动变速器超速挡之间没有了频繁跳挡，车辆恢复高速，OBDⅡ故障灯没有被点亮，EGR阀的故障码也没有再次出现，故障排除 |
| 案例拓展 | 汽车没有高速，自动变速器在6挡和5挡间频繁跳挡，温和加速时车辆明显前后窜动，OBDⅡ故障灯被点亮并留下EGR阀故障码，即EGR流量异常，这一系列故障分别由两个原因引发，即排气不畅和EGR率失常<br>发动机排气不畅可以造成汽车没有高速，自动变速器在6挡和5挡间频繁跳挡的故障。发动机排气不畅会导致废气背压过高，造成EGR率过高，OBDⅡ系统通过EGR阀两侧的压差传感器发现EGR率过高，就会迅速减少EGR阀占空比，减小EGR阀的开度。随着EGR阀的关闭，当EGR率小于厂家设计值时就会增加EGR阀占空比，加大EGR阀的开度。进入燃烧室废气量的不断变化，会引起燃烧质量的不稳定<br>EGR阀开启的条件是发动机冷却液温度在50℃以上，转速为1500～4500r/min，而且温和加速时开启，急加速时关闭，于是就出现急加速基本正常，温和加速时车辆明显前后窜动 |

**案例10**　宝来轿车发动机怠速不稳、有时发抖。

宝来轿车发动机怠速不稳、有时发抖的故障现象、故障分析、故障诊断及排除见表5-38。

表 5-38 宝来轿车发动机怠速不稳、有时发抖的故障现象、故障分析、故障诊断及排除

| | |
|---|---|
| 故障现象 | 2002 款宝来 1.8L 轿车，装备有 AUM 发动机，怠速不稳定、有时发抖 |
| 故障分析与诊断 | AUM 发动机具有双氧传感器(前氧传感器是宽带型氧传感器)，采用电子节气门装置。该故障为前氧传感器损坏。为什么单氧传感器的发动机，在氧传感器损坏时不易引起发动机怠速不稳或发抖，而双氧传感器的前氧传感器损坏会导致发动机怠速不稳并有时发抖呢？因为发动机闭环控制的根本条件是根据前(上游)氧传感器反馈的电压信号调节喷油脉宽。在前氧传感器信号停止时，ECU 根据后(下游)氧传感器电压信号执行闭环控制来调节喷油脉宽。由于后氧传感器装在三元催化转化器后部，它对已经三元催化转化器处理的排气中含氧量的感知是不能准确反映混合气实际浓稀的，这就使 ECU 对喷油脉宽的调节既缓慢又不准确，所以会出现怠速不稳，甚至有时发抖的故障。而当前氧传感器电压信号正常后，ECU 对发动机又进入可靠的闭环控制了，喷油脉宽调节准确、快速、量小，怠速也就稳定了。单氧传感器的车，当氧传感器损坏时，ECU 对执行发动机开环控制，此时只按实际转速与目标怠速差来调节怠速，更为灵活、便捷 |
| 故障排除 | 更换前氧传感器(宽带型氧传感器)，故障排除 |
| 案例拓展 | ①氧传感器安装在排气管上，其作用是检测排气中的含氧量，并将其转换成电信号，反馈给 ECU。ECU 由此判断混合气空燃比，修正喷油器的喷油量，把空燃比控制在理论值 14.7 左右，实现空燃比闭环控制，保证三元催化转化器转换效率最高，使发动机达到最佳的排放性能<br>②目前普遍使用的是加热型四线氧化锆式氧传感器<br>③氧传感器的输出电压在 0.1～0.8V 之间不断变化(通常每 10s 内变化 8 次以上)。如果氧传感器输出电压变化过缓(每 10s 少于 8 次)或电压保持不变(无论保持在高电位或低电位)，则表明氧传感器有故障，需要检修<br>④氧传感器故障如果不能对空燃比进行反馈控制，会使发动机油耗和排气污染增加，发动机出现怠速不稳、缺火、喘振等故障现象。氧传感器的常见故障有氧传感器中毒、积炭及氧传感器陶瓷碎裂、加热器电阻丝烧断、氧传感器线路故障等<br>⑤检修氧传感器一般检测氧传感器的加热电阻、氧传感器反馈信号电压和氧传感器波形 |

# 第二节 汽车底盘常见故障诊断与案例分析

## 一、离合器故障诊断与案例分析

### （一）离合器的故障分析

1. 离合器的失效形式

离合器的磨损主要在离合器从动盘与飞轮和压盘之间存在滑动时发生，其中离合器从动盘的磨损是最大的。随着离合器的磨损，离合器自由行程也越来越小。压盘总成（含压盘和离合器盖等）上的膜片弹簧和分离轴承逐渐磨损会出现凹槽。分离轴承使用时间过长，会出现缺油而“沙沙”响或卡滞。离合器分泵的密封圈磨损后，会出现漏油情况。拉绳式离合器操纵部分的拉绳使用时间过长，会出现使用不灵活，离合器踏板沉重的现象。液压油使用时间过长容易变黑、变质，内部容易出现空气。

2. 离合器液压操纵系统排气

离合器液压操纵系统在经过拆装后，或在添加制动液时，管路中可能进入空气，进而导致致离合器分离不彻底。排气时需要两个人配合进行。

① 检查离合器储液罐液面（一般为制动液），必须位于“MIN”刻线以上。

② 用软管连接离合器工作缸的放气螺钉，并将软管另一端插入装入一半制动液的容器内，如图 5-18 所示。

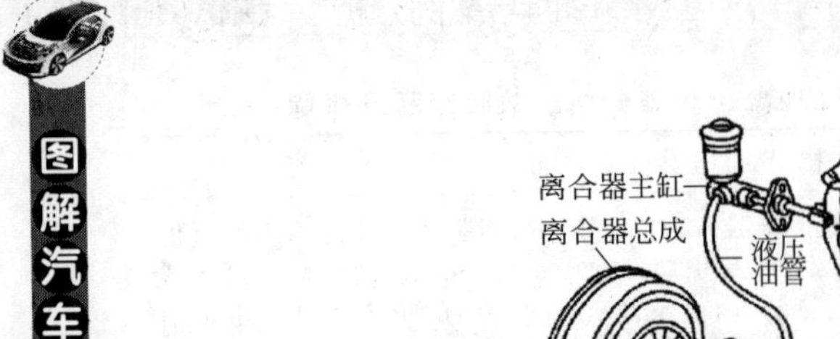

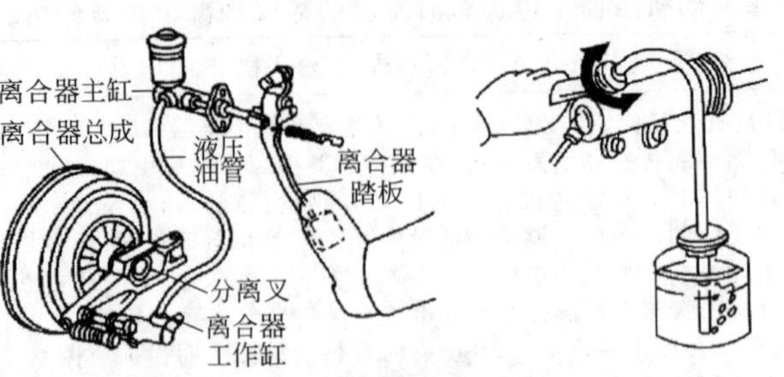


图 5-18 离合器液压操纵系统排气

③ 缓慢踩几次离合器踏板，并踩住不动。

④ 慢慢拧松放气螺钉，直到开始有液体流出。注意：必须在拧紧放气螺钉之后，才能松开离合器踏板。

⑤ 重复上述步骤③和④，直至液体不带气泡为止。

⑥ 添加制动液，直至储液罐液面符合要求。

3. 离合器的维护

离合器的维护应重点检查离合器踏板的自由行程，如不当则需要调整。在离合器接合时，分离轴承前端与分离杠杆内端之间有一定的轴向间隙，这一间隙称为分离轴承自由行程。这一行程反映到离合器踏板上就是离合器踏板的自由行程。当从动盘摩擦衬片因磨损而变薄时，离合器压盘前移，分离杠杆内端将后移。自由行程在使用的过程中是逐步变小的，如果没有自由行程，分离杠杆内端将不能后移，相应地也就限制了离合器压盘前移，从而不能有效地压紧从动盘摩擦衬片，造成离合器打滑，传递转矩下降。离合器自由行程太大会使踩下离合器踏板后，离合器分离不彻底。

机械式离合器操纵机构调整自由行程主要是调整拉杆或拉绳的长度，很多拉绳式离合器操纵机构调整自由行程的部位在分离拨叉操纵臂与拉绳连接处。液压式离合器操纵机构调整自由行程的部位在离合器总泵推杆处（图 5-19）或离合器分泵推杆处。调整自由行程时可以感觉踏板的力度。离合器踏板的总行程等于自由行程与有效行程之和，自由行程与有效行程所需要的力是不同的。

有些拉绳操纵机构离合器带有自动调整机构，不需要调整自由行程，有的液压式操纵机构离合器分泵内有弹簧，如图 5-20 所示，可以进行自动调整。

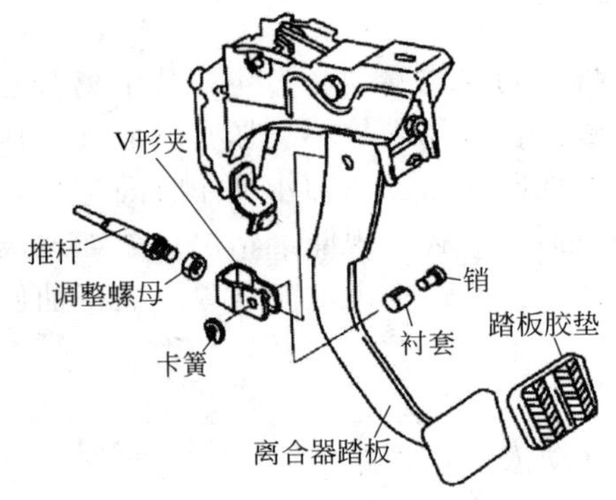


图 5-19 离合器自由行程调整位置

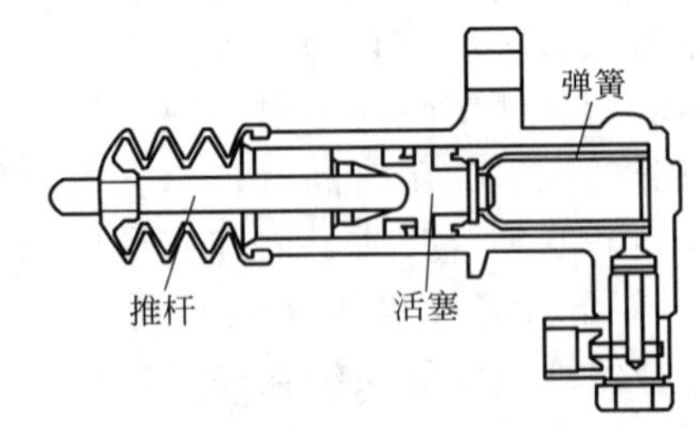


图 5-20 可自动调整自由行程的离合器分泵

离合器踏板自由行程的检查如图 5-21 所示。离合器踏板高度一般为 180～200mm，离合器踏板的自由行程一般为 6～15mm，离合器踩下时踏板与搁脚板之间的距离一般为

35mm 以上。若离合器踏板的自由行程不符合规定，则可能是液压系统内有空气、离合器本身故障或需要调整离合器踏板调整螺钉（图 5-22）。

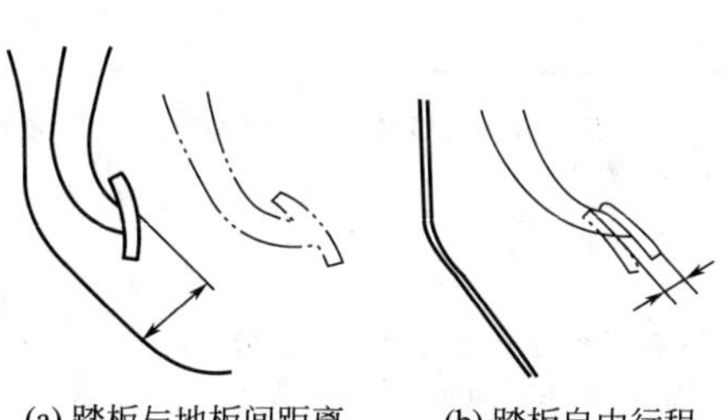

图 5-21　离合器踏板自由行程的检查

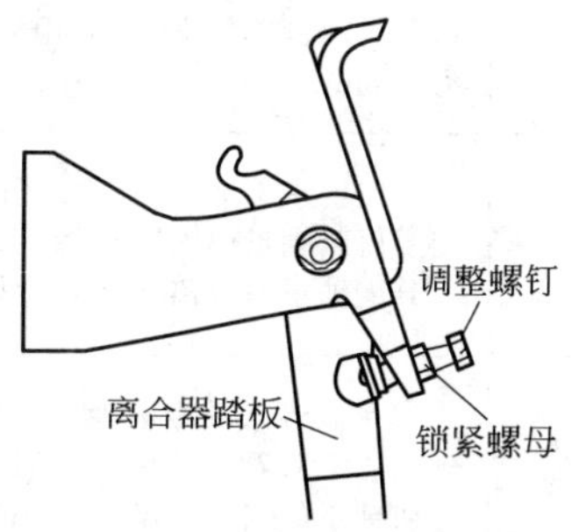

图 5-22　离合器踏板调整螺钉

如果离合器采用液压操纵系统，在维护时要检查制动液的油位和液压操纵系统有无泄漏。如果油位太低或有泄漏，排除故障后要排除液压操纵系统中的空气（图 5-23）。有些汽车的离合器分泵更换后，排放空气非常困难，可以采用如下方法：在一人踩下离合器时，另一人取下分泵回位弹簧，用撬棒或其他工具使离合器分离，其他步骤与前述相同。

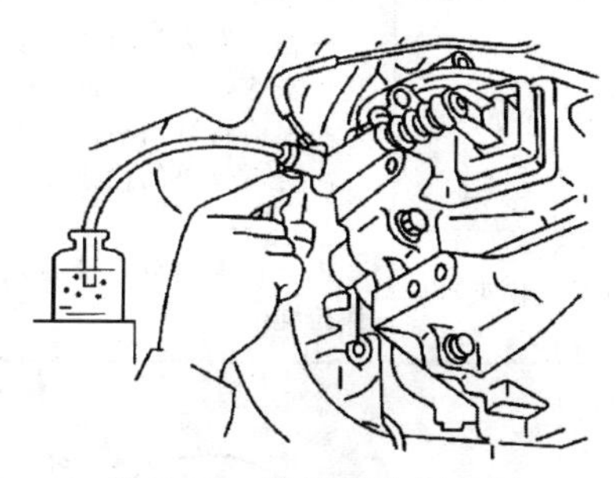
图 5-23　排放离合器空气

二级维护时应检查离合器分离轴承复位弹簧的弹力；踏板过重，给踏板轴加润滑脂；检查离合器有无打滑、发抖、分离不彻底、接合不平稳等故障发生，如有应拆检离合器和完成相关作业项目。

4. 离合器主要部件的检修

离合器主要部件的检修见表 5-39。

**表 5-39　离合器主要部件的检修**

| 主要部件 | 检修内容 |
| --- | --- |
| 飞轮 | ①飞轮的启动齿圈应良好，有断齿或齿端耗损严重时，应更换齿圈或飞轮组件。齿圈和飞轮是过盈配合，组装时应加热齿圈<br>②飞轮的表面应无划伤、撞伤痕迹以及严重烧蚀等。如轻度的不平或烧蚀，可进行光磨修复。如磨损沟槽深度大于 0.50mm 时，应修整或更换<br>③飞轮及压盘有动平衡要求，装配原因或配件质量原因的不平衡会造成曲轴疲劳、飞轮壳产生纵向裂纹等 |
| 压盘总成 | ①压盘平面的检修和飞轮平面的检修方法相同，压盘厚度小于规定时（总极限值不超过 2mm），应更换<br>②如图 5-24 所示，膜片弹簧厚度允许磨损至一半（极限值深度为 0.6mm，宽度为 5.0mm），如果膜片弹簧因长期负荷而弯曲、折断、有高度差等，需更换<br>③测量压盘的平面度，如图 5-25 所示，压盘和平面尺间最大间隙如超过 0.5mm，应更换离合器压盘总成 |
| 从动盘 | ①检查铆钉有无松动，如有松动应更换。用游标卡尺进行离合器压盘铆钉的检查，如图 5-26 所示，如果测量值小于极限值应更换离合器从动盘，其极限值一般为 0.3mm。摩擦片的磨损极限为 0.5mm<br>②检查减振弹簧是否磨损、松动、折断或弹力减弱。检查时可拿起从动盘晃动，如弹簧响声明显，说明减振弹簧松动，需更换从动盘<br>③检查轮毂花键和变速器输入轴上的花键是否适当配合，且未严重磨损<br>④离合器从动盘部件的金属部分应干燥、清洁，没有烧伤的痕迹，各表面之间的拱形弹簧应无断裂<br>⑤摩擦片有轻微烧蚀、硬化，可用锉刀或粗砂布光磨 |

续表

| 主要部件 | 检修内容 |
|---|---|
| 从动盘 | ⑥从动盘钢片翘曲可用"目测法"检查，也可用百分表检查其最外周边缘处圆跳动量，极限值为0.8mm |
| 分离轴承 | 分离轴承不能用汽油或其他清洁剂清洗，检查轴承是否卡住、损坏、发出噪声或回转不规则。检查时用手压紧轴承内圈转动轴承，如卡滞或有"沙沙"声，需更换分离轴承<br>分离轴承与分离叉接触点如有磨损，可堆焊修复 |
| 变速器输入轴导向轴承 | 变速器输入轴导向轴承通常是永久性润滑，不需要经常清洁或加注润滑脂。检修时用手沿转动方向施加压力后看转动是否灵活。若阻滞、松旷、卡住，需更换。如图5-27(a)所示，更换时要使用专用工具。导向轴承的安装深度为0～0.4mm，如图5-27(b)所示 |
| 离合器踏板轴和衬套 | 检查离合器踏板轴和衬套有无磨损，踏板有无弯曲或扭曲，复位弹簧有无损伤或劣化及踏板衬垫有无损坏 |
| 液压操纵机构 | 检查总泵内侧有无生锈或磨损及伤痕；总泵外侧有无漏油痕迹；活塞有无磨损或变形；离合器的接头是否堵塞；胶碗是否老化或磨损；回位弹簧是否折断<br>装配前将缸筒清洁干净，活塞、密封圈、胶碗等零件抹上离合器油<br>离合器分泵的检修方法和总泵的检修方法类似 |
| 拉绳式操纵机构 | 拆下拉绳与分离叉，检查拉绳是否卡滞，如有卡滞需要加润滑油进行润滑后再检查，如还卡滞，需要更换拉绳 |

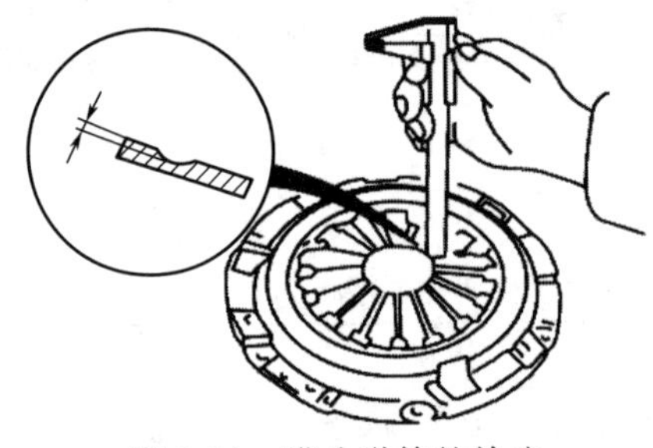

图5-24　膜片弹簧的检查

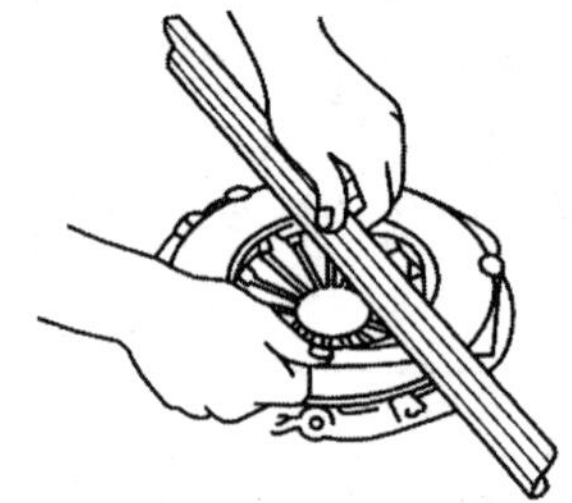

图5-25　压盘平面度的检查

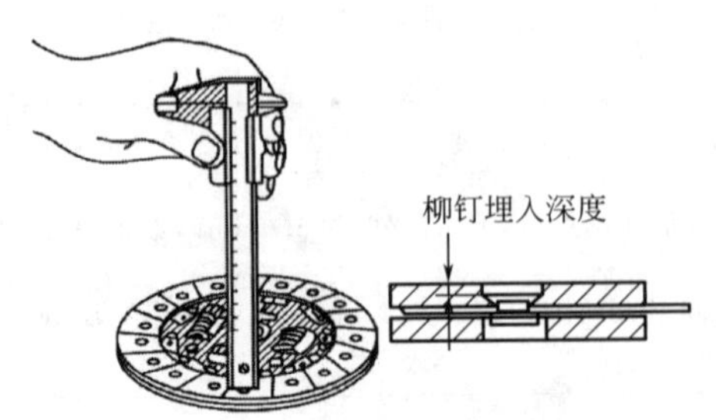


图5-26　离合器压盘铆钉的检查

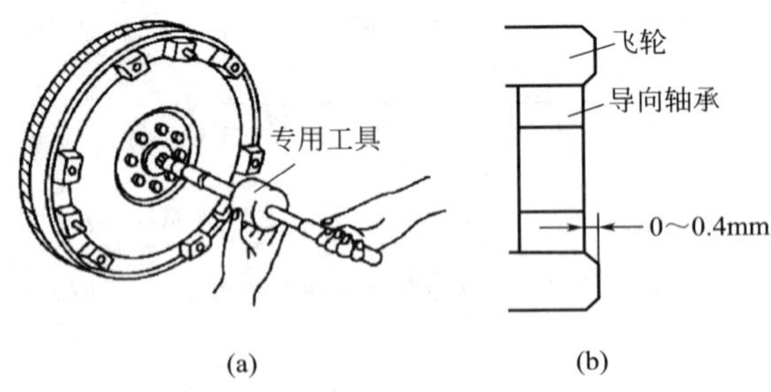


图5-27　拆下变速器导向轴承

## (二) 离合器打滑、异响及分离不彻底的故障诊断

1. 离合器打滑

离合器打滑的故障现象、故障原因及故障诊断与排除见表5-40。

表 5-40　离合器打滑的故障现象、故障原因及故障诊断与排除

| | |
|---|---|
| 故障现象 | 一辆上海桑塔纳普通型轿车，行驶里程为 23000km，发动机没有任何异常，但行驶中达不到额定车速。又过了一段时间，在高速公路上行驶时最高车速也只能达到 95km/h<br>完全放松离合器踏板，汽车不能起步或起步困难；汽车行驶中车速不能随发动机转速的提高而提高，感到行驶无力；上坡行驶或重载时，动力明显不足，严重时可闻到离合器摩擦片的焦臭味 |
| 故障原因 | 离合器打滑的故障实质是离合器踏板完全放松时，主动盘与从动盘没有完全接合，离合器处于半分离状态，其主、从动部分摩擦力矩不足，发动机输出转矩不能全部传给传动系统<br>主要原因如下<br>①离合器踏板自由行程过小或没有自由行程，离合器踏板不能完全复位，分离轴承常压在分离杠杆上，使压盘处于半分离状态<br>②离合器拉绳失效，丧失自调功能<br>③分离杠杆调整不当，弯曲变形<br>④离合器摩擦衬片变薄、硬化，铆钉外露或沾有油污等<br>⑤压紧弹簧过软或折断，膜片弹簧受热退火变软或变形，致使压紧力不足<br>⑥离合器与飞轮连接螺栓松动<br>⑦离合器压盘或飞轮表面翘曲变形<br>⑧液压操纵机构中的主缸不良，导致不能完全复位<br>⑨驾驶员操作不当，如经常使用半联动等，使离合器处于半接合半分离状态，磨损过大，导致打滑 |
| 故障诊断与排除 | ①首先进行故障确诊，然后再进行逐项检查<br>a. 启动发动机，拉紧驻车制动器操纵杆，挂上低速挡，缓缓放松离合器踏板，使离合器逐渐接合。若汽车不能起步，而发动机无负荷感能继续运转又不熄火，即为离合器打滑<br>b. 汽车加速行驶时，若发动机转速升高，而车速不随之相应升高，感到行驶无力，严重时有焦臭味或出现冒烟现象，则为离合器打滑<br>②询问驾驶员的操作习惯，若经常使用半联动，通常是离合器片、压盘磨损过度，应拆检离合器，更换从动盘等<br>③检查离合器踏板的自由行程，应符合原厂的规定，如离合器踏板没有自由行程或自由行程过小，需进行调整<br>④检查离合器盖固定螺栓是否松动<br>⑤检查摩擦片是否磨损过多或沾有油污。先从检视孔检查离合器从动片周边的清洁状况，若有油污甩出、烧蚀痕迹或磨损留下的粉末等，应进一步拆检，并找出烧蚀原因<br>如图 5-28 所示，检查从动摩擦片是否磨损过甚、铆钉露出、烧蚀等。从动盘铆钉距摩擦片表面深度 $t$ 应不小于 0.3mm<br>⑥检查压紧弹簧（螺旋弹簧或膜片弹簧）是否损坏或弹力不足<br>⑦检查压盘、飞轮工作表面的平面度误差。工作面应无刮伤、划痕、烧蚀和裂纹，压盘表面翘曲度不得超过 0.2mm，飞轮端面圆跳动量应小于 0.1mm<br>⑧检查发动机支座是否松动、移位等 |

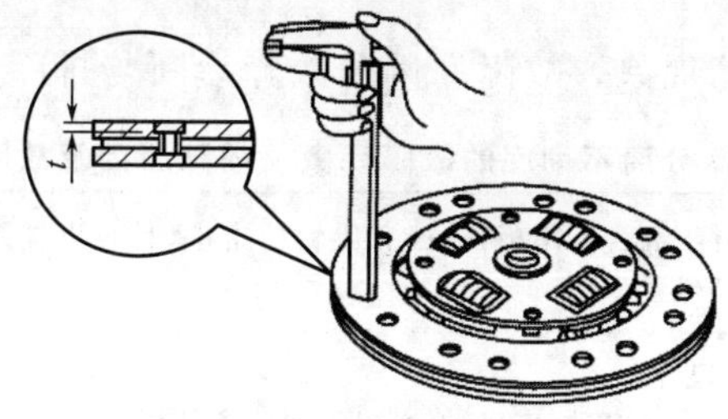


图 5-28　离合器磨损、烧蚀检测

离合器打滑的故障诊断流程如图 5-29 所示。

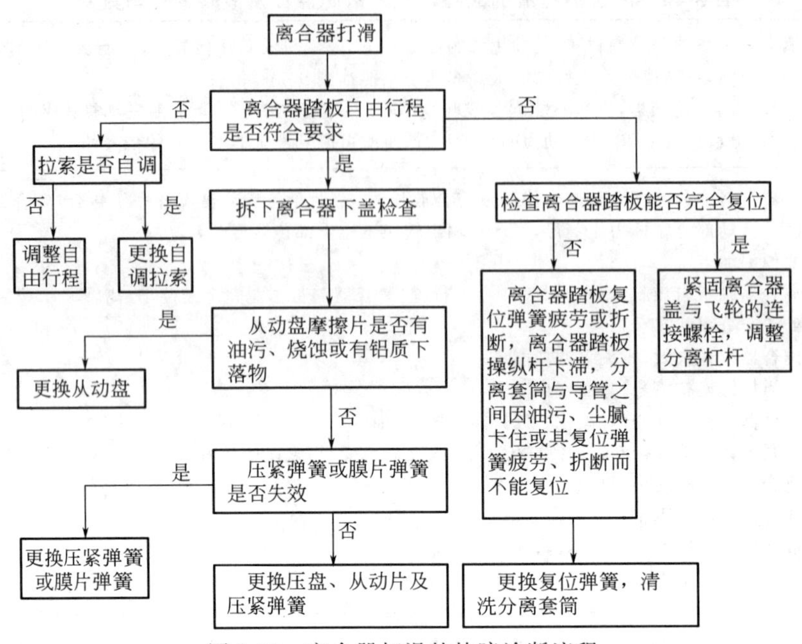


图 5-29　离合器打滑的故障诊断流程

2. 离合器异响

离合器异响的故障现象、故障原因及故障诊断与排除见表 5-41。

**表 5-41　离合器异响的故障现象、故障原因及故障诊断与排除**

| 故障现象 | 离合器分离或接合时发出不正常的响声 |
|---|---|
| 故障原因 | ①分离轴承缺少润滑剂，造成干磨或轴承损坏<br>②分离轴承与分离杠杆内端之间无间隙<br>③分离轴承套筒与导管之间油污、尘腻严重或分离轴承回位弹簧与踏板回位弹簧疲劳、折断、脱落，使分离轴承回位不佳<br>④从动盘花键孔与其花键轴配合松旷<br>⑤从动盘减振弹簧退火、疲劳或折断<br>⑥从动盘摩擦片铆钉松动或铆钉头外露<br>⑦双片离合器传动销与中间压盘和压盘的销孔磨损松旷 |
| 故障诊断与排除 | ①稍稍踩下离合器踏板，使分离轴承与分离杠杆接触，如有“沙沙”声则为分离轴承响；如加油后仍响，说明轴承磨损过度、松旷或损坏，应更换<br>②踩下、抬起离合器踏板，如出现间断的碰撞声，说明分离轴承前后有窜动，应更换分离轴承回位弹簧<br>③连踩踏板，如果离合器刚接合或刚分开时有响声，说明从动盘铆钉松动或外露，应更换从动盘 |

3. 离合器分离不彻底

离合器分离不彻底的故障现象、故障原因及故障诊断与排除见表 5-42。

**表 5-42　离合器分离不彻底的故障现象、故障原因及故障诊断与排除**

| 故障现象 | 发动机怠速运转时，踩下离合器踏板，挂挡有齿轮撞击声，且难以挂入；如果勉强挂上挡，则在离合器踏板尚未完全放松时，发动机熄火 |
|---|---|
| 故障原因 | ①离合器踏板自由行程过大<br>②分离杠杆弯曲变形、支座松动、支座轴销脱出，使分离杠杆内端高度难以调整<br>③分离杠杆调整不当，其内端不在同一平面内或内端高度太低<br>④双片离合器中间压盘限位螺钉调整不当，个别分离弹簧疲劳、高度不足或折断，中间压盘在传动销上或在离合器驱动窗口内轴向移动不灵活 |

续表

| | |
|---|---|
| 故障原因 | ⑤从动盘钢片翘曲、摩擦片破裂或铆钉松动<br>⑥新换的摩擦片太厚或从动盘正反装错<br>⑦从动盘花键孔与变速器第一轴花键轴卡滞<br>⑧离合器液压操纵机构漏油、有空气或油量不足<br>⑨膜片弹簧弹力减弱<br>⑩发动机支承磨损或损坏，发动机与变速器不同心 |
| 故障诊断与排除 | ①检查离合器踏板自由行程，如果自由行程过大则进行调整。否则对于液压操纵机构检查是否储液罐油量不足或管路中有空气，并进行必要的排除。如果不是上述问题应继续检查<br>②检查分离杠杆内端高度，如果分离杠杆高度太低或不在同一平面，则进行调整。否则检查从动盘是否装反，如果没有问题则继续检查<br>③检查从动盘是否翘曲变形、铆钉脱落，从动盘是否轴向运动卡滞等，如果是则进行修理或更换 |

离合器分离不彻底的故障诊断流程如图 5-30 所示。

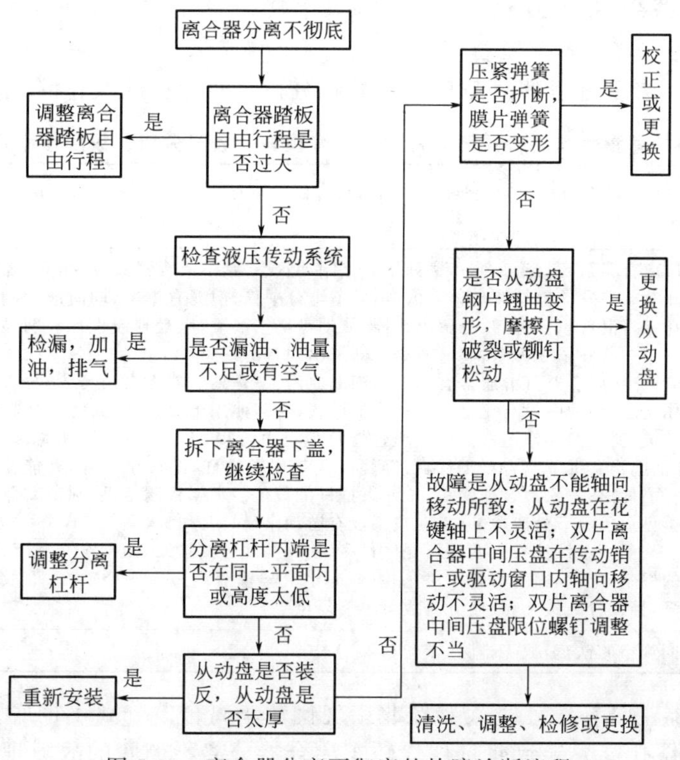


图 5-30 离合器分离不彻底的故障诊断流程

## （三）汽车起步发抖故障诊断

汽车起步发抖的故障现象、故障原因及故障诊断与排除见表 5-43。

**表 5-43 汽车起步发抖的故障现象、故障原因及故障诊断与排除**

| | |
|---|---|
| 故障现象 | 汽车用低速挡起步时，按操作规程逐渐放松离合器踏板并徐徐踩下加速踏板，离合器不能平稳接合且产生抖动，严重时甚至整车产生抖动 |
| 故障原因 | ①分离杠杆内端高度不处在同一平面内<br>②从动盘或压盘翘曲变形，飞轮工作端面的端面圆跳动超差<br>③从动盘摩擦片厚度不均匀、有油污、烧焦、表面不平整、表面硬化、铆钉头露出、铆钉松动或切断、波形弹簧片损坏 |

续表

| | |
|---|---|
| 故障原因 | ④压紧弹簧的弹力不均、疲劳或个别折断，膜片弹簧疲劳或开裂<br>⑤从动盘上的缓冲片破裂或减振弹簧疲劳、折断<br>⑥发动机支架、变速器、飞轮、飞轮壳等的固定螺栓松动<br>⑦分离轴承套筒与导管油污、尘腻严重，使分离轴承不能回位 |
| 故障诊断与排除 | ①检查离合器踏板、分离轴承等回位是否正常，如果正常则继续检查<br>②检查发动机支架、变速器、飞轮、飞轮壳等的固定螺栓是否松动，如果是则紧固螺栓，否则继续检查<br>③检查分离杠杆的内端是否在同一平面内，如果是则继续检查<br>④检查压盘、从动盘是否变形，铆钉是否松动、外露，压紧弹簧的弹力是否不在允许范围内，如果是则修理或更换 |

起步发抖主要从起步时离合器在接合过程中不平稳来考虑，即发动机在匀速转动，而离合器接合不平稳使离合器的从动部分转动不平稳，从而反映为离合器乃至整车的抖动。

### （四）离合器典型案例分析

**案例1** 速腾轿车离合器严重打滑。

速腾轿车离合器严重打滑的故障现象、故障分析、故障诊断及排除见表5-44。

**表5-44 速腾轿车离合器严重打滑的故障现象、故障分析、故障诊断及排除**

| | |
|---|---|
| 故障现象 | 一辆行驶里程为5000km的速腾2.0轿车，离合器严重打滑，5挡行车时转速达3000r/min而车速仅能达到45km/h |
| 故障分析与诊断 | 首先确诊离合器是否打滑。使车辆处于完全制动状态，踏下离合器踏板，挂1挡启动发动机，再松开离合器踏板。此时如果发动机转速稍稍降低，运转不十分平稳，但没有熄火，同时能闻到离合器烧片的烟味，显然离合器存在打滑现象。拆卸、分解离合器，从动盘烧损严重，压盘划痕也比较明显，于是更换离合器片和压盘。但汽车在行驶了2天后，高速时离合器又出现打滑现象<br>在实际应用中，离合器打滑通常有两个方面的原因：一是离合器无自由行程，分离机构顶死分离指；二是驾驶员操作问题，行驶中没有完全放开离合器踏板，过多使用半离合状态，使离合器磨损严重<br>询问驾驶员，离合器操作正常。检查离合器踏板自由行程，太小，同时发现离合器踏到底再松到很高程度，汽车才能起步。拆下离合器工作缸，轻轻按压工作缸推杆，能按压到底，并能复位。轻踏离合器踏板，工作缸推杆能伸出；放松离合器踏板，工作缸推杆能复位。根据检测结果，判定离合液压系统正常<br>这时用手晃动了一下分离拨叉，发现拨叉没有游动余量，同时拨叉烫手，不能复位。通过仔细检查，发现固定换挡支架的固定螺栓拧入变速器壳体过多，正好挡住分离拨叉，致使分离拨叉不能复位。这是造成离合器打滑的根本原因。通过与新车对比，发现固定支架橡胶内应有一个铁套，而故障车没有铁套，造成螺栓拧入过多，挡住分离拨叉，致使分离拨叉不能复位 |
| 故障排除 | 装上相同规格的铁套，故障排除 |

**案例2** 离合器主缸补偿孔过大导致北京现代轿车离合器分离不彻底。

离合器主缸补偿孔过大导致北京现代轿车离合器分离不彻底的故障现象、故障分析及故障排除见表5-45。

**表5-45 离合器主缸补偿孔过大导致北京现代轿车离合器分离不彻底的故障现象、故障分析、故障诊断及排除**

| | |
|---|---|
| 故障现象 | 一辆行驶里程约120000km的北京现代轿车，行驶中快速踩下离合器踏板时离合器能正常分离，而慢速踩下离合器踏板时却不能分离 |
| 故障分析与诊断 | 检查离合器液压系统，没有漏油现象。从该车现象分析，结合维修经验，液压系统内部泄漏，尤其是主缸皮碗破损的可能性较大。于是拆下主缸后面的出油管观察主缸出油情况，快速踩下离合器踏板时，主缸出油多而有力，而慢踩离合器踏板时出油少了许多，显然离合器主缸有故障。拆检离合器主缸，发现皮碗外表面有一纵向小槽，随之换用新件后试车，离合器工作恢复正常<br>使用不久该车进店返修，反映又出现了同样的故障。再次拆检主缸，新换的皮碗外表面又有纵向小槽，似被硬物拉伤。检查主缸缸筒及液压油，均正常。经仔细检查，最后发现主缸壳体上的补偿孔直径已达2mm，已明显超标(0.7mm) |

续表

| | |
|---|---|
| 故障分析与诊断 | 由于主缸补偿孔直径过大，当皮碗往复运动经过该孔时，即会在自身张力作用下进入孔口而被拉伤，时间稍长即会形成纵向小槽。此时，若快速踩下离合器踏板，由于皮碗前方的液压油来不及从纵向小槽流至皮碗后方，离合器便能正常分离；而当慢慢踩下离合器踏板时，皮碗前方的液压油便可通过纵向小槽流至皮碗后方，致使系统压力不足，离合器便无法分离 |
| 故障排除 | 更换离合器主缸，装复试车，离合器的工作恢复正常，故障排除 |

# 二、自动变速器故障诊断与案例分析

## （一）自动变速器控制单元学习程序的设定

自动变速器控制单元学习程序的设定见表 5-46。

表 5-46　自动变速器控制单元学习程序的设定

| | |
|---|---|
| 需要进行自动变速器自适应学习的情况 | 在断电、大修、更换或拆卸电子节气门以及发动机控制单元或自动变速器控制单元(图 5-31)后，一些车辆的自动变速器控制单元需要进行自适应学习 |
| 不进行自动变速器自适应学习可能出现的故障 | ①所有前进挡都加速不良<br>②换挡点滞后，换挡冲击<br>③挂 R 位时正常，没有换挡冲击，挂 D 位时却有换挡冲击。自动变速器倒挡时的主油压是前进挡时的 3～4 倍，挂倒挡时和行驶中升降挡时没有换挡冲击，只是挂 D 位时有换挡冲击，这是典型的自动变速器控制单元故障<br>同样是不进行自动变速器的自适应学习，但不同公司的变速器故障点并不一致 |
| 通用汽车自动变速器再学习程序 | 通用汽车在断开蓄电池负极后，如果出现以下驾驶性问题，则需要重新进行自动变速器再学习程序<br>①换挡质量生硬或变差<br>②怠速不平稳或不稳定<br>③运转时混合气过浓或过稀<br>④燃油经济性差<br>通用汽车自动变速器再学习程序步骤如下<br>①拉紧驻车制动，使变速杆位于空挡，启动发动机，热车到发动机工作温度正常(散热器风扇开始旋转)<br>②变速杆位于 N 位，允许怠速运转 1min；选择 D 位，允许怠速运转 1min<br>③在正常的节气门位置(20%～50%)时加速，直到升入最高挡<br>④将节气门微开至中等开度以下进行巡航行驶<br>⑤减速至汽车停止，允许汽车降挡，正常使用制动器<br>⑥必要时重复上述动作，直至行驶性能恢复正常 |
| 日产汽车自动变速器控制单元学习程序的设定 | ①启动发动机，使自动变速器挂入空挡，发动机达到正常工作温度，电控风扇开始旋转<br>②将变速杆挂入 N 位，使发动机怠速运转 1min；踩下制动踏板，将变速杆挂入 D 位，使发动机怠速运转 1min<br>③进行路试，缓慢加速，使节气门开度逐渐开到 50%，变速器由低速挡逐步升入高速挡<br>④将车速保持在 60～70km/h 的小负荷状况下运行 3min，然后停车<br>⑤重复第③步操作，即可完成控制单元学习程序的设定 |
| 大众/奥迪汽车自动变速器控制单元的匹配 | 配有自动变速器的车辆，在清洗、调整、更换电子节气门体之后，除了与发动机控制单元进行匹配外，也应与自动变速器控制单元进行匹配，只有这样才可实现强制降挡功能。匹配方法如下<br>①连接解码器<br>②打开点火开关<br>③选择“02-自动变速器”<br>④不要接触发动机加速踏板<br>⑤选择“04-基本设定”<br>⑥输入通道号“000”并确定<br>⑦将加速踏板踩到底并保持 3s<br>⑧退出系统，松开加速踏板<br>注意：一些新的大众/奥迪车辆，在进入自动变速器控制系统时，会发现通道不能使用。这里必须在“01 - 发动机控制系统”中进行设定，其通道号是“063” |

## （二）自动变速器的试验

### 1. 自动变速器的失速试验

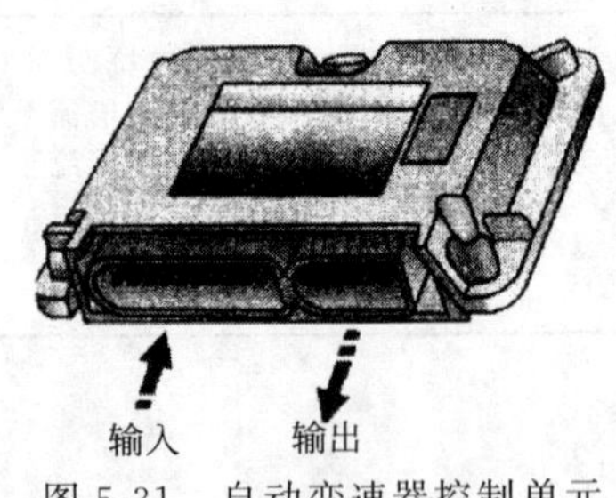


图 5-31 自动变速器控制单元

失速试验是自动变速器检查的一种基本试验方法，它是汽车在前进挡或倒挡时踩住制动踏板和加速踏板，使发动机处于最大转矩工况。此时自动变速器输入轴及输出轴均静止不动，液力变矩器的涡轮也因此静止不动，只有液力变矩器壳及泵轮随发动机一起转动，这种工况属于失速工况，此时发动机的转速称为失速转速。它主要用于检查发动机、液力变矩器及自动变速器中有关的换挡执行元件的工作是否正常。失速试验是满负荷试验，应严格控制试验时间，一般在 5s 以内。若需要重复试验，应间隔 3min 以后再进行。试验完成后不要马上关闭点火开关，应使发动机在怠速下运行一段时间。在试验中，如加速踏板踩下后发现驱动轮转动，应立即放开加速踏板，停止试验。

（1）失速试验的准备

① 启动发动机，并行驶一定距离，确保发动机和自动变速器均达到正常工作温度。

② 对汽车的行车制动和驻车制动进行彻底检查，确保其性能良好。

③ 检查自动变速器的油面高度，使其保持正常。

（2）失速试验的步骤

① 将汽车停放在宽阔的水平地面上，前后应无障碍物，前后车轮用三角木块塞死，保证其不会发生移动。

② 如汽车无发动机转速显示，则安装发动机转速表。

③ 拉紧驻车制动，左脚用力踩住制动踏板。

④ 启动发动机，并将变速杆拨入 D 位。

⑤ 在左脚踩紧制动踏板的同时，用右脚将加速踏板踩到底，迅速读取此时发动机的最高转速。读取发动机转速后，应立即松开加速踏板。

⑥ 将变速杆拨入 P 位或 N 位，使发动机怠速运转 1min 以上，以防止自动变速器油因温度过高而变质。

⑦ 将选挡杆拨入 R 位，进行同样的试验。

（3）失速试验的分析　试验完成后对记录的自动变速器失速转速值与标准值进行核对，不同车型的自动变速器都有其失速转速标准。

① 若记录的失速转速值与标准值相符，说明自动变速器的油泵、主油路油压及各个换挡执行元件的工作基本正常。

② 若记录的失速转速值高于标准值，说明主油路油压过低或换挡执行元件打滑。

③ 若记录的失速转速值低于标准值，则可能是发动机动力不足或液力变矩器有故障。

具体的失速转速不正常的原因见表 5-47。

**表 5-47　失速转速不正常的原因**

| 变速杆位置 | 失速转速 | 故障原因 |
|---|---|---|
| 所有位置 | 过高 | 主油路油压过低；前进离合器打滑；倒挡执行元件打滑 |
|  | 过低 | 发动机动力不足；变矩器导轮单向离合器打滑 |
| 仅在 D 位 | 过高 | 前进挡油路油压过低；前进离合器打滑 |
| 仅在 R 位 | 过高 | 倒挡油路油压过低；倒挡执行元件打滑 |

2. 自动变速器的时滞试验

自动变速器的时滞试验是利用换挡的迟滞时间来分析故障的，是对失速试验的进一步验证。换挡迟滞时间就是在怠速状态下，将变速杆从空挡拨至前进挡或倒挡后，需要有一段短暂时间的迟滞或延时才能使自动变速器完成挡位的变换，此时汽车会产生一个轻微的振动，这一短暂的时间差称为自动变速器换挡的迟滞时间。

(1) 时滞试验的步骤

① 启动发动机，并行驶一定距离，确保发动机和自动变速器达到正常工作温度（50～80℃）。

② 将汽车停放在水平路面上，拉紧驻车制动。

③ 将变速杆分别置于N位和D位，检查两个挡位时的怠速。N位怠速应略高于D位怠速，一般应在50r/min左右，如不正常，应按规定予以调整。

④ 保持发动机怠速，将自动变速器变速杆从N位换至D位，用秒表测量从拨动变速杆开始到感觉汽车振动为止所需的时间，这个时间就是D位迟滞时间。

⑤ 将变速杆拨回N位，发动机仍保持怠速1min后再次测试，测试3次后计算3次的平均值作为最终的D位迟滞时间。

⑥ 按上述方法测量并计算R位迟滞时间。

(2) 时滞试验的分析　不同车型的迟滞时间不完全相同，但D位迟滞时间一般为1.0～1.2s，R位迟滞时间为1.2～1.6s。如迟滞时间过长则可能是控制油压太低、前进离合器活塞漏油、离合器片磨损等。迟滞时间过短则可能是控制油压过高、间隙调整不当等。

3. 自动变速器的油压试验

自动变速器控制系统油压正常与否是自动变速器是否正常工作的先决条件。油压试验正是测量自动变速器工作时控制系统中各个油路中的油压，以确定其是否符合要求。油压过高，会使自动变速器出现严重的换挡冲击，甚至损坏控制系统；油压过低，会造成换挡执行元件打滑，加剧其摩擦片的磨损，甚至使换挡执行元件烧毁。因油压过低而造成换挡执行元件烧毁的自动变速器，在更换烧毁的摩擦片前应找出真正的故障原因并加以修复，否则更换后的摩擦片经过一段时间的使用后往往会再次烧毁。因此，在分解修理自动变速器之前和修复自动变速器之后，都要对自动变速器进行油压试验，以保证自动变速器的修理质量。

(1) 油压试验的方法

① 拔去变速器壳体上的检查接头塞，接上压力表。

② 启动发动机，拉紧驻车制动，并用三角木块将4个车轮前后均塞死，确保车辆不会移动。

③ 当变速器油温正常（50～80℃）时开始试验。

④ 踩下制动踏板，将变速杆换入D位，先测量怠速状态下的主油路管道的压力。

⑤ 将加速踏板踩到底，测量发动机失速转速时油路的最高压力。

⑥ 将变速杆换入R位，重复上述试验。

(2) 油压试验的分析

① 仅在D位油压过低，可能是D挡位置油路泄漏或前进离合器出现故障。

② 仅在N位油压过低，可能是R挡位置油路泄漏、直接挡离合器出现故障或倒挡制动器出现故障。

③ 任何范围油压均高于规定值，可能是节气门拉索调整不当、节气门阀失效或调整阀失效。

④ 任何范围油压均低于规定值，可能是节气门拉索调整不当、节气门阀失效或调整阀失效。

4. 自动变速器的道路试验

道路试验可以进一步检查自动变速器的使用性能和换挡性能，它是诊断、分析自动变速器故障的最有效的手段之一。另外，自动变速器在修复之后，也应进行道路试验，以检验其工作性能和修理质量。自动变速器的道路试验内容主要有检查换挡车速、换挡质量以及换挡执行元件有无打滑现象。

在道路试验之前，应先排除汽车发动机和底盘的故障，并让汽车以中低速行驶一段距离，使发动机和自动变速器都达到正常工作温度后分项进行试验。在试验中，一般情况下，应将超速挡开关置于开的位置，即超速挡指示灯熄灭，并将模式开关置于普通模式或经济模式下。

由于道路试验需要操纵者凭感觉来记录车速表和转速表的数值才能检查分析其性能，因此操纵者应选择技术熟练的人员，并将记录下的数据与此车型的换挡规律进行比对，其说明见表 5-48。

**表 5-48 换挡规律**

| 项目 | 说明 |
| --- | --- |
| D 挡试验 | 在正常或加力模式下，挡位如果可以顺序自动增加，则属于正常情况。如不能，按升挡顺序检查。如不能从 1 挡升至 2 挡，可能是 2 号电磁阀或换挡阀出现故障。如不能从 2 挡升至 3 挡，可能是 1 号电磁阀或换挡阀出现故障。如不能从 3 挡升至 4 挡，可能是换挡阀出现故障<br>检查锁止离合器的锁止机构：以加速挡行驶，当速度达到锁止离合器接合速度（约为 75km/h）时，轻轻加一下油，发动机转速表如有跳动，说明没有锁止 |
| 2 挡试验 | 在 2 挡行驶时，放开加速踏板，检查发动机制动效能。如没有制动效果，则 2 挡减速制动有故障。反复踩加速踏板，检查升挡和降挡时有无异响和振动 |
| L 挡试验 | 在 L 挡行驶时，放开加速踏板，检查发动机制动效能。如没有制动效果，则 1 挡与 R 挡制动器有故障。反复踩加速踏板，检查变速器有无不正常响声 |
| R 挡试验 | 停车后换入 R 挡，如能迅速倒车，不会打滑，说明是正常的 |
| P 挡试验 | 将车辆停在一定坡度（斜率为 9%）的坡道上，换入 P 挡，逐渐放开驻车制动，检查制动效果。此时应注意车辆滑移或溜车 |

## （三）自动变速器的故障诊断

自动变速器的常见故障主要为无挡或缺挡、打滑、换挡冲击过大、挂挡后发动机易熄火、锁止离合器不能锁止、自动变速器油变质、异响等。导致自动变速器故障的原因很多，情况也比较复杂，可能是调整不当或电控系统故障，也可能是油泵、变矩器、控制阀、换挡执行元件等有故障。

由于自动变速器结构和工作原理都很复杂，当出现故障时，盲目拆卸分解往往找不出产生故障的真正原因，还可能造成不应有的损坏。因此，应利用各种检测仪器和手段，按照由外到内，由简到繁的步骤和程序，先对电控系统进行检测，然后对相应部位进行调整，最后再有针对性地进行分解检修。其常见故障部位和故障原因见表 5-49。

**表 5-49 自动变速器常见故障部位和故障原因**

| 故障部位 | | 主要故障原因 | 主要症状 |
| --- | --- | --- | --- |
| 液力变矩器 | 叶轮 | 损坏 | 起步困难、动力下降 |
| | 单向离合器 | 失效 | 起步困难、低速动力下降 |
| | 锁止离合器 | 打滑或烧结 | 汽车油耗增加或怠速时踩制动踏板熄火 |

续表

| 故障部位 | | 主要故障原因 | 主要症状 |
|---|---|---|---|
| 齿轮变速器 | | 磨损、润滑不良 | 过热、异响 |
| 液压控制系统 | 油泵 | 磨损、间隙过大、密封圈失效 | 供油不足、压力降低 |
| | 阀体 | 磨损、卡滞、弹簧弹力下降、球阀丢失或错位、密封不良 | 打滑，缺挡或无挡，换挡冲击 |
| | 离合器 | 从动盘磨损、烧损，钢片烧损，活塞密封圈损坏，止回阀失效，间隙不当等 | 打滑，不能分离，缺挡或无挡，换挡冲击，换挡困难 |
| | 制动器或制动带 | 从动盘或制动带磨损、烧损，钢片烧损，活塞密封圈损坏，间隙不当等 | 打滑，不能分离，缺挡或无挡，换挡冲击，换挡困难 |
| 电子控制系统 | 控制单元 | 损坏 | 缺挡或无挡，油压不正常，换挡规律失常，动力性和经济性下降 |
| | 传感器 | 损坏或信号失常 | 换挡不正常 |
| | 电磁阀 | 损坏 | 换挡冲击，缺挡或无挡，油压不正常，锁止离合器工作不正常 |
| | 各种控制开关 | 损坏 | 变速器不能正常工作，动力性、经济性下降 |

## （四）自动变速器的拆装与维修示例

1. 转速传感器的检查

下面以丰田卡罗拉汽车U341E自动变速器转速传感器部件（图5-32）为例，说明其操作（表5-50）。

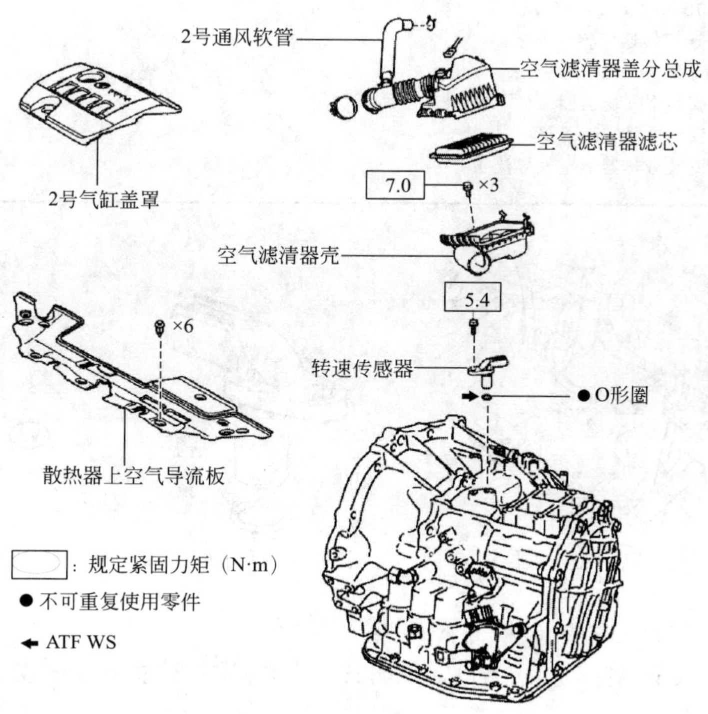


图5-32 转速传感器部件

表 5-50 转速传感器的操作

| 操作项目 | 操作步骤 |
| --- | --- |
| 准备工作 | ①汽车进入工位前，将工位清理干净，准备好相关器材<br>②将车辆停放在水平地面上，并施加驻车制动<br>③拉紧驻车制动器操纵杆，并将变速杆置于驻车挡(P)位置<br>④套上转向盘护套、变速杆手柄套和座位套，铺设脚垫<br>⑤在车内拉动发动机舱盖手柄，在车外打开并支撑发动机舱盖<br>⑥粘贴翼子板和前脸磁力护裙 |
| 拆卸 | ①拆卸散热器上空气导流板<br>②拆卸 2 号气缸盖罩<br>③拆卸空气滤清器盖分总成<br>④拆卸空气滤清器壳<br>⑤拆卸转速传感器<br>a. 断开转速传感器连接器(图 5-33)<br>b. 拆下螺栓和转速传感器<br>c. 从转速传感器上拆下 O 形圈(图 5-34) |
| 检查 | 按图 5-35 所示连接器端子测量电阻，电阻值如下<br>检测仪连接 1-2<br>温度条件为 20℃<br>规定状态为 560～680Ω<br>如果电阻值不符合规定，则更换转速传感器 |
| 安装 | ①安装转速传感器<br>a. 在新 O 形圈上涂 ATF，并将其安装至转速传感器<br>b. 用螺栓安装转速传感器，力矩为 5.4 N·m<br>c. 连接转速传感器连接器<br>②安装空气滤清器壳<br>③安装空气滤清器盖分总成<br>④安装 2 号气缸盖罩<br>⑤安装散热器上空气导流板 |

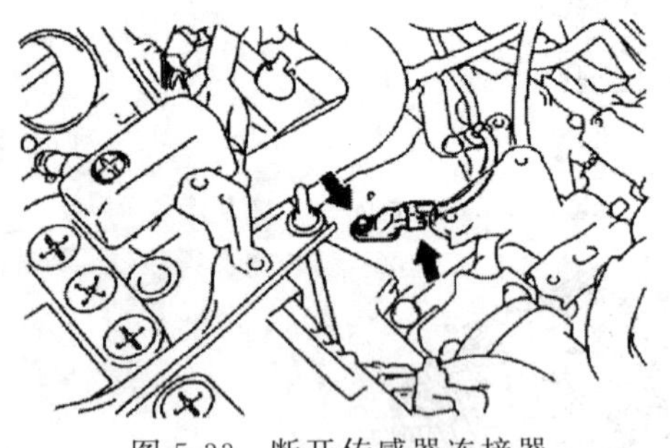

图 5-33 断开传感器连接器

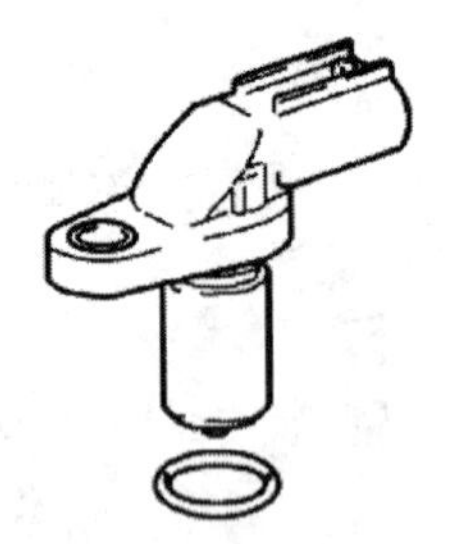

图 5-34 拆下 O 形圈

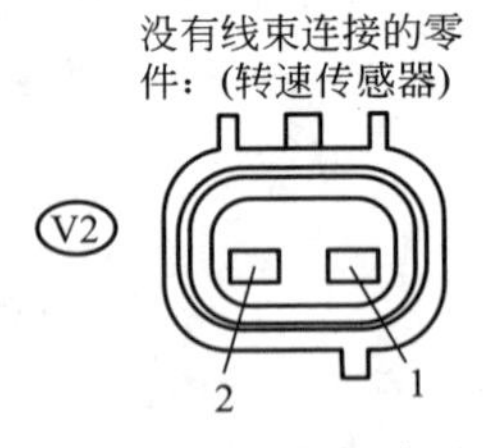


图 5-35 连接器端子

2. 驻车挡/空挡位置开关的检查和调整

以丰田卡罗拉汽车（自动挡）为例，说明其驻车挡/空挡位置开关的安装位置（图 5-36），其具体操作步骤见表 5-51。

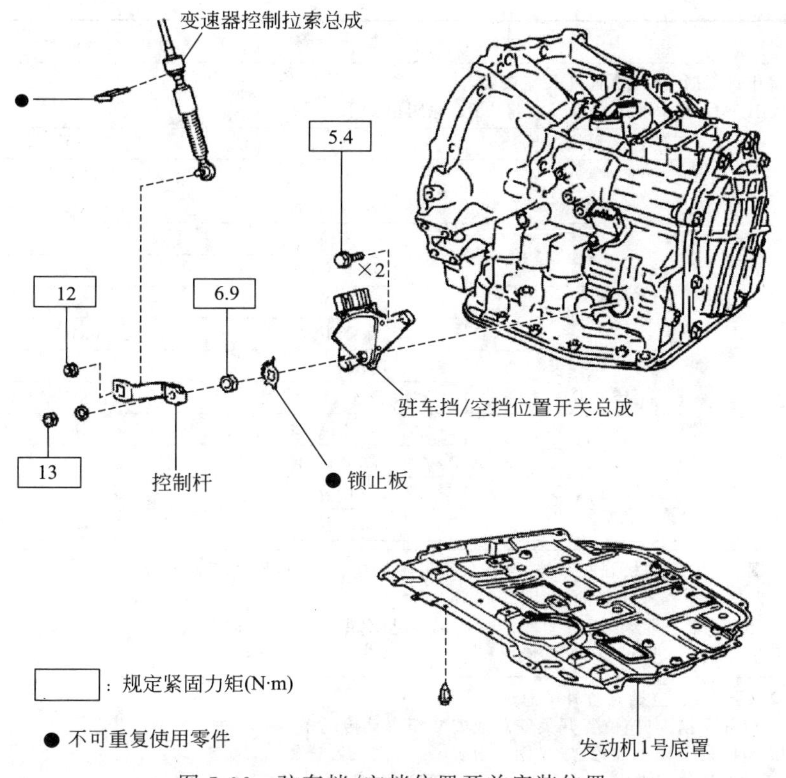


图 5-36 驻车挡/空挡位置开关安装位置

**表 5-51 驻车挡/空挡位置开关的检查和调整**

| 操作项目 | 操作步骤 |
|---|---|
| 准备工作 | ①汽车进入工位前,将工位清理干净,准备好相关器材<br>②将车辆停放在水平地面上,并施加驻车制动<br>③拉紧驻车制动器操纵杆,并将变速杆置于驻车挡(P)位置<br>④套上转向盘护套、变速杆手柄套和座位套,铺设脚垫<br>⑤在车内拉动发动机舱盖手柄,在车外打开并支撑发动机舱盖<br>⑥粘贴翼子板和前脸磁力护裙 |
| 车上检查 | ①施加驻车制动并将点火开关置于 ON(IG)位置<br>②踩下制动踏板,检查并确认当换挡杆在 N 位或 P 位时发动机能启动,而在其他位置时不启动<br>③检查并确认当换挡杆在 R 位时倒车灯点亮,倒挡警告蜂鸣器鸣响,但在其他位置不起作用如果发现故障,则应检查驻车挡/空挡位置开关的导通性 |
| 拆卸 | ①从蓄电池负极端子断开电缆<br>②拆卸发动机 1 号底罩<br>③分离变速器控制拉索总成,如图 5-37 所示<br>a. 从控制杆上拆下螺母并断开控制拉索总成<br>b. 从控制拉索支架上拆下卡子并断开控制拉索总成<br>④拆卸驻车挡/空挡位置开关总成<br>a. 从驻车挡/空挡位置开关总成上断开连接器<br>b. 拆下螺母、垫圈和控制杆,如图 5-38 所示<br>c. 撬出锁止板并拆下手动阀轴螺母,如图 5-39 所示<br>d. 拆下 2 个螺栓,拉出驻车挡/空挡位置开关总成,如图 5-40 所示 |

续表

<table>
<tr><th>操作项目</th><th>操作步骤</th></tr>
<tr><td>检查</td><td>①断开驻车挡/空挡位置开关连接器<br>②按图 5-41 所示连接器端子测量电阻,电阻值如下
<table>
<tr><th>检测仪连接</th><th>条件</th><th>规定阻值</th></tr>
<tr><td rowspan="2">2—6 和 4—5</td><td>P 位</td><td><1Ω</td></tr>
<tr><td>除 P 位外</td><td>≥10kΩ</td></tr>
<tr><td rowspan="2">2—1</td><td>R 位</td><td><1Ω</td></tr>
<tr><td>除 R 位外</td><td>≥10kΩ</td></tr>
<tr><td rowspan="2">2—9 和 4—5</td><td>N 位</td><td><1Ω</td></tr>
<tr><td>除 N 位外</td><td>≥10kΩ</td></tr>
<tr><td rowspan="2">2—7</td><td>D 位和 3 位</td><td>>1Ω</td></tr>
<tr><td>除 D 位和 3 位外</td><td>≥10kΩ</td></tr>
<tr><td rowspan="2">2—3</td><td>2 位</td><td><1Ω</td></tr>
<tr><td>除 2 位外</td><td>≥10kΩ</td></tr>
<tr><td rowspan="2">2—8</td><td>L 位</td><td><1Ω</td></tr>
<tr><td>除 L 位外</td><td>≥10kΩ</td></tr>
</table></td></tr>
<tr><td>调整</td><td>①如图 5-42 所示,松开驻车挡/空挡位置开关的螺栓,并将换挡杆置于 N 位<br>②将凹槽与空挡基线对准,如图 5-43 所示<br>③将开关固定到位,然后拧紧两个螺栓,(参见图 5-42),力矩为 5.4N·m<br>④调整完成后,进行开关工作情况检查</td></tr>
<tr><td>安装</td><td>①安装驻车挡/空挡位置开关总成<br>a. 将驻车挡/空挡位置开关安总成安装至自动传动桥<br>b. 暂时安装两个螺栓(参见图 5-40)<br>c. 换上新的锁止板,并拧紧手动阀轴螺母,如图 5-44 所示,力矩为 6.9N·m<br>d. 暂时安装控制杆<br>e. 逆时针转动控制杆直到其停止,如图 5-45 所示,然后顺时针转动两个槽口<br>f. 拆下控制杆<br>g. 将凹槽与空挡基线对准。将开关固定到位,然后拧紧两个螺栓,如图 5-46 所示,力矩为 5.4N·m<br>h. 使用旋具,用锁止板锁紧螺母,如图 5-47 所示<br>i. 用螺母和垫圈安装控制杆,如图 5-38 所示,力矩为 13N·m<br>j. 将连接器连接至驻车挡/空挡位置开关总成<br>②安装变速器控制拉索总成,如图 5-37 所示<br>a. 用螺母将变速器控制拉索总成安装至控制杆,力矩为 12N·m<br>b. 用一个新的卡子将变速器控制拉索总成安装至支架<br>③将电缆连接到蓄电池负极端子,力矩为 5.4N·m<br>④调整换挡杆位置<br>⑤检查换挡杆位置<br>⑥检查驻车挡/空挡位置开关总成<br>⑦安装发动机 1 号底罩</td></tr>
</table>

图 5-37　分离变速器控制拉索总成

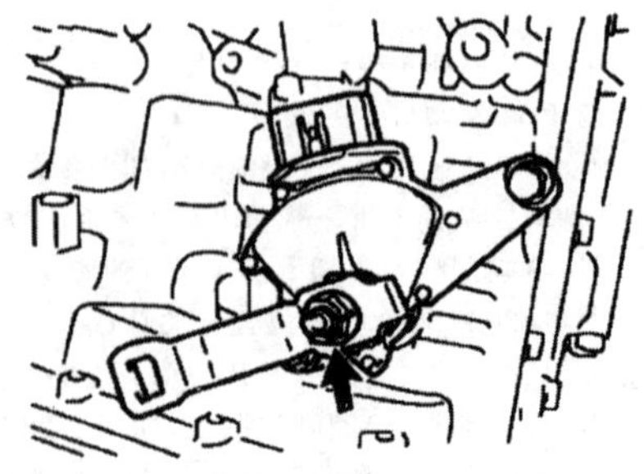
图 5-38　拆卸驻车挡/空挡位置开关总成(一)

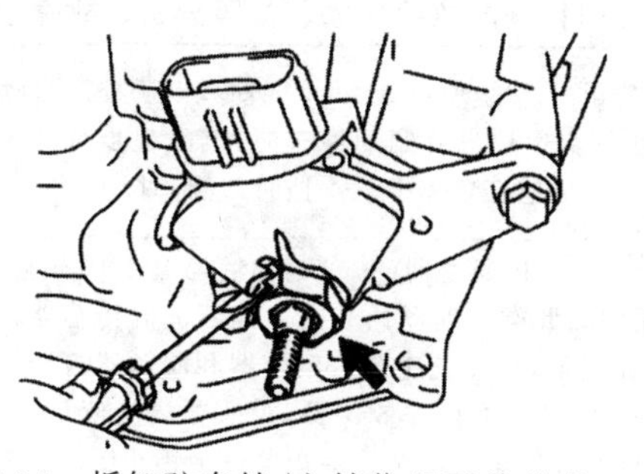

图 5-39　拆卸驻车挡/空挡位置开关总成（二）

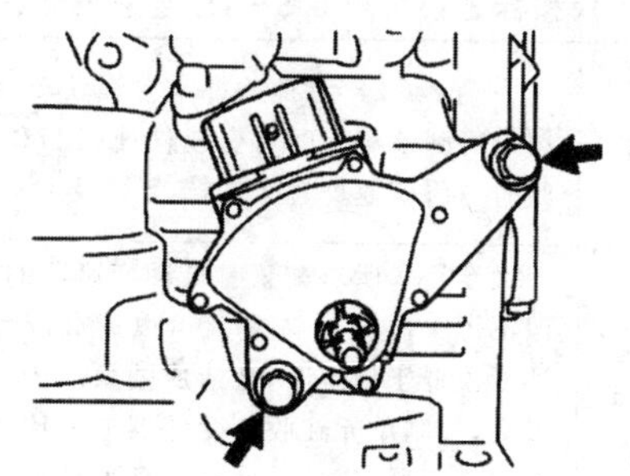

图 5-40　拆卸驻车挡/空挡位置开关总成（三）

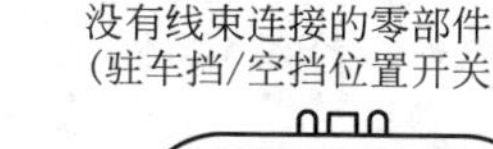


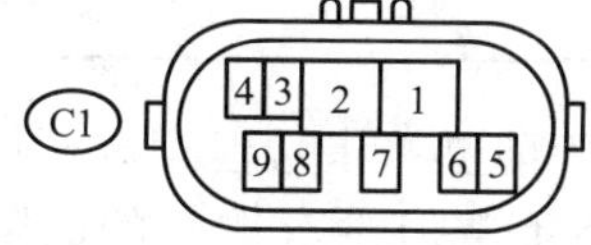


图 5-41　连接器端子

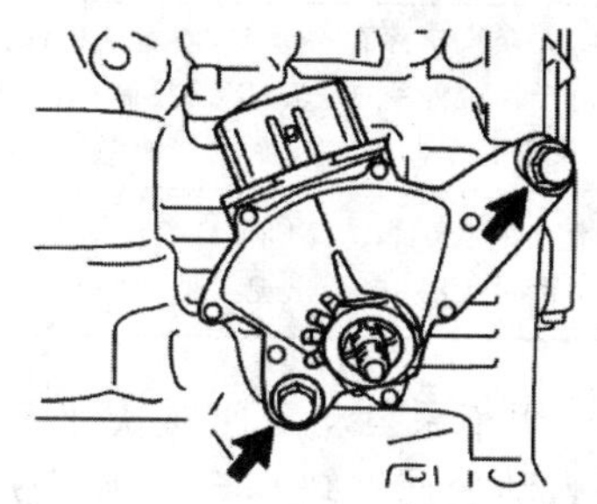

图 5-42　松开驻车挡/空挡位置开关的螺栓

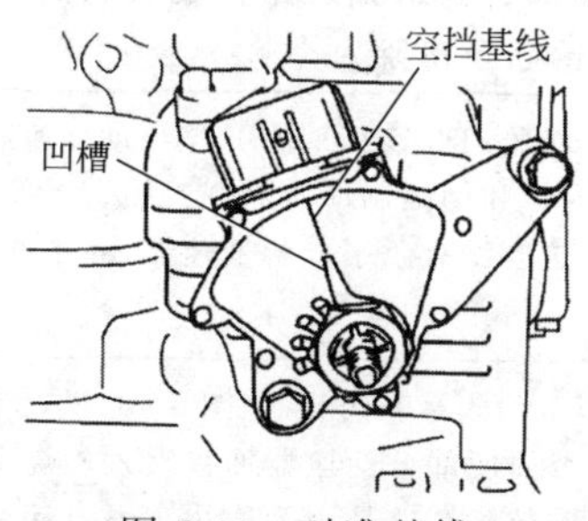


图 5-43　对准基线

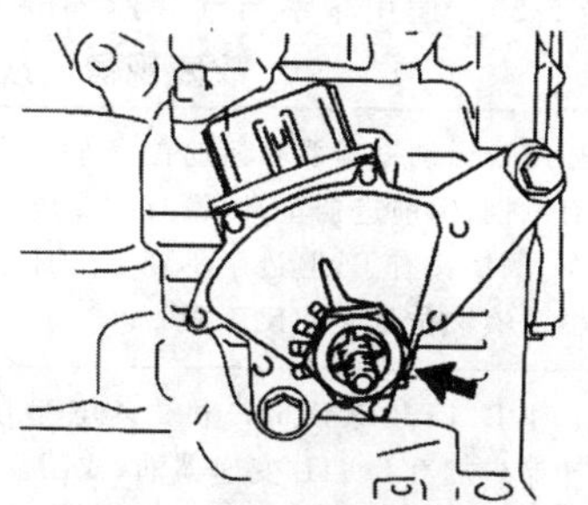

图 5-44　拧紧手动阀轴螺母

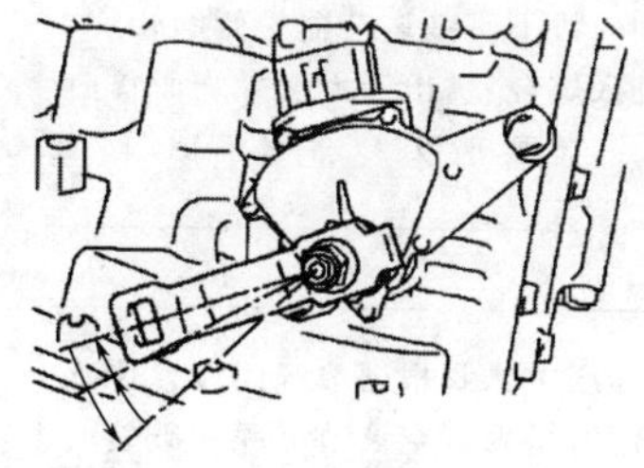

图 5-45　逆时针转动控制杆

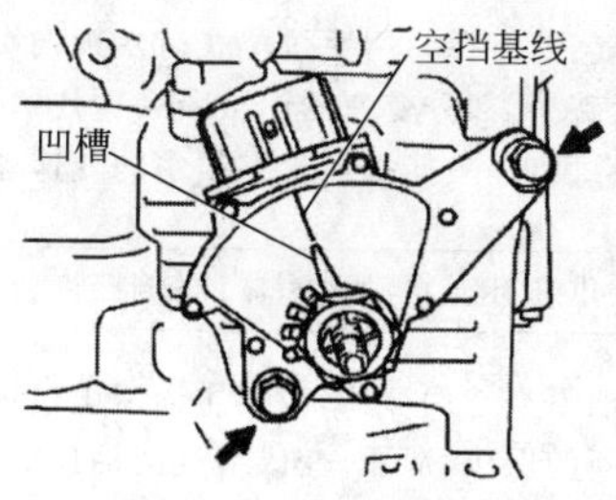


图 5-46　拧紧螺栓

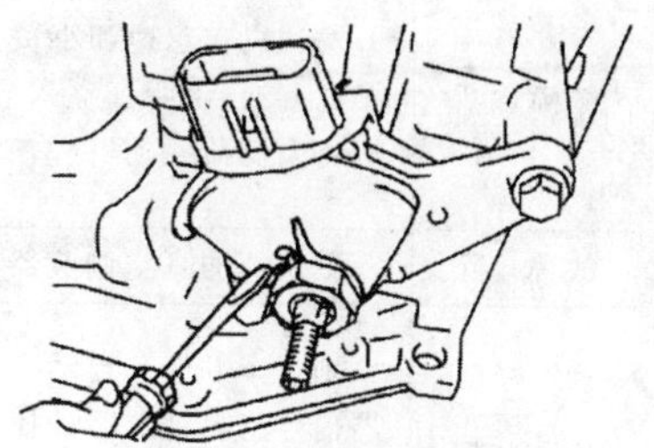

图 5-47　锁紧螺母

## （五）自动变速器典型案例分析

**案例 1**　大众和标志轿车缺 0.5～1L 变速器油，制动后不能立即行驶。

大众和标志轿车缺 0.5～1L 变速器油，制动后不能立即行驶的故障现象、故障分析、故障诊断及排除见表 5-52。

表 5-52　大众和标志轿车缺 0.5～1L 变速器油，制动后不能立即行驶的故障现象、故障分析、故障诊断及排除

| | |
|---|---|
| 故障现象 | 一辆 2002 年款捷达都市先锋轿车，装备的是大众公司生产的 AG4 01M 型四前速电子控制自动变速器。用户反映该车有时将变速杆挂在 D 位正常行驶后，在等交通信号灯制动停车时，再次起步时却无法行驶，此时若将变速杆置于 3 挡、2 挡及 R 位均无法行驶，但当变速杆置于手动 1 挡时却能够行驶 |
| 故障分析与诊断 | 大众轿车所有配置有自动变速器的车辆如果少加 0.5～1L 变速器油，在制动后均会出现不能立即行驶但不熄火，过 30s 左右又可以正常行驶的故障。这是因为此类变速器内装有变速器油温传感器，当变速器油液位低于标准时，会造成油泵油压过低，导致主油压过低，自动变速器内离合器和制动器打滑，引起油温过高，控制单元在收到变速器油温传感器油温过高的信号后，进入失效保护，第一项措施便是让变矩器进入锁止工况，过 30s 后如果变速器油温没有降低的可能，控制单元就会让变矩器解除锁止工况，并让变速器退出超速挡。如果起步时变矩器处于锁止工况，就好像使用手动变速器的汽车离合器处于完全接合的状况，汽车会因过载而无法起步 |
| 故障排除 | 将大众汽车停在平地上，使发动机保持怠速，让变矩器和散热器里充满油。所有挡位走一遍，使变速杆在每个挡位停留 3～5s，以使控制阀内充满油，最后保持在 P 位。不同的挡位，液位不一致，P 位时液位最高，又有驻车制动。在变速器油温为 35～45℃时，打开溢流阀监测孔，应有少量油流出 |
| 案例拓展 | 大众车系 01N、01M 和 01V 自动变速器控制单元在换挡电磁阀 N88 的针脚接触不良而造成 N88 电磁阀电阻值过大时，也会出现类似故障 |

**案例 2**　通用车系自动变速器缺 0.5～1L 变速器油，前进挡正常但没有倒挡。

通用车系自动变速器缺 0.5～1L 变速器油，前进挡正常但没有倒挡的故障现象、故障分析、故障诊断及排除见表 5-53。

表 5-53　通用车系自动变速器缺 0.5～1L 变速器油，前进挡正常但没有倒挡的故障现象、故障分析、故障诊断及排除

| | |
|---|---|
| 故障现象 | 通用公司别克车系和凯迪拉克车系使用的 4T40E、4T60E、4T65E 和 5L40E 型自动变速器在行驶中突然没有倒挡，但前进挡正常；没有故障码，变速器内倒挡离合器和倒挡制动器完好无损。重新装配，加完油后试车，倒挡又有了，但过了不到 2 个月后还是没有倒挡。这次没有急于分解变速器，而是逐项检查，发现变速器油液液位低于油尺下限 |
| 故障分析 | 4T40E、4T60E、4T65E 和 5L40E 型自动变速器均用节气门阀真空调节器（图 5-48）操控节气门阀。如果变速器少加 0.5～1L 变速器油，或因真空调节器膜片破裂而使部分变速器油被吸入燃烧室而导致变速器缺 0.5～1L 变速器油，就会造成前进挡正常但没有倒挡的故障。这是因为通用车系自动变速器倒挡主油压是前进挡主油压的 4 倍 |
| 故障诊断 | 发动机在怠速和小负荷时排气管冒白烟，用手接尾气时发现白烟里有油。拔下真空调节器一侧的软管，发现有油，说明真空调节器膜片破裂，部分变速器油被吸入进气道，然后进入燃烧室，由于无法燃烧而冒白烟。大负荷发动机进气系统真空度低，不能把低于它很多的变速器油吸入进气道，所以排气管不冒白烟 |
| 故障排除 | 更换新的真空调节器，按规定重新补充自动变速器油，倒挡恢复正常 |
| 案例拓展 | 别克车系新款自动变速器取消了真空调节器，改用主油压电磁阀，由主油压电磁阀根据节气门位置传感器信号将一部分主油压经过不断的保压、泄压，变成节气门油压。这样就没有了因真空调节器膜片破裂而导致变速器油被吸入燃烧室的故障，变速器油也就不会缺失了<br>变速器缺油后强行行驶，还会因润滑油压过低而导致行星齿轮机构发生早期磨损 |

**案例 3**　通用 4T60/65E 型自动变速器多加 0.5～1L 变速器油容易造成 3 挡和 4 挡离合器烧蚀。

通用 4T60/65E 型自动变速器多加 0.5～1L 变速器油容易造成 3 挡和 4 挡离合器烧蚀的故障现象、故障分析、故障诊断及排除见表 5-54。

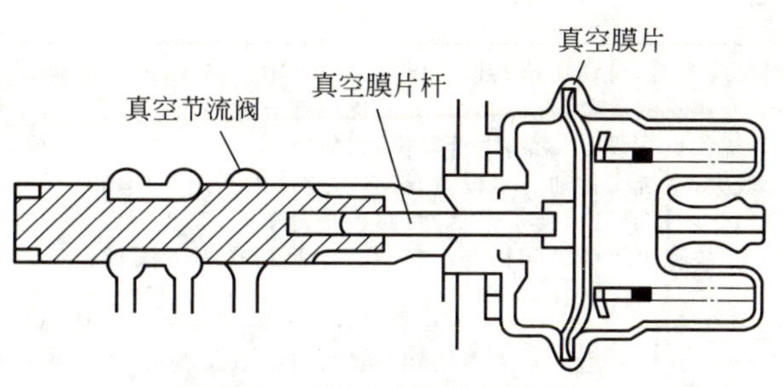


图 5-48 节气门阀真空调节器

**表 5-54 通用 4T60/65E 型自动变速器多加 0.5～1L 变速器油容易造成 3 挡和 4 挡离合器烧蚀的故障现象、故障分析、故障诊断及排除**

| | |
|---|---|
| 故障现象 | 一辆别克君威轿车大修后不到半年便没有了 3 挡和 4 挡 |
| 故障分析 | 通用轿车自动变速器油尺有冷态和热态之分。如果变速器油温在 60℃以下，油位按热态高度控制，就会多加 0.5～1L 变速器油，变速器内离合器和行星齿轮机构等旋转件就可以触及油面，行驶中在旋转件的搅动下，特别是在高速行驶中因变速器油温度不断升高而膨胀，使液位同步升高，进而使搅动加剧，形成大量泡沫，引发油液沸腾，最后从加油口和冷却器向外溢油，掉在排气管上就冒烟，看上去就像是着火，同时因为变速器油起泡而导致油泵油压明显降低，使离合器和制动器的主油压和润滑油压低于标准值，高速行驶时离合器负荷很大，因此容易导致装在输入轮毂内侧的 3 挡和 4 挡离合器及部分行星齿轮机构烧蚀，使车辆没有 3 挡和 4 挡 |
| 故障诊断 | 检查发现变速器油高于上限，另外油液发黑，有臭味，说明已经有摩擦片烧蚀。分解检查，发现 3 挡和 4 挡离合器已经烧蚀，其他离合器、制动器、单向离合器和行星齿轮机构均正常 |
| 故障排除 | 彻底清洗自动变速器，包括油道、蓄能器、变矩器和散热器，更换新的 3 挡和 4 挡离合器，在装配前用新的变速器油将其泡透，装配后严格按规定加好变速器油，试车，3 挡和 4 挡恢复正常，故障排除 |
| 案例拓展 | 自动变速器油加得过多，有时还会导致离合器和制动器的工作油压过高。例如一辆 2003 款的别克君威轿车，搭载 2.5L V6 电喷发动机和 4T65E 型自动变速器。该车在行驶过程中，变速器自动换挡时有较大的冲击感。经检查发现变速器油位过高，按规定将油位降到规定高度后，重新试车，换挡平稳，故障消失 |

**案例 4** 自动变速器阀板变形导致汽车不能行驶。

自动变速器阀板变形导致汽车不能行驶的故障现象、故障分析、故障诊断及排除见表 5-55。

**表 5-55 自动变速器阀板变形导致汽车不能行驶的故障现象、故障分析、故障诊断及排除**

| | |
|---|---|
| 故障现象 | 一辆日产千里马轿车在上坡途中突然中断动力传递，车主及时制动后，再行起步，所有前进挡和倒挡均失效，汽车不能行驶 |
| 故障分析与诊断 | 先进行常规检查。抽出油尺检查自动变速器油，其液面高度和油质均正常，可排除自动变速器因缺油或油质变差而损坏的可能。将车升起，检查选挡杆拉索，拉索工作灵活，位置也正常。启动发动机，随意挂入某一挡位，前驱动轴均不转动，进一步检查两前轴及万向节，均正常，可以排除因驱动轴断裂或万向节不正常而导致动力无法传递的可能<br>从常规检查结果分析，可基本排除摩擦片烧坏以及其他元件机械损伤的可能；从电子控制系统的工作原理分析，也不存在电子控制方面故障的可能，因为如果电子控制系统的元件如换挡电磁阀、传感器等出现故障，控制单元会利用失效保护功能，挂上挡后自动变速器总会在某一挡位下工作。为慎重起见，拔掉自动变速器上的所有插接器后试车，还是没有任何挡位，这也说明故障根本原因不在电子控制系统<br>经过上述检查和分析，故障原因集中在液力变矩器和液压控制系统。拆下自动变速器、液力变矩器，用专用工具检查液力变矩器，变矩器工作正常。如果液压控制系统出现故障，导致无工作油压或工作油压不能正常传递，将造成自动变速器失效。于是拆检油泵，油泵转动灵活，磨损也不大，基本正常。随后拆检整个自动变速器，未发现有摩擦片烧坏及其他元件的机械损伤，各离合器、制动器自由间隙也正常，用压缩空气检查各离合器、制动器活塞，均密封良好不漏气。拆检并清洗阀板，也未发现明显的异常部位。于是更换所有油封，清洗变速器，装复试车，故障依旧 |

续表

| | |
|---|---|
| 故障分析与诊断 | 从故障的检查及现象看，自动变速器根本没有参加工作。考虑到汽车是在上坡大负荷途中突然失去动力，故障应与自动变速器的大负荷或超载有关。机械部分已经过仔细拆检，不传递任何动力的可能性可以排除；电子控制系统和负荷没有关系，也可以排除；故障原因又聚焦在液压控制系统。上坡时，发动机以及自动变速器负荷较大，系统工作油压也较大，极有可能冲击系统中的薄弱易损件，从而导致系统严重泄漏，以致无法建立油压。拆检时已更换了密封圈、阀板密封垫等，联想到以前修理其他车辆时遇到过一次阀板变形故障，怀疑此车故障也可能是阀板变形所致。于是再次拆下阀板，仔细检查，但肉眼看不出阀板是否变形 |
| 故障排除 | 由于阀板属于精密部件，一般的检测方法和设备难以检查其变形，只好换件试验。随后更换了一块同型号的阀板，装复后试车，自动变速器恢复了正常的工作性能，故障排除 |

**案例 5** 离合器活塞密封圈损坏导致汽车最高车速大大降低。

离合器活塞密封圈损坏导致汽车最高车速大大降低的故障现象、故障分析、故障诊断及排除见表 5-56。

**表 5-56 离合器活塞密封圈损坏导致汽车最高车速大大降低的故障现象、故障分析、故障诊断及排除**

| | |
|---|---|
| 故障现象 | 一辆 LS400 轿车，故障最初的表现是最高车速下降，节气门开度较大时也只能达到 120km/h。因为很少高速行车，也没有特别关注，但行驶一段时间后，即使加速踏板踩到底，最高车速也仅能达到 90km/h 左右 |
| 故障分析与诊断 | 上路试车，将选挡杆上的超速挡开关按下（ON），在良好路面行车，发现变速器升挡车速较高，且升不了超速挡；发动机转速达 4000r/min 以上，车速还达不到 90km/h。在试车过程中能够感觉到明显的动力不足、变速器打滑现象，且故障出现时，仪表板上的故障指示灯一直不亮。按动超速挡开关，仪表板上的“OD OFF”指示灯亮灭正常，而出现故障时“OD OFF”指示灯不亮，说明变速器自诊断系统未检测到电子控制系统的故障。从故障现象分析，故障部位可能在变速器的机械部分和液压控制系统<br>在分解自动变速器前，检查了变速器液面高度和油质，油温 70℃左右时其油液痕迹处于油尺上热态（HOT）标记的范围以下，即油面偏低。同时发现，不但油液的颜色已呈极深的暗褐色，而且伴随着烧焦的气味，表明自动变速器油已严重变质，做失速试验，失速转速很高，说明变速器内部的离合器有严重打滑现象<br>放掉变速器油，拆下油底壳，发现在油液中和油底壳底部含有类似离合器或制动器摩擦片的碎屑。于是将自动变速器拆卸、分解，检查前行星排时，其制动器及离合器的摩擦片和个别钢片已有不同程度的烧蚀和损坏。再继续拆检，其他元件基本正常。拆检完毕后，清洗自动变速器，更换超速挡制动器和离合器的摩擦片和钢片，将自动变速器装回到车上，并按原厂要求加注自动变速器油，启动发动机进行路试。在开始行驶的 100km 内，选挡杆在 D 位时，可以自动从 3 挡升入 4 挡，并且随着节气门开度的增大，车速能达到 140km/h 左右。但继续试车时，随着节气门开度增大，车速却逐渐降低。汽车行驶到 200km 左右时，自动变速器不仅不能从 3 挡升入 4 挡，而且还从 3 挡降至 2 挡。此后，即使将加速踏板踩到底，最高车速也只能达到 90km/h 左右，又出现了打滑现象<br>显然，离合器烧片不是故障的本质原因。回厂后进行油压试验，检测主油路油压，发现选挡杆在 D 位时，怠速时的油压约为 200kPa，失速工况下的油压还不足 350kPa，远远低于标准值（怠速时为 382～441kPa；失速时为 1205～1362kPa）。显然油路压力降低造成离合器烧损，进而导致自动变速器打滑。于是重新分解变速器，重点检查前行星排离合器油道的密封性。在利用压缩空气检查离合器活塞时，发现其周围漏气，表明活塞上的 O 形密封圈损坏造成油液渗漏，使活塞作用在离合器摩擦片上的压紧力降低，导致离合器打滑 |
| 故障排除 | 用压缩空气吹出离合器活塞，更换损坏的活塞密封圈，并将轻度烧蚀的摩擦片修复，组装变速器。再次进行试车，故障排除 |

**案例 6** 阀板换挡阀卡滞自动变速器不能升挡。

阀板换挡阀卡滞自动变速器不能升挡的故障现象、故障分析、故障诊断及排除见表 5-57。

**表 5-57 阀板换挡阀卡滞自动变速器不能升挡的故障现象、故障分析、故障诊断及排除**

| | |
|---|---|
| 故障现象 | 一辆本田雅阁轿车，选挡杆置于“D4、D3”位时，无 2 挡、3 挡、4 挡；选挡杆置于“2”位时，一切正常，最高车速可达 80km/h；挡杆置于 R 位时，无倒挡 |

续表

| | |
|---|---|
| 故障分析与诊断 | 据车主反映，此车因超载致使自动变速器出现焦煳味(冒烟)，在前进挡和倒挡均能行驶，但明显加速无力。为此进厂维修，分解变速器发现，前进1挡离合器有烧片痕迹，其他部件基本正常。更换摩擦片后，装配试车，前进挡和倒挡一切正常。交车后车主自行驾驶约200km，变速器一切正常。但当车辆停下熄火之后，再次启动，挂R位时车辆无反应；然后挂"D4"位，车辆虽能前进，但不升挡，车速最高只能达到30km/h；"D3"位也如此；"2"位时车速可达80km/h。重新拆卸检修了自动变速器，各零部件完好无损，没有找到故障部位所在<br>由于故障部位不明显，根据车主的叙述也难以分析和判断，再者，故障是在大修后出现的，估计是人为因素所致，因此对自动变速器进行全面检查。结果发现4挡/倒挡离合器活塞密封圈断裂，更换新的密封圈后，又重点检查3挡、4挡/倒挡离合器活塞的密封性。做压缩空气密封试验时，发现3挡、4挡/倒挡离合器活塞的快速泄油孔泄漏过快(正常时有轻微泄漏)，经拆检修复、清洗后，情况有所好转。重新装配试车，故障依然存在。随后又进行油压试验，连接油压表至各离合器油压测试孔，结果是，在"D4、D3"位时，2挡、3挡、4挡/倒挡离合器的测压孔一点油都没有；在"2"位时，2挡离合器油压正常；在"R"位时，倒挡离合器也无油压。因此判断故障应当在控制阀板上。再次分解变速器，检查阀板总成，所有钢球、滤网、换挡电磁阀均正常<br>常规检查没有发现问题，只能从油路上分析，重点应在1-2挡换挡阀。用旋具拨动1-2挡换挡阀，移动灵活，其他各阀也无异常。将阀板彻底分解，在拆1-2挡换挡阀时，堵块拿掉后，阀芯卡滞取不出来，强行取出后，发现有偏磨和拉伤的痕迹 |
| 故障排除 | 用精细砂纸打磨阀芯后，将阀芯装入阀套，晃动阀体总成，1-2换挡阀移动自如。确认无问题后，装复阀板和自动变速器。试车，故障排除 |

# 三、手动变速器故障诊断与案例分析

## (一) 变速器的主要部件的检修

1. 同步器的检查

① 如图5-49所示，将同步环压在各自齿轮的锥面上，检查间隙$a$，正常值为1.0～2.0mm，极限值为0.5mm。如果间隙$a$超过极限值，应更换同步环或齿轮。

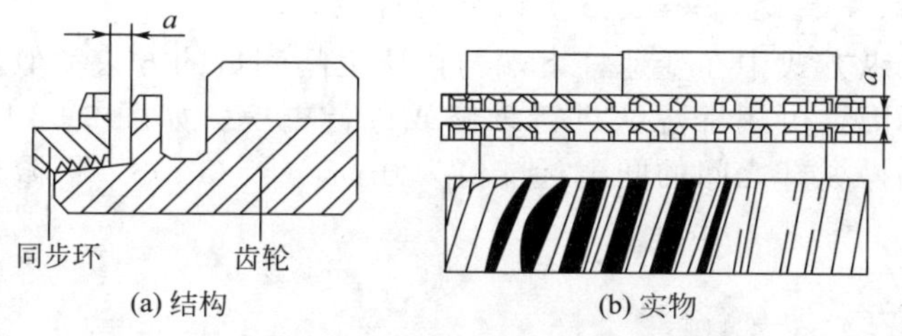


(a) 结构　(b) 实物

图5-49 检查同步环与齿轮间隙

利用平面尺或将同步环放在平滑的表面上进行检查，如果不平，说明同步环已经扭曲，应更换同步环。

检查同步环和接合套的齿是否磨损，磨损后的齿会出现圆化。

将齿轮与同步环接合的锥面涂上齿轮油，将同步环装上。以一定的力矩压紧同步环旋转，确信同步环不打滑，否则需更换同步环。

② 用塞尺测量拨叉与接合套或齿轮之间的间隙，如果间隙超过极限值，说明拨叉与接合套或齿轮中的一个或两个需要更换。这就应该分别检查拨叉、接合套或齿轮的宽度，不符合标准的应该更换。

例如，本田雅阁倒挡轴拨叉与倒挡齿轮间隙的检测如图5-50所示，倒挡齿轮与拨叉的标准间隙为0.20～0.59mm，极限值为1.20mm，拨叉宽度为13.4～13.7mm。如图5-51所示，换挡拨叉和接合套的标准间隙为0.35～0.65mm，极限值为1.0mm，拨叉与接合套接触点宽度为7.4～7.6mm。

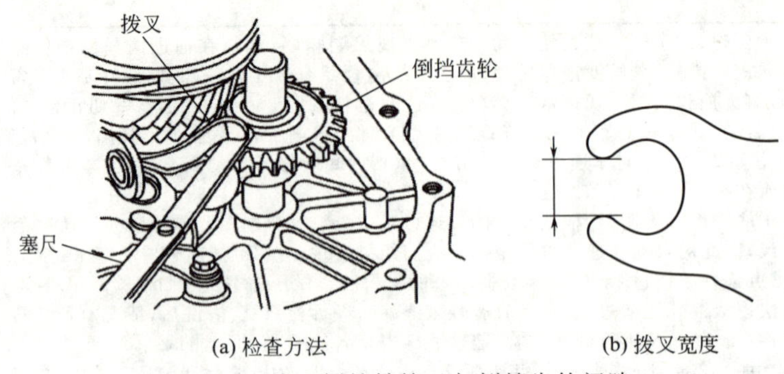


(a) 检查方法　　(b) 拨叉宽度

图 5-50　检查倒挡轴拨叉与倒挡齿轮间隙

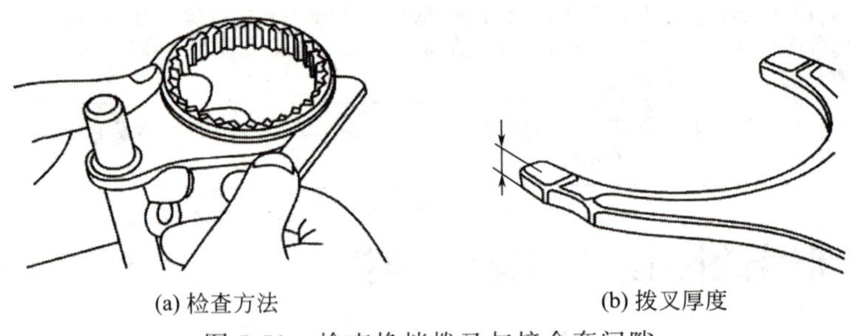

(a) 检查方法　　(b) 拨叉厚度

图 5-51　检查换挡拨叉与接合套间隙

③ 检查同步器花键毂和接合套花键是否出现圆角，出现圆角说明磨损。如果需要更换，务必成套更换同步器花键毂和接合套。更换新的同步器花键毂和接合套时，将花键毂安装在接合套内检查其活动是否自如。

2. 远距离操纵方式中变速杆和选挡操纵杆间隙的测量

测量方法与直接操纵方式中在变速杆下端与拨块之间测量的方法类似，可采用塞尺来测量。如果间隙不符合标准，可用堆焊法进行维修或进行更换。如图 5-52 所示，本田雅阁手动变速器变速杆和选挡操纵杆之间的间隙标准值为 0.05～0.25mm，极限值为 0.50mm，变速杆凹槽的宽度为 15.00～15.10mm。

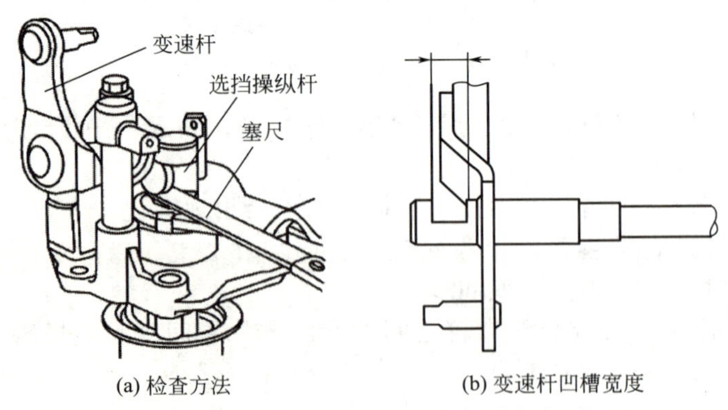


(a) 检查方法　　(b) 变速杆凹槽宽度

图 5-52　检查变速杆与选挡操纵杆间隙

3. 变速器轴的检修

根据不同变速器不同轴的结构及工作原理，对变速器的轴进行检修。本田雅阁手动变速器输入轴的检查如图 5-53 所示。如果输入轴任何部分小于维修极限值，都需换新轴，其各部位尺寸见表 5-58。

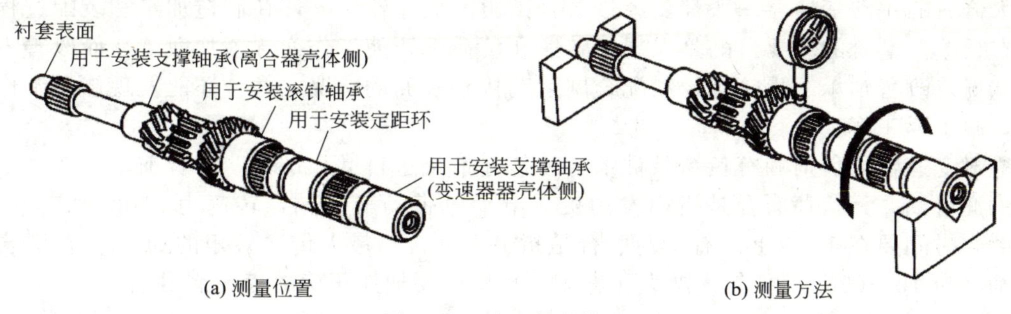


图 5-53　输入轴的检查

将输入轴的两端用 V 形架支撑起来，转动两圈，检测轴的径向圆跳动情况。径向圆跳动标准值为 0.02mm，如果超过 0.05mm，则需要更换新轴。

**表 5-58　输入轴各部位尺寸**

| 部　位 | 标准尺寸/mm | 极限尺寸/mm |
|---|---|---|
| 衬套表面 | 27.987～28.000 | 27.940 |
| 用于安装支撑轴承(离合器壳体侧) | 31.984～32.000 | 31.930 |
| 用于安装滚针轴承 | 38.984～39.000 | 38.930 |
| 用于安装定距环 | 27.977～27.990 | 27.940 |
| 用于安装支撑轴承(变速器壳体侧) | 20.800～20.850 | 20.750 |

4. 齿轮的检查

如图 5-54 所示，检查齿轮轴向受力面是否有磨损，检查锥面有没有磨损，检查齿有没有损坏，检查齿的锥面有没有磨损和疲劳剥落。

5. 变速器壳体的检修

① 检查变速器壳体是否产生裂纹，重点是检查各螺栓孔及轴承座孔等受力部位。如果产生裂纹，一般都需要更换。

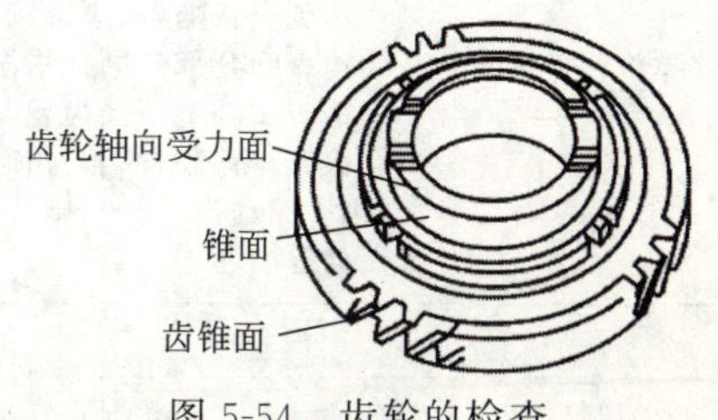


图 5-54　齿轮的检查

② 检查变速器上螺栓孔内的螺纹情况，螺纹损坏超过 2 牙，可以采用攻螺纹的方法或焊补后重新钻孔再攻螺纹的方法进行维修。

③ 检查变速器壳体是否变形。变速器壳体变形后往往使其与上盖或侧盖相连平面的平面度发生改变，因此可测量与上盖或侧盖相连平面的平面度来判定壳体是否变形。

④ 变速器的轴承座孔一般不会出现磨损的情况，但是如果轴承卡死可能会造成座孔磨损的情况出现，检查时要注意。

6. 变速器盖的检查

检查变速器盖是否产生裂纹，与变速器接合平面的平面度公差不能超过 0.10～0.15mm，拨叉轴装于轴承孔内不能松动。

7. 轴承的检查

将轴承清洗干净后，轴承应转动灵活，无卡滞或“沙沙”响，轴承的内圈、外圈、滚子及滚道无麻点、剥落。将轴承安装后，内圈与轴、外圈和壳体之间无明显松动。

### (二)变速器的磨合试验

大修后的手动变速器一般都要经过磨合试验。变速器的零件在制造加工和装配过程中都会存在误差。磨合的主要目的是在规定转速和负荷下，使工作面逐渐加载，从而改善零件的接触状况，改善轴承、齿轮等运动配合副运动接触表面的状况。磨合还能发现修理工作中的隐患，减小返工率。

应对变速器无负荷和有负荷条件下各种传递情况进行磨合试验。磨合前，应按规定加注清洁的润滑油。无负荷磨合是指用发动机或电动机带动输入轴，转速为1000～2000r/min，各挡磨合时间要在1h以上。有负荷磨合是指最大磨合为最大传递转矩的30%。在磨合中要控制油温为15～65℃。磨合后要认真清洗，装配后要加注正确的齿轮润滑油。

### (三)手动变速器的故障诊断

手动变速器的常见故障主要有跳挡、乱挡、挂挡困难、异响等，其故障现象、原因及故障排除方法见表5-59。

**表5-59 手动变速器故障现象、原因及故障排除方法**

| 跳挡 | |
|---|---|
| 现象 | 汽车在加速、减速、爬坡或汽车剧烈振动时，变速杆自动跳回空挡位置 |
| 原因 | ①自锁装置的钢球未进入凹槽内或挂挡后齿轮未达到全齿长啮合<br>②自锁装置的钢球或凹槽磨损严重，自锁弹簧疲劳过软或折断<br>③齿轮沿齿长方向磨损成锥形<br>④一、二轴轴承过于松旷，使一、二轴和曲轴三者轴线不同心或变速器壳与离合器壳接合平面相对曲轴轴线位置变动<br>⑤二轴上的常啮合齿轮轴向或径向间隙过大<br>⑥各轴轴向或径向间隙过大 |
| 故障诊断与排除 | 先确知跳挡挡位：走热全车后，采用连续加、减速的方法逐挡进行路试便可确定<br>将变速杆挂入跳挡挡位，发动机熄火，小心拆下变速器盖，观察跳挡齿轮的啮合情况<br>①未达到全长啮合，则故障由此引起<br>②达到全长啮合，应继续检查<br>③检查啮合部位磨损情况：磨损成锥形，则故障可能由此引起<br>④检查二轴上该挡齿轮与各轴的轴向和径向间隙，间隙过大，则故障可能由此引起<br>⑤检查自锁装置，若自锁装置的止动阻力很小，甚至手感钢球未插入凹槽(把变速器盖夹在台虎钳上，用手摇动换挡杆)，则故障为自锁效能不良；否则，故障为离合器壳与变速器接合平面与曲轴轴线位置变动等引起 |
| 乱挡 | |
| 现象 | 在离合器技术状况正常的情况下，变速器同时挂上两个挡或挂需要挡位时，结果挂入别的挡位 |
| 原因 | ①互锁装置失效，如拨叉轴、互锁销或互锁钢球磨损过甚等<br>②变速杆下端弧形工作面磨损过大或拨叉轴上拨块的凹槽磨损过大<br>③变速杆球头定位销折断或球孔、球头磨损过于松旷<br>总之，乱挡的主要原因是变速器操纵机构失效 |
| 故障诊断与排除 | ①挂需要挡位时，结果挂入了别的挡位：摇动变速杆，检查其摆转角度，若超出正常范围，则故障由变速杆下端球头定位销与定位槽配合松旷或球头、球孔磨损过大引起，变速杆摆转360°，则为定位销折断<br>②如摆转角度正常，仍挂不上或摘不下挡，则故障由变速杆下端从凹槽中脱出引起(脱出的原因是下端弧形工作面磨损或导槽磨损)<br>③同时挂入两个挡，则故障由互锁装置失效引起 |
| 挂挡困难 | |
| 现象 | 离合器技术状况良好，但挂挡时不能顺利挂入挡位，发出齿轮撞击声 |

续表

| 挂挡困难 | |
|---|---|
| 原因 | ①同步器故障<br>②拨叉轴弯曲、锁紧弹簧过硬、钢球损伤等<br>③一轴花键损伤或一轴弯曲<br>④齿轮油不足或过量、齿轮油不符合规格 |
| 故障诊断与排除 | ①检查同步器是否散架、锥环内锥面螺旋槽是否磨损、滑块是否磨损、弹簧是否过软等<br>②如果同步器正常,检查一轴是否弯曲、花键是否磨损严重<br>③检查拨叉轴是否移动正常 |
| 变速器异响 | |
| 现象 | 变速器工作时发出不正常的响声 |
| 原因 | ①齿轮异响:齿轮磨损过甚变薄,间隙过大,运转中有冲击;齿面啮合不良,如修理时没有成对更换齿轮,新、旧齿轮搭配,齿轮不能正确啮合;齿面有金属疲劳剥落或个别齿损坏折断;齿轮与轴上的花键配合松旷,或齿轮的轴向间隙过大;轴弯曲或轴承松旷引起齿轮啮合间隙改变<br>②轴承响:轴承磨损严重;轴承内(外)座圈与轴颈(孔)配合松动;轴承滚珠碎裂或有烧蚀麻点<br>③其他发响:如变速器内缺油,润滑油过稀、过稠或质量变坏;变速器内掉入异物;某些紧固螺栓松动;里程表软轴或里程表齿轮发响等 |
| 故障诊断与排除 | ①变速器发出金属干摩擦声,即为缺油和油的质量不好。应加油和检查油的质量,必要时更换<br>②行驶时换入某挡若响声明显,即为该挡齿轮轮齿磨损;若发出周期性的响声,则为个别齿损坏<br>③空挡时响,而踏下离合器踏板后响声消失,一般为一轴前、后轴承或常啮合齿轮响;如换入任何挡都响,多为二轴后轴承响<br>④变速器工作时突然发出撞击声,多为轮齿断裂,应及时拆下变速器盖检查,以防机件损坏<br>⑤行驶时,变速器只有在换入某挡时齿轮发响,在上述检查未发现问题的前提下,应检查啮合齿轮是否搭配不当,必要时应重新装配一对新齿轮。此外,也可能是同步器齿轮磨损或损坏,应酌情修复或更换<br>⑥换挡时齿轮相撞击而发响,则可能是离合器不能分离或离合器踏板行程不正确、同步器损坏、怠速过大、变速杆调整不当或导向衬套紧等。遇到这种情况,先检查离合器能否分离,再分别调整怠速或变速杆位置,检查导向衬套与分离轴承配合的松紧度<br>如经上述检查后,变速器仍发响,应检查各轴轴承与轴孔配合情况、轴承本身的技术状态等;如完好,再查看里程表软轴及齿轮是否发响,必要时予以修理或更换 |
| 变速器漏油 | |
| 现象 | 变速器周围出现齿轮润滑油,变速器齿轮箱的油量减少,则可判断为润滑油泄漏 |
| 原因及排除方法 | ①润滑油选用不当,产生过多泡沫,或润滑油量太多,此时需更换润滑油或放出部分润滑油<br>②侧盖太松,密封垫损坏,油封损坏,密封和油封损坏应更换新件<br>③放油塞和变速器箱体及盖的固定螺栓松动,应按规定力矩拧紧<br>④变速器壳体破裂或延伸壳油封磨损而引起的漏油,必须更换新件<br>⑤里程表齿轮限位器松脱破损,必须锁紧或更换;变速杆油封漏油,应更换油封 |

## (四) 手动变速器典型案例分析

**案例 1** 富康轿车自动跳回空挡。

富康轿车自动跳回空挡的故障现象、故障分析、故障诊断及排除见表 5-60。

**表 5-60 富康轿车自动跳回空挡的故障现象、故障分析、故障诊断及排除**

| 故障现象 | 富康轿车在行驶中,当负荷突然增大或车辆剧烈振动时,操纵杆所挂的挡位自动跳回空挡位置 |
|---|---|
| 故障分析与诊断 | 齿轮或接合套齿磨损过甚,沿齿长方向磨成锥形,在啮合传动过程中产生轴向力,而此轴向力使齿轮和接合套作轴向移动而跳挡。自锁装置的弹簧过软或折断,以及自锁销和拨叉轴上的凹槽等磨损,使自锁装置产生的锁止力小于上述轴向力时,齿轮或接合套作轴向移动而跳挡。拨叉弯曲或磨损过度,操纵杆和变速机件因磨损而前后过于松旷,使挂挡后齿轮或接合齿的啮合长度缩短 |

续表

| | |
|---|---|
| 故障排除 | 检查自锁装置是否失效，检查自锁销和拨叉轴上凹槽是否严重磨损，弹簧是否过软或折断。如磨损严重和弹簧过软，一般应换用新件。如拨叉轴无新件可换，可拆下修复使用；如弹簧无新件可换，可加适当厚度的垫片，以增强弹力。如自锁装置作用良好，则将变速杆或操纵杆移入该挡，然后查看拨叉轴凹槽是否对正自锁销销孔。如未对正，表明齿轮和接合齿未完全啮合，应检查操纵机件各连接销和销孔，以及拨杆球头和球窝等是否松旷。如松旷，应堆焊修复或换新。如拨叉轴凹槽能对正自锁销销孔，则在变速杆仍处于该挡情况下，拆开变速器盖查看齿轮或接合齿的啮合情况。如啮合不完全，应检查拨叉是否弯曲变形，磨损是否过甚。如变形应予校正，磨损过多应更换。如齿轮或接合齿能完全啮合，但仍产生跳挡故障时，表明齿轮或接合套的接合齿严重磨损，应分解检修或更换 |

**案例 2**　桑塔纳 2000GSi 型乘用车挂挡困难。

桑塔纳 2000GSi 型乘用车挂挡困难的故障现象、故障分析、故障诊断及排除见表 5-61。

**表 5-61　桑塔纳 2000GSi 型乘用车挂挡困难的故障现象、故障分析、故障诊断及排除**

| | |
|---|---|
| 故障现象 | 桑塔纳 2000GSi 型乘用车，累计行驶里程近 120000km，车主反映该车挂挡困难，特别是 3 挡和 4 挡，换挡时间长，操纵杆有振动的感觉，有时能听到齿轮的撞击声 |
| 故障分析与诊断 | 驾驶车辆进行路试，在路试中，所有的前进挡均有挂挡困难的感觉，3 挡和 4 档比较明显。挂倒挡试验则比较顺利。停车后，检查离合器液压油油量正常，系统没有泄漏现象，踏板的自由行程为 12mm，基本排除了离合器分离不彻底造成挂挡困难的因素。检查外换挡杆系统中各杆件连接处的间隙，也基本正常，说明故障很可能是变速传动机构造成的。拆下变速器，分解后重点检查各挡同步器，发现各挡同步器的锁环都有不同程度的磨损，其中 3 挡和 4 挡同步器已过了使用极限，更换所有的同步器后装复试车，故障现象消失 |
| 故障排除 | 更换同步器，故障排除 |

# 四、汽车制动系统故障诊断与案例分析

## （一）液压式制动传动系统常见故障现象、原因与排除方法

液压式制动传动系统常见故障包括制动失效、制动不灵、制动跑偏、制动拖滞等。

1. 制动失效

制动失效的故障现象、故障原因及排除方法见表 5-62。

**表 5-62　制动失效的故障现象、故障原因及排除方法**

| 故障现象 | 故障原因 | 排除方法 |
|---|---|---|
| 踩下制动踏板，车辆不减速，即使连接几脚制动也无明显减速作用 | ①制动踏板至制动主缸的连接松脱<br>②制动储液室无液或严重缺液<br>③制动管路断裂漏油<br>④制动主缸皮碗破裂 | ①若制动踏板与制动主缸的连接松脱，应检查修复<br>②踩下制动踏板时，若感到很轻或稍有阻力，则应检查主缸储液室内制动液是否充足。若主缸储液室内无液或严重缺液，应添加制动液至规定位置。再次踩下制动踏板时，若仍没有阻力，则应检查制动主缸至制动轮缸的制动软管或金属管有无断裂漏油<br>③踩下制动踏板时，虽然感到有一定的阻力，但踏板位置保持不住，明显下沉，则应检查制动主缸的推杆防尘套处是否有制动液泄漏。若有制动液泄漏，说明制动主缸皮碗破裂；若车轮制动鼓边缘有大量制动液，则应检查制动轮缸皮碗是否压翻、磨损是否严重 |

2. 制动不灵

制动不灵的故障现象、故障原因及排除方法见表 5-63。

**表 5-63　制动不灵的故障现象、故障原因及排除方法**

| 故障现象 | 故障原因 | 排除方法 |
| --- | --- | --- |
| ①汽车制动时，踩一次制动踏板不能减速或停车，连续踩几次制动踏板的效果也不好<br>②汽车紧急制动时，制动距离太长 | ①制动踏板自由行程太大<br>②制动主缸储液室内存油不足或无油<br>③制动液变质(变稀或变稠)或管路内壁积垢太厚<br>④制动管路内进入空气或制动液汽化产生了气阻<br>⑤制动主缸、轮缸、管路或管接头漏油<br>⑥制动主缸、轮缸的活塞及缸筒磨损过度<br>⑦制动主缸、轮缸的皮碗老化或磨损引起密封不良<br>⑧制动主缸的进油孔、储液室的通气孔堵塞<br>⑨制动主缸的出油阀、回油阀不密封；活塞复位弹簧预紧力太小；活塞前端贯通小孔堵塞<br>⑩制动器的制动鼓与制动蹄片间隙不当；制动鼓与制动蹄片接触面积太小；制动蹄片质量不佳或沾有油污，制动蹄片铆钉松动；制动鼓产生沟槽磨损或失圆，制动时变形<br>⑪ 真空增压器或助力器的各真空管路接头松动、脱落，管路有破裂处；膜片破裂或密封圈密封不良；单向阀、控制阀密封不良；辅助缸活塞、皮碗磨损过甚；单向球阀不密封 | ①若一脚踩下制动踏板，踏板到底且无反力，连续几次踩制动踏板都能踩到底，且感觉阻力很小，则应检查储液室中制动液液面高度是否符合要求，若液面低于下限，说明制动液不足，检查制动踏板连动机构有无松脱<br>②连续几脚踩制动踏板时，踏板高度仍过低，并且在第一脚制动后，感到总泵活塞未回位，踩下制动踏板即有制动主缸与活塞碰击声，则应检查主缸活塞回位弹簧是否过软，主缸皮碗是否破裂<br>③连续踩几次制动踏板时，踏板高度低而软，则应检查制动主缸的进油孔或储液室的通气孔是否堵塞<br>④一脚踩下制动踏板时，踏板高度过低，连续几脚踩下制动踏板时，踏板高度稍有增高并有弹性，则应检查系统内是否存有气体<br>⑤一脚踩下制动踏板时，踏板高度较低，连续几脚踩下制动踏板时，踏板高度随之增高且制动效能好转，则应检查制动踏板的自由行程及制动器的间隙<br>⑥维持制动踏板高度时，若缓慢或迅速下降，则应检查制动管路是否破裂、管接头是否密封不良，主缸、轮缸皮碗或皮圈密封是否良好<br>⑦安装真空增压器或助力器的车辆，踩下制动踏板时，若踏板高度适当但太硬，且制动不灵，则应检查增压器或助力器的工作情况，检查制动系统油管是否有老化、凹瘪，检查制动液黏度是否太大等<br>⑧踩制动踏板时，若踏板有向上反弹、顶脚的感觉，且制动力不足，则应检查增压器的辅助缸活塞磨损是否过度，辅助缸活塞、皮碗是否密封不良，辅助缸单向球阀是否密封不良<br>⑨路试车辆时，观察各车轮的制动情况。若个别车轮制动不良，则应检查该车轮的制动软管是否老化，摩擦片与制动鼓间的间隙是否不当，摩擦片是否有硬化、油污、铆钉外露现象，制动鼓内臂是否磨损成沟槽，摩擦片与制动鼓的接触面积是否过小 |

3．制动跑偏

制动跑的故障现象、故障原因及排除方法见表 5-64。

**表 5-64　制动跑偏的故障现象、故障原因及排除方法**

| 故障现象 | 故障原因 | 排除方法 |
| --- | --- | --- |
| ①汽车行驶制动时，行驶方向发生偏斜<br>②紧急制动时，方向急转或车辆甩尾 | ①左右车轮轮胎气压、花纹或磨损程度不一致<br>②左右车轮轮毂轴承松紧不一致、个别轴承破损<br>③左右车轮制动蹄摩擦片材料不一致或新旧程度不一致<br>④左右车轮制动蹄摩擦片与制动鼓的接触面积、位置不一致或制动间隙不等<br>⑤左右车轮轮缸的技术状况不一致，造成起作用时间或张力大小不相等<br>⑥左右车轮制动鼓的厚度、直径、工作中的变形程度和工作面的粗糙度不一致<br>⑦单边制动管路凹瘪、阻塞或漏油；单边制动管路或轮缸内有气阻<br>⑧单边制动蹄与支承销配合过紧或锈蚀<br>⑨一侧悬架弹簧折断或弹力过低<br>⑩一侧减振器漏油或失效<br>⑪ 前轮定位失准<br>⑫ 转向传动机构松旷<br>⑬ 车架、车桥在水平平面内弯曲、车架两边的轴距不等<br>⑭ 感载比例阀故障<br>制动跑偏的根本原因是左右车轮的制动力不等。一些不属于制动系统的零件，其技术状况不良时，既影响到车辆正常行驶时的跑偏，也影响到了制动时的跑偏 | ①若车辆正常行驶时也有跑偏现象，则首先进行以下外观检查：检查左右车轮轮胎气压、花纹和磨损程度是否一致；检查各减振器是否漏油或失效；检查悬架弹簧是否折断或弹力是否一致<br>②支起车轮，用手转动和轴向推拉车轮轮胎。若一侧车轮有松旷或过紧感觉，应重新调整轴承的预紧度；若转动车轮有发卡或异响，应检查该轮轮毂轴承是否破损或毁坏<br>③对汽车进行路试。制动后，若汽车向一侧跑偏，则为另一侧的车轮制动不良<br>首先对该车轮制动器进行放气，若无制动液喷出，说明该轮制动管路堵塞，应予以更换<br>若放出的制动液中有空气，说明该轮制动管路中混入空气，应予以排放<br>观察该轮制动器间隙，若制动器间隙过大，说明制动蹄摩擦片磨损严重或制动自调装置失效，应更换新件<br>上述检查结果如都正常，应拆检该轮制动器。检查制动盘或制动鼓是否磨损过甚或有沟槽，若磨损过甚，应更换，若有严重沟槽，应车削或镗削。检查制动蹄摩擦片(摩擦衬块)是否有油污或水湿及磨损过甚，若摩擦片有油污或水湿，应查明原因并清理，若摩擦片磨损过甚，应更换。检查制动轮缸或制动钳活塞，若有漏油或发卡现象，应更换新件<br>④若制动时，汽车出现忽左忽右跑偏现象，则应检查前轮定位是否符合要求，若前轮定位不正确，应调整，检查转向传动机构是否松旷，若松旷，应紧固、调整或更换新件<br>⑤若制动时，车辆出现甩尾现象，应检查感载比例阀是否有故障 |

4. 制动拖滞

制动拖滞的故障现象、故障原因及排除方法见表5-65。

**表5-65 制动拖滞的故障现象、故障原因及排除方法**

| 故障现象 | 故障原因 | 排除方法 |
| --- | --- | --- |
| 抬起制动踏板后，全部或个别车轮的制动作用不能立即完全解除，以致影响了车辆重新起步、加速行驶或滑行 | ①制动踏板无自由行程，制动踏板拉杆系统不能回位<br>②制动总泵回位弹簧折断或失效<br>③制动总泵回油孔被污物堵塞，密封圈发胀或发黏与泵体卡死<br>④通往分泵的油管凹瘪或堵塞<br>⑤制动盘摆差过大<br>⑥前制动器密封圈损坏，造成活塞不能正常复位<br>⑦前、后制动器分泵密封圈发胀或发黏与泵体卡死<br>⑧鼓式制动器制动蹄回位弹簧折断或过软<br>⑨鼓式制动器制动蹄摩擦片破裂或铆钉松动<br>⑩鼓式制动器制动鼓严重失圆 | ①将汽车支起，在未踩制动踏板的情况下，用手转动车轮。若某一车轮转不动，说明该轮制动器拖滞，若全部车轮转不动，说明全部车轮制动器拖滞<br>②若为个别车轮制动器拖滞，应首先旋松该轮制动轮缸的放气螺钉，若制动液急速喷出，随即车轮能旋转自如，说明该轮制动管路堵塞，轮缸未能回油，应更换新件，若车轮仍转不动，则拆下车轮，解体检查制动器<br>③若全部车轮制动器拖滞，则首先检查制动踏板自由行程是否符合要求，若自由行程过小，应调整。然后检查制动踏板的回位情况，用力将制动踏板踩到底并迅速抬起，若踏板回位缓慢，说明制动踏板回位弹簧失效或踏板轴发卡，应更换或修复。再检查制动主缸的工作情况，打开制动液储液室盖，由一人连续踩制动踏板，另一人观察制动主缸的回油情况。若不回油，说明制动主缸回油孔堵塞，应清洗、疏通；若回油缓慢，说明制动液过脏或变质，应更换新制动液 |

5. 驻车制动不良

驻车制动不良的故障现象、故障原因及排除方法见表5-66。

**表5-66 驻车制动不良的故障现象、故障原因及排除方法**

| 故障现象 | 故障原因 | 排除方法 |
| --- | --- | --- |
| ①拉紧驻车制动器，汽车很容易起步<br>②在坡道上停车时，拉紧驻车制动器，汽车不能停止而发生溜车现象 | ①驻车操纵杆的自由行程过大<br>②驻车操纵杆或绳索断裂、松脱、发卡等<br>③驻车制动器间隙过大<br>④驻车制动器摩擦片磨损过甚或有油污<br>⑤驻车制动鼓磨损过甚、失圆或有沟槽<br>⑥驻车制动蹄运动发卡<br>⑦驻车制动蹄摩擦片与制动鼓的接触面积太小 | ①将汽车停放在平坦的地面上，拉紧驻车制动器操纵杆，挂入低速挡起步。若汽车很容易起步而发动机不熄火，说明驻车制动不良<br>②从驻车制动器操纵杆放松位置往上拉，直至拉不动为止。检查操纵杆的行程，若行程过大，应调整。检查拉动操纵杆的阻力，若感觉没有阻力或阻力很小，说明操纵杆或绳索断裂或松脱，应更换或修复；若感觉很沉，说明操纵杆或绳索及制动器发卡，应拆检修复<br>③从检视孔检查中央驻车制动器（东风EQ1092、解放CA1092汽车）或后轮制动器（奥迪、桑塔纳等轿车）的间隙是否符合要求，若制动器间隙过大，应调整<br>④若上述检查结果均正常，应拆检驻车制动器。检查制动蹄摩擦片是否磨损过甚或有无油污；检查制动鼓是否磨损过甚、失圆或有沟槽；检查制动蹄运动是否发卡，若有发卡现象，应修复或润滑；检查制动蹄摩擦片与制动鼓的接触面积是否符合要求，若接触面积过小，应更换或修整 |

## （二）气压式制动传动系统常见故障现象、原因与排除方法

气压式制动传动系统常见故障现象、故障原因及排除方法见表5-67。

表 5-67　气压式制动传动系统常见故障现象、故障原因及排除方法

| 故障现象 | 故障原因 | 排除方法 |
| --- | --- | --- |
| 制动不灵或失效 | | |
| 制动时，各车轮的制动作用不好或不起制动作用 | ①空气压缩机工作不良而使储气筒内气压低或无气，可能是由于空气压缩机传动带过松或折断，空气压缩机排气阀漏气，空气压缩机排气阀弹簧过软或折断，活塞或活塞环漏气所致<br>②气管破裂或接头松动<br>③制动阀膜片或制动气室膜片破裂<br>④制动踏板自由行程过大<br>⑤制动臂蜗杆调整不当，使制动气室推杆伸出过多<br>⑥摩擦片与制动鼓间隙过大或摩擦片有油污 | ①如气压表指示数为“0”，可踩下制动踏板，抬起时如有放气声，即说明气压表有故障，应更换气压表，如无放气声，则检查空气压缩机传动带和由空气压缩机至储气筒一段气管的情况<br>②经上述检查，情况良好，如气压表指示数很低，则故障在空气压缩机，应检查排气阀或气缸内部技术状况并酌情予以修复<br>③如气压表指示压力数值合乎标准，可踩下踏板，检查由制动阀至各车轮间有无漏气之处。如无漏气处，则检查踏板自由行程和调整制动蹄摩擦片与制动鼓的间隙 |
| 制动发咬 | | |
| 抬起制动踏板后，制动阀排气缓慢或不排气，不能立即解除制动；或排气虽快，但仍有制动作用，致使汽车起步困难或行车无力 | ①制动踏板无自由行程<br>②制动阀的排气阀调整垫片过薄，其回位弹簧过软、折断或橡胶阀座老化发胀<br>③制动阀挺杆锈蚀<br>④制动踏板至制动臂之间传动件发卡<br>⑤制动凸轮轴与支架衬套锈蚀发卡<br>⑥制动鼓与摩擦片间隙过小<br>⑦制动蹄支销锈蚀或回位弹簧过软、折断<br>⑧半轴套管与其后桥壳或轮毂轴承配合处磨损造成松动<br>⑨制动气室膜片老化变形，单层胶膜破裂鼓起或制动软管老化，气流不畅 | 抬起制动踏板时制动阀排气缓慢或不排气，多属制动阀故障，表现为各轮制动鼓均发热。若排气声弱或继续排气而制动发咬，一般为个别轮制动发咬，摸试各轮制动鼓温度高者，即为故障轮<br>①若确定制动阀有故障，应先检查制动踏板自由行程。若自由行程太小或没有，应予以调整。若自由行程正常，可旋松排气阀试验。如有好转，则为排气阀调整垫片过薄。若仍无好转，可检查排气阀回位弹簧及胶座。以上均正常，则应检查制动挺杆是否锈蚀及制动传递杆件是否活动自如<br>②个别轮发咬时，可抬起制动踏板，观察制动气室推杆回位情况。若其回位缓慢或不回位，应检查制动凸轮轴与其支架补套是否失去润滑或同轴度误差过大而发卡。若架起车轮检查该间隙正常，而落下车轮后间隙变化，则为轮毂轴承松旷或半轴套管与后桥壳配合松动。若间隙正常，可检查制动气室膜片及回位弹簧是否有问题 |
| 制动跑偏 | | |
| 制动时，同轴两车轮不能同时制动，汽车不能沿立脚点直行方向停车而偏向一侧 | ①左右车轮摩擦片与制动鼓的间隙大小不均<br>②个别车轮摩擦片有油污、硬化或铆钉露出<br>③左右车轮摩擦片材料不一致或接触不良<br>④个别车轮凸轮轴发卡或制动气室有问题<br>⑤个别车轮制动鼓失圆过甚或鼓壁磨出沟槽<br>⑥两前轮钢板弹簧的弹力不等<br>⑦有负前束<br>⑧横、直接杆球头销或垂臂松旷 | 首先进行路试。制动时，汽车向左偏斜即为右边车轮制动不灵，向右偏斜则为左边车轮制动不灵。停车后查看左右两边车轮在地面上的拖痕，拖痕短而轻的一边车轮制动不灵。参照上述原因进行排除，如是摩擦片有问题，可进行修复、更换、调整、紧固等。气压制动跑偏与液压制动跑偏有许多相同之处，可以互相参考 |

## （三）制动系统典型案例分析

**案例 1**　奥迪轿车制动距离太长。

奥迪轿车制动距离太长的故障现象、故障分析、故障诊断及排除见表 5-68。

表 5-68 奥迪轿车制动距离太长的故障现象、故障分析、故障诊断及排除

| | |
|---|---|
| 故障现象 | 一辆五缸奥迪轿车，制动踏板发硬，紧急制动时车辆停不住，没有一个轮子抱死（此车不带 ABS 装置），情况非常危险 |
| 故障分析与诊断 | 该车制动曾出现过故障，把总泵、分泵、摩擦片都更换了，但没有把故障排除。首先进行了路试，紧急制动时车辆前冲很远一段距离才停下来，踏板比其他车硬得多，而且踏板位置也高很多，踩不下去。此车型是五缸发动机（2.2L 排量），制动助力与其他车型的不一样，不是用真空助力器，而是由转向液压助力器产生油压，通过蓄压器再到制动助力器，由液压推动制动助力器产生助力。以多年的经验，产生制动踏板发硬的原因有两种：蓄压器有故障；制动助力器内的单向球阀密封不良，或者管路有漏油的部位<br>经认真检查，管路没有发现漏油的部位。由此推断，故障是在蓄压器或制动助力器上，两者同时出现故障的机会是比较少的。该车在发动机熄火后，应能保持一定的油压，松开转向助力泵通往蓄压器的油管螺栓（松开螺栓时注意安全），应有很大的油压飞溅出来。当松开此螺栓时，却没有油压溅出来，而发动机启动后，才有很大的油压溅出来，说明管路中油压保持不了 |
| 故障排除 | 更换制动助力器，故障排除，制动恢复正常 |

**案例 2** 广州本田飞度轿车制动钳开裂导致制动跑偏。

广州本田飞度轿车制动钳开裂导致制动跑偏的故障现象、故障分析、故障诊断及排除见表 5-69。

表 5-69 广州本田飞度轿车制动钳开裂导致制动跑偏的故障现象、故障分析、故障诊断及排除

| | |
|---|---|
| 故障现象 | 一辆 2008 年款行驶里程约 58000km 的广州本田飞度 1.5L 轿车，行车制动时有跑偏现象，且有制动不均匀的感觉 |
| 故障分析与诊断 | 首先检查制动软管，没有出现扭结、鼓包或损坏现象；检查制动液，其质量和液位均正常。拆检制动钳，制动摩擦块没有松动、损坏或严重磨损，活塞没有卡滞情况。对车辆进行试车，发现右前悬架有异常响声，停车检查，发现右前上摆臂安装螺栓略有松动，按规定力矩拧紧后试车，症状仍然存在但有所缓解。将左前制动钳上覆盖的泥土清理干净，发现制动钳开裂，可能是车辆行驶中受到石块等的冲击而损坏 |
| 故障排除 | 更换制动钳，排除空气，加足制动液后试车，制动正常，跑偏症状消失 |

**案例 3** 丰田卡罗拉轿车制动管路压瘪导致制动向右跑偏。

丰田卡罗拉轿车制动管路压瘪导致制动向右跑偏的故障现象、故障分析、故障诊断及排除见表 5-70。

表 5-70 丰田卡罗拉轿车制动管路压瘪导致制动向右跑偏的故障现象、故障分析、故障诊断及排除

| | |
|---|---|
| 故障现象 | 一辆 2009 年款行驶里程约 100000km 的丰田卡罗拉轿车，制动时向右跑偏 |
| 故障分析与诊断 | 检查轮胎，各轮胎气压及磨损程度基本一致，轮胎的型号和规格也完全相同，初步排除轮胎问题导致制动跑偏的可能性。在平直宽敞的道路上试车，车速达 80km/h 时，手轻扶转向盘，急踩制动踏板，车身向右侧严重跑偏（右偏约 30°）<br>观察仪表板，相关制动指示灯显示正常。由于车辆制动时向右侧偏斜，怀疑是左前轮制动力不足引起的，于是重点对左前轮的制动情况进行检查。拆下左前轮，检查制动摩擦块，刚更换不久的新制动摩擦块正常；检查制动轮缸，没有发现漏油情况；检查制动盘，没有严重的划痕和油污，也无变形。装复左前轮，用四轮定位仪检查车辆的定位数据，也符合要求<br>随后拆下制动主缸进行检查，未见异常；检查制动主缸各管路的压力值，均符合要求。造成车辆制动跑偏的因素几乎都检查过了，却仍然没有找到故障点，于是决定再次进行路试，看故障是否有所改善，结果制动时车辆仍然向右偏斜<br>经过分析，决定将制动主缸上的左前和右前制动管路调换来确定故障范围。经过调换并按相关的技术要求进行排空气后，再对车辆进行路试，发现车辆仍然向右跑偏；但此次操作至少证明制动主缸及其控制系统均正常<br>制动主缸、左前轮制动器都正常，可能是左侧制动管路存在问题。经认真全面的检查，最终发现左侧制动管路有一处已被压扁，不仔细观察是难以发现的 |
| 故障排除 | 更换被压扁的左侧制动管路，排除空气。试车，制动时汽车不再跑偏 |

**案例 4** 本田汽车制动打滑。

本田汽车制动打滑的故障现象、故障分析、障诊断及排除见表 5-71。

**表 5-71 本田汽车制动打滑的故障现象、故障分析、故障诊断及排除**

| | |
|---|---|
| 故障现象 | 一辆 2003 年款本田雅阁轿车制动系统不灵，轻度制动时，跑偏忽左忽右，继续使用，制动失效。路面试车制动时，检查制动踏板高度及硬度符合技术要求 |
| 故障分析与诊断 | 首先确定真空助力系统工作的情况，用真空表测量真空助力泵，真空度数值达标。为确定真空助力泵和制动主缸油压分配情况，在轮缸处接表测量，显示左右差值为零，启动真空助力与不启动真空助力，轮缸压力值减半（由 8MPa 减到 4MPa），且解除制动后，四轮转动灵活，说明进油量和回油量是正常的<br>拆下摩擦块，测量厚度均为 10mm 左右，表面粗糙度较低，且盘的表面非常光滑，更换摩擦块后，制动正常<br>目前所用的大部分摩擦块材料，通常采用树脂或橡胶与石棉、金属纤维和添加剂拌合在一起加工而成。摩擦块实际工作条件比较恶劣，有静摩擦和滑动摩擦，既承受水的浸湿，还要接受剧烈撞击造成的过度磨损。因此，在摩擦块工作过程中，应尽量避免高温影响而导致材料变质。如车辆在下坡过程中，驾驶者长时间或频繁使用制动，摩擦块与制动盘滑动摩擦时间过长而产生高温，高温下材料中的有机聚合物发生分解，产生一些气体和液体，气体作为介质在摩擦界面上产生挤压力而降低了有效接触压力，而液体则在两接触面之间形成润滑作用的薄膜，摩擦因数下降，降低了制动效能<br>制动盘虽然有一定的硬度，但高温下 Fe 原子会氧化成 $Fe_2O_3$ 和 $Fe_3O_4$，C 原子氧化成 CO 和 $CO_2$，破坏了制动盘内部元素分布数量和材料性能，不仅硬度降低，而且冷却时效过快还会变形，造成制动盘快速磨损，盘的表面粗糙度降低，产生沟槽，即使更换新的摩擦块，制动效果也不会好转，而且变形严重的情况下，还会造成车轮动平衡被破坏，车身抖动<br>摩擦块打滑的情况下使用制动，温度会越来越高，势必导致轮缸制动泵温度增高，橡胶圈膨胀，尺寸加大，制动能力下降，回油不良。铝合金活塞变形，不仅造成拉缸或偏磨，严重的情况下，表面吸附的金属杂质还会造成活塞卡死。这些都是造成制动不良的因素 |
| 故障排除 | 使用劣质摩擦块，如硅化物、树脂等成分混合比例不当，自身摩擦因数较低，使用效果肯定不好。质量达标的摩擦块应是软中带硬，所以在选择配件时，不要认为越硬越抗磨。综上所述，对于盘式制动车辆，无论其制动系统采用真空增压助力双管路制动形式，还是 ABS 制动系统，也不管制动系统有没有检查灯，有制动不良现象时，在制动泵压力正常的情况下，应及时检修制动摩擦块，不要认为其厚度没有超过临界尺寸就没有问题，继续使用还会造成其他部件损坏，影响行车安全 |

**案例 5** 奥迪 A6L 轿车 J540 安装位置不正确导致制动拖滞。

奥迪 A6L 轿车 J540 安装位置不正确导致制动拖滞的故障现象、故障分析、故障诊断及排除见表 5-72。

**表 5-72 奥迪 A6L 轿车 J540 安装位置不正确导致制动拖滞的故障现象、故障分析、故障诊断及排除**

| | |
|---|---|
| 故障现象 | 一辆行驶里程约 12000km 的奥迪 A6L 轿车，客户反映该车挂前进挡松开制动器操纵杆起步缓慢，会延时 2～3s |
| 故障分析与诊断 | 车辆挂前进挡松开制动器操纵杆后起步比较缓慢，挂倒挡无此现象。用 V. A. S5051 进行检测，无故障码记录。读取变速器的所有数据流，数据正常。变速器的前进挡和倒挡适配为运行模式。然后对其进行适配，适配正常后故障不能排除，并且在适配的过程中这个故障现象也没有任何变化。多次试车后，发现每次起步感觉像制动没有完全松开。在断开 ESP 插头后故障现象消失。考虑到该车有上坡起步辅助功能，当读取 J540 数据流 2 组显示 3 区的显示值为－9.0%，而标准值为 0.0%。原因应该是车辆处于水平状态，但传感器信号为坡道状态，所以坡道起步辅助功能启用，出现客户反映的故障现象 |
| 故障排除 | 由于传感器在 J540 内部，在调整 J540 水平安装后故障排除 |

# 五、汽车转向系统故障诊断与案例分析

## （一）机械转向系统常见故障现象、原因及排除方法

机械转向系统在使用过程中由于维护调整不当、磨损、碰撞变形等原因，会出现转向器过紧，转向传动机构和转向操纵机构松旷、变形、发卡等，从而造成转向盘自由转动量过

大、转向沉重、行驶跑偏、单边转向不足、低速摆头、高速摆头等故障。这些故障现象通常为综合性故障，除与转向系统有关外，还可能与轮胎、悬架、车身等有关。

1. 转向盘自由转动量过大

转向盘自由转动量过大的故障现象、原因及排除方法见表5-73。

**表5-73 转向盘自由转动量过大的故障现象、原因及排除方法**

| 故障现象 | 故障原因 | 排除方法 |
| --- | --- | --- |
| 汽车转向盘位于直行位置时，转向盘左右转动的游动角度过大 | ①转向系统的齿轮啮合间隙调整不当<br>②转向系统齿轮箱安装不良<br>③转向系统齿轮磨损<br>④转向轴万向节磨损<br>⑤左、右横拉杆连接处磨损 | 在自由转动量过大的故障诊断过程中，重点应判明故障是由转向器还是由拉杆轴节磨损造成的。检查故障时，先架起汽车转向轮，再左右转动转向盘。当用力转动时，拉杆才同步运动，说明拉杆连接处磨损量过大；若拉杆不动，则说明转向器齿轮的磨损过大 |

2. 转向沉重

转向沉重的故障现象、原因及排除方法见表5-74。

**表5-74 转向沉重的故障现象、原因及排除方法**

| 故障现象 | 故障原因 | 排除方法 |
| --- | --- | --- |
| ①汽车转弯行驶时，转动转向盘很吃力<br>②汽车转向时，转向盘不能自动回位 | (1)转向器方面的原因<br>①转向器缺少润滑油<br>②转向摇臂与衬套配合间隙过小或无间隙<br>③转向轴弯曲或转向轴管凹陷碰擦，有时会发出“吱吱”的摩擦声<br>④转向器输入轴上、下轴承调整过紧，或轴承损坏受阻<br>⑤转向器啮合间隙调整过小<br>(2)转向传动机构的原因<br>①各处球销缺少润滑油<br>②转向直拉杆和横拉杆上球头销调整过紧，压紧弹簧过硬或折断<br>③转向节主销与衬套配合间隙过小，或衬套转动使油道堵塞，润滑油无法进入，使衬套与转向节主销烧蚀<br>④转向直拉杆或横拉杆弯曲变形<br>⑤转向节止推轴承损坏、调整过紧或缺少润滑油<br>⑥转向节臂变形<br>(3)前桥(转向桥)和车轮方面的原因<br>①前轴变形、扭转，引起前轮定位失准<br>②轮胎气压不足<br>③前轮轮毂轴承调整过紧<br>④转向桥或驱动桥超载<br>(4)其他部位的原因<br>①车架弯曲、扭转变形<br>②前钢板弹簧或前悬架变形<br>③前轮定位不正确 | ①检查汽车是否超载或前部装载过多，前轮胎气压是否过低，若轮胎气压偏低，应充气使之达到规定值<br>②支起前桥，用手转动转向盘试验<br>a. 若感到转向盘轻便，说明前轴或车架变形、前轮定位失准等，应检查校准<br>b. 若转向仍感沉重，说明故障在转向器或转向传动机械<br>③拆下转向摇臂，转动转向盘试验<br>a. 若感觉转向轻便，说明故障在转向传动机构，用手左右扳动前轮试验，检查转向节主销与衬套的配合情况，若扳动车轮比较费力，说明转向节主销润滑不良或配合间隙过小，应加注润滑脂或调整配合间隙<br>b. 检查转向节止推轴承，若轴承缺油或损坏，应更换<br>c. 检查转向拉杆各球头的润滑和松紧度，若拉杆球头过紧，应加注润滑脂或调整拉杆球头的松紧度；若转向仍然沉重，说明故障在转向器，应检查转向器内润滑油的油量和质量，若润滑油液面过低，说明转向器内缺少润滑油，应添加至规定位置，若润滑油变质，应更换润滑油；检查转向器自由行程，若自由行程过小，说明转向器啮合转动副啮合间隙过小，应调整；转动转向盘，听转向轴与套管有无碰擦声，若有碰擦声，说明转向轴或套管变形，应校直<br>d. 检查转向传动轴万向节，若万向节缺油，应加注润滑脂；若万向节十字轴轴承损坏，应更换新件<br>e. 检查转向器蜗杆上、下轴承的预紧度，若预紧度过大，应调整<br>若上述检查结果均正常，应拆检转向器，检查转向器内部的轴承、衬套、啮合副齿有无损坏或严重磨损等，根据检视情况，更换相应零部件 |

3. 行驶跑偏

行驶跑偏的故障现象、原因及排除方法见表 5-75。

**表 5-75　行驶跑偏的故障现象、原因及排除方法**

| 故障现象 | 故障原因 | 排除方法 |
| --- | --- | --- |
| ①汽车直线行驶时，转向盘不居中间位置<br>②必须紧握转向盘，预先校正一角度后，汽车才能保持直线行驶，若稍放松转向盘，汽车会自动向一侧跑偏 | ①两前轮气压不相等或轮胎直径不等<br>②两前轮的定位角不等<br>③两前轮轮毂轴承的松紧度不等<br>④前束过大或过小<br>⑤前桥（整轴式）弯曲变形或下控制臂（独立悬架式）安装位置不一致<br>⑥前后车轴不平行<br>⑦车架变形或左右轮距相差太大<br>⑧一边车轮制动拖滞<br>⑨转向轴两侧悬架弹簧弹力不等 | ①外观检查<br>a. 检查两前轮轮胎气压是否一致。若不一致，应按规定充气，使两前轮轮胎气压保持一致<br>b. 检查两前轮轮胎的磨损程度。若磨损程度不一致，应更换磨损严重的轮胎<br>c. 检查两前轮轮胎的花纹是否一致。若花纹不一致，应更换轮胎，使花纹一致<br>d. 将汽车停放在平坦的地面上，检查汽车前部高度是否一致。若高度不一致，说明悬架弹簧折断或弹力不一致，应更换<br>②用手触摸跑偏一方的车轮制动鼓和轮毂轴承部位，感觉温度情况<br>a. 若感觉制动鼓特别热，说明该轮制动器间隙过小或制动回位不彻底，应检查调整<br>b. 若感觉轮毂特别热，说明该轮轴承过紧，应重新调整轴承预紧度<br>③测量前后桥左右两端中心的距离是否相等。若不相等，说明轴距短的一边钢板弹簧错位，车轴或半轴套管弯曲等，应检查维修<br>④用前轮定位仪检查前轮定位是否正确。若不正确，应调整 |

4. 单边转向不足

单边转向不足的故障现象、原因及排除方法见表 5-76。

**表 5-76　单边转向不足的故障现象、原因及排除方法**

| 故障现象 | 故障原因 | 排除方法 |
| --- | --- | --- |
| 汽车左右转向时，某一边转向角过小 | ①转向摇臂安装位置不正确<br>②转向角限位螺钉调整不当<br>③前钢板弹簧、骑马螺栓松动，或中心螺栓松动<br>④直拉杆弯曲变形<br>⑤钢板弹簧安装时位置不正确，或是中心不对称的前钢板弹簧装反 | ①外观检查<br>a. 检查转向拉杆有无变形，若有变形，应校直<br>b. 检查悬架弹簧有无变形，钢板弹簧中心螺栓有无折断，若有变形或折断，应更换<br>c. 检查前轴有无变形，若有变形，应校直<br>②若汽车在维修后出现单边转向不足，应将汽车停放在平坦的地面上，支起前桥，将转向盘一边转到底，再回转另一边到底，记住转向盘转动的总圈数。再将转向盘由一边转过总圈数的一半，检查前轮是否处于直线行驶位置。若前轮不处于直线行驶位置，说明转向摇臂安装位置不对，应拆下重新安装。若转向盘转不到总圈数的一半时转向角限位螺钉就顶住转向节，说明转向角限位螺钉调整不当，应重新调整<br>③若上述检查结果均正常，应拆检转向器，检查转向器内是否有异物卡住，转向器啮合传动副磨损过甚或变形等，根据检视情况更换相应零部件 |

5. 低速摆头

低速摆头故障现象、原因及排除方法见表 5-77。

表 5-77 低速摆头的故障现象、原因及排除方法

| 故障现象 | 故障原因 | 排除方法 |
| --- | --- | --- |
| 汽车在低速行驶时，感到方向不稳，产生前轮摆振 | ①转向器传动副啮合间隙过大<br>②转向传动机构横、直拉杆各球头销磨损松旷、弹簧折断或调整过松<br>③转向节主销与衬套的配合间隙过大或前轴主销孔与主销配合间隙过大<br>④前轮轮毂轴承装配过松或紧固螺母松动<br>⑤后轮胎气压过低<br>⑥车辆装载货物超长，使前轮承载过小<br>⑦前悬架弹簧错位、折断或固定不良 | ①外观检查<br>a. 检查车辆是否因装载货物超长而引起前轮承载过小<br>b. 检查后轮胎气压是否过低，若轮胎气压过低，应充气使之达到规定值<br>c. 检查前悬架弹簧是否错位、折断或固定不良。若错位，应拆卸修复；若折断，应更换新件；若固定不良，应按规定力矩拧紧<br>②检查转向盘自由行程<br>a. 由一人握紧转向摇臂，另一人转动转向盘，若自由行程过大，说明转向器啮合传动副间隙过大，应调整<br>b. 放开转向摇臂，仍由一人转动转向盘，另一人在车下观察转向拉杆球头销，若有松旷现象，说明球头销或球碗磨损过甚、弹簧折断或调整过松，应先更换损坏的零件，再进行调整<br>③若以上检查结果均正常，可支起前桥，并用手沿转向节轴轴向推拉前轮，凭感觉判断是否松旷，若有松旷感觉，可由另一人观察前轴与转向节连接部位<br>a. 若此处松旷，说明转向节主销与衬套的配合间隙过大，或前轴主销孔与主销配合间隙过大，应更换主销及衬套<br>b. 若此处不松旷，说明前轮毂轴承松旷，应重新调整轴承的预紧度<br>④若非上述原因所致，应对前轴进行检查，检查前轮定位是否正确，若不正确，应调整；检查前轴是否变形，若有变形应进行校正 |

6. 高速摆头

高速摆头的故障现象、原因及排除方法见表 5-78。

表 5-78 高速摆头的故障现象、原因及排除方法

| 故障现象 | 故障原因 | 排除方法 |
| --- | --- | --- |
| 汽车行驶中出现转向盘发抖，车头在横向平面内左右摆动、行驶不稳等。有下面两种情况<br>①在高速范围内某一转速时出现<br>②转速越高，摆头现象越严重 | ①转向轮动不平衡<br>②前轮定位不正确<br>③车轮偏摆量大<br>④转向传动机构运动干涉<br>⑤车架、车桥变形<br>⑥悬架装置出现故障：左右悬架刚度不等、弹簧折断、减振器失效、导向装置失效等 | ①外观检查<br>a. 检查后轮胎气压是否过低。若气压过低，应充气使之达到规定值<br>b. 检查前桥、转向器及转向传动机构是否松动。若松动，应紧固<br>c. 检查前减振器是否漏油。若漏油或失效，应更换新件<br>d. 检查左右悬架弹簧是否折断或弹力减弱。若有折断或弹力减弱，应更换新件<br>e. 检查悬挂弹簧是否固定可靠。若松动，应紧固<br>②支起驱动桥，固定好非驱动轮，启动发动机并逐步使汽车换入高速挡，使驱动轮达到车身摆振的车速<br>a. 若此时车身和转向盘出现抖动，说明传动轴严重弯曲或松旷，转向轮动不平衡或偏摆量大(前驱动)<br>b. 若此时车身和转向盘不抖动，说明故障为车架、车桥变形或前轮定位不正确<br>③检查前轮是否偏摆<br>a. 支起前桥，在前轮轮辋边上放一划针，慢慢地转动车轮，检查轮辋是否偏摆过大。若轮辋偏摆过大，应更换新件<br>b. 拆下前轮，在车轮动平衡仪上检查前轮的动平衡情况。若不平衡量过大，应加装平衡块予以平衡<br>c. 若上述检查结果均正常，应检查车架、车桥是否变形，并用前轮定位仪检查调整前轮定位 |

## (二) 动力转向系统常见故障现象、原因及排除方法

1. 动力转向沉重或助力不足

动力转向沉重或助力不足的故障现象、原因及排除方法见表 5-79。

表 5-79　动力转向沉重或助力不足的故障现象、原因及排除方法

| 故障现象 | 故障原因 | 排除方法 |
| --- | --- | --- |
| 汽车转弯行驶时，转向沉重，液压助力作用有短暂的丧失现象 | ①油泵 V 带松弛<br>②储油罐油面过低<br>③油泵压力不足<br>④压力控制不良<br>⑤外泄漏过大<br>⑥内泄漏过大<br>⑦转向轴衬套太紧<br>⑧前悬架变形<br>⑨液压系统内有空气 | ①检查转向油泵驱动部分的情况：用手压下转向油泵的驱动带，若压下量过小，说明驱动带过紧，需调整；启动发动机，使发动机处于怠速运转，突然提高发动机的转速，检查转向油泵驱动带有无打滑现象，如有打滑现象，说明驱动带过松或磨损过甚，应调整或更换<br>②检查转向油液在储液罐中的液面高度：若转向油液液面处于下限以下，说明转向油液不足，应添加至规定位置<br>③检查转向油液储液罐内的滤清器：取下滤清器，观察滤网的状况。若发现滤网过脏，说明滤清器堵塞，应清洗；若发现滤网破裂，应更换<br>④检查系统中是否有空气：启动发动机，使其处于怠速运转，然后来回转动几次转向盘，观察转向油液的状况，若发现转向油液中有泡沫或油液混浊，说明转向系统中有空气混入，应排除；检查转向油泵的进油管是否破裂，若有破裂，应更换；检查各管路接头是否松动，若松动，应紧固；检查转向油泵轴上的密封环是否损坏，若漏油，应更换新件<br>⑤检查转向系统的油压：用压力表连接在转向油泵和转向助力器之间，使发动机处于怠速运转，关闭压力表阀门，若 10s 内压力达不到规定值，说明转向油泵压力不足，应拆检维修；将转向盘转到左或右极限位置，打开压力表阀门，若压力达不到规定值，说明转向助力器有故障或阀调整不当，应拆检调整 |

2. 动力转向系统有噪声

动力转向系统有噪声的故障现象、原因及排除方法见表 5-80。

表 5-80　动力转向系统有噪声的故障现象、原因及排除方法

| 故障现象 | 故障原因 | 排除方法 |
| --- | --- | --- |
| 汽车转向时，转向油泵处产生响声 | ①油泵 V 带松弛<br>②油泵轴承损坏<br>③压力板或转子损伤<br>④油泵环过度磨损<br>⑤储油罐油液不足<br>⑥液压系统有空气或压力软管连接不牢油<br>⑦油泵装配不当油<br>⑧溢流阀故障 | ①检查储油罐内转向油液面高度：若液面低于下限，说明转向油液不足，应添加至规定位置，若转向油液消耗过快，说明有严重漏油处，应检查排除<br>②检查转向油泵驱动部分的情况：用手下压转向油泵的驱动带，若压下量过大，说明驱动带过松，应调整<br>③检查转向油液中是否有空气：打开储油罐盖，启动发动机并使其处于怠速运转，来回转动几次转向盘，观察转向油液中是否有气泡，若有气泡，说明转向油液中混入空气，应排除<br>④检查储油罐滤网是否堵塞，油管路布置是否正确：取下储油管滤网，如发现过脏，应清洗；若油管弯折、凹瘪，应更换<br>⑤若上述检查结果均正确，应拆检转向油泵，检查叶片和泵体是否有划痕，根据拆检情况更换相应的零件 |

3. 左右转向轻重不同

左右转向轻重不同的故障现象、原因及排除方法见表 5-81。

表 5-81　左右转向轻重不同的故障现象、原因及排除方法

| 故障现象 | 故障原因 | 排除方法 |
| --- | --- | --- |
| 车行驶时，向左和向右转向操纵力不相等 | ①转向控制阀阀芯（或滑阀）偏离中间位置，或虽然在中间位置但与阀体槽肩的缝隙大小不一致<br>②控制阀内有污物阻滞，使左右转动阻力不同<br>③液压系统中动力缸的某一油腔渗入空气<br>④油路漏损 | ①这种故障多是油液脏污所致，应按规定更换新油后再进行检查<br>②如果油质良好或更换新油后故障没有消除，应对液压系统进行排气并检查系统有无油液泄漏。液压系统中出现泄漏时，应更换泄漏部位的零部件<br>③如果故障仍不能排除，则可能是由于控制阀定中不良造成的。滑阀式转向控制阀可在动力转向器外部进行排除，通过改变转向控制阀阀体的位置来实现。如果滑阀位置调整后仍不见好转，应拆检滑阀测量其尺寸，若偏差较大，应更换滑阀。对于转阀式转向控制阀，必须通过分解检查来排除故障 |

## （三）转向系统典型案例分析

**案例 1** 大众速腾轿车未进行转向零位（中间位置）设定造成行驶向左跑偏。

大众速腾轿车未进行转向零位（中间位置）设定造成行驶向左跑偏的故障现象、故障分析、故障诊断及排除见表 5-82。

**表 5-82 大众速腾轿车未进行转向零位（中间位置）设定造成行驶向左跑偏的故障现象、故障分析、故障诊断及排除**

| | |
|---|---|
| 故障现象 | 一辆大众速腾 1.8T 轿车，行驶里程为 52000km，装备手动变速器，直线行驶时稍稍松开转向盘，车辆即向左跑偏 |
| 故障分析与诊断 | 上路试车，故障现象与车主描述一致，汽车直线行驶时转向盘位置正确。询问车主得知，该车因交通事故在一综合修理厂刚刚维修过，事故位置在左前悬架，已更换了左前悬架的大部分零件及主、副安全气囊和仪表台总成，并做过四轮定位。查看车主提供的四轮定位打印数据，都在标准范围内；测量轿车的左、右轴距及左、右轮轮胎的气压，都正常。为排除轮胎方面的原因，把轿车的左、右前轮轮胎对调后试车，故障依旧。随后从助力转向系统分析故障原因。速腾轿车采用双齿轮式电动助力系统，具有随速转向功能和主动回正功能。助力转向系统中设置有转向角传感器 G85，可识别转向盘的转动角速度和转角位置；转向盘不受力时，如果 G85 识别到转向盘不在中心位置（转向盘转角为 0°），则助力转向控制单元 J500 会根据 G85 的信号控制转向电动机 V187 工作，向转向盘提供一个回正力矩，从而使转向盘回到中心位置<br>G85 识别的转向盘转角可用 V. A. S5052（44-08-007 区第 1 组数据）读得。把转向盘转到轿车直线行驶方向（转向盘的中心位置），用 V. A. S5052 读取 G85 的数据（转向盘转角）为 −7.52°，只有把转向盘再向左转一定角度后 G85 的数据才会为 0°<br>从检测结果分析，在轿车直线行驶时，虽然转向盘位置是正确的，但 G85 所识别到的转向盘转角不为 0°，因而 J500 通过转向器给予转向盘一个向左的回正力矩，导致轿车向左跑偏 |
| 故障排除 | 用 V. A. S5052 功能引导程序进行 G85 零点基本设置，然后上路试车，故障症状不再出现。用 V. A. S5052 重新读取转向盘中心位置时，G85 的转角数据为 0°，故障排除 |

**案例 2** 奥迪 A6 轿车左右两侧车轮轮辋厚度相差较大导致向右跑偏。

奥迪 A6 轿车左右两侧车轮轮辋厚度相差较大导致向右跑偏的故障现象、故障分析、故障诊断及排除见表 5-83。

**表 5-83 奥迪 A6 轿车左右两侧车轮轮辋厚度相差较大导致向右跑偏的故障现象、故障分析、故障诊断及排除**

| | |
|---|---|
| 故障现象 | 一辆行驶里程约 101000km 的 2006 款奥迪 A6 轿车，行驶过程中总是向右跑偏 |
| 故障分析与诊断 | 路试，起步后不久就有明显的向右跑偏现象。首先检查汽车轮胎，胎面磨损正常；检查轮胎气压，也正常。检查时发现，前后轮胎生产厂家不同但型号一样，对车辆跑偏没有影响。接着进行四轮定位检测，车轮外倾角和前束值正常，但主销内倾角不正常，前轮 10°转角时的主销内倾角左侧的为 −1.15°，右侧的为 3.08°。于是更换了左侧的转向节，再次检查四轮定位，数据正常<br>再次试车，跑偏症状减轻了许多，前 100m 正常，行驶到 300m 后又向右跑偏。根据试车时的路感，好像轮胎有问题，于是决定对调左右轮胎。在拆换轮胎时发现，虽然两前轮轮辋直径相同，但厚度相差将近一手指。再次询问车主，原来车主在其他 4S 店换了两个轮辋，右侧是原厂的，而左侧的不是原厂轮辋<br>终于找到了故障部位，这是人为因素造成的故障。由于轮辋厚度不一致而造成轮胎外径变化，行驶时车轮周长相差较大造成汽车跑偏 |
| 故障排除 | 将左侧轮辋换为原厂件，进行轮胎动平衡，装车路试，汽车不再跑偏 |

**案例 3** 宝马 330i 轿车转向伺服电动机损坏造成转向沉重。

宝马 330i 轿车转向伺服电动机损坏造成转向沉重的故障现象、故障分析、故障诊断及排除见表 5-84。

表 5-84　宝马 330i 轿车转向伺服电动机损坏造成转向沉重的故障现象、故障分析、故障诊断及排除

| 故障现象 | 一辆行驶里程约 120000km，搭载 N52 发动机的 2010 款宝马 330i 轿车，维修后转向沉重 |
| --- | --- |
| 故障分析与诊断 | 车主反映，该车因为同样症状进行了维修，但行驶不久转向盘又开始发沉。查阅维修记录得知，该车曾经更换过转向角度传感器，并刷新了转向控制单元的控制程序<br>连接故障诊断仪，读取故障码：614A——转向伺服电动机未完成初始化；6146——转向控制单元不能投入工作，电源低电压。根据后一个故障码的提示，可能是伺服电动机出现故障，降低了电源电压<br>转动转向盘，可以看到转向盘的转向角度和伺服电动机的转角都在变化，说明各传感器工作正常。断开转向机的插接器，给伺服电动机直接通电，出现强烈火花且电动机不转，说明电动机已经损坏 |
| 故障排除 | 更换转向机总成，反复试车，故障排除 |

**案例 4**　大众车型转向助力泵异响。

大众车型转向助力泵异响的故障现象、故障诊断及故障排除见表 5-85。

表 5-85　大众车型转向助力泵异响的故障现象、故障诊断及故障排除

| 故障现象 | 一辆上海桑塔纳 GLI 车累计行驶 122000km，发动机在怠速运转时，转向助力泵发出“嗡嗡”声，当左右转动转向盘时异响加重。该车在 1 个月内更换了两个转向助力泵，换上第一个转向助力泵时使用了约 20 天噪声便出现，第二个则只用了 7 天，同样的问题便又出现。据维修技术人员介绍，配件进货渠道正规，此配件已售出多台，均未出现过类似问题 |
| --- | --- |
| 故障分析与诊断 | 经拆检已换的泵体，未发现异常磨损。将车停驶在平坦路面，通过全面的目视检查发现，液压管路、泵体及转向机无漏油现象，储油罐内液压油在上、下限之间，传动带松紧适度，只是液压油呈黑色，有变质现象。通过试车发现，左右转动转向盘，转向助力正常，在行驶中转向稳定且灵活，未出现转向时跑偏、沉重与发飘现象，且转向回位良好<br>据车主介绍，换上新泵后，从未发现缺油、漏油现象。而此泵只使用了不足 10 天，应不是泵内磨损所致。如果泵内压力阀与流量阀不良，将会使压力过低，表现为转向沉重；如果压力过高，会因动力缸左右压差过大，行驶中会出现转向自动跑偏现象；如果转向分配阀工作不良或内部泄漏，会出现转向沉重；如果转向分配阀卡滞，会导致转向回位不良；如果分配阀阀芯与阀套配合间隙不良，也会发生跑偏与发飘现象。经过以上测试与分析，显然不符合以上任何一种情况，看来转向系统各部件工作良好，更不存在不良磨损现象<br>至此修理工作陷入困境，检修中发现的唯一异常之处就是液压油存在变质过脏现象。使发动机怠速运转，转动转向盘数次，待液压油温上升至正常工作温度（约 80℃），旋掉储油罐罩盖，用手按住中间弹簧。在观察油面时，除了发现液压油过脏外，还发现液压油在流动过程中不时有气泡冒出液面。莫非是因气泡随液压油的流动进入泵体，在泵内受到挤压而产生气动噪声？果真如此，那么气泡又是怎样产生的呢？经过深入分析，认为是储油罐内的滤芯堵塞导致上述现象<br>为什么滤芯堵塞会产生如此大的噪声呢？液压油脏污会使滤芯堵塞，滤芯堵塞之后，会使滤芯内外两侧压差过大，因此会使油面处于不稳定状态。在油面变化的情况下，由于内侧负压过大，很容易使空气混入进油管，传至泵内受到挤压而产生气动噪声 |
| 故障排除 | 更换一个转向助力泵滤芯，并对转向液压系统进行彻底清洗，换上纯净的标准液压油，试车，故障彻底排除。实际上，在大众系列车型中，不仅滤芯堵塞会产生噪声，如果滤芯损坏或移位也会产生气动噪声。这是因为滤芯具有两个作用：一是过滤系统内的沉积物与杂质；二是在回油口压力过高时，起到消除脉动的作用，防止产生气泡，以使油面平静 |

**案例 5**　大众 CC 2.0L 轿车转向机总成损坏造成转向沉重、助力转向指示灯亮。

大众 CC 2.0L 轿车转向机总成损坏造成转向沉重、助力转向指示灯亮的故障现象、故障分析、故障诊断及排除见表 5-86。

表 5-86　大众 CC 2.0L 轿车转向机总成损坏造成转向沉重、助力转向指示灯亮的故障现象、故障分析、故障诊断及排除

| 故障现象 | 一辆大众 CC 2.0L 轿车，行驶转弯打方向时感觉特别重，仪表板上助力转向指示灯亮，红色 |
| --- | --- |
| 故障分析与诊断 | 用大众 V. A. S5054 检测助力转向系统，读取到故障码：16344——控制单元电路电气故障，静态。检测电气线路，正常；随后更换转向机总成，更换后仪表上助力转向指示灯还亮，但是为黄色。再次用仪器检测助力转向系统，故障码为 02546——转向锁止位无或错误的基本设置/匹配，静态。匹配后故障码 02546 消失，打方向也很轻，于是交车。过了一天，车主称该车的自动泊车和车道保持辅助功能都失效了，而且仪表上的“车道保持辅助”选项也不显示。检测后发现车道保持辅助系统有故障码：03550——转向类型不兼容，静态。助力转向系统无故障。根据故障码分析，是转向机中的道路辅助功能没有开通，用功能引导检查匹配道路辅助系统，但是不能成功激活该功能 |

续表

| | |
|---|---|
| 故障分析与诊断 | 自动泊车的实质就是将转向盘即转向机的指挥权从驾驶者手中接管过来，驾驶者只需控制加速踏板或制动踏板来保持一个合理的车速，汽车就可以顺利停入车位。驾驶者辅助系统、电动助力转向控制单元、电动助力转向机、多功能转向盘、转向柱控制单元、道路偏离预警控制单元、仪表等均是其组成部分<br>大众CC更换转向机后存储故障码03550，说明新的转向机控制单元J500默认车道辅助功能是关闭的。查资料得知，用引导功能进入地址44动力转向系统，选择匹配车道辅助；通道6为方向稳定辅助控制单元通信，将0改为1，重新打开一次点火开关就能清除故障。如感觉转向时手感轻或重，还可对转向机程序进行刷新<br>维修手册说明，更换了转向角传感器G85、转向机总成（含转向控制单元J500）、转向开关总成（含控制单元J527），做过一次车轮定位的调整，可能会出现故障码00778，需要进行转向零位（中间位置）的设定。做过转向零位（中间位置）设定后，可能会出现故障码02546，需要进行转向极限位置的设定。操作方法是：前轮处于直线行驶状态，启动发动机，转向盘向左转动10°左右，停顿1～2s，回正；再向右转动10°左右，停顿1～2s，回正；双手离开转向盘，停顿1～2s；方向向左打到底，停顿1～2s；再向右打到底，停顿1～2s，转向盘再回正；关闭点火开关，6s后生效 |
| 故障排除 | 按照维修手册说明进行匹配操作和转向零位设定，功能恢复，故障码消除 |

# 参考文献


[1] 王盛良．汽车发动机构造与检修技术．北京：机械工业出版社，2013.

[2] 吕传章．汽车维修与检测诊断．北京：人民交通出版社，2001.

[3] 赵英勋．汽车检测与诊断技术．北京：机械工业出版社，2003.

[4] 薛国祥．汽车维修工入门与技巧．北京：化学工业出版社，2015.

[5] 吴文琳．汽车检测与诊断运作．北京：北京邮电大学出版社，2007.

[6] 董继明．汽车检测与诊断技术．北京：机械工业出版社，2006.

[7] 李东江．丰田凌志轿车故障诊断与维修手册．北京：北京理工大学出版社，2013.

[8] 王运朋．丰田汽车维修手册．广州：广东科技出版社，2000.

[9] 林平．汽车发动机机械系统检修．北京：人民交通出版社，2009.

[10] 周晓飞．汽车维修技能全程图解．北京：化学工业出版社，2013.

[11] 陈焕江．汽车检测与诊断．北京：机械工业出版社，2002.

[12] 张建俊．汽车检测技术．北京：高等教育出版社，2003.